定向培养军士生（航海类）系列教材

舰船仪器

JIANCHUAN YIQI

宗永刚　巴忠峰　张志杰　/　主　编
孙文义　孙风雷　冯兴飞　/　副主编
张秀霞　仲广荣　/　主　审

大连海事大学出版社
DALIAN MARITIME UNIVERSITY PRESS

图书在版编目(CIP)数据

舰船仪器 / 宗永刚，巴忠峰，张志杰主编. —大连：大连海事大学出版社，2023.12
定向培养军士生(航海类)系列教材
ISBN 978-7-5632-4491-1

Ⅰ. ①舰…　Ⅱ. ①宗… ②巴… ③张…　Ⅲ. ①航海仪器—高等职业教育—教材　Ⅳ. ①U666.15

中国国家版本馆 CIP 数据核字(2023)第 245729 号

大连海事大学出版社出版

地址：大连市黄浦路523号　邮编：116026　电话：0411-84729665(营销部)　84729480(总编室)
http://press.dlmu.edu.cn　E-mail:dmupress@dlmu.edu.cn

大连永盛印业有限公司印装　　大连海事大学出版社发行

2023 年 12 月第 1 版　　2023 年 12 月第 1 次印刷
幅面尺寸：184 mm×260 mm　　印张：19
字数：430 千　　印数：1~2000 册

出版人：刘明凯

责任编辑：张　华　　责任校对：刘长影
封面设计：解瑶瑶　　版式设计：解瑶瑶

ISBN 978-7-5632-4491-1　　定价：57.00 元

定向培养军士生(航海类)系列教材编委会

总序

随着全球化的不断发展和海洋资源的重要性日益凸显，航海成为军事、商业和科研的重要领域。航海科学与技术的不断进步和应用，为海上交通、海洋能源开发、海洋科学研究等领域提供了必要的支持。在军事方面，航海类专业人才能够为海军和海上部队提供必要的导航、海上安全和作战支援。

2012 年，一些普通高等学校开始招收定向培养军士生，着力培养海军建设所需要的高素质海军军士人才。这是依托国民教育资源选拔培养海军军士人才的重要途径，是促进海军军士队伍现代化的重要举措。截至 2023 年 7 月，海军先后依托普通高等学校招收定向培养军士 2.5 万人。由此可见，海军定向培养军士已经成为海军军士队伍的重要组成部分。海军定向培养军士人才可以在海军舰队、潜艇、两栖舰艇等部队从事航海、航管和船舶维修等工作。

为了深入贯彻军民融合发展战略、服务部队备战打仗高度，滨州职业学院坚持为战育才，始终把战斗力标准贯穿定向培养军士工作的全过程，有针对性地制定培养方案、设置专业课程、配套教学保障，严把政治、身体、心理、专业关口，不断提高海军军士人才供给能力和水平。另外，滨州职业学院坚持"一盘棋"思想，严格遵循定向培养标准，及时根据用人单位反馈的培养质量调整海军军士人才培养方案，推动"供给侧"与"需求侧"精准衔接、良性互动，提高办学水平，提升培养质量，进而助力地方院校定向培养军士人才的质效提升。

为此，滨州职业学院牵头，组织了承担海军定向培养军士任务的业内专家和院校教师，共同编写了"定向培养军士生（航海类）系列教材"。本套教材首批共计五种，涵盖航海技术和轮机工程技术两个定向培养军士生专业，分别为《舰船定位与导航》《舰船仪器》《船舶防火与灭火》《舰船动力设备拆装与检修》《船舶电工工艺与电气测试》。

本套教材基于航海类专业的丰富资源，面向舰船工作岗位的特殊要求，汲取了学术界相关知识、理论和研究成果，参考了大量相关文献资料，将专业知识进行项目化整合、立体化呈现，将教材内容进行理实一体化编排，力求贴近实战、学以致用。

本套教材是海军定向培养军士的必备书目，也为有志于从事该领域的人提供参考。

海军定向培养军士职业发展前景广阔。在此，衷心祝贺"定向培养军士生（航海类）系列教材"正式出版。

2023 年 11 月

编者的话

舰船仪器(Naval Instruments),是用于确定舰船位置和保证其安全航行的各种仪器的统称。舰船工业新技术的不断研发和应用,推动了舰船自动化和智能化的发展。现代舰船,已普遍采用计算机系统和传感器网络,实现对船舶操控、导航定位、通信系统和武器系统等的自动化和智能化管理。同时,舰船仪器也在不断更新迭代,以满足舰船在各种环境下的运行需求和任务。当前,面向非军事院校的舰船仪器教材相对较少,其内容更新也相对滞后。因此,整合现有资源,编写一本舰船仪器专用教材的需求十分迫切。

本教材为面向实践的立体化教材,立足岗位,促进教学。基于对现代商船航海仪器的研究,结合舰船特点及其新技术、新标准应用,本教材将舰船仪器内容进行模块划分和项目整合,便于课堂中项目化教学开展;突出面向舰船仪器操作的职业能力培养,辅以专业理论知识;同时本着贴近实战、学以致用的原则,设置典型工作任务,进行理实一体化编排,便于任务驱动式教学的实施。教材中新知识、新思想的融入,对定向培养军士生的知识、能力和素养提升,尤为重要。

本教材是依据中国标准分类中与舰船相关的雷达、导航设备与系统、导航设备综合以及导航设备和通信设备等方面的标准来规范内容的;同时结合国内外舰船仪器文献资料和实地调研,优化知识结构和训练项目,以确保学生在校期间学到的内容与岗位要求紧密对接。

本教材内容整合为九个项目:全球导航卫星系统、回声测深仪、自动识别系统、计程仪、船载航行数据记录仪、船舶远程识别与跟踪系统、舰船磁罗经、舰船陀螺罗经和船舶导航雷达。本教材满足定向培养军士生的人才培养方案中对舰船仪器的要求,可作为海军定向培养军士生的培训教材,也可用作交通运输类航海技术专业师生的选修教材或教学参考书,还可作为舰船驾驶员、商船驾驶员和引航员、港口管理人员等的技术参考书。

本教材由滨州职业学院牵头,组织在船经验丰富的专任教师及海军退役人员主持和参与编写。滨州职业学院士官学院张秀霞教授、仲广荣副教授担任主审,负责教材审定工作;航海教研室主任宗永刚担任第一主编,统筹教材编写工作,并负责项目九的编写;专任教师巴忠峰担任第二主编,负责舰船无线电导航模块的编写,具体承担项目一和项目三的编写;专任教师张志杰担任第三主编,负责舰船定位仪器模块的编写,具体承担项目八的编写；专任教师孙文义、孙凤雷和冯兴飞担任副主编，分别承担项目二、项目四和项目五的编写；专任教师齐树飞、赵贤东和李文燕参编项目六；海军某舰队退役人员张建华、湖北交通职业技术学院航海教研室主任李朋和烟台海员职业中等专业学校讲师刘晓霞参编项目七。

本教材的编写得到了海军士官学校航海教研室主任李保平的关心支持，同时得到大连海事大学和青岛远洋船员职业学院等院校的大力协助，在此一并表示感谢。

限于编者水平，不足之处在所难免，敬请读者批评指正。

编　者

2023 年 9 月

目录

项目一

全球导航卫星系统

项目导读

全球导航卫星系统(Global Navigation Satellite System, GNSS)是利用人造地球卫星进行导航,可以在全球范围内进行定位、导航等多项功能的导航系统。该系统借助少数几颗卫星,即可覆盖全球;导航范围从地面、水面、近地空间延伸到外层空间;可实现高精度、全天候、连续和近于实时的导航。它作为一种先进的定位方式与导航手段,在各类船舶中普遍应用,对保障海上安全、提高航运效益发挥了重要作用。2007 年,联合国将中国北斗导航卫星系统(BDS)、美国全球定位系统(GPS)、俄罗斯格洛纳斯导航卫星系统(GLONASS)、欧盟伽利略导航卫星系统(Galileo),确定为全球四大卫星定位导航系统。根据《SOLAS 公约》要求,所有船舶至少必须安装 1 台全球卫星导航系统或陆基无线电导航系统或其他装置,在整个预定航程内,随时确定和更新船位。

本项目介绍卫星导航系统的基本功能、技术参数和特点,具体介绍北斗导航卫星系统(BDS)和全球定位系统(GPS)的定位原理及操作使用,简要介绍格洛纳斯导航卫星系统(GLONASS)和伽利略导航卫星系统(Galileo)的基本知识。

学习目标

1.知识目标

(1)了解国际公约对船舶配备电子定位设备的要求;

(2)了解陆基导航系统和卫星导航系统的发展、种类和现状;

(3)掌握卫星导航系统的基本功能、技术参数和特点;

(4)了解 BDS 的组成、功能及定位原理;

(5)掌握舰船北斗接收机的性能要求、组成及操作和使用注意事项;

(6)掌握 GPS/DGPS 的组成、种类、功能和误差;

(7)掌握 GPS 卫星信号的组成、产生和特点;

(8)了解 GPS 的定位、测向和测速原理;

(9)掌握舰船 GPS 接收机的性能要求、组成及操作和使用注意事项;

(10)了解格洛纳斯卫星导航系统和伽利略卫星导航系统的基本知识。

2.能力目标

能在实验室或舰船上,熟练并正确操作舰船卫星导航接收机,具体包括如下几点:

(1)能进行设备核对和设备测试;

(2)能完成设备启动过程;

(3)能使用设备的主要功能;

(4)能准确理解显示屏上所显示的数据;

(5)能输入航线信息和设置必要的警戒功能;

(6)能设置锚位监控、落水人员位置等特殊功能。

3.职业素养目标

(1)履行《SOLAS 公约》的要求;

(2)仪器使用,符合制造商的建议;

(3)具备热爱祖国、献身国防的良好品质。

知识链接

知识链接一 北斗导航卫星系统(BDS)

一、概述

北斗导航卫星系统(Beidou Navigation Satellite System,BDS),是中国着眼于国家安全和经济社会发展需要,自主建设运行的全球导航卫星系统,是为全球用户提供全天候、全天时、高精度的定位、导航和授时服务的国家重要时空基础设施,也是继美国GPS、俄罗斯 GLONASS 之后的第三个成熟的导航卫星系统。

北斗导航卫星系统,是党中央决策实施的国家重大科技工程。20 世纪后期,中国开始探索适合国情的导航卫星系统发展道路,逐步形成了三步走发展战略,1994 年启动该工程。2000 年年底,建成北斗一号全球卫星导航系统,向我国提供服务;2012 年年底,建成北斗二号全球卫星导航系统,向亚太地区提供服务;2020 年,建成北斗三号全球卫星导航系统,向全球提供服务。2020 年 7 月 31 日,北斗三号全球卫星导航系统建成暨开通仪式在北京举行。中共中央总书记、国家主席、中央军委主席习近平出席仪式,宣布北斗三号全球卫星导航系统正式开通。这标志着我国三步走发展战略取得决战决胜,我国成为世界上第三个独立拥有全球导航卫星系统的国家。截至 2022 年 9 月,全球已有 137 个国家和地区使用北斗导航卫星系统,该系统未来的国际应用空间将会继续扩展。

二、系统组成

北斗导航卫星系统,由北斗卫星网、地面系统和北斗用户设备三部分组成,如图 1-1 所示,可在全球范围内全天候、全天时为各类用户提供高精度、高可靠定位、导航、授时服务,并且具备短报文通信能力,已经初步具备区域导航、定位和授时能力,定位精度为

分米、厘米级别,测速精度 0.2 m/s,授时精度 10 ns。北斗卫星网由 35 颗卫星组成,包括 5 颗静止轨道卫星、27 颗中地球轨道卫星和 3 颗倾斜同步轨道卫星。

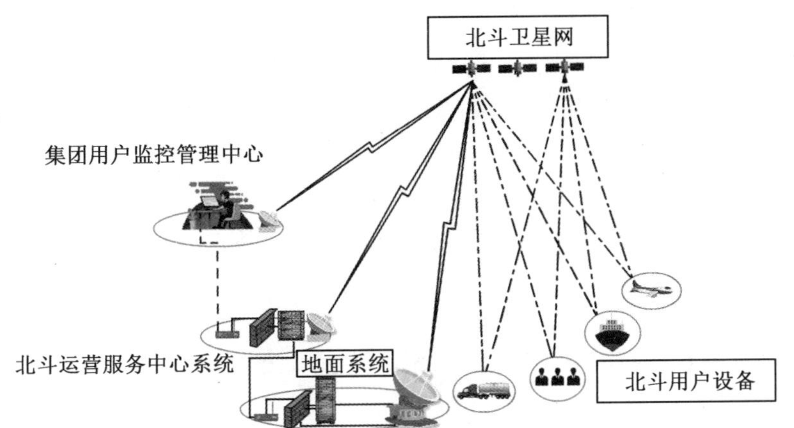

图 1-1　北斗导航卫星系统的组成

三、工作原理

现以北斗一号卫星导航系统为例,介绍北斗导航卫星系统的工作原理。

北斗一号卫星导航系统是利用地球同步卫星为用户提供快速定位、简短数字报文通信和授时服务的一种全天候、区域性的卫星导航系统。该系统由两颗地球静止卫星(80°E 和 140°E)、一颗在轨备份卫星(110.50°E)、中心控制系统、标校系统和各类用户机等部分组成。其工作频率为 2 491.75 MHz,能容纳的用户数为每小时540 000户。

北斗一号卫星导航系统的工作过程,首先由中心控制系统向卫星 1 和卫星 2 同时发送询问信号,经卫星转发器向服务区内的用户广播。用户响应其中一颗卫星的询问信号,并同时向两颗卫星发送响应信号,经卫星转发回中心控制系统。中心控制系统接收并解调用户发来的信号,然后根据用户的申请服务内容进行相应的数据处理。对定位申请,中心控制系统测出两个时间延迟:一是从中心控制系统发出询问信号,经某一颗卫星转发到达用户,用户发出定位响应信号,经同一颗卫星转发回中心控制系统的延迟;二是从中心控制发出询问信号,经上述同一卫星到达用户,用户发出响应信号,经另一颗卫星转发回中心控制系统的延迟。

由于中心控制系统和两颗卫星的位置均是已知的,因此由上面两个延迟量可以算出用户到第一颗卫星的距离,以及用户到两颗卫星的距离之和,从而知道用户处于一个以第一颗卫星为球心的一个球面,和以两颗卫星为焦点的椭球面之间的交线上。另外,中心控制系统从存储在计算机内的数字化地形图可查寻到用户高程值,又可知道用户处于某一与地球基准椭球面平行的椭球面上,从而中心控制系统可最终计算出用户所在点的三维坐标。这个坐标经加密,由出站信号发送给用户。

北斗一号卫星导航系统的覆盖范围是 5°N～55°N,70°E～140°E 之间的心脏地区,上大下小,最宽处在 35°N 左右。其水平定位精度为 100 m,设立标校站之后为 20 m(类似差分状态)。

四、主要功能

1.快速定位

北斗系统可为服务区域内用户提供全天候、高精度、快速实时定位服务，定位精度20～100 m。

2.短报文通信

北斗系统用户终端具有双向报文通信功能，用户可以一次传送40～60个汉字的短报文信息。

3.精密授时

北斗系统具有精密授时功能，可向用户提供20～100 ns时间同步精度。

知识链接二 全球定位系统（GPS）

一、GPS的组成及功能

（一）概述

全球定位系统（Global Positioning System，GPS），其含义是利用导航卫星进行测时和测距，以构成全球定位系统。GPS是由美国国防部主导开发的一套具有在海、陆、空进行全方位实时三维导航与定位能力的新一代卫星导航定位系统。它具有高精度、全天候、使用广泛等特点。目前，GPS经过几十年的发展，已成为全球拥有用户最多的卫星导航系统。

（二）GPS的组成

GPS是由空间系统（导航卫星）、地面控制系统（地面站）和用户设备（GPS接收机）三部分组成的，如图1-2所示。

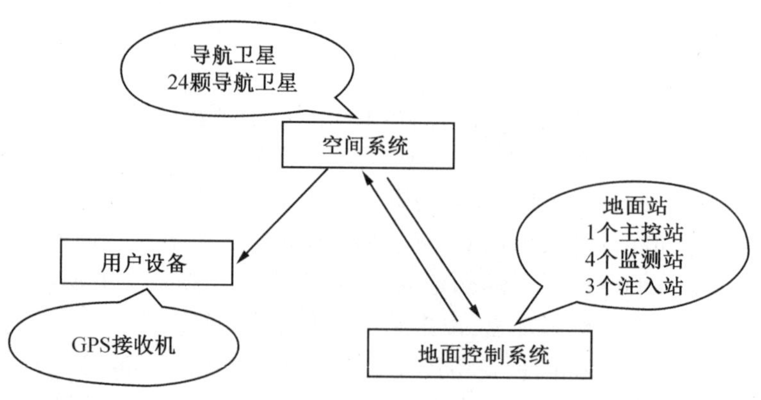

图1-2 GPS的组成

1.空间系统(导航卫星)

GPS 的空间系统由 21 颗工作卫星和 3 颗备用卫星共 24 颗导航卫星组成,平均分布在 6 条轨道上,每条轨道上有 4 颗卫星。卫星轨道高度为 20 183 km 左右,属高轨轨道。卫星轨道与天赤道交角约为 55°,属于任意轨道型。卫星绕地球飞行一周需要约 11 h 58 min,每天通过地球上同一上空的时间约提前 4 min。在地球上任何地点任何时刻都可以看到地平线以上 5 颗卫星(最多 11 颗),其中至少有 4 颗卫星仰角大于 7.5°。GPS 导航卫星分布如图 1-3 所示。

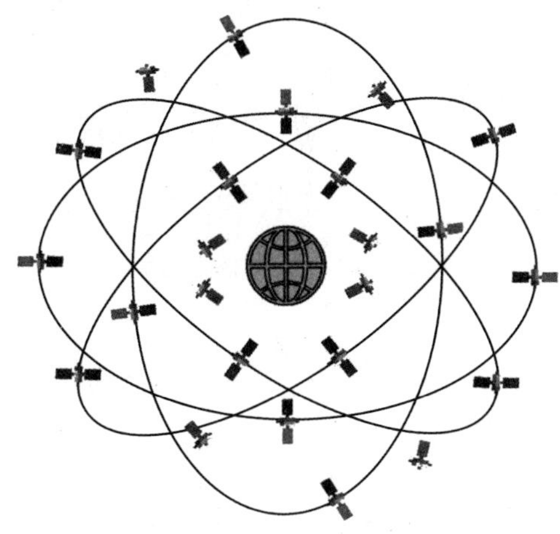

图 1-3　GPS 导航卫星分布

GPS 卫星的作用是接收来自地面站的信息,向用户发送导航电文。卫星发送导航电文的频率为 1 575.42 MHz(L1 波段)和 1 227.60 MHz(L2 波段)。导航电文以连续编码脉冲信号的形式发射,编码信号为伪随机噪声码,简称为伪码,分为 C/A 码(Coarse/Acquisition Code)和 P 码(Precision Code)两种。C/A 码是一种粗码,速率为1.023 MHz,周期为 1 ms,属于短周期低速率,比较容易捕捉,测距精度低。P 码是一种精码,速率为 10.23 MHz,周期约为 7 天,属于长周期快速码,不容易捕捉,测距精度高。C/A 码和 P 码具有抗干扰码分多址识别卫星、伪码加密精确测时和测距等优点。

GPS 卫星的导航电文,是用户用来定位和导航的数据基础。它包括卫星星历、系统时间、时钟改正、电离层时延改正、工作状态、卫星识别标志以及与卫星导航有关的其他信息。导航电文由 5 个子帧组成一帧。每个子帧 10 个字,时间 6 s。一帧 50 个字,每个字 30 个码位,共 1 500 个码位,时间 30 s。25 帧组成一个主帧,一个主帧是一个完整的历书。因此,GPS 接收机收集一份完整的卫星历书,需要 12.5 min。

GPS 卫星时间系统采用的时间基准,称为 GPS 时间。它是以主控站的高精度原子钟作为时间基准,并规定 1980 年 1 月 6 日 UTC 时间的零点作为起点,与国际原子时间有 19 s 的固定差值。因不采用跳秒调整,GPS 时间与 UTC 时间整秒数差值不断地增加。GPS 时间与 UTC 时间的时间差,在卫星导航电文中播发,并给出星期数和星期开始时起算的秒数。

GPS 卫星每颗重约 774 kg,圆柱形,直径约 1.5 m,工作寿命约为 5~7 年。

2.地面控制系统(地面站)

GPS 的地面控制系统分为监测站(跟踪站)、主控站、注入站,其设置如图 1-4 所示。

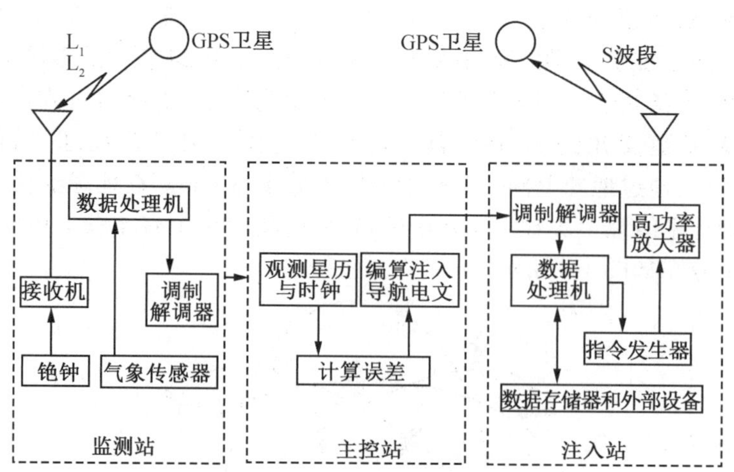

图 1-4 GPS 地面控制系统部分

(1)监测站

监测站(也称跟踪站)共有 4 个,是一种无人值守的数据采集中心。其作用是接收包括环境数据在内的卫星的信息,送到主控站。

(2)主控站

GPS 有 1 个主控站,设在美国的联合空间工作中心。其作用是控制所有地面站的工作,产生 GPS 的标准时间信号,从各监测站收集跟踪数据,对卫星的轨道参数、时间偏差进行评价,控制和保持卫星的设定轨道,计算各卫星原子钟的校正参数、卫星历书、大气层校正参数、系统状态等,再编制成导航信息码后送往注入站。

(3)注入站

注入站有 3 个。其作用是用 S 波段,每隔 8 h 向每颗卫星注入一次新的导航信息,并负责监测注入卫星的导航信息是否正确。

3.用户设备(GPS 接收机)

用户设备是指专门用于定位导航的 GPS 接收机。目前,航海上使用较多的是 C/A 码单频 GPS 接收机,其主要功能是接收并测量卫星信号计算伪距,提供导航定位信息(如用户的位置、速度以及当时的时间等)。凡是拥有 GPS 接收机的用户,都可使用 GPS。

GPS 接收机按其功能分为 Z 型、Y 型和 X 型。Z 型接收机只能接收 C/A 码信号,适用于速度较慢的民用船舶。Y 型接收机能够接收 C/A 码和 P 码信号,适用于航空和军用舰船。X 型接收机接收 C/A 码和 P 码信号,适用于军用飞机和舰船。

(三)GPS 的主要功能

GPS 在航海、航空、地面交通管理等方面的主要功能是:GPS 用户通过 GPS 接收机,接收 GPS 卫星发射的信号,求得用户的地面位置(二维定位)及相对地面的移动速度(二维测速),或求得用户的空间位置(三维定位)和空间速度(三维测速)等。

GPS 是一种能提供全球、全天候、高精度、连续、近于实时的三维定位与导航系统。但 GPS 不能用于水下定位,而且受人为因素影响大。它由其所有者控制,可以随时限制用户的使用或改变其功能。

二、GPS 的定位原理及误差

（一）GPS 的定位原理

1.测伪距

GPS 接收机接收其视界内一组卫星的导航信号，根据各卫星星历计算出卫星当时在空间的位置。同时，根据卫星信号的传播时间，换算出卫星与用户间的距离，测得三颗卫星的距离就可以得到以卫星在空间的位置为球心，以卫星至用户的距离为半径的三个球面，三个球面的交点就是用户的三维空间位置。此外，还需增加一颗卫星的测量数据来解算出用户接收机的时钟与系统时的偏差。对航行于地球表面的船舶而言，只要确定其二维（经度、纬度）位置即可，所以视界内有三颗合适的卫星便可确定船位和用户的时钟偏差。实际工作中，由于各种误差的存在，卫星接收机测得的距离不是用户到卫星的真实距离，而是包含有各种误差在内的距离，故称之为伪距离，相对应的定位方法称为伪距法。目前大多数船用 GPS 接收机都采用伪距法，如图 1-5 所示。

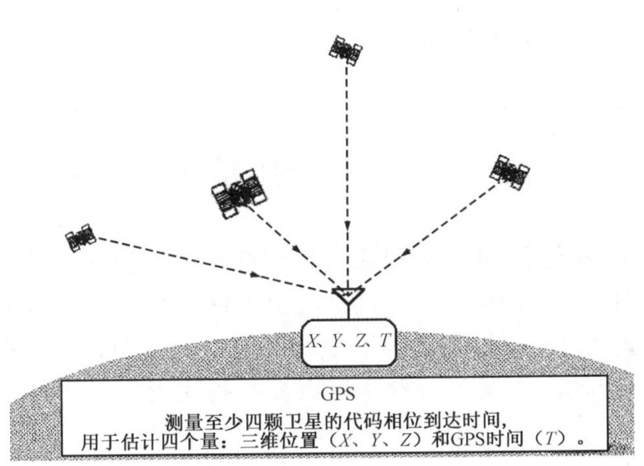

图 1-5　伪距法

2.位置线原理

用户通过接收第 1 颗 GPS 卫星发射的导航电文，可求得该颗卫星的伪距和误差，若用户时钟无偏差，即可得到用户（GPS 天线）到该颗卫星的真距离 r。以用户接收时刻第 1 颗卫星在空中的位置为原点，以 r 为半径得到一个空间圆球面，用户（测者）必然位于这个圆球面上，这个圆球面称为用户空间距离位置圆。若同时利用三颗卫星，即可得到三个用户空间距离位置圆，它们的交点即为用户的三维空间位置。

3.用户位置计算

由于 GPS 定位所使用的空间距离位置圆是一个三维的圆球面，所以就不能在平面的海图上画出船位。实际上，GPS 定位是 GPS 接收机解伪距方程得到的。

舰船使用 GPS 定位时，船位纬度和经度是直接从 GPS 接收机显示屏上读取的，一般导航仪每隔 1 s 更新一次船位，连续显示船位纬度和经度。

4.测速原理

由于 GPS 卫星绕地球高速旋转,用户在接收 GPS 卫星信号的过程中卫星与用户之间的距离时刻在发生变化,卫星发射信号的频率(f_1)是固定不变的,而用户接收频率(f_2)则是变化的,即产生多普勒效应,用户接收频率与卫星发射频率之差(Δf)称为多普勒频移,即:

$$\Delta f = f_2 - f_1 \tag{1-1}$$

多普勒频移的大小与符号由用户和卫星之间相对运动的速度和方向决定(卫星运动速度和方向为已知)。当用户和卫星之间的距离越来越近时,接收到的电磁波频率将高于 GPS 卫星发射的电磁波的频率,而且用户和卫星之间的相对运动的速度越大,多普勒频移也就越大。

当卫星高度升高时,用户和卫星之间距离减小的速度将逐渐变小,所以用户接收到的电磁波频率将高于卫星发射的电磁波频率,并逐渐减小。

通过测量卫星信号的多普勒频移,可求得用户与卫星之间的伪距变化率,建立伪距变化率方程组,解方程组就可以得到用户的二维或三维速度。

(二)GPS 的定位误差

GPS 的定位误差主要包括伪测距误差、几何误差、海图标绘误差及美国 GPS 政策带来的误差。

1.伪测距误差

GPS 定位的伪测距误差包括卫星误差、信号传播误差和 GPS 接收机误差。

(1)卫星误差

卫星误差有星历表误差、卫星钟剩余误差和群延迟误差等。星历表误差是指测算卫星轨道参数形成卫星星历表时产生的误差;卫星钟剩余误差是指卫星时钟由卫星时钟误差校正参数进行校正,经校正后的卫星时钟产生的测距误差(如对于 1 ns 时间精度,大约相当于 0.3 m 的距离误差);群延迟误差是指由卫星设备和信号传播引起的一种延迟产生的误差。

(2)信号传播误差

在信号从卫星传播到用户设备的过程中,由于受电离层、对流层及传播介质的影响,其传播路径和传播速度发生变化而产生的测距误差,称为信号传播误差。它包括电离层折射误差、对流层折射误差和多径效应等。

①电离层折射误差

处于大气上层的电离层,含有大量的正、负离子。卫星信号在电离层中传播时,传播路径和传播速度发生变化,产生电离层传播延迟,也称电离层折射误差。电离层折射误差,与卫星信号频率的平方成反比。

双频道导航仪,可以较精确地消除电离层传播延迟;单频道导航仪,采用数学模型校正法,使电离层传播延迟减小一半左右。当卫星仰角大于 85°时,单频道导航仪的电离层折射误差较大,此时定位无效,数据不予更新。

②对流层折射误差

当卫星信号在对流层中传播时,会产生对流层传播延迟,称为对流层折射误差。此误差与卫星的仰角有关,仰角越小,误差越大。为减小对流层折射误差的影响,一般选

用仰角小于5°的卫星。

③多径效应

多径效应，是指接收机接收到的信号是由一个以上的传播路径传播的合成信号，使信号特性变化而产生测量误差。该误差的大小，与接收天线的位置及反射体的自然特性有关。

(3) GPS 接收机误差

GPS 接收机误差，有接收机通道间偏差(多通道接收时)、接收机噪声和量化误差。对于多通道接收机，因各通道硬件路径不同，会产生通道间偏差。接收机的硬件和软件产生的噪声引起的测距误差，称为接收机噪声误差。接收机利用伪码测距的误差，可以量化在一定的范围内。这个量化范围称为量化误差。

综合以上伪测距误差预算数据，总的合成误差引起的 GPS 接收机等效测距误差为4.3 m(P 码)和8.6 m(C/A 码)。

2.几何误差

在测距误差一定的条件下，观测点与卫星间的几何图形不同时，定位误差的大小也不同。

用户与卫星间的几何关系对定位误差影响的大小，可用几何精度因子 GDOP(Geometric Dilution of Precision)来表示。GDOP 的值越小，表明所选用卫星的空间几何图形的配置越理想。也就是说，4 颗卫星与测者所构成的空间几何图形的体积，与 GDOP 成反比关系，即体积越大，GDOP 越小，定位精度就越高。

GDOP 可用下式表示：

$$\mathrm{GDOP}=\sqrt{(\mathrm{PDOP})^2+(\mathrm{TDOP})^2} \tag{1-2}$$

式中：PDOP——三维位置精度因子；

TDOP——时钟偏差精度因子。

$$\mathrm{PDOP}=\sqrt{(\mathrm{HDOP})^2+(\mathrm{VDOP})^2} \tag{1-3}$$

式中：HDOP——水平位置精度因子；

VDOP——垂直方向精度因子。

利用上面的关系式，可以得到下面的误差表达式：

伪测距误差 $\sigma\times$PDOP = 位置误差

伪测距误差 $\sigma\times$TDOP = 钟差误差

伪测距误差 $\sigma\times$VDOP = 高程误差

伪测距误差 $\sigma\times$HDOP = 水平位置误差

可见，GDOP 本身是一种综合度量值，它表示卫星配置的几何图形和接收机时钟偏差对用户位置精度的综合影响，如图1-6所示。

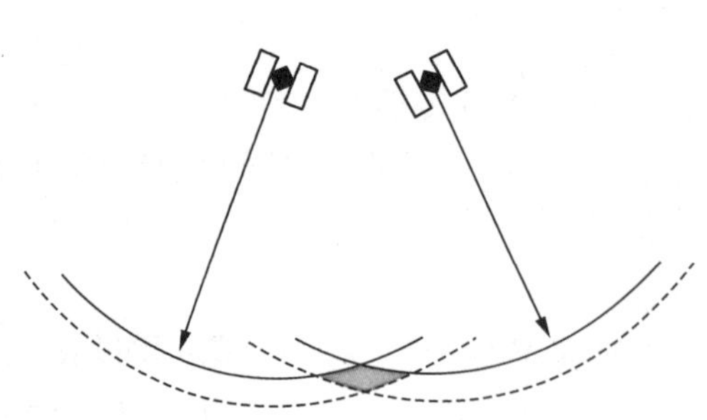

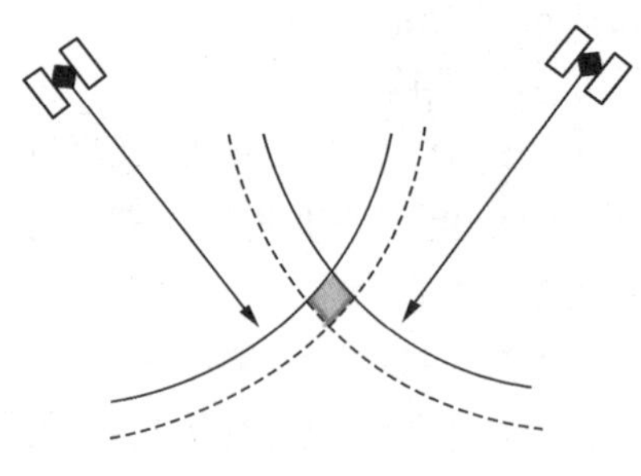

图 1-6　几何误差

接收机的选星原则,是将 4 颗(3D)或 3 颗(2D)仰角满足 5°~85°的要求,且构成的空间几何图形能使几何精度因子 GDOP(HDOP)值最小的一组卫星,作为最佳选择。船用 GPS 接收机,通常将 HDOP 的门限值设置为 10。

GPS 接收机的动态特性,将会影响速度测量。高质量的 GPS 接收机,在动态特性很强烈的环境中,有 0.03~0.13 m/s 的水平速度误差和 0.05~0.21 m/s 的垂直速度误差。卫星几何图形对距离变化率和用户速度误差的影响,类似于对距离误差和用户位置误差的影响。因此,GDOP 参数,同样适用于速度测量。

3.海图标绘误差

海图标绘误差,是指选用的海图坐标系与 GPS 接收机所使用的坐标系不同,所带来的定位误差。目前世界各国编制的海图和生产的 GPS 接收机,采用了不同的大地坐标系,使得在采用与接收机不同的大地坐标系的海图上,直接标绘 GPS 船位产生位置误差。因此,在高精度定位时,需要在接收机上进行大地坐标系的转换。航海人员应注意正确使用。

三、舰船 GPS 接收机

目前,舰船上使用较多的是 C/A 码单频 GPS 接收机。下面将介绍航海型 GPS 接收机的技术性能、主要功能及实船具体应用等方面的内容。

(一)舰船 GPS 接收机的组成及作用

舰船 GPS 接收机通常由接收天线和本机两部分组成。

1.接收天线

GPS 接收机的接收天线,长约 20 cm,圆柱形或蘑菇头形,安装在罗经甲板上一定高度的位置,用于接收 GPS 卫星发射的信号。天线通常为四螺旋天线或鞭状天线,并带有前置放大器。GPS 信号经天线、前置放大器、变频和中频放大器后,输至导航仪主机。

GPS 天线安装,应避免被大桅、卫星通信天线等阻挡;不要安装在雷达垂直波束之内;与 VHF 等鞭状天线的距离,应大于 1 m;与 DF 环状天线的距离,应大于 3 m;与中/高频发射天线的距离,应大于 4 m;与卫通天线的距离,应大于 5 m。GPS 天线接头处应包扎好,防潮、防漏水。天线高频电缆尽可能短并远离其他发射天线,勿与其他导线混在一起。

2.本机

GPS 接收机的本机，是舰船导航仪的主体部分，包括参考振荡器、接收机、微处理机、键盘显示器、航向航速接口（任选设备）、高度计数（任选设备）、内部电源（10~40 V）和外接直流电源（10~40 V）接口等。其主要作用是输入数据，对接收信号进行放大处理、解码、测量计算、显示数据等。接收机主机内的锂电池通常应每 4 年更换一次。

参考振荡器提供导航仪的定时信号。接收机为 C/A 码时序接收机，配有专用的数据处理器和信号处理器，采用码片与频率搜索电路搜寻卫星。接收机将接收到的 GPS 卫星信号进行变频、放大、宽带滤波，变为中频信号后，经过锁相环路相关检测，解调出伪随机码、载波及导航数据；测量出伪距离和 GPS 信号的多普勒频移；计算出用户的位置、速度及其他所需要的信息。微处理机由微处理器、存储器、参数存储器和实时时钟等组成，对 GPS 信号、航速信号、航向信号、高度信号及键盘输入信号等进行处理，控制整个 GPS 导航仪完成机器的各种功能。

舰船 GPS 接收机的本机应安装在避免振动、潮湿高温、阳光直射的地方，远离其他无线电设备，接地可靠，选用规定规格的熔断丝。目前，GPS 通常需要 11~24 V 的直流电源供电。

（二）舰船 GPS 接收机启动方式

舰船 GPS 接收机开机方式，一般分为冷启动、热启动和日常启动（重新启动）三种。

1.冷启动

舰船 GPS 接收机安装后的第一次开机使用，所存历书太陈旧或者所有数据被清除时，停机 3 个月以上（请参阅仪器说明书）时，或停机后位置变化 100 mile 以上（请参阅仪器说明书）时，再次开机，称为导航仪的冷启动。

冷启动时，导航仪须进行初始化输入，即需要输入推算船位经纬度、时间、天线高度和 HDOP 等数据后，导航仪需要搜索卫星，重新收集历书，约 30 min 后，才开始自动定位。冷启动输入时间的误差，不应超过 15 min（请参阅仪器说明书），输入船位经纬度的误差不应超过 1°（请参阅仪器说明书）。若 HDOP 数值范围为 00~99，二维定位（船舶定位）时，一般设定 HDOP 值为 10。

2.热启动

当舰船 GPS 接收机关机后，位置变化不超过 100 mile（请参阅仪器说明书）时，或关机不超过 3 个月（请参阅仪器说明书），且导航仪内保存有有效的卫星星历时的启动，称为导航仪的热启动。

热启动时，一般不需要向导航仪输入初始数据。接通电源后，最多不超过 20 min，就可以自动定位。

3.日常启动

舰船在航行或停泊时，GPS 接收机关机后再启动，称为接收机的日常启动。

由于航行或停泊时，一般关机时间很短，且位置基本不变，GPS 接收机中保存着有效数据。因此，日常启动接收机时，不需初始化输入。日常启动时，按下 GPS 接收机电源键，接收机马上就可以自动定位。

（三）舰船 GPS 接收机主要功能

舰船 GPS 接收机有以下主要功能：

1.船位计算和显示功能

一般每隔 1 s 更新一次船位(用经度、纬度表示),显示的船位分为 GPS 船位和 DR(Dead Reckoning)船位。当定位时的 HDOP 大于设定的 HDOP 时,显示 DR 船位。当定位时的 HDOP 小于设定的 HDOP 时,显示 GPS 船位。

2.导航功能

该功能计算显示对地航速、对地航向、至航路点的恒向线或大圆方位和距离、航行所需要的时间、偏航报警(XTE)、到达报警(ARV)、走锚报警(ANCH)、任何两航路点之间的方向和航程等,标绘航迹和航路点。若有陀螺罗经和计程仪输入时,可显示流向和流速。导航数据更新时间约 3~5 s。

3.航线设计功能

该功能可输入存储 10 条以上的航线(Route),每条航线可以设定 10 个或以上的航路点(Waypoint)(请参阅仪器说明书)。计算显示到某一航路点的方位(BRG)、距离(RNG)、到达时间(ETA)和航行时间(TTG)等。

4.存储导航信息

其用于存储 10 个以上重要航路点(Waypoint)、计算航程等。

5.显示卫星的有关信息

其显示用于定位的卫星编号(SANO)、仰角(ELV)、方位角(AZL)、HDOP 和信噪比(S/N)等信息。

6.变换使用测地系

舰船航行于阿拉斯加/加拿大(Alaska/Canada)、欧洲(Europe)、澳大利亚(Australia)、南亚(South Asia)和南美(South America)等海域,应视情况,变换使用测地系。

7.接口功能(提供输入输出接口)

目前,各厂家普遍采用美国国家航运电子协会(National Marine Electronics Association,NMEA)的数据格式。

四、DGPS 导航系统

GPS 是一种卫星测距定位系统。测伪距误差的大小,直接影响定位精度。GPS 的伪距误差,包括卫星误差、信号传播误差及卫星导航仪误差。若提高定位精度,则必须设法消除或减弱上述误差的影响。差分 GPS(Differential GPS,DGPS)利用已知精确三维坐标的差分 GPS 基准台,求得伪距修正量或位置修正量,经数据链双向或单向通信,将这个修正量实时或事后发送给用户(DGPS 导航仪),对用户的测量数据进行修正,以提高 GPS 定位精度。

DGPS 由 GPS 卫星网、基准台,数据链(通信链)及用户组成。DGPS 基准台用 GPS 接收机接收 GPS 卫星发射的导航信息,测量基准台的位置,与已知位置比较计算出误差(伪距或位置修正值),经数据链播发给 DGPS 用户。数据链即 DGPS 导航电文通信链,以固定的格式向用户播发 DGPS 修正信息,对用户计算出的位置进行修正,以获得高精度定位。

我国已于2002年1月1日零时,正式开通大三山、秦皇岛、北塘、王家麦、大戢山、抱虎角、老铁山、成山角、燕尾港、蒿枝港、定海、石塘、天达山、镇海角、鹿屿、三灶、防城港、三亚、洋浦等DGPS基准台,构成中国沿海无线电信标/DGPS台链,信号覆盖中国沿海海域。中国沿海300 km内航行的船舶,定位精度为5 m。

目前世界上广泛采用的DGPS,可使定位精度提高到8~12 m(二维定位),定点定位精度提高到5 m,甚至1 m。用户距离DGPS基准台越近,定位精度越高;距离DGPS基准台越远,定位精度越低。

(一)DGPS分类

根据DGPS修正数据的处理方法,可分为位置DGPS、伪距DGPS、相位平滑伪距DGPS、载波相位DGPS、广域DGPS和广域增强系统。

1.位置DGPS

根据已知的DGPS基准台的精确位置坐标与DGPS基准台测量的位置坐标求得的差,称为位置修正值。DGPS基准台把位置修正值、位置修正值变化率及卫星的星历数据龄期AODE,用上行数据通信播发给作用区域内的所有用户,由用户对其位置进行修正;或者用户用下行数据通信,传输它的未校正位置数据和它选用的卫星星组,由基准台计算每个用户的位置修正值,并用上行数据通信,将校正后的定位数据传输给用户。

2.伪距DGPS

根据已知的DGPS基准台精确的位置坐标与GPS卫星星历,求出GPS卫星到DGPS基准台的距离,然后将此值与DGPS基准台用C/A码测量的伪距观测值求差,称为伪距修正值。基准台将每颗卫星的伪距修正值、伪距修正值变化率和星历数据龄期AODE,用上行数据播发给作用区内的所有用户,用户GPS接收机接收到此信号后,对其观测值进行修正,最后利用改正后的伪距求出用户的位置;或者用户用下行数据传输它的未校正的伪距测量数据和它选用的卫星星组,由基准台修正每一用户的测量值,并用上行数据通信将校正后的测量值传输给用户。伪距DGPS定位是目前较为广泛采用的技术,定位精度可达3~10 m。

3.相位平滑伪距DGPS

GPS接收机除了提供C/A码伪距观测值之外,还可以提供多普勒计数或载波相位。由于载波相位观测精度比伪距测量精度高,利用多普勒计数或载波相位辅助伪距测量,可以提高测量精度。相位平滑伪距DGPS可使定位精度提高到亚米级。

4.载波相位DGPS

载波相位DGPS又称为RTK(Real Time Kinematic)技术,是将DGPS基准台载波相位观测值和坐标信号一起传送到用户。随后,用户将自己接收到的卫星载波相位观测值与GPS基准台传送来的载波相位观测值一起处理。其实时定位精度可达到厘米级。

5.广域DGPS

广域DGPS(Wida Area DGPS,WADGPS)是在一定区域设立若干个DGPS基准台,由一个或多个主控台组网。主控台接收来自各监测台的DGPS修正信号,经过处理组合后,形成在扩展区域内的有效DGPS修正电文,再通过卫星通信线路或无线电数据链,将修正信号发送给用户。这样就形成了广域DGPS。

6.广域增强系统

广域增强系统(Wide Area Augmentation System,WAAS)是广域 DGPS 增强系统,是在卫星上加载 L 波段转发器,实施导航重叠和广域增强电文广播,广播类 GPS 信号,向用户提供附加测距信息、广域 DGPS 改正信息,改善航行安全的完善性信息,进行广泛区域的 DGPS 定位与导航。

(二)DGPS 基准台

1.DGPS 基准台

DGPS 基准台跟踪所有视界以内的卫星,精确测量伪距和载波相位,产生差分修正数据,并格式化为标准的信号格式,经调制后播发给用户。DGPS 基准台由接收机部分、数据处理部分和发射机部分组成。

GPS 接收机自动捕获和跟踪 GPS 卫星伪距和载波,测量伪距和伪距变化率,并将检测的卫星星历,卫星钟差测量的伪距等信息送到数据处理部分。在数据处理器中,根据已知基准台精确的位置坐标及 GPS 卫星星历,计算出卫星到基准台的计算伪距,然后将此值与基准台测量的伪距值求差,获得伪距修正值。对载波锁相环路进行多普勒频移计数,可获得伪距修正值变化率。伪距修正值和伪距修正值变化率经过数据处理(卡尔曼滤波),进一步提高精度,并经过编码器数据格式化后送到发射机部分,由发射机将 GPS 差分修正信息播发给用户。在海上,通常用无线电信标通信链以最小移频键控(MSK)调制方式,将 GPS 差分修正信息播发给 DGPS 用户。

2.DGPS 无线电信标

DGPS 无线电信标,具有准确的地理位置,发射无线电测向信号和 DGPS 数据信号。DGPS 无线电信标,由 DGPS 基准台、完善性监测器、发射机和计算机组成。

DGPS 基准台用多通道(9 或 12 通道)、单频(L1 频率)、C/A 码、连续型 GPS 接收机,跟踪所有视界以内的卫星,经过精确的测量和数据接收与处理,产生差分修正数据,并格式化为标准的信号格式,经最小频移键控调制器调制后,送给发射机。调制器还向发射机输送一个键控未调制音频的无线电测向信号。

完善性监测器,用 DGPS 卫星导航仪和最小频移键控解调器,来检测 DGPS 及最小频移键控广播内容和测量系统的性能,监测 DGPS 基准台的健康状况、卫星钟误差、伪距剩余误差、定位误差以及信号参数是否超限。完善性监测器将检测和监测的结果,直接输送给 DGPS 基准台。如果某颗卫星伪距误差超限,完善性监测器立即通知 DGPS 基准台,并发出告警。该告警经发射机播发给 DGPS 用户。

发射机即 DGPS 无线电信标,是专门供无线电测向和 DGPS 定位用的无线电发射台,由无线电信标经过改进制成,用差分修正数据在副载频上对无线电信标信号进行调制。发射机装有自动天线调谐装置,以补偿天线阻抗。DGPS 基准台和发射机之间进行实时、可靠的通信,由计算机控制完善性监测器和 DGPS 基准台的工作,进而控制发射机的工作。计算机通过调制解调器,与广域 DGPS 的信息中心进行通信。

广域 DGPS 的控制台是广域 DGPS 的控制中心,控制各个 DGPS 无线电信标的工作,实时地监视各个 DGPS 无线电信标,接收各个 DGPS 无线电信标所发射的状态报告和告警信号,与各个 DGPS 无线电信标进行双向通信。DGPS 无线电信标接收控制台的各种控制信息。这些信息包括广播特征、配置、数据、复位、发射机状态和控制参数等。

为了保证安全、可靠、连续地导航与定位，DGPS 无线电信标都配备双 DGPS 基准台和完善性监测器。

双 DGPS 基准台信号分别通过 A、B 口输入到发射机，每个输入口有 DGPS 和无线电测向两种信号。DGPS 无线电信标自动地播发信号。

3.GPS 伪卫星

GPS 伪卫星，是类似于 GPS 卫星的固定基准台，发射频率为 1 575.42 MHz，由 50 bit/s的数据和每秒 1.023×106 码位的 C/A 码进行调制，数据格式与 GPS 卫星数据格式兼容，并且提供距离和修正信息，看起来像一颗"GPS 卫星"，称为 GPS 伪卫星。GPS 伪卫星的时间，与 GPS 卫星时间同步。在需要高精度定位的地方，与精确知道位置的地点建立伪卫星站，发射 GPS 伪距卫星信号。

和 DGPS 基准台一样，伪卫星用 GPS 导航仪接收 GPS 信号，计算伪距离校正量等信息，并发射类似的 GPS 信号，改善 GPS 卫星的配置，提高局部区域的定位精度。

（三）DGPS 数据链

2015 年 5 月 11 日至 12 日，国际海事无线电技术委员会第 104 专业委员会（RTCM SC-104）全体会议，在中国西安召开。该委员会推荐，DGPS 数据链使用无线电信标频率。

DGPS 导航电文，是 DGPS 基准台发射的有关差分校正量信息，包括导航需要的差分校正量、差分校正量增量、P 码差分校正量、GPS 差分基准台的有关信息、GPS 卫星状况、无线电历书、伪卫星参数以及与 GPS 导航和罗兰 C 导航有关的其他信息。RTCM 推荐的 DGPS 信号格式，与 GPS 信号格式相仿，信息速率为 50 bit/s。

DGPS 导航电文，被划分为 63 种类型，其中有 16 种电文确定使用和试用。我国沿海 DGPS 基准台，采用 RTCM SC-104 格式播发信息，电文类型为 1、3、5、7、9、16，信息速率为 200 bit/s，发射总功率为 200 W，其中 RBN 为 60 W，DGPS 为 140 W。

（四）DGPS 初始化输入

1.选择 DGPS 信标信号搜索方式

选择 INT（内置 DGS 信标接收机）、EXT（外接 DGPS 信标接收机）或 OFF（不用 DGPS 功能）。

2.选择 DGPS 信标

选台方式为 AUTO（自动搜索 DGPS 信标台）或 MANUAL（手动输入 DGPS 信标台的速率和频率）。如果选择 MANUAL，需输入 DGPS 信标台所使用的发射速率（50、100 或 200 bit/s）和发射频率（FREQ）。

知识拓展

知识拓展一 格洛纳斯导航卫星系统(GLONASS)

格洛纳斯导航卫星系统(Global Navigation Satellite System,GLONASS)是苏联于1976年开始研制的导航卫星系统,1995年全部建成使用。GLONASS可实现全球定位服务,可全天候、连续地为全球海陆空以及近地空间的各种军、民用户,提供高精度的三维空间、速度信息和授时服务。其平面定位精度为10~15 m,垂直高度精度约为36 m,授时精度为20~30 ns,测速精度为0.01 m/s。

一、系统组成

该系统由空间卫星网、地面控制站和用户设备三部分组成。

1.空间卫星网

空间卫星网由24颗卫星组成,均匀分布在3个近圆形的轨道平面上。这三个轨道平面两两相隔120°,每个轨道面8颗卫星,同平面内的卫星之间相隔45°,轨道高度19 100 km,运行周期11 h 15 min,轨道倾角64.8°。由于GLONASS卫星的轨道倾角大于GPS卫星的轨道倾角,所以在高纬度(50°以上)地区的可视见性较好。

与美国的GPS不同的是,GLONASS采用频分多址(FDMA)方式,根据载波频率来区分不同卫星。而GPS是码分多址(CDMA),根据调制码来区分卫星。每颗GLONASS卫星,播发两种载波频率,分别为$L_1=1\ 602+0.562\ 5k$(MHz)和$L_2=1\ 246+0.437\ 51k$(MHz)。其中,$k=1\sim24$,为每颗卫星的频率编号。

2.地面控制站

地面控制站(GCS)包括一个系统控制中心(在莫斯科区)和一个指令跟踪站(CTS),网络分布于俄罗斯境内。CTS跟踪着GLONASS可视卫星,遥测所有卫星,进行测距数据的采集和处理,并向各卫星发送控制指令和导航信息。在GCS内,有激光测距设备对测距数据做周期修正,为此所有GLONASS卫星上都装有激光反射镜。

3.用户设备

用户设备(即接收机)接收GLONASS卫星信号,并测量其伪距和速度,同时从卫星信号中选出并处理导航电文。接收机中的计算机,对所有输入数据处理,并算出位置坐标的三个分量、速度矢量的三个分量和时间。

二、GPS+GLONASS 对 GPS 的改进

1.可见卫星数增加一倍

GLONASS 卫星星座组网完成后,可用于导航定位的卫星总数将增加一倍。在山区或城市中,有时因障碍物遮挡,纯 GPS 可能无法工作,而 GPS+GLONASS 则可以工作。

2.提高生产效率

在测量应用中,GPS 测量所需要的观测时间取决于求解载波相位整周模糊度所需要的时间。观测时间越长或可观测到的卫星数越多,则用于求解载波相位整周模糊度的数据也就越多,求解结果的可靠性越好。为了提高生产效率,常使用快速定位、实时动态测量(RTK)或后处理动态测量。但要满足一定的精度要求,必须正确求解载波相位整周模糊度。可观测到的卫星数增加得越多,则求解载波相位整周模糊度所需要的观测时间就可缩短得越多。因此,GPS+GLONASS 可以提高生产效率。

3.提高观测结果的可靠性

用卫星系统进行测量定位的观测结果的可靠性,主要取决于用于定位计算的卫星颗数。因此,GPS+GLONASS 将大大提高观测结果的可靠性。

4.提高观测结果的精度

观测卫星相对于测站的几何分布(DOP 值),直接影响观测结果的精度。可观测到的卫星越多,越可以改善观测卫星相对于测站的几何分布,从而提高观测结果的精度。

知识拓展二　伽利略导航卫星系统(Galileo)

一、伽利略导航卫星系统发展概述

伽利略导航卫星系统(Galileo Navigation Satellite System),是由欧盟研制和建立的全球导航卫星系统。欧盟于 1999 年首次公布伽利略导航卫星系统计划,其目的是摆脱欧洲对美国全球定位系统的依赖,打破其垄断。该计划于 2002 年 3 月正式启动,最初目标是 2007 年年底前建成,2008 年投入使用,2013 年全面运转。2005 年,首颗伽利略试验卫星发射升空。但 2008 年,由于技术等问题,系统建成计划延长到了 2011 年。2010 年初,欧盟再次宣布,伽利略导航卫星系统将推迟到 2014 年投入运营。截至 2016 年,该系统已经发射了 18 颗工作卫星,具备了早期操作能力(EOC),并计划在 2019 年具备完全操作能力(FOC)。

2023 年 1 月 27 日,欧洲航天局宣布,由 28 颗卫星组成的伽利略导航卫星系统,其高精度定位服务(HAS)已启用,水平和垂直导航精度分别可达到 20 cm 和 40 cm。这也代表着该系统已经成为世界上最精确的卫星导航系统,目前已经服务于全球超过 30 亿用户。

出于经济和战略需要,中国曾积极参与伽利略计划的开发。2003 年中国与欧盟达成伽利略卫星导航合作协定,中国计划投入 2 亿欧元,参与伽利略卫星导航技术、工业制造、服务和市场开发、产品标准化和频率等项目的建设。

二、伽利略导航卫星系统的组成

伽利略导航卫星系统主要包括伽利略卫星星座、地面监控中心以及用户接收机三部分。

伽利略卫星星座,由 28 颗卫星组成,平均分布在 3 个地球轨道上。每条轨道有 9 颗卫星运作,最后 1 颗卫星作备用。单颗卫星质量为 650 kg,功率为 1.5 kW。轨道高度为 23 222 km(MEO),轨道倾角为 56°。卫星上采用比 GPS 卫星原子钟精度和稳定度更高的原子钟。

地面监控中心的主要任务是控制伽利略卫星,管理导航任务。该系统计划在欧洲大陆设置 2 个控制中心,在全球范围内部署 20 个伽利略导航卫星系统数据中转站。

伽利略导航卫星系统为用户定义了不同的服务级别。伽利略用户接收机也有不同的种类,以满足不同的需求。

三、伽利略导航卫星系统导航服务的定义

伽利略导航卫星系统为用户定义了四种不同级别的服务。

1.免费公共服务(PVT)

该服务可提供一般定位、测速和授时。PVT 定位精度(95%):单频接收水平方向 15 m、高度方向 35 m,双频接收水平方向 4 m、高度方向 8 m,授时精度双频接收时 50 ns。

2.精确完备的导航服务(AI)

该服务针对生命安全要求不高的用户以及专业市场提供高精度、高可靠性的导航服务,该项服务属于签约服务。AI 仅提供双频接收,定位精度(95%)水平方向 4 m、高度方向 8 m、授时精度双频接收时 50 ns。

3.距离修正及授时服务(RT)

该服务即差分服务,针对专业和技术市场提供非常精确的距离修正、定位和授时服务,同样属于签约服务。RT 单频或双频用户的定位精度优于 1 m,三频用户定位精度优于 10 cm。

4.高度完备性服务

该服务针对对生命安全要求非常高的用户市场提供最高精度、最高系统连续可用性、高度抗干扰能力的服务,仅针对具有特殊授权的高级签约用户开放。

项目实施

任务一　操作舰船GPS/DGPS接收机

一、任务描述

某舰船航行于我国某海域，执行巡航任务。请根据指令，完成全部操作；在操作过程中，叙述操作内容与相关现象或结果。

二、操作步骤

以舰船 GPS-150 型 GPS 接收机为例，进行操作。

1.熟悉控制面板

图 1-7 所示是 GPS-150 控制面板，简单说明如下：

最上面是游标小键盘，用来移动光标和显示结果。

MENU ESC：打开或关闭菜单；退出现在的操作。

NU/CU ENT：选择显示方向；确认菜单上的选项。

DISPLAY SEL：选择显示模式。

WPT RTE：记录航路点和航线。

MARK：在显示上做标记。

ZOOM IN：放大。

CENTER：使船或光标的位置居中。

TONE：调整显示的对比度和亮度；改变经纬坐标。

EVENT MOB：记录船舶重大事件位置；记录人落水位置。

GOTO：设定目的地或转向目标。

PLOT ON/OFF：把记录或标绘的船舶航迹显示或关掉。

ZOOM OUT：缩小。

CURSOR ON/OFF：打开或关掉游标。

CLEAR：删除航路点和标记；清除错误数据；关闭有声报警。

POWER：打开或关闭电源。

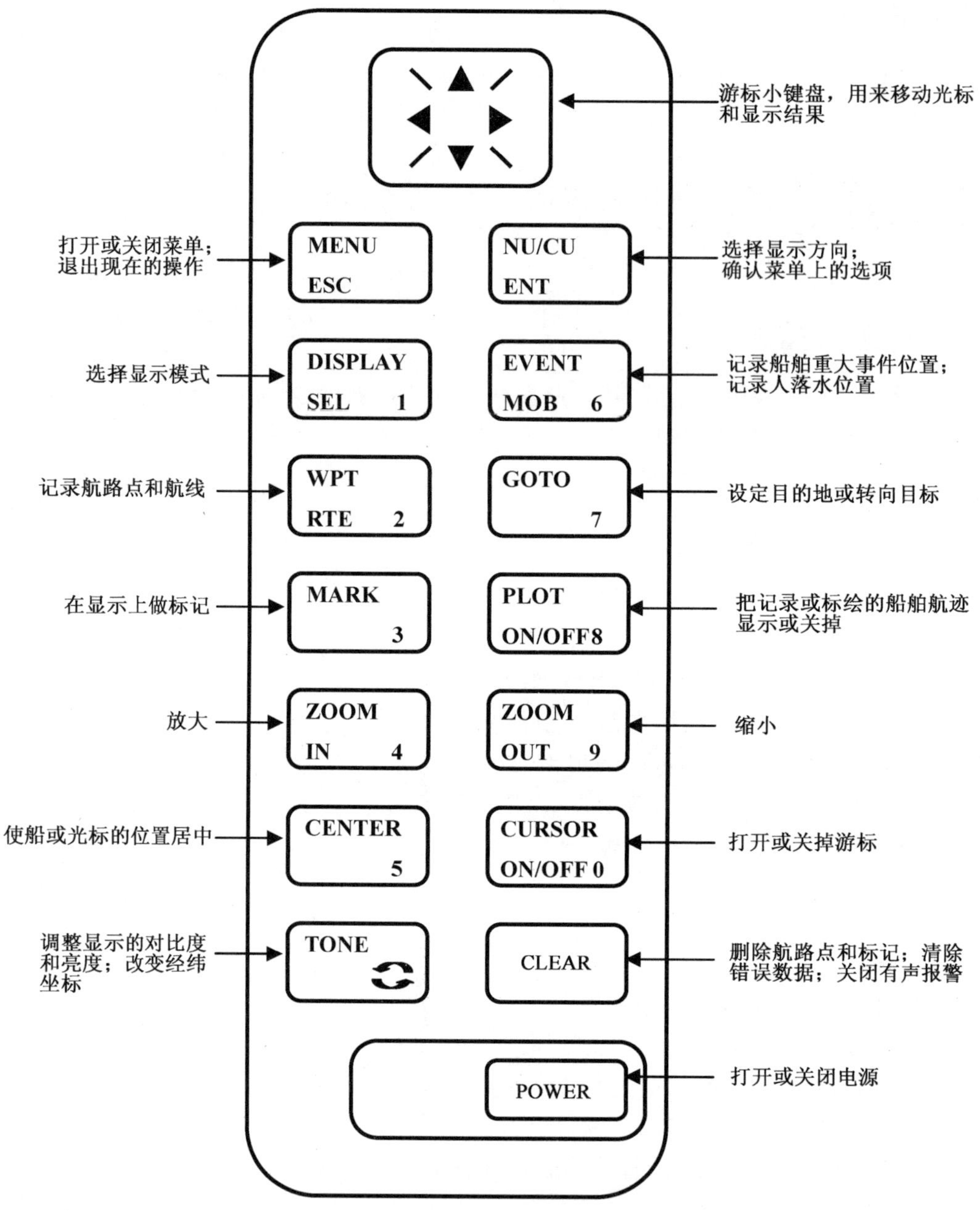

图 1-7　GPS-150 控制面板

2.初始化操作

(1)检查设备操作运行情况(Checking Operation)。首先打开电源,设备启动后,按[MENU ESC]键,再按[8]键和[1]键,确认程序存储器(Program Memory)、静态存储器(SRAM)、内置电池(Internal Battery)、GPS 和无线电信标(Radion Beacon)都是正常完好的。

(2)DGPS 设置(DGPS Setup)。DGPS 设置模式有自动和手动两种,默认模式为手动。GPS-150 能自动选择最合适的基准台(或称为基站)(Reference Station)。如果在自

动模式(Automatic Mode)下确定 DGPS 的位置超过 5 min,就转为手动模式(Manual Mode)。当外部无线电信标接收机(External Beacon Receiver)没有基准台选择的自动功能时,使用手动模式。

对于两种模式的讲解用英文进行。

(1)自动设置(Automatic DGPS Setup)

①按下[MENU ESC],再按[9]和[7]显示"WAAS/DGPS SETUP"菜单。

②按[◀]或[▶]键,选择"MODE"功能,再按[4]键,选择"INT BEACON"(整体无线电信标)。

③按[▲]或[▼]键,选择"DGPS Station"(DGPS 站)。

④按[◀]键,选择"Auto"(自动)。

⑤按[NU/CU ENT]键。

⑥按[MENU ESC]键。

(2)手动设置(Manual DGPS Setup)

①按[MENU ESC],[9]和[7]键显示"WAAS/DGPS SETUP"菜单。

②按[▲]或[▼]键,选择"MODE"功能,再按[4]键,选择"INT BEACON"。

③按[▲]或[▼]键,选择"Ref.Station"(参考站)。

④按[▶]键,选择"Man"(人工)。

⑤按[▼]键,选择"Freq"(频率)。

⑥输入频率,频率范围为 283.5~325.0 kHz。

⑦按[NU/CU ENT]键,显示"Baud Rate"(波特率)。

⑧按[4]或[◀]键选择波特率,可选择的波特率为"25""50""100"或"200"。

⑨按[MENU ESC]键。

(3)DGPS 操作检查

①按[MENU ESC]。

②按[7]键。

(4)输入/输出设置(Input/Output Setting)

要逐一对数据格式和数据输出的有效性、可行性进行检查。

三、任务小结

____

____

____

____

项目考核

一、知识考核

1.北斗二号全球卫星导航系统已经对东南亚实现全覆盖,可以提供区域定位、导航和授时服务,定位精度为________ m。

A.5　　　　B.10

C.15　　　　D.100

2.北斗二号全球卫星导航系统已经对东南亚实现全覆盖,可以提供区域定位、导航和授时服务,授时精度为________ ns。

A.20　　　　B.50

C.80　　　　D.100

3.北斗二号全球卫星导航系统已经对东南亚实现全覆盖,可以提供区域定位、导航和授时服务,测速精度为________ m/s。

A.0.1　　　　B.0.2

C.0.3　　　　D.0.5

4.关于北斗导航卫星系统,下列说法错误的是________。

A.北斗一号全球卫星导航系统是被动有源定位系统

B.北斗二号全球卫星导航系统是区域定位系统

C.北斗一号全球卫星导航是双星定位系统

D.北斗二号全球卫星导航不具备短报文通信功能

5.目前北斗导航卫星系统的功能和 GPS 相比,最大的不同在于________。

A.可以提供短报文服务

B.可以提供授时服务

C.可以提供连续近于实时的定位服务

D.可以提供全天候定位服务

6.根据《SOLAS 公约》的要求,所有船舶至少必须安装________台全球卫星导航系统或陆基无线电导航或其他装置。

A.1　　　　B.2

C.3　　　　D.无要求

7.下列哪个叙述不属于卫星导航系统的优点?________。

A.抗干扰性好

B.保密性强

C.可以为水下定位

D.少数几颗卫星即可覆盖全球

8.下列关于陆基无线电导航系统的说法正确的是________。

A.接收机只能在陆地上使用

B.基站在陆地上

C.基站和接收机都只能在陆地上

D.基站在卫星上,接收机在陆地上

9.下列卫星导航系统中,不属于全球导航系统的是________。

A.格洛纳斯导航卫星系统　　　　B.北斗二号卫星导航系统

C.伽利略导航卫星系统　　　　D.GPS

10.海洋船舶利用 GPS 接收机进行二维定位时,至少选择________颗 GPS 卫星。

A.3　　B.4

C.6　　D.11

参考答案：

1.B　2.B　3.B　4.D　5.A　6.A　7.C　8.B　9.B　10.A

二、技能考核

1.舰船 GPS 接收机初始化输入。

包括但不限于：大地测量坐标系，WGS-84；天线高度，19 m；距离单位，海里；导航计算方式，墨卡托。

2.读取经纬度，并确认其定位精度，符合题设海域要求。

项目二

回声测深仪

项目导读

回声测深仪(Echo Sounder)是利用超声波在水中传播的物理特性而制成的一种测量水深的水声导航仪器。船舶通过测量水深可以辨认船位;在新航区或浅水区引导船舶航行,保证航行安全;在航道测量方面,可以提供准确的水深。回声测深仪是船舶必不可少的导航设备之一。

本项目介绍水声学基础、回声测深仪原理和回声测深仪误差等知识,并以 JUNLU-61 型回声测深仪为例,详细介绍回声测深仪的使用。

学习目标

1.知识目标

(1)掌握国际公约对船舶配备回声测深仪的要求;

(2)了解声波在水中传播的基本特性;

(3)了解回声测深仪的工作原理;

(4)了解回声测深仪的组成和工作时序;

(5)了解换能器的工作原理和种类,理解换能器的安装位置;

(6)掌握回声测深仪的主要性能指标;

(7)掌握回声测深仪误差及影响测量的主要因素。

2.能力目标

能在实验室或船上,熟练并正确使用回声测深仪,具体包括如下几点:

(1)组成核对和设备测试;

(2)主要功能的使用;

(3)主要导航信息的调用;

(4)理解显示屏上所显示的数据;

(5)根据测深数据与海图水深数据的对比结果,保证船舶航行在安全水域内。

3.职业素养目标

(1)确保船舶在安全水域航行;

(2)仪器使用符合制造商建议;

(3)树立独立自主、自力更生的精神。

知识链接

知识链接一　水声学基础

一、声波及其物理特性

声波(Sound Wave)是在弹性介质(包括气体、液体和固体)中由介质粒子的机械振动而引起的在介质中传播的机械波。声波的产生离不开两个因素,即声源和弹性介质。

声源是振动的物体,如振动的音叉和声带。弹性介质是声波传播的媒介,如空气、水等都可传播声波。将一个振动的物体置于弹性介质中,在其周围的介质质点必然随之振动并产生位移,在流体介质空间则形成介质疏密的变化状态,并以波动的形式向外传播。

质点每秒钟振动的次数称为声波的频率 f,频率的单位为赫兹(Hz)。

声波的频率低于 20 Hz,称为次声波,人耳听觉无法辨别。声波频率在 20 Hz~20 kHz 之间,称为可闻声波。20 kHz 以上的,称为超声波。回声测深仪及后面要介绍的多普勒计程仪、声相关计程仪等水声仪器,使用的均为超声波。

二、声波在海水中的传播速度

根据物理学知识,声波在介质中的传播速度的大小与声波的振动频率无关,只取决于介质本身的物理参数,即介质的密度 ρ 和介质的弹性系数 E。因此,声波在海水中的传播速度将取决于海水的密度及弹性系数。而这两个参数不是常数,它们随着海水的温度(t)、含盐量(δ)和静压力(P)的变化而变化,其中尤以温度变化的影响最为显著。显然,声波在海水中的传播速度并非一个常量,它一般需要通过大量的实测数据进行分析计算得到。

为了统一口径和简化设计,船用水声导航仪器如回声测深仪、多普勒计程仪和声相关计程仪等通常以 1 500 m/s 作为标准声速。

三、声波的传播损耗和混响

声波在海水中传播过程中因反射、折射、散射和吸收等现象,会使来自声源的能量随着时间和空间的推移而逐渐减弱,这种声能减弱的现象称为传播损耗(Attenuation)。

传播损耗有两种,即衰减损耗和扩散损耗。衰减损耗是声波的反射、折射、散射和吸收共同作用的结果;扩散损耗是由声能的直接扩散所引起的。

混响(Reverberation)是指声源停止反射后,收到的来自海水中各种散射波的总和。

根据海洋中的散射体所处位置不同，将混响分为海面混响、体积混响和海底混响三种。海面混响的散射体位于海水表面或靠近海面层的各种海生物、悬浮颗粒、气泡等；体积混响的散射体位于海水中层；海底混响则位于海底或海底附近。

混响对于水声仪器而言是一种干扰，尤其是混响发生在靠近声源和接收点时，当混响的信号足够大时，将淹没目标的反射回波。混响也有其可被利用的有利方面，如在深水情况下，体积混响则被某些计程仪用来测量船舶相对于水层的速度。

知识链接二　回声测深仪原理

一、回声测深原理

回声测深仪是利用测量超声波自发射至被反射接收的时间间隔来确定水深的。

回声测深仪测量水深的原理，如图 2-1 所示。在船底装有发射超声波的发射换能器 A 和接收超声波的接收换能器 B，A 与 B 之间的距离为 S，S 称为基线。发射换能器 A 以间歇方式向水下发射频率为 20～200 kHz 的超声波脉冲，经海底反射后，一部分能量被接收换能器 B 接收。从图 2-1 可知，只要测出声波自发射至接收所经历的时间，就可由下列公式求出水深：

$$H = D + h = D + \sqrt{AO^2 - AM^2} = D + \sqrt{\left(\frac{ct}{2}\right)^2 - \left(\frac{S}{2}\right)^2} \tag{2-1}$$

式中：H——水面至海底的深度；

D——船舶吃水；

h——测量水深；

S——基线长度；

c——声波在海水中的传播速度，标准声速为 1 500 m/s；

t——声波自发射至接收所经历的时间。

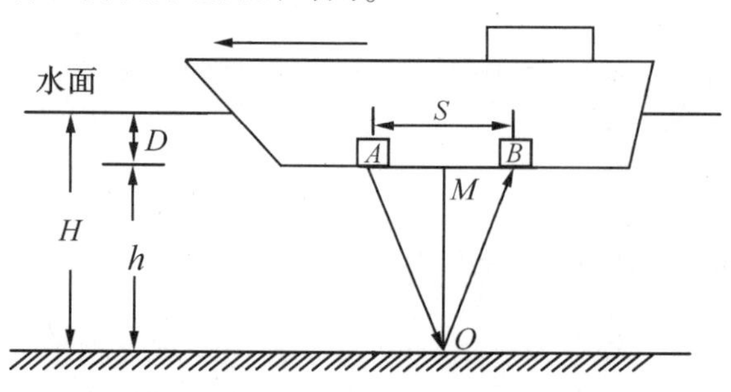

图 2-1　回声测深原理

显然，只要测出时间 t，即可求出水深 H。若换能器是收发兼用换能器，即 $AB=S=0$，取 $c=1\ 500$ m/s，则测量深度 h 可表示为：

$$h = \frac{1}{2}ct = 750t \tag{2-2}$$

二、回声测深仪整机方框图及工作过程

回声测深仪整机方框图如图 2-2 所示。

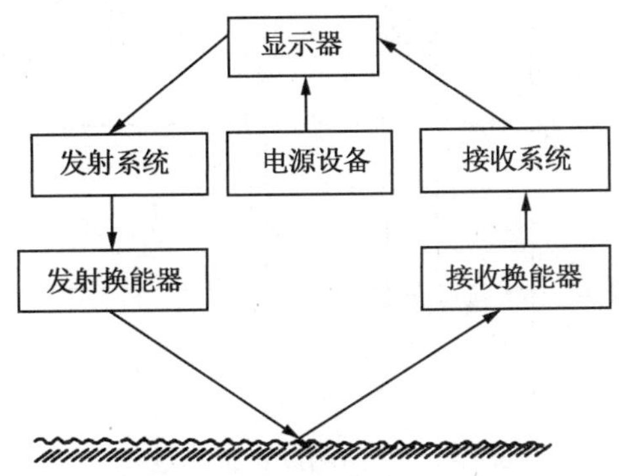

图 2-2 回声测深仪整机方框图

显示器是整机的中枢,其作用是控制协调整机工作;测量声波往返时间并将其换算成水深加以显示。

发射系统将显示器的发射指令变为一定脉冲宽度、频率和输出功率的电振荡脉冲去推动发射换能器工作。

发射换能器将电振荡信号转变为机械振动信号,即将电能转换为声能,形成超声波信号向海底发射。

接收换能器的作用与发射换能器正好相反,它将从海底反射来的声波信号转变为电振荡信号,即将声能转换为电能。

接收系统的作用是:将来自接收换能器的回波信号加以适当放大、选择和处理,变换为适合显示器所需要的回波脉冲信号。

电源设备通常为机器内部的电源或专用的变流机,目前大多数测深仪都可直接接船电工作。

回声测深仪的工作过程可以由工作时序图(见图 2-3)予以描述:

显示器内的发射触发器按一定时间间隔 T(称为脉冲重复周期)产生触发脉冲,该脉冲触发发射系统产生一定宽度 τ(称为脉冲宽度)和一定输出功率的电振荡发射脉冲。发射换能器将电振荡发射脉冲转变为频率为 20~200 kHz 的超声波脉冲向海底发射。在发射同时,显示器将产生与发射脉冲同步的零点信号,表示计时开始。接收换能器将来自海底的声波反射信号转变为电振荡接收脉冲信号,经接收系统放大、处理后形成回波信号送至显示器。显示器累计回波信号和零点信号间的时间间隔,并按深度公式转换为深度予以显示。

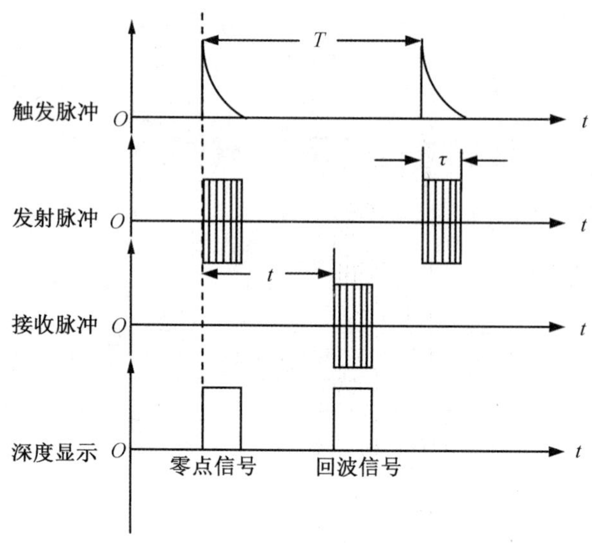

图 2-3　回声测深仪工作过程

三、闪光式测深仪工作原理

闪光式回声测深仪是早期一种典型的回声测深仪,它的结构与设计较为简单。其工作原理,如图 2-4 所示。

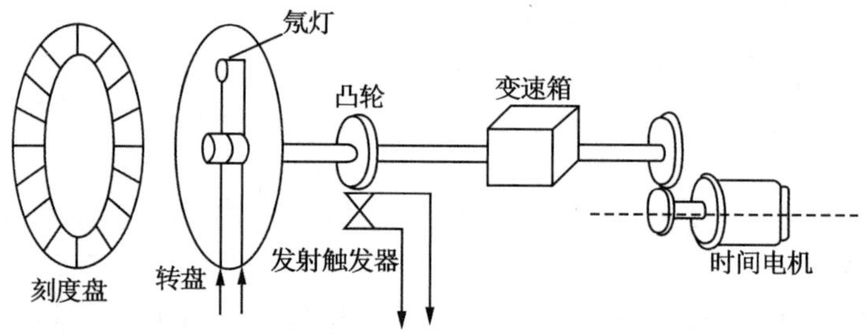

图 2-4　闪光式回声测深仪工作原理

时间电机是闪光式测深仪显示装置的驱动部分,它的转速要求恒定。时间电机的转速,可通过变速箱内的变速齿轮予以变速。变速比的不同,决定了测深仪量程的变化。带有氖灯的转盘在时间电机的驱动下匀速旋转。当氖灯刚好转至固定刻度盘的零位时,氖灯被点亮一次,其光线透过转盘上的缝隙。在刻度盘零位处可看到一条窄光线,表示零点信号,即为计时开始。与此同时,凸轮压合触片,使发射触发器产生触发脉冲,送至发射系统,经发射系统形成发射脉冲后,送至发射换能器,向海底发射超声波脉冲。接收换能器将反射来的回波信号,送至接收系统放大处理后,形成电脉冲回波信号,再次点亮氖灯。此时氖灯在转盘上转过的角度,即对应着测量深度的大小。

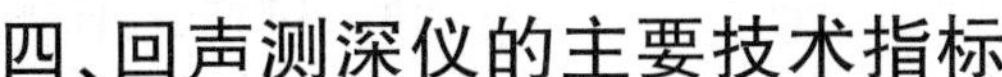

四、回声测深仪的主要技术指标

1.最大测量深度

最大测量深度是测深仪能测量到的最大深度。国际海事组织(IMO)建议,适用于远洋船舶的测深仪,其最大测量深度为 400 m;沿海船舶的测深仪的最大测量深度为 100~200 m。最大测量深度与发射功率、换能器效率和工作频率等因素有关。发射功率越大,测量深度越深;换能器效率越高,能量损耗小,测量深度越深;工作频率低,传播损耗小,测量深度越深。所以在一定的发射功率条件下,应选用较低的工作频率。

最大测量深度与脉冲重复周期也是密切相关的。由于测量的最大时间间隔只能是两次发射的间隔时间,即脉冲重复周期,所以,脉冲重复周期与最大测量深度的关系为:

$$T=\frac{2h_{max}}{C} \tag{2-3}$$

为了使显示器所显示的深度不会超过最大测量深度,实际设计的脉冲重复周期总是略大于最大测量深度所需要的声波往返时间,即 $T>t$。

2.最小测量深度

最小测量深度是测深仪能测量到的最小深度。发射脉冲宽度 τ 是决定最小测量深度的主要因素。测深仪实际能测出的最小深度,应大于 τ 所对应的深度。即:

$$h_{min}>\frac{C\cdot\tau}{2} \tag{2-4}$$

适用于远洋船舶的测深仪的最小测量深度一般为 1~2 m,而浅水测深仪的最小测量深度可达 0.2~0.3 m。

3.测深仪的误差

测深仪的误差,包括声速误差、时间电机转速误差、基线误差、零点误差等。测深仪在浅水范围内允许误差为±1 m,深水范围内允许误差为±5 m 或±5%。

4.显示方式

国际海事组织(IMO)规定,记录式显示方式为测深仪必须具备的显示方式。数字式显示方式在现代测深仪中应用较多,常用的如发光二极管 LED 显示方式,以及兼具探鱼与水下勘测功能的阴极射线管(CRT)显示方式和液晶(LCD)显示方式。

五、水声换能器

回声测深仪的换能器(Transducer)是实现电能与声能相互转换的器件。用于将电振荡能量转换为声能,向水下发射超声波的换能器,称为发射换能器。用于将海底反射回来的超声波声能转换为电振荡能量的换能器,称为接收换能器。发射换能器和接收换能器可以收发分开,也可收发兼用。

1.换能器的分类

换能器按材料划分为两种,一是以镍或镍铁合金为材料的磁致伸缩换能器(Magnetostrictive Transducer)；另一种是以钛酸钡或锆钛酸铅等压电陶瓷为材料的电致伸缩换能器(Electrostrictive Transducer)。这两种换能器是基于磁致伸缩效应和电致伸缩效应来实现声能(机械能)和电能的相互转换的。

目前的磁致伸缩换能器，一般都采用镍和镍铁合金材料制作。它们具有不易受海水腐蚀且加工容易等特点。实际使用时，必须对新的或长期不用的镍换能器，事先给其绕组通以直流电，使其具有或恢复磁性。该措施称为充磁。充磁是为了获得较高的磁致伸缩效应。

由于锆钛酸铅材料来源丰富、成本低、性能优良、稳定性好，所以目前选用锆钛酸铅压电陶瓷材料制成的电致伸缩换能器极为普遍。

2.换能器的安装

换能器的安装要求有如下几点：

(1)换能器在船底的安装位置，应使其周围杂声干扰最小。应尽量远离机舱、螺旋桨，也不能靠近船首的水流平滑处；同时应避开排水口、海底阀及其他有碍水流平顺的突出物。换能器一般装于离船首 1/2～1/3 船长处。

(2)换能器的安装，不能降低船体结构强度和水密性能。换能器安装于船底，无论是开启式或密封式安装，均需在船底开洞，因此应在开洞处采用法兰盘进行加固；同时，在安装换能器的舱室内，应增设便于安装和维护的水密舱，以保证船舶安全和防止渗漏。

(3)换能器的工作面应力求与水平面平行。

(4)换能器的工作面不得涂敷油漆。油漆对声能吸收很大，将使回波信号显著减弱，甚至测深仪不能工作。若发现换能器表面有油漆或其他油污，应彻底予以清除干净。

(5)换能器的引出电缆应使用屏蔽电缆。换能器的两根引出导线之间应有良好的绝缘，屏蔽层与钢管应良好接地。

知识链接三 回声测深仪误差

回声测深仪的误差主要有声速误差、时间电机转速误差、零点误差和基线误差等。此外，船舶摇摆、海水中气泡、海底底质与坡度、船速、换能器工作面附着物等因素也会对测深仪工作产生一定的影响。

一、声速误差

由于船舶所在海域实际声速与测深仪的设计声速不一致而产生的测量误差称为声速误差。

回声测深仪的设计声速是取标准声速 1 500 m/s 的，而实际声速并非恒定值，它随

着海水温度、含盐量和静压力的变化而变化，因此，回声测深仪的声速误差是不可避免的。声速误差的修正公式如下表示：

$$实际水深 = \frac{实际声速}{标准声速} \times 显示水深$$

商船的声速误差一般无须进行修正，但驾驶员在声速变化显著的航区航行时，应加以留意。如船舶从海洋驶入内河航行时，可能因含盐量变化引起实际声速小于标准声速而导致显示深度小于实际水深，从而影响船舶安全航行。

二、时间电机转速误差

时间电机转速误差是指闪光式和记录式测深仪中的时间电机转速与其额定转速不一致所产生的测量误差。在闪光式和记录式测深仪中，时间电机作为显示系统的时间装置，必须以恒定的转速带动转盘或记录笔转动。时间电机转速的变化必然会使转盘转过的角度和记录笔移动的距离发生变化，从而使显示深度与实际深度产生偏差。所以，时间电机转速的稳定与否，将直接影响测深仪显示深度的准确性。

时间电机转速不稳定一般是由于船电变化或时间电机本身故障所致。时间电机的转速误差调整公式如下：

$$实际水深 = \frac{电机额定转速}{电机实际转速} \times 显示水深$$

三、零点误差

零点误差是指零点信号（或零点标志）与刻度盘（或刻度标尺）的零位不一致时所产生的测量误差。零点信号超前，显示水深将小于实际水深；零点信号滞后，则显示水深将大于实际水深。通常，闪光式和记录式测深仪均设置了零点调节机构。

四、基线误差

在前面介绍测深仪的测深原理时，我们求出的测量深度 $h = \sqrt{\left(\frac{ct}{2}\right)^2 - \left(\frac{S}{2}\right)^2}$，其中 S 为收、发换能器之间距，即为基线之长度。实际设计测深仪时，我们均按 $h = \frac{1}{2}ct$ 来计算测量深度，$\left(\frac{S}{2}\right)^2$ 项被忽略掉，故产生了基线误差。

测量水深 $\frac{ct}{2}$ 越深，基线误差就越小。当水深大于 5 m 时，基线误差便可忽略不计。采用收、发兼用换能器的测深仪则不存在基线误差。

五、影响测深仪工作的其他因素

1.船舶摇摆对测深仪工作的影响

当船舶发生横摇时,发射换能器也随之倾斜,其发射的主波束的方向也随之改变。若倾斜角度不大,主波束的反射回波仍可被接收换能器接收;当倾斜角大于某个极限值时,将可能产生回波信号“遗漏”现象。严重时,回波信号全部消失,测深仪无法工作。

2.水中气泡对测深仪的影响

海水中气泡对测深仪工作的影响,主要体现在两个方面:一是水中气泡对声能有削弱作用;二是大量气泡会引起声的混响,从而严重干扰测深仪正常工作。

3.船速对测深仪的影响

当船舶高速航行时,船体产生剧烈振动,水流猛烈冲击船体,致使干扰噪声增加。同时,海水的空化现象也明显增加,致使回波信号削弱。严重时回波信号将被干扰信号“淹没”,致使测深仪工作困难,甚至无法工作。选择适当的换能器安装位置将有助于减小这种影响。

4.换能器工作面附着物的影响

换能器表面的附着物对声能有着较强的吸收作用,尤其是长期不用的换能器表面会有大量海生物生长,对换能器工作影响较大。所以,应及时清洁换能器工作面。还要注意的是换能器的工作面不能涂敷油漆。

5.因换能器剩磁消失的影响

对于磁致伸缩换能器,剩磁因时间长久会逐渐消失,这将影响测深仪的灵敏度。所以应定期对磁致伸缩换能器进行充磁。

6.海底底质和坡度的影响

不同的海底底质对声波的反射能力差异较大,岩石最强,砂底次之,淤泥最差。为了达到显示器的最佳显示效果,应根据不同的海底底质调整测深仪的灵敏度大小。

另外,不平坦的海底底质和海底坡度,将使反射回波先后抵达接收换能器,从而在显示器上出现较宽的信号带。为了保证船舶航行安全,此时应以信号带前沿读取水深为宜。

知识链接四 IES-10型测深仪

一、IES-10 型测深仪主要特点介绍

IES-10 型回声测深仪是美国 Ocean Data 仪器公司生产的船用新型测深仪产品。该产品符合国际海道测量组织(IHO)技术要求和欧洲关于海上导航设备的电磁兼容(EMC)标准,其特点如下:

(1)采用了先进的数字处理技术,通过软件控制超声波的发射和接收;同时使用高清晰度的液晶显示器(LCD)和菜单式的人机友好界面,通过键盘操作来控制整机工作。

(2)显示器可连续提供回波图像、数字深度显示、深度报警、吃水调整等信号,还可通过其他导航设备的接入显示测量时的船位、船对地速度(SOG)、船对地航向(COG)等导航信息。

(3)本机硬盘可保存 24 h 的数字深度和船位数据、1 h 的回波图像和船位数据,并可随时调出或打印这些历史数据。

(4)本机通过 RS-232 或 RS-422 串行口可向其他外设输出 NMEA0183 标准的深度信号,并可直接连接最多 3 台复示器。

(5)接收机在较宽的动态范围内可实现自动增益控制,并对杂波干扰进行滤除。

(6)通过软件可进行系统故障诊断,机器内部采用可拆卸式印刷电路板(PCB),易于对硬件进行安装和维护。

二、整机组成框图及工作原理

IES-10 型测深仪的电路主要由主 CPU 板、收发电路板、电源电路板、母板、液晶显示电路板、接口、接线盒和换能器等组成。IES-10 型测深仪的整机组成框图如图 2-5 所示。

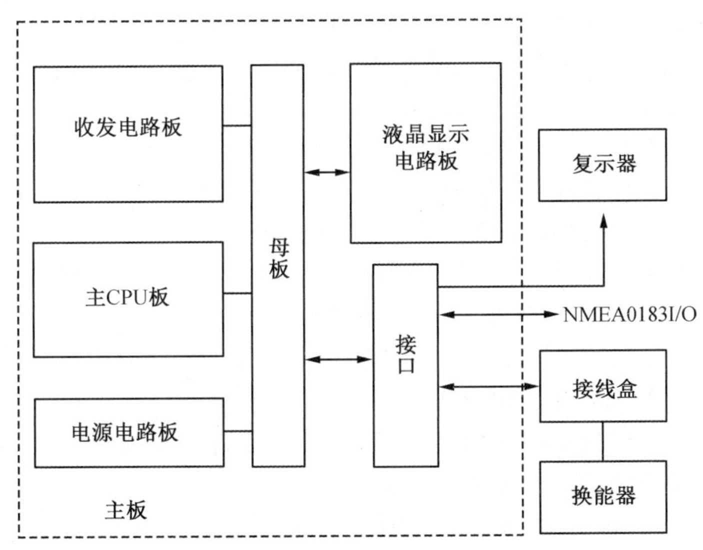

图 2-5　IES-10 型测深仪的整机组成框图

主 CPU 板是测深仪的整机工作的控制核心。它通过运行内部的 PROM(可编程只读存储器)程序,可以控制声波发射频率和历史深度数据的存取,向显示器发送深度及其他显示信号,并控制数据的输入、输出与打印等功能。

收发电路有两个主要功能:产生发射脉冲,接收并处理回波脉冲信号。收发电路中的微处理器,在每个发射周期的初始时接收来自主 CPU 板的指令信号,然后产生发射脉冲,经过放大后送至换能器形成超声波向海底发射。发射的同时,主 CPU 板计时开始。回波经接收电路处理后转换为数字信号,送至主 CPU 板计算深度结果。收发电路还有四种辅助功能:串行数据输入和输出、历史数据存储(闪存)、LCD 亮度与对比度控制、键盘编码和亮度控制。

电源电路板的作用是将船电(115 或 230 V AC)转换为各电路工作所需的直流电压(5、12、24 V DC)。液晶显示电路板的主要功能是显示深度数字信号、回波图像信号、系统状态信息等,还可通过键盘输入和菜单选择,向主 CPU 板传输系统参数设置及各种指令。换能器的作用是实现电能和声能的相互转换,其工作频率从 12 kHz 到 200 kHz 不等。

项目实施

任务一 回声测深仪的使用与维护

一、任务描述

图 2-6 所示为 IES-10 型测探仪显示器的显示界面,主要显示的信息有:

(1)回波图形。它是换能器收到的回波信号的动态反映,图形以一定的速率从右向左移动,通过回波图像的前沿可读取当前深度的大概数值。

(2)深度显示窗口。在屏幕的左下方,即“Depth”窗口,用以显示当前精确的数字水深值,每秒钟更新一次。同时还将显示深度的单位[英尺(FT)、米(MT)、英寻(FA)]、水深性质[换能器下水深(DBT)/海面下水深(DBS)/龙骨下水深(DBK)]。

该窗口的下方还有测深仪跟踪门限值(GATE)设定状态显示,跟踪门限是用来进行混响干扰抑制的,一般将门限值置于自动(AUTO)状态。

窗口的最下方显示的是报警状态:浅水报警(SHALLOW ALARM)、深水报警(DEEP ALARM)或模拟报警(SIMULATOR ON)。

(3)导航信息。从其他导航仪器接入的信号,包括船位、对地航向(COG)、对地速度(SOG),还有系统时钟提供的日期和时间显示。

(4)系统状态。首先是自动(AUTO)状态显示,它包括增益(GAIN)、量程(RANGE)、图形平移速度(CHART SPEED)和跟踪门限(GATE)等。如果处于自动工作状态,则在 AUTO 的右侧将显示相应的英文名称。其次是吃水调整和龙骨深度预置值显示、浅水和深水报警值显示。最后是显示方式(STD 或 STD/NAV)、工作频率及水深单位的显示。

(5)信息条。在显示屏的最上方,表示当前系统的显示状态和报警指示。图 2-6 显示的是“报警音频关闭”的信息。

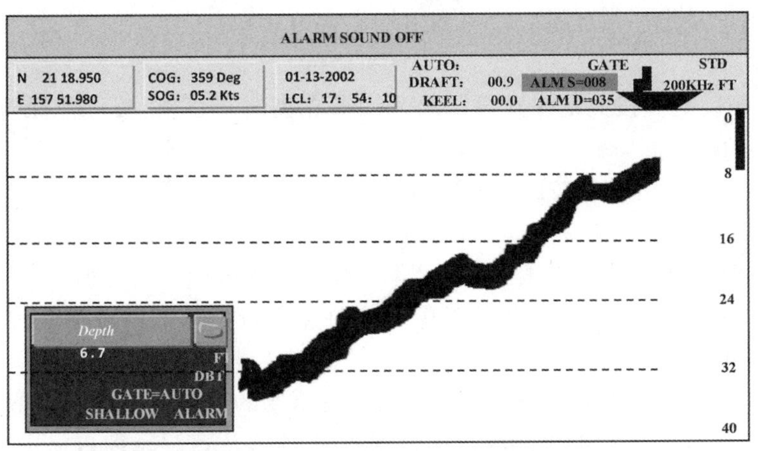

图 2-6 IES-10 型测深仪显示器的显示界面

二、操作步骤

1.显示面板操作

IES-10 型测深仪的主要操作是通过显示面板的功能按键来完成的,图 2-7 所示为显示面板的所有功能按键。

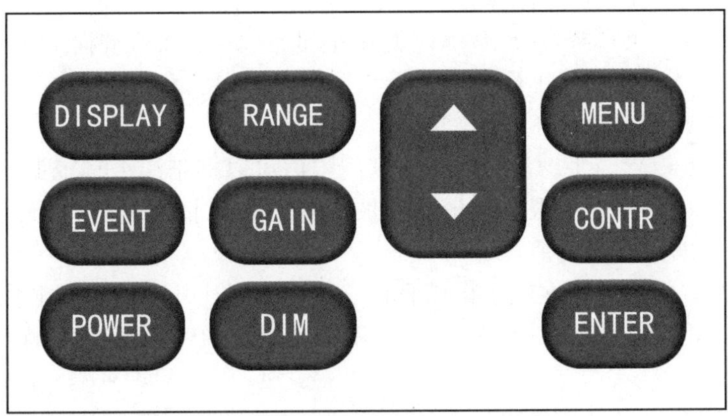

图 2-7 IES-10 型测深仪的显示面板

[DISPLAY]:显示方式选择键。按此键调出显示方式菜单,用户可选择标准(STD)或标准/导航(STD/NAV)两种不同的显示方式。其区别是在导航(NAV)方式下附加了三个窗口显示船舶的经纬度、对地航向及速度、日期和船钟。

[EVENT]:时态键。用此键可以在存储的历史深度数据中插入实时的船位和时间数据。

[POWER]:电源键。按电源键一次可开启主机电源,按住并保持 3 s 则关机。开机工作后,若有音频报警,按电源键一次可消去报警声音。

[RANGE]:量程键。按此键一次可调出量程选择菜单,按住并保持 3 s 则选择“自动量程”工作方式。

[GAIN]:增益键。按此键一次可调出增益调节菜单,按住并保持 3 s 则选择“自动增益”工作方式。

[DIM]:亮度键。按此键一次可调出显示器亮度调节菜单,按住并保持 3 s 则选择中间亮度显示值。

[CONTR]:对比度键。按此键一次可调出显示器对比度调节菜单,按住并保持 3 s 则选择中间对比度值。

[▲▼]:上下键。用上下键可以在菜单选择时增加或减少设定值。

[MENU]:菜单键。用于调出主菜单,或者在菜单选择时退出当前显示菜单。

2.初始操作

按下显示面板上的电源按键,系统通电,所有重要的参数(如增益、量程、跟踪门限)都进入“自动”工作方式。如果测深仪搜索到海底,则在深度显示窗口显示当前水深值;如果未搜索到海底,则测深仪将自动调整其增益和量程,直至海底被搜索到为止。

需要注意的是,增益、量程、跟踪门限这些参数,一般均设置于默认的“自动”状态时,系统才能处于最佳的工作状态。如果用户因某些原因调整了个别参数,而导致测深仪跟踪海底困难时,可将系统电源关闭后,再重新启动即可。

关机时需按住电源按键并保持 3 s。

3.浅水区操作

当船舶在浅水区航行时,为了消除较强的杂波干扰、获得较高的测量精度,对系统的某些参数进行手动调整是必要的。

(1)量程选择。可选择 0~5 个单位的最小量程,而在自动量程工作方式下不会用到这一最小量程挡。测深仪工作在最小量程挡时,输出功率和发射脉冲波长均最小,可获得最佳的显示精度。

(2)门限深度设置。手动设置测量深度门限值可以抑制浅水时较强的海面混响,获得正确的数字深度信号。门限值可根据回波图像的显示情况进行设定,门限值必须小于图像显示的真实海底深度值。

(3)增益设置。测深仪在浅水区工作时,一方面发射声波对回波干扰较强,同时杂波的幅度较大会使数字显示值错误,所以应用手动增益调整,使各种干扰最小。

4.自检操作

IES-10 型测深仪提供了系统的自检功能,通过软件可对系统进行自动检测。操作方法是:先按显示面板上的[DISPLAY]键,然后按住[RANGE]键并保持 3 s,可进入系统自检菜单。检测的内容包括 RAM、ROM、发射频率、显示器亮度和对比度、收发单元、复示器、报警器。如果检测对象出现故障,对应的自检菜单上将显示“FAIL”的信息提示。如果正常,则菜单显示“PASS”。

出现上述硬件或软件故障时,可参考说明书的指示进行相应的故障排除,主要的方法包括重新启动机器、重新安装软件、更换收发单元或主 CPU 板等。

三、任务小节

项目考核

一、知识考核

1.利用回声测深仪测量水深时，若超声波实际传播的速度大于设计声速，则测深仪显示的水深与实际水深相比________。

A.变小　　　　B.变大

C.相等　　　　D.变大、变小不一定

2.下列关于船用回声测深仪所用声波性质的描述，哪项是不正确的？________。

A.船用回声测深仪采用超声波

B.船用回声测深仪采用连续声波

C.声波传输速度受介质条件影响会产生速度误差

D.声波传输过程中会产生衰减

3.回声测深仪发射的是________。

A.音频声波脉冲　　　　B.音频声波连续波

C.连续超声波　　　　D.超声波脉冲

4.船用回声测深仪采用超声波进行测深，其主要优点是________。

A.传播速度高　　　　B.能量损耗小

C.抗可闻声干扰性好　　　　D.绕射性强

5.回声测深仪实际上是测定超声波往返海底的________。

A.速度　　　　B.深度

C.时间　　　　D.距离

6.在回声测深仪中，向海底发射超声波脉冲的设备是________。

A.发射振荡器　　　　B.脉冲宽度发生器

C.发射换能器　　　　D.显示器

7.根据回声测深仪的工作原理，其本质是测量________。

A.超声波的传播速度　　　　B.电磁波的传播速度

C.超声波来回传播的时间　　　　D.电磁波来回传播的时间

8.回声测深仪向海底发射超声波的部件是________。

A.发射机　　　　B.接收机

C.换能器　　　　D.显示器

9.下列关于船用回声测深仪工作过程的描述中,哪项是不正确的?________。

A.显示器内的发射触发器按一定时间间隔产生触发脉冲

B.触发脉冲触发发射系统产生电振荡发射脉冲

C.发射换能器将发射脉冲转变为声波脉冲向海底发射

D.触发脉冲控制发射系统和接收系统,与显示器中零点信号无关

10.在船舶倒车时,不宜使用回声测深仪的原因是________。

A.船舶摇摆角太大　　B.换能器表面附有杂物

C.海底反射变弱　　D.水中产生气泡影响

11.回声测深仪换能器的工作面不能涂油漆,是因为油漆________,会影响测深仪正常工作。

A.腐蚀换能器的测深工作面　　B.对换能器工作面起隔离作用

C.使换能器工作面及其周围形成气泡　　D.对声能的吸收很大

12.不同的海底底质对声波的反射能力差异较大,________。

A.淤泥最强,砂底次之,岩石最差　　B.淤泥最强,岩石次之,砂底最差

C.岩石最强,砂底次之,淤泥最差　　D.岩石最强,淤泥次之,砂底最差

参考答案:

1.A　2.B　3.D　4.C　5.C　6.C　7.C　8.C　9.D　10.D　11.D　12.B

二、技能考核

1.描述测深仪显示面板按键的主要功能。

2.手动调整浅水区航行时测深仪的系统参数。

项目三

自动识别系统

项目导读

自动识别系统(Automatic Identification System, AIS)由船载移动站、基站(岸站)及其设施、航标站和机载及搜救移动站等共同组成,是近年来多个国际组织,如国际海事组织(IMO)、国际电信联盟(ITU)、国际电工委员会(IEC)、国际航标协会(IALA),以及国际海道测量组织(IHO)和国际标准化组织(ISO)等共同倡导研究开发的,以信息技术为主导,集卫星定位技术、数字通信技术、信息处理技术和计算机网络技术等多门类高科技为支柱的数字助航系统。

在通常情况下,AIS 船载设备的工作不需要人工干预,按照 TDMA 协议,使用 VHF 数字应答器,在规定的信道上,自动连续发射本船静态信息(Static Data)、动态信息(Dynamic Data)、航次相关信息(Voyage Related Data)和安全相关短消息(Short Safety-related Messages),并与其他船站、航标站、转发站和基站直接或通过网络及远程通信系统间接进行 AIS 信息交换,实现船对船、船对岸和岸对船的识别、导航信息和航行安全相关短消息的有效交换,辅助驾驶员、船务公司、港航企事业管理和海事主管部门决策,完成船舶识别与避碰、狭水道导航、引航调度、海上交通管理和海上搜救等任务。《SOLAS 公约》第V章规定,航行于国际航线的总吨位 300 以上船舶和公约方航行于国内航线的总吨位 500 以上的船舶,从 2002 年 7 月 1 日起到 2008 年 7 月 1 日止,分段执行配备 AIS 船载设备。

学习目标

1.知识目标

(1)了解国际公约对船舶配备 AIS 设备的要求;

(2)了解 AIS 的设备分类;

(3)了解 AIS 的基本构成;

(4)掌握 AIS 的基本原理。

2.能力目标

能够正确使用船用 AIS 设备。

3.职业素养目标

(1)履行国际公约对 AIS 的要求;

(2)设备使用符合仪器制造商的建议;

(3)培养知己知彼的战略思维。

知识链接

知识链接一 自动识别系统的组成和工作原理

一、AIS 设备分类

从安装使用环境角度,AIS 设备包括固定设施和移动设备两部分。固定设施的安装位置可固定在陆地或海上,目前主要包括基站(Base Station,BS)设施、AIS 单工或双工转发器(AIS Simplex or Duplex Repeater)。基站设施也分为两种,一种为全功能基站设施,可用于 AIS 主管机关、港口监控设施和 VTS 中心,组织协调所辖区域的 AIS 通信,获取船舶及所载货物资料和船舶动态信息,同时还可与一个或多个转发器配合,存储并在一定的区域内转发 AIS 信息,扩展 AIS 的作用范围等,完成多种任务。还有一种基站设施只用于监视 AIS 信息,对系统不具备控制能力,称为限制功能基站设施。AIS 转发器多与基站联网配合工作,转发器既有双工工作,对所接收到的数据不加处理,在两个信道上采用同一个时隙实时转发;也有单工工作,对所接收到的数据根据通信技术协议进行一定的处理,在与接收数据相同信道上采用另外的时隙尽快转发。固定设施是 AIS 岸基网络的基本物理单元。

移动设备包括船载、机载和航标(Aid to Navigation,AtoN)设备三类。AIS 船载移动设备又分为 A 类、B 类和 AIS 搜救发信器(AIS-SART)。A 类采用自组织时分多址(Self-organized Time Division Multiple Access,SOTDMA)技术,满足国际海事组织(IMO)关于 AIS 船载移动设备的所有相关要求。B 类设备有采用 SOTDMA 技术和载波侦测时分多址(Carrier-sense TDMA,CSTDMA)技术两种,是功能简化的 AIS 设备,可以不完全满足国际海事组织(IMO)关于 AIS 船载移动设备的装载要求,用于非《SOLAS 公约》要求的船舶,目的在于使其能够在 AIS 网络中实现船舶互见。AIS-SART 作为遇险示位标,从 2010 年 1 月 1 日之后可以替代雷达 SART 安装于船舶,用于海上搜救行动。AIS 机载设备应用于搜救飞机,支持海面搜救行动。AIS 航标安装在重要的导航设施上,能够有效提高导航设施的助航能力,或设置为虚拟 AIS 航标,完成航标任务,保障船舶交通安全。

二、船舶自动识别系统及其基本原理

（一）AIS 船载设备基本构成

典型的 AIS 船载设备组成如图 3-1 所示，包括 AIS 主机和外围设备。

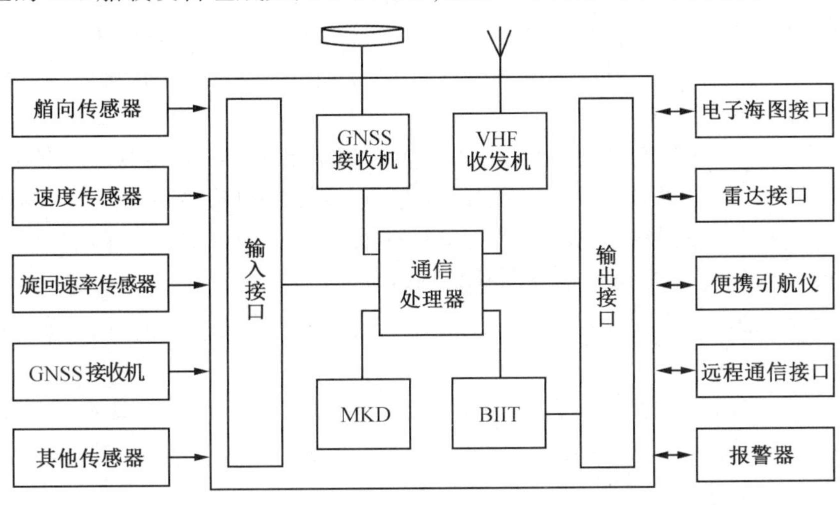

图 3-1　AIS 船载设备组成

外围设备包括船舶运动参数传感器和显示通信及报警设备。船舶运动参数传感器有艏向传感器，一般为陀螺罗经；船舶对地速度传感器，一般为 GPS 接收机或计程仪；船舶旋回速率传感器，一般为船舶转向计或陀螺罗经，有的船舶未配备或不能提供此数据；全球导航卫星系统（GNSS）接收机，目前以 GPS 接收机为主。此外，如果具备条件，反映船舶姿态等的其他传感器的信号也应通过输入接口与 AIS 设备主机连接。AIS 信息还可以显示在其他航海仪器的显示终端上，如电子海图显示与信息系统（ECDIS）、雷达等，能够有效地增强它们的功能。

AIS 设备主机都设有便携式引航仪（Personal Pilot Units，PPU）接口，能够与引航员的便携引航设备或计算机连接。如果将 AIS 数据输出到 VDR 保留，则可以方便日后调查取证和研究。如果将 AIS 设备主机与远程通信终端设备（如 GMDSS 或卫星通信站）连接，则 AIS 数据的传输距离可以不受 VHF 通信距离的限制，但 B 类 AIS 设备可不支持远程通信。AIS 设备及功能的报警可以通过表示接口（Presentation Interface，PI）输出，触发外置报警器。

AIS 设备主机由通信处理器、内置（差分）卫星定位（GNSS）接收机、VHF 数据通信机（1 台 VHF TDMA 发射机、2 台 VHF TDMA 接收机和 1 台 VHF DSC 接收机）、内置完善性测试（Built-in Integrity Test，BITT 或 Built-in Test Equipment，BITE）模块、船舶运动参数传感器输入接口、数据输出接口以及简易键盘与显示（Minimum Keyboard Display，MKD）单元等组成。

通信处理器是 AIS 设备的核心，组织和协调数据的处理、显示、编码和发送。通信处理器根据操作者或主管机关 AIS 基站的请求，控制 VHF TDMA 收发机或远程通信设备选择及切换信道，完成近程或远程通信。通信处理器控制 VHF 发射机按照 TDMA 协议,将固化的静态数据,各传感器实时传送的动态数据,驾驶员事先输入的航次相关数据和随时输入的与航行有关的安全信息编码,在两个信道上交替广播发送 AIS 数据。同时通信处理器还对接收到的来自其他 AIS 设备的数据解码,按照驾驶员的选择,将信息显示在显示单元(MKD)或其他外接显示设备上。

AIS 设备内部都集成了 GNSS 接收机,用以提供本船船位、对地航速/航向以及定时基准。A 类设备往往还配备外接 GNSS 接收机(船舶主 GNSS 接收机)提供以上信号,当外接设备信号中断时,自动切换内部接收机。为了在沿海和内河水域获得更精确的船位,通常可使用差分 GNSS 接收机。

MKD 是 AIS 设备的人机交互界面,满足国际海事组织(IMO)的最低配置要求,操作者通过简易键盘可以将信息输入到 AIS 设备,显示屏能够以最少三行文字显示信息。

BIT 能够连续监测 AIS 设备工作状态和数据的完善性,当监测到任何影响 AIS 设备正常工作或数据的完善性的因素时,能够在显示器上显示报警信息,并每隔 30 s 通过 PI 重复输出报警。操作者可使用 MKD 或其他外接设备对报警信息予以确认,或消除报警。

B 类 CSTDMA 设备通常只有简化的输入输出接口,可不接任何外接传感器和显示及远程通信设备,也不提供包括简易键盘在内的输入设备,但应具有键盘输入的接口,方便在安装设备时进行初始化输入。

(二)AIS 船载设备功能

AIS 船载设备可以连续或被分配向已装备 AIS 设备的基站、其他船舶和航空器自动地播发本船和接收其他 AIS 设备的静态识别信息、动态航行参数航次货运资料,并且能够根据要求发送和接收航行安全相关短消息。AIS 能够多路、快速、简洁和高精度地处理航海信息,与基站进行数据交换,为主/分航行及监控系统(如 IBS、ECDIS、雷达或 VTS 等)提供目标船和航道安全参考信息,使驾驶员、船务公司以及航行主管部门等能够实时了解所关心海域船舶的状态,帮助使用者全面掌握交通信息,避免船舶碰撞,保障航行安全。

根据国际海事组织(IMO)关于 AIS 性能标准,AIS 应能够在功能上实现船对船模式协助避碰,作为港口国获得船舶及其所载货物信息的手段,以及在船对岸模式下作为 VTS 的工具。

(三)船舶 AIS 信息

AIS 设备自动发送和接收规定格式的文本信息,根据国际标准,船舶 AIS 信息可分为静态信息、动态信息、航次相关信息和安全相关短消息等四类,其中前三类为基本信息。A 类设备应能接收和发射所有四类信息,B 类 SOTDMA 设备可发射和接收前三类信息的主要内容,并能够接收安全相关短消息,B 类 CSTDMA 设备在系统可利用时隙不足时,则只发射下述的 MMSI 和船舶位置信息。

1.静态信息

静态信息是指 AIS 设备正常使用时,通常不需要变更的信息。静态信息在 AIS 设备安装的时候设定,在船舶买卖移交时需要重新设定。AIS 船载设备静态信息一览表如表 3-1 所示。

表 3-1　AIS 船载设备静态信息一览表

信息标称	输入方式	输入时机	更新时机
MMSI	人工输入	设备安装	船舶变更国籍买卖移交时
呼号和船名	人工输入	设备安装	船舶更名时
国际海事组织(IMO)编号(有的船没有)	人工输入	设备安装	无变更
船长和船宽	人工输入	设备安装	若改变,重新输入
船舶类型	人工选择	设备安装	若改变,重新输入
定位天线的位置	人工输入	设备安装	双向船舶换向行驶时或定位天线位置改变时

表 3-1 中的 MMSI 为海上移动业务标志,亦称 AIS 设备的 ID 码,格式为 MID ××××××,其中 MID 是国家区域码,××××××是船舶识别码。MMSI 在全球是唯一的。AIS 设备仅在写入 MMSI 的时候,才能够发射信息。

定位天线的位置,应输入 GNSS 天线到船首尾和左右舷的距离。AIS 设备一般能够提供内置和外置两个 GNSS 天线位置记录。当 GNSS 设备在内置和外置之间转换时,天线的位置信息自动更新并报告。如果本船有两个以上的外置 GNSS 接收天线可转换使用或可换向。船舶换向航行时,该信息应及时手动更新并报告。

在 AIS 设备中关于船舶种类,依设备厂家型号不同有多项可选择,表 3-2 列出了常见的 22 种船舶。

表 3-2　常见的 22 种船舶

英文名称	中文名称	英文名称	中文名称
Passenger Ship	客船	Pleasure Craft	游艇
Cargo Ship	货船	HSC	高速船
Tanker	油船	Pilot Vessel	引航船
WIG	地效翼船	Search and Rescue Vessel	搜救船
Fishing Vessel	渔船	TUG	拖船
Towing Vessel	拖带船	Port Tender	港口供应船
Towing Vessel L>200 m, B>25 m	船长 L>200 m、船宽 L>25 m 的拖带船	With Anti-pollution Equip	防污染设备船
Dredge/Underwater Operation	挖泥/水下作业船	Law Enforcement Vessel	法律强制船
Vessel-diving Operation	潜水作业船	Resolution No. 148 MOB-83	18 号决议规定的船
Vessel-military Operation	军事作业船	Medical Transports	医务运输船
Sailing Vessel	帆船	Other Type of Ship	其他种类船舶

2.动态信息

动态信息是指能够通过传感器自动更新的船舶运动参数,如表 3-3 所示。

表 3-3 船载设备动态信息

信息标称	信息来源	更新方式	数值及分辨率	备注
船位	GNSS	自动	经纬度, 1/10 000 n mile	附精度/完善性 状态信息
UTC 时间	GNSS	自动	日期与时间吗,s	附精度/完善性 状态信息
COG(对地航向)	GNSS	自动	0°~359°,1°/10	可能缺失
SOG(对地航速)	计程仪或 GNSS	自动	0~102.0 kn,1/10	可能缺失
艏向	陀螺罗经	自动	0°~359°,1°/10	
航行状态	值班驾驶员 选择更改	手动	见表 3-4	应配合号灯和 号型改变
ROT(旋回速率)	ROT 传感器或 陀螺罗经	自动	左/右,0°~708°/min	可不提供
(选项)艏倾角	相应传感器	自动	角度,1°/10	可不提供
(选项)纵倾/横摇	相应传感器	自动	角度,1°/10	可不提供

动态信息包括船位信息、UTC 时间、对地航速/航向、艏向、人工输入航行状态[如失控(NUC)、在航、锚泊等]、船舶旋回速率(ROT,如果有)、吃水差(如果有)、纵倾与横倾(如果有)。通过这些信息,驾驶员能够掌握船舶的实时航行状态,如表 3-4 所示。

表 3-4 AIS 船舶的实时航行状态

Under way using engine	主机在航	Moored	系泊
Under way sailing	驶风在航	Aground	搁浅
At anchor	锚泊	Engaged in fishing	从事捕鱼
Not under command	失控	Reserved for HSC	高速船留用
Restricted maneuverability	操纵能力受限	Reserved for wig	地效翼船留用
Constrained by her draught	吃水受限	Not defined	未定义

船位信息采用 WGS-84 坐标系,并附有精度信息和完善性状态指示,精度信息一般显示为优于或劣于 10 m。COG 和 SOG 由能够提供对地速度的计程仪或 GNSS 定位仪计算得出,个别旧型号的 GPS 定位仪可能无此计算功能。目前还有相当数量的船舶不能给出 ROT。大多数船舶不能提供艏倾角、纵倾和横倾信息。航行状态需要值班驾驶员(OOW)从操作菜单中手动选择更改。一般 AIS 船载设备中,航行状态的选项,根据设备厂家型号不同而不同,常见的选择如表 3-5 所示。

表 3-5 常见的选择

信息标称	输入方式	输入时机	信息内容	更新时机	备注
船舶吃水	手动输入	开航前	开航前最大吃水	根据需要	无
危险品货物	手动选择	开航前	危险品货物种类	货物装卸后	主管机关要求
目的港/ETA	手动输入	开航前	港口名和时间	变化时	经船长同意
航线计划	手动输入	开航前	转向点描述	变化时	经船长同意

3.航次相关信息

航次相关信息亦称航行相关信息,是指驾驶员输入的,随航次而更新的船舶货运信息,具体如表 3-6 所示。

表 3-6　航次相关信息

航次信息	船舶吃水、危险货物、目的港/ETA、船员人数
	每分钟,或数据被修改时,或根据请求

国际海事组织(IMO)推荐使用《联合国贸易和运输地点代码》(UN/LOCODE)输入目的港。表中危险货物种类包括 DG(Dangerous Goods,危险货物)、HS(Harmful Substances,有害物质)和 MP(Marine Pollutants,海洋污染物)。通常有如下选项:如果没有危险品货物,选 N/A(或 Harmless);如果装载了危险品货物,可按照国际海事组织(IMO)危险品货物规定,选择 IMO HAZARDCAT A、B、C 或 D。有的设备航次信息包括更多的内容,如 ETD、船员人数等。

4.安全相关短消息

安全相关短消息亦称安全短消息,可以是固定格式的,如岸台发布的重要的航行警告、气象报告等,也可以是驾驶员输入的自由格式的,是与航行安全相关的文本消息。安全相关短消息可以用寻址方式单独发送或群发给以 MMSI 为地址的特定船舶或船队,也可以用广播的方式发给所有船舶。系统对每条消息字数有限制,寻址发送最多为 156 个字符,广播发送最多为 161 个字符。B 类 AIS 船载设备可不具有发送安全相关短消息的能力。

(四)AIS 信息更新报告间隔

AIS 设备在自主模式工作时,周期性发布上述各种信息。在不同航行环境中,不同信息的时效不同,它们的更新报告间隔也就不同。

1.静态信息和航次相关信息更新

静态信息和航次相关信息的更新报告间隔为 6 min,但有信息更新或被询问时,立即更新并报告。

2.动态信息更新

动态信息的更新报告间隔取决于船舶航行状态以及船舶航向和对地航速的变化。表 3-7 分别列出了不同船舶状况下,AIS 船载设备动态信息的更新间隔。

表 3-7　AIS 船载设备动态信息更新间隔

船舶状况	报告的时间间隔
锚泊、系泊、失控、搁浅(船速小于 3 kn)	3 min
锚泊、系泊、失控、搁浅(船速大于 3 kn)	10 s
船速 0~14 kn	10 s
船速 0~14 kn、改变航向	3.3 s
船速 14~23 kn	6 s
船速 14~23 kn、改变航向	2 s
船速大于 23 kn	2 s
船速大于 23 kn、改变航向	2 s

3.安全相关短消息更新

安全相关短消息根据操作需要或设置进行更新。

三、AIS 基本工作原理

由国际电信联盟(ITU)和国际电工委员会(IEC)颁布的有关 AIS 的技术标准,描述了系统的基本原理。这些技术特性规定了系统及其设备的各项技术指标,包括频率使用、信道分配、调制方式、时隙划分、同步方式、工作模式、链路连接协议、工作流程、接口标准、远程通信等。

(一) AIS 工作信道

AIS 设备能够在两个 VHF 信道工作,即在 AIS 1(VHF 87B,161.975 MHz)和 AIS 2(VHF 88B,162.025 MHz)上使用两个 TDMA 接收机同时接收信息,和使用一个 TDMA 发射机在两个信道上交替发射。AIS 信道传输带宽通常为 25 kHz,或在领海根据当地主管机关的要求采用 12.5 kHz,数据传输速率为 9 600 bit/s。此外,AIS 还可以在主管机关指配的区域性信道上工作。

(二) AIS 作用距离

AIS 发射功率通常为 12.5 W(高功率),作用距离约为 25 n mile,在主管机关要求时可为 2 W(低功率),作用距离约为 7 n mile。B 类 CSTDMA 设备的发射功率限制为 2 W。

(三) AIS 时隙划分与使用

AIS 数据传输遵循 TDMA 协议接入 VHF 数据链路(VHF Data Link,VDL)。在协议中将同步于 UTC 时间的 1 min 定义为帧,每个帧被划分为 2 250(0~2 249)个时隙。AIS 工作在两个并行的信道,两个信道最多有 4 500 个时隙。工作时,每台 AIS 设备在每帧内可占用一个或多个时隙、在不同的帧内使用相同的时隙发送 AIS 信息。AIS 设备工作时,首先根据信道使用情况,按照协议确定时隙选择间隔(Selection Interval,SI),每个 SI 至少有 4 个连续的候选时隙,然后再在 SI 中确定本机使用的时隙和信道,并标明需占用的帧数。

AIS 设备工作过程的核心就是合理选择、分配和释放时隙,避免时隙冲突保障,使系统可以连续稳定地工作。其中发射时隙的获得主要有两种途径:一种是自己按照 TDMA 协议在时间链上选择得到,称为自选时隙;另外一种则是靠控制基站分配得到,称为指配时隙。

(四) AIS 同步

TDMA 正常运行的前提是所有 AIS 设备应具有共同的时间基准,为了使 AIS 设备在复杂环境中也能够获得有效的时间基准,AIS 将 UTC 时间作为时间基准,帧起始时间与 UTC 分钟的起始时间同步,同时与 UTC 相关的其他时间也可以作为时间基准。按照 AIS 时间同步级别的高低排序,AIS 时间同步方式如图 3-2 所示。

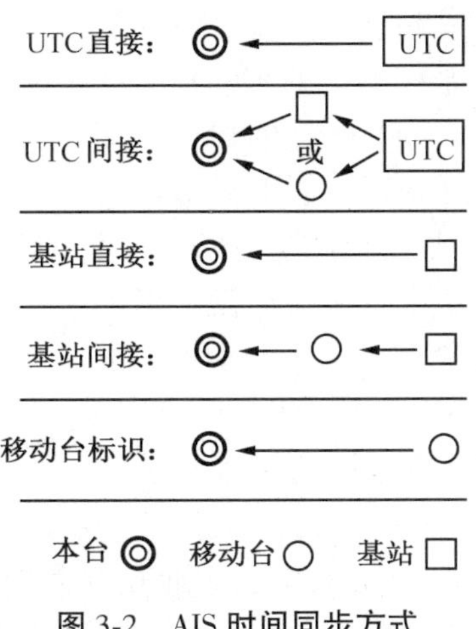

图 3-2　AIS 时间同步方式

1.UTC 直接同步

TDMA 的帧同步通常由 GNSS 设备提供符合精度要求的 UTC 时间直接同步，称为 UTC 直接同步。

2.UTC 间接同步

如不能直接获得 UTC，但能接收到其他采用 UTC 直接计时台站的信号，则应同步于这些台站，称为 UTC 间接同步状态。

3.基站直接同步

如果以上同步方式都无法获得，但能接收从基站发射的信息，则应与能接收的台站数量最多并且在最近 40 s 内至少收到过两个报告的基站同步。当能够选择多个可同步基站时，设备自动选用 MMSI 最小的基站。当 AIS 基站探测到有至少一台 AIS 设备与其同步时，其动态信息更新报告间隔由 10 s 减小为 3 s。

4.基站间接同步

如果以上同步方式都无法获得，但能接收到同步于基站的移动台站发射的信息，则应与该台站同步。对于该台站的选择和要求，请参考"移动台标志同步"。

5.移动台标识同步

如果上述同步方式都无法获得，则 AIS 设备应与在最近 9 帧内接收的台站数量最多，并在最近 40 s 内接收到两个报告的移动台站同步。当能够选择多个可同步台站时，设备自动选用 MMSI 最小的台站。当 AIS 船载设备确认本身为同步标志台时，其动态信息更新报告间隔减小为 2 s。

（五）AIS 工作模式

AIS 可以工作于自主连续模式、分配模式和轮询模式三种模式。

1.自主连续模式（Autonomous and Continuous）

此模式为系统缺省工作状态，不需要人员操作，适用于所有区域。在此模式下，AIS 当按照 TDMA 协议自行确定广播时隙，并自动解决与其他台站在发射时间安排上的冲突，以系统设定的信息更新报告间隔，自动和连续地播发本船的信息。

2.分配模式（Assigned）

此模式是船舶进入负责交通监控的主管机关正在实施交通控制区域时的一种工作

模式,一般通过主管机关 AIS 基站覆盖实现。主管机关指定一个或多个在 WGS-84 坐标系下的东北角和西南角经纬度作为参考点的矩形区域,区域的边界长度一般为 20~200 n mile,如图 3-3 所示。在此区域内的 AIS 设备运行的信道、收发模式、带宽、发射功率、时隙、信息更新报告间隔等都服从主管机关分配。但如果自主连续模式要求的报告更新间隔高于分配模式的要求时,A 类 AIS 移动设备则采用自主连续工作模式。

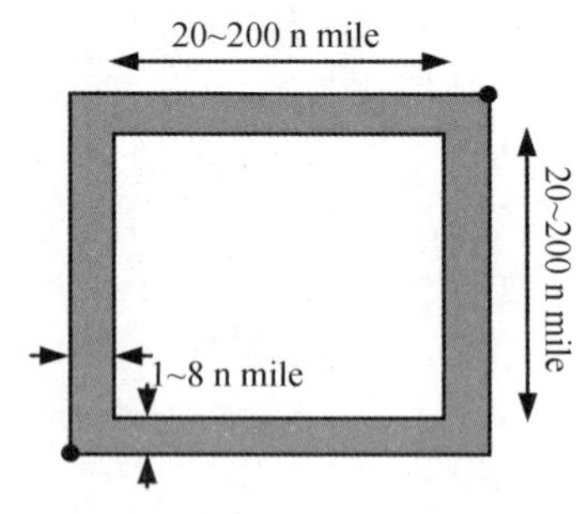

图 3-3 AIS 工作模式——分配模式

此模式是船舶进入负责交通监控的主管机关正在实施交通控制区域时的一种工作模式,一般通过主管机关 AIS 基站覆盖实现。主管机关指定一个或多个在 WGS-84 坐标系下的东北角和西南角经纬度作为参考点的矩形区域,区域的边界长度一般为 20~200 n mile。为提供区域间的安全过渡,主管机关在区域边界一般指定为 1~8 n mile(缺省为 5 n mile)的过渡区域。在过渡区域内,信息报告更新间隔提高一倍。

3.轮询模式(Polled)

此模式也称查询模式或控制模式。AIS 设备在收到其他船舶或管理部门询问时,在与询问台相同的信道上单独响应询问的工作方式称为轮询模式。这种工作模式的优点在于,交通监控水域主管机关可通过 AIS 基站随时查询和更新所关心船舶的信息,提高这些船舶的信息更新报告间隔。这种工作模式还有助于提高搜救过程中通过 AIS 设备进行信息交换的效率,以及进行网络测试或软件服务等工作。

B 类 CS-AIS 设备,不具备主动询问其他台站的功能。

四、AIS 船载设备工作流程

AIS 设备自开机到关机,其工作流程如图 3-4 所示。

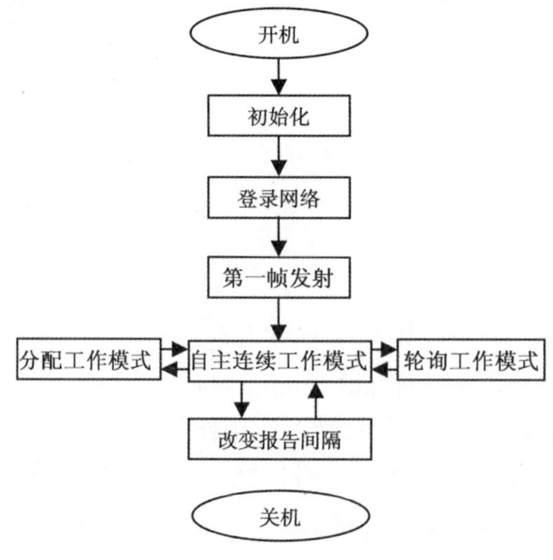

图 3-4 AIS 船载设备工作流程

1.初始化

AIS 设备接通电源后,在两个 TDMA 信道上监听一个时帧(1 min),判断信道的活动性,搜集其他成员的 ID,掌握当前时隙的分配、其他用户的位置报告和岸台存在的可能性。在这个时期内,建立起在整个系统中运行的所有台站的动态目录,形成反映 TDMA 信道活动状态的帧图。1 min 之后,通信处理器达到帧同步,AIS 设备可以根据自己的时间表开始发射信息进入网络。按照性能标准规定,AIS 设备初始化工作应不超过 2 min。

2.登录网络

AIS 设备选定的第一个时隙用于发射位置报告,标志着登录网络。由于没有事先预定发射时隙,因而第一个时隙发射的信息采用 RATDMA 协议,同时该时隙也在随后的自主连续模式中,按照 SOTDMA 协议被占用。随着第一个发射时隙的开始,AIS 设备的工作便进入了第一帧发射。

3.第一帧发射

在第一帧中,AIS 设备将连续分配其发射时隙,并按照 ITDMA 协议发射位置报告。该位置报告一方面广播本船的相关信息,同时这些时隙也将在自主连续模式中被保留,按照 SOTDMA 协议使用。

4.自主连续工作模式

自动识别系统正常运行时,随着第一帧发射完成,设备便进入自主连续工作模式。此时设备按照 SOTDMA 协议自主选择时隙并解决时隙冲突,在动态平衡中发射和接收信息。这些信息除了前面提到的静态信息、动态信息和航次相关信息之外,还包含有为相邻台站预告一幅帧图必需的所有信息。当台站关机,或者船舶报告间隔改变,或者进入分配工作模式时,这一平衡将被打破。

5.改变报告间隔

需改变报告间隔时,AIS 设备将在 SOTDMA 信息帧基础上重新安排 SI,重复第一帧的工作,按照 ITDMA 协议选择可用时隙发送信息,这种变化至少持续两帧,在 SOTDMA 模式下预订的时隙将在剩余信息发射结束后释放。此后设备将重新转入自主连续工作模式。

6.分配工作模式

分配工作模式中有两种情况:一种是指定报告间隔,此时设备只需按照主管机关指定的报告间隔,保持自主连续的工作模式;另外一种是主管机关为了保证某些特定 AIS 设备的发射,而指定发射时隙,此时设备按照主管机关指定的时隙发射。一旦分配工作模式结束,设备将重新返回到自主连续工作模式。

7.轮询工作模式

在轮询工作模式时,岸台或船台对船台进行寻呼并要求做出应答。应答信息按照 ITDMA 协议或者 RATDMA 协议发射,此时无须考虑报告间隔等其他因素,只需要从候选时隙中按照 RATDMA 协议选择发射时隙。

8.信道切换与管理

信道切换有 3 种方式,可在 AIS 设备上人工切换,由基站通过 TDMA 遥控指令或 DSC 遥控指令自动切换,还可通过船载系统(如 ECDIS)接口命令自动切换。AIS 船载设备通常工作在双信道模式,同时在两个并列的信道上接收信息。两个信道的接入彼此独立完成,时隙分配声明、询问回复、请求回复及信息确认是在原始消息的同一个信道上进行的。而周期性重复消息和除上述消息以外的其他非周期性的消息则在 AIS 1 和 AIS 2 两个信道之间交替进行。这样的信道管理方式有助于增加链路容量,平衡两个信道负载和降低射频干扰带来的不良影响。

9.信息管理

信息管理包括接收信息和发射信息的分配,将接收到的船位报告分配到表示接口,本台的位置报告分送到表示接口和 VDL 传输,如需要进行信息排队等候,则按照信息的优先级进行。在 AIS 设备中,信息优先级分为四个等级。最高级是包括位置报告在内的保证链路运行的关键性链路管理信息;第二级是安全消息,要保证这类消息尽快传输;第三级是分配信息、询问信息以及对询问信息的回复。除上述信息外的其他信息都是优先级最低的信息。

10.信道阻塞

当数据链路的负荷达到了威胁信息安全传输的程度时,AIS 设备有两种方法防止信道阻塞,一种是通过 SOTDMA 算法,采取时隙主动复用,对距离本船最远台站使用的时隙重复使用;另外一种是通过基站分配报告间隔,从而保护 VDL 正常运行。

11.AIS 设备表示接口

AIS 设备表示接口用于输入和输出数据的交换,数据格式符合 IEC 61162 规范。发射的数据通过表示接口输入,接收的数据通过表示接口输出。

12.AIS 远程应用

超越 VHF 作用距离传递 AIS 信息,称为 AIS 远程应用。A 类 AIS 移动设备标配了远程通信接口,而对 B 类移动设备,这个接口则是选装。AIS 远程通信接口符合 IEC 61162 标准,是双向接口。国际电工委员会(IEC)推荐远程通信可采用 Inmarsat C 或其他数字通信设备,但不强制使用。远程通信采用轮询工作模式,AIS 设备只响应地理区域上的询问,由基站通报地理区域,发出编址询问信息。AIS 远程通信与 VHF 数据链路并行且不连续运行。回复时只包括船位报告静态信息和航次相关信息,位置报告更新最多每小时 2~4 次。因此 AIS 远程应用不能为使用者提供实时的交通信息。远程应用不对通信系统或转发器构成负担,不干扰 VDL 的正常运行。

AIS 远程应用可用于船舶报告或船舶远程监控,目前尚未广泛使用。需要注意的是,AIS 信息格式及内容与船舶报告系统的要求不完全一致,所以用于船舶报告系统,目前只能作为一种补充手段。

13.DSC 兼容性

AIS 设备内置一个调谐于 70 信道的专用 DSC 接收机。在不能正常使用 AIS 1 和 AIS 2 两个信道的地区,该接收机用于接收主管机关的信道分配信息,包括指定区域的边界及 AIS 在该区域内使用的频率信道和发射机功率水平,完成发射机应答器的转换工作。

五、AIS 岸基设施及其网络服务

（一）AIS 岸基设施

AIS 岸基设施包括基站转发器（单工或双工）和岸基网络系统，其 MMSI 格式为 00MID××××。其中××××是岸基设施的识别码。AIS 岸基设施是船舶移动台站与陆地航运及航行安全设施间的信息桥梁。AIS 基站及转发器在其作用范围内，获取船舶信息及所载货物资料，监视水域交通动态，辅助 VTS 进行交通管理，接收转发 AIS 信息，播发服务与安全信息，查询船站信息，应答船台对岸台的求助，播发控制信息，管理 AIS 信道，并通过岸基网络传输 AIS 信息，为船舶海事管理部门和港航企事业提供多种任务。

1.AIS 基站

AIS 基站是 AIS 岸基网络的基本物理单元。在严格的意义上，AIS 基站应在相应的物理岸站支持下才能发挥其功能。AIS 基站包括全功能基站和限制功能基站两类。全功能基站用于主管机关实时监控所覆盖水域航行动态，通过信道管理、保护时隙分配和轮询模式控制 VDL 链路和 AIS 服务，实现岸基网络功能。限制功能基站不具有控制 AIS 及其服务的能力，只用于限定水域的航行监控和与船载设备进行数据交换。

AIS 基站的基本配置包括两台多信道 AIS 接收机、一台多信道 TDMA 发射机、通信处理器、精度优于 104 μs 的内置同步时间源、BIT、电源，以及能够将 AIS 基站输出数据传输到物理岸站和将各种输入数据传送到 AIS 基站的表示接口。

在缺省工作状态下，AIS 基站每 10 s 发射一次基站 AIS 信息，报告位置、日期和 UTC 时间。当探测到有其他台站同步于 AIS 基站时，发射时间间隔转变为 3.3 s，且在两个信道交替发射，直到确认至少 3 min 内再没有其他台站与其同步时，才恢复缺省工作状态。

2.AIS 转发器

AIS 转发器与基站是平行运行的设备，用于超越船载设备覆盖范围，在相对较远的距离上实现 AIS 信息传播，改善海上航行安全条件。

单工转发器由一个 TDMA 接收机、一个 TDMA 发射机、通信处理器、BIIT 和电源设备组成，表示接口和内置同步时间源可以作为其选装部件。单工转发器接收和存储 AIS 信息，在不超过 4 个 AIS 帧内适时再将该信息转发。转发的信息内容没有变化，但由于接收和发送不在同一个时帧，SOTDMA 或 ITDMA 的时隙或增量特征需要重新计算和设定，发射按照 FATDMA 协议保留时隙或按照 RATDMA 协议选择时隙。单工转发器不具备轮询模式。

双工转发器的组成与单工转发器相同，但在功能上，双工转发器需要在收到 AIS 信息后的 2 bit 内，不做任何改变，实现实时转发。

3.物理岸站

物理岸站（Physical AIS Shore Station，PSS）指 AIS 基本实体设施安装在特定的地理位置，能够独立地完成系统功能的一个完整的部分。PSS 的基本配置包括一个基站或转发器、电源供应设备、VHF 天线、电缆及安装基站和转发器的环境设施等。PSS 通常还配置有高精度 GNSS 接收机作为同步时间源。此外，PSS 还能够选择与其他设备连接，如 DGNSS 改正源、AtoN 站和监控设备完好性的遥控检测设备等。

4.逻辑岸站

逻辑岸站(Logical AIS Shore Station,LSS)指软件处理过程,也就是 AIS 基站网络管理系统的进程。根据不同客户端的需求,它负责将一个或多个物理岸站的 AIS 原始数据流转换成 AIS 相关应用数据(信息)流。

(二)AIS 岸基网络服务

在一定地理区域内将一系列 AIS 物理岸站联网,实现对海岸线的覆盖,则构成 AIS 岸基网络。图 3-5 为 AIS 岸基网络服务管理系统(AIS Service Management,ASM)示意图。

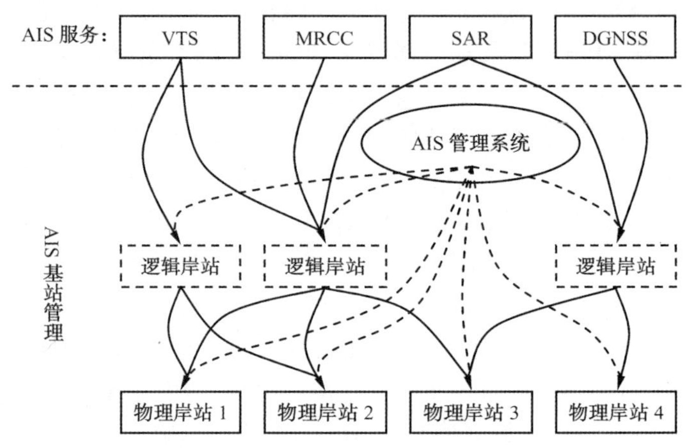

图 3-5　AIS 岸基服务管理系统示意图

AIS 岸基服务管理系统控制管理所有的物理岸站、逻辑岸站,可以对基站进行启动、初始化、配置,可以任意时刻终止物理岸站与逻辑岸站间的软件进程。物理岸站与逻辑岸站通信时,AIS 岸基服务管理系统决定具体的通信对象,如某时刻逻辑岸站与物理岸站 1 通信,另一时刻与物理岸站 2 通信,或同时与物理岸站 1、物理岸站 3 通信等,确定 AIS 数据(信息)在网络中的流向。

AIS 岸基服务管理系统提供操作界面给不同的客户端,因此也决定了不同应用与逻辑岸站之间的关系。该系统控制了不同客户与不同软件进程间的数据(信息)交换。图 3-5 中就可以实现不同的客户通过不同的逻辑岸站访问不同的物理岸站,客户端、逻辑岸站和物理岸站之间均可以实现多方通信。所有数据上(信息)的流向、通信的对象均由 AIS 岸基服务,由管理系统决定。

目前,AIS 岸基网络系统主要提供以下功能:

(1)通过若干个基站及其通信网络系统,对安装 AIS 船台的船舶进行自动识别和信息交流,实时监控所覆盖水域的交通状况。

(2)增强 VTS 的功能,提高对船舶的识别精度分辨率和信息量,提高船舶的通信效率,扩展和延伸船舶交通管理的范围。

(3)利用 AIS 网络为船舶提供信息化、现代化管理的平台,提供与海事信息网整合的接口,预防和减少船舶交通事故,提高航道的船舶通过能力,确保航运安全畅通。

(4)简化船舶报告程序,为航行船舶提供信息服务,同时为将来向社会提供咨询服

务创造条件。

(5)提供水文气象、差分校正、航标、VTS 信息等多种系统扩展接口,便于系统的扩展和升级。

AIS 岸基网络通过 Internet 实现互联,通过基站控制软件进行网络安全管理控制、收集和分配数据(信息)流,可在国际、国内或地区之间进行船站与船站、船站与基站、基站与基站之间的通信,并通过 AIS 岸基服务管理系统与众多客户端交换 AIS 信息。目前,全球已有几千个基于 WebGIS 的 AIS 船舶监测网站在互联网运行,包括卫星 AIS 信息在内的 AIS 信息与海图或卫星地貌图结合,直观监测着全球港口和水域的船舶航行状态。图 3-6 为某 AIS 船舶监测网站运行截图。AIS 岸基网络的形成必将在船-船通信、船-岸通信、航运安全、航运信息化建设等方面发挥重要作用。

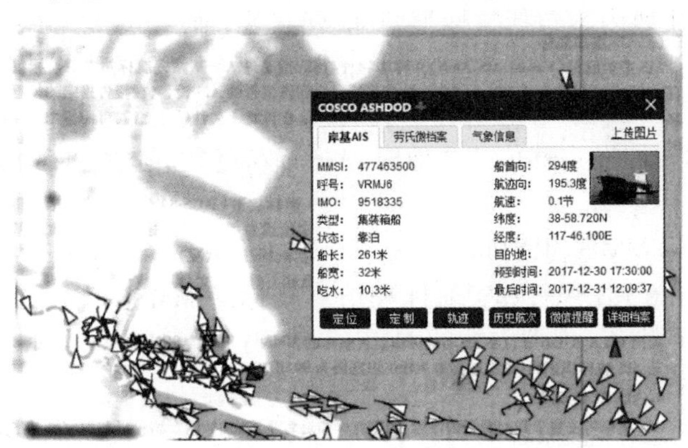

图 3-6　某 AIS 船舶监测网站运行截图

六、AIS 航标设施

航标是为改善船舶交通安全与促进有效航行,在船舶以外设计与运行的一种设备或系统,安装在航标上的特殊类型的 AIS 设备(AtoN AIS)能够全天候、主动地在 AIS 设备或与 AIS 设备连接的显示器上显示航标辨识信息,补充现有航标信号,发射浮标准确位置(如经 DGNSS 校正),监视航标状态,指示和跟踪浮标位移,收集航标"健康状况"的实时信息,为船舶导航雷达和电子海图提供基准点增强 Racon 服务功能,作为 AIS 仿真和虚拟航标,可预控改变航标参数,为航路区域和禁区做标记或勾画界线(如禁区和通航分隔制 TS),标注近海建筑物(如海上钻井平台),向周围船舶和海岸相关部门提供气象、潮汐与海况信息。

(一) AIS 航标类型

1.AIS 真实航标

AIS 真实航标是指航标上确实安装有 AIS 设备的物理航标。

2.AIS 仿真航标

考虑到经济实用,在航标上安装 AIS 设备可能并不一定合适。在这种情况下可采用 AIS 仿真航标(Simulation AIS AtoN)。AIS 仿真航标可分为"监控"与"预报"两种。监控 AIS 仿真航标是指从远离航标的 AIS 站发射航标报告航标实际存在,航标与 AIS 站之间有通信链路。通过航标与AIS设备之间的通信链路确认航标的位置与状态。预报AIS仿真航标是指从远离航标的AIS站发射航标报告,航标实际存在,但航标不受监控,其位置与状态得不到确认。因为只有监控AIS仿真航标能确保浮标的完好性,所以在浮标上一般不采用预报AIS仿真航标。

3.AIS虚拟航标

AIS虚拟航标(Vitual AIS AtoN)亦称非物理航标,指通过AIS基站或航标站发射航标报告,但报告中指示的位置实际上不存在物理航标。收到该报告的AIS设备,在报告指定的位置上显示一个实际上并不存在的物理航标的符号。例如,在设置永久性航标之前,可用虚拟航标临时标记航行危险区(如沉船)。

(二)AIS航标报告

AIS航标报告主要内容包括航标类型、航标名称、航标位置(WGS-84坐标)、位置精度指示、接收机自主完善性监测(RAIM)指示、离位指示、定位设备类型、时间标记、航标尺度及基准位置、预留区域/当地航标供应者使用的比特数(包括航标技术状况)、虚拟航标标志。当浮动航标发生移位或失效时,AIS航标还需及时发射与安全相关的寻址电文,提供航行警告。

(三)AIS航标MMSI识别码

根据IALA A-126建议案,真实航标和仿真航标的MMSI识别码为99MID1×××,其中×××是AIS航标识别码;虚拟航标的MMSI识别码为99MID6×××。

(四)AIS航标设置

AIS航标可安置于我们熟悉的浮标、固定航标和近海建筑物(如风力涡轮机和固定钻井平台等)上,还可设置为雷达和电子海图基准AIS航标。后者是近年随着对组合显示系统的要求不断提高而提出的。在同一个显示器上显示两个或更多系统关于同一个目标的参数时,通常需要对目标信息进行校准。如果在特别重要的地区如港口或进出港地区的一些永久性固定雷达目标上安装两个(最好三个)AIS航标,利用AIS航标位置、雷达回波位置和海图上航标的位置对这三种系统的显示进行校准,则可以排除显示干扰,降低减少目标信息的模糊度,改善航行安全。

七、AIS机载设备

AIS机载设备用于搜救飞机,也称为SAR-AIS设备。机载设备以10 s的固定更新间隔发送静态和动态信息,包括MMSI、位置(带完好性指示)、高度,以及COG/SOG。机载MMSI格式为111MIDI××(固定翼飞机)或111MID5××(直升机、旋翼机)。

AIS机载设备能够利用飞行高度的优势,在更开阔的覆盖范围内与船载设备自动交换AIS信息,使搜救人员及时掌握遇险海域交通状况,迅速发现遇险船舶,掌握其动态信息,大幅度提高搜救效率,最大限度地保障海上人命安全。AIS机载设备还有助于搜救中心立体化监控搜救行动,充分利用和迅速调动搜救资源,提高搜救成功率。

八、AIS-SART

2007年10月7日国际海事组织(IMO)颁布了AIS-SART在搜救行动中的性能标

准，即 MSC.246(83)决议案。按照《SOLAS 公约》，从 2010 年 1 月 1 日起，AIS-SART 作为搜救定位装置之一可以替代 Radar-SART 在船上配备。2011 年 2 月国际电工委员会(IEC)颁布了 IEC 61097-14：AIS-SART 操作与性能及测试标准。

1.AIS-SART 结构

AIS-SART 由通信控制器、GNSS 接收机、双信道 TDMA 发射机、简易显示器、启闭开关和电池构成。

2.AIS-SART 信息

按照国际海事组织(IMO)的性能标准和国际电工委员会(IEC)的测试标准要求，AIS-SART 应在遇险情况下发射设备的位置信息、静态信息和安全消息，发射功率 1 W。AIS-SART 的标识码为 700xxyyyy，其中 xx 为 00～99 是生产厂家标识，yyyy 为 0000～9999，是序列号。标识码由生产商编排序列号，使用者无法改变。AIS-SART 在测试状态下播发"SART TEST"固定格式的安全短消息；在遇险启动后则播发"SART-ACTIVE"，航行状态为"AIS-SART(active)"，发射 AIS 报文，便于观测者识别。

3.AIS-SART 操作特性

AIS-SART 表面有操作程序提示使用者无须特别训练便可操作。AIS-SART 能够手动启动和关闭，也可以自动启动。对于正确的操作，设备会发出声或/和光的响应。为了防止意外启动，设备设计有保护装置。

4.AIS-SART 环境特性

AIS-SART 的工作特点决定了它能在恶劣的环境下保持良好的使用特性。根据性能标准，AIS-SART 外表平滑，涂为橘黄色，颜色长期暴露在阳光下而不退化，能够抵抗海水和油液侵蚀，从 20 m 高度落入水中不会损毁；能够沉浸在 10 m 水下至少 5 min，以及在 45 ℃水中，保持水密性完好。如果 AIS-SART 不是救生艇筏的固定组成部分，则应能够漂浮，并需配有用于系留的 5～8 m 长度的浮缆，浮缆受力强度不低于 25 kg。

5.AIS-SART 技术特性

AIS-SART 外表标示了天线位置，天线工作高度应至少高于水面 1 m。设备能够在 −20～55 ℃条件下至少连续工作 96 h。启动后，GNSS 接收机会每分钟定位，为了延续工作时长，启动 1 h 后 AIS-SART 可进入每 5 min 定位一次的节能模式。启动后 1 min 之内，AIS-SART 在两个 AIS 信道上交替发射位置报告，带宽 25 kHz，间隔不大于 1 min。即使 GNSS 位置和时间丢失，AIS-SART 仍能够继续发射最后已知位置，并指示电子定位系统(EPFS)失效。AIS-SART 水面探测距离至少为 5 n mile。

知识链接二　AIS 设备的应用、安装与检验

一、AIS 设备的应用

AIS 作为一个辅助的助航信息源，将广泛应用于现存的航行系统(包括雷达)。AIS

的数据将提供高质量的信息,能使所有用户更加了解周边交通状况,避免误判,进一步保证了航行安全。

(一)船载 AIS 的用途

AIS 为船舶驾驶人员提供以下信息:

(1)在 ECS/ECDIS 显示上实时跟踪所有配置 AIS 的船舶;

(2)近乎实时地显示他船位置(具有 DGPS 精度)以及对地航速(SOG)和对地航向(COG);

(3)当转向或操纵时,显示预计航迹;

(4)对所有配置 AIS 的船舶具有显示其预计到达时间(ETA)的功能;

(5)记录历史航迹;

(6)通过 SOTDMA 数据链,从基站可获得 DGPS 修正;

(7)向其他船舶和 VIS 中心广播自身船舶的动态静态和航行相关的数据;

(8)发射或接收至/来自 VTS 中心或其他船舶的短电文。

(二)船载 AIS 基本工作原理与应用

(1)AIS 工作在 VHF 频段,在国际电信联盟(ITU)无线电大会 ITU-R M.1084-3 中规定了通用船所使用的 AIS 工作频率为:

①500 kHz(86B 频道)和 2 182 kHz(87B 频道);

②1 775.42 MHz(88B 频道)和 1 227.60 MHz(89B 频道);

③161.975 MHz(87B 频道)和 162.025 MHz(88B 频道);

④3 000 MHz(86B 频道)和 9 375 MHz(87B 频道)。

其通频带宽度为 25 kHz。传输速率:9 600 bit/s,访问协议:STDMA(自组织时分多址技术)。

(2)在不能使用 AIS 通道的地区,发射机应答器必须能够由数字选择性呼叫 DSC70 通道所接收的信息来转换变化通道。

(3)为了防止干扰和转换频道时造成通信损失,每个 AIS 站均同时在两个频道上进行收发。在大洋及所有其他海域,AIS 系统的一般工作模式是双通道模式,即 AIS 并行地在两个信道中同时接收,同时又在这两个信道中有规律地交替发送。此外,AIS 还能工作于由当地权力机关规定的海上移动 VHF 频段内的地区性信道中。

(三)AIS 在雷达与 ARPA 中的应用

1.雷达与 ARPA 中的应用

由于 AIS 用 VHF 波段作为无线电通信链路,它的抗海浪和雨雪干扰的能力优于普通雷达,捕获和跟踪目标能力比雷达更为有效。AIS 的通信链路能保持良好连接,为船舶避碰提供了必要的信息。VHF 电波的传输特点还可弥补现有 VTS 雷达在岛屿较多和弯曲的江河环境下使用有盲区的缺陷。

在安装了 AIS 的船上,叠加在雷达显示器上的 AIS 目标将给驾驶人员提供这样的信息:哪个目标有 AIS 和哪个目标没有 AIS。因此能够在雷达上比较和识别众多目标的方位和距离。

当使用适当的标绘显示时,可通过收到的目标船位信息计算出两船最近会遇距离(DCPA),以及最近会遇时间(TCPA)。通常,船载 AIS 可快速、自动和准确地提供有关碰撞危险的信息和警报。虽然 AIS 目前还不能取代雷达的目标探测和跟踪，但相比之下，利用 AIS 跟踪有如下优点：

(1)信息准确度高；

(2)近乎实时提供信息；

(3)能瞬时显示目标航向的变更；

(4)不受目标更换的影响；

(5)不受目标被杂波干扰的影响；

(6)不受目标由于快速操纵而丢失的影响；

(7)能接收弯道遮蔽区和岛屿后面阴影区的信号。

雷达目标图像、AIS 的目标位置和有关数据只有同时显示才便于相互对应达到识别的目的，识别以后可根据需要只显示一种目标图像；在雷达使用大量程的时候，对目标的分辨力和定位精度都会下降，同时显示可判断雷达探测目标产生的偏差（包括目标大小和定位精度）；同时显示或分别显示也有利于发挥雷达对目标探测跟踪反应及时，并可直接看出目标的大小和船舶位置、运动轨迹。表 3-7 为 AIS 船载设备报告目标与雷达跟踪目标对比表。

表 3-7　AIS 船载设备报告目标与雷达跟踪目标对比表

AIS 船载设备报告目标			雷达跟踪目标	
目标类型	显示符号	说明	目标类型	显示符号
休眠目标		用锐角等腰三角形标明目标存在，指向为艏向或对地航向（艏向信息缺失时）。报告位置在三角形高度一半的中心。符号小于激活目标	雷达目标	雷达回波点
激活目标		以图标方式显示目标数，间隔为线宽 2 倍的短虚线表示目标 COG/SOG 矢量，沿矢量可标注时间增量。起点在顶点比速度矢量细的实线表示目标的船首线，其长度为三角形长度的 2 倍。在船首线末端固定长度的折线指示船舶转向。可用曲线矢量指示路径预测	被跟踪目标	
被选目标		以图表和字母数字方式显示目标详细数据，在激活目标符号周围用四角方框指示	被选目标	
危险目标		CPA/TCPA 小于安全门限的目标，用红颜色粗线条显示速度矢量的闪烁实体（或粗体）三角形，确认后停止闪烁	危险目标	
丢失目标		不能继续收到信号的目标，在最后已知位置显示带十字交叉线（或被一直线交叉）的三角形，指向最后已知方位，不显示矢量、艏向和旋回速率。符号闪烁，直到确认后停止	丢失目标	
轮廓目标		在小量程上，根据目标船长、船宽和天线位置，可显示实船轮廓	本船轮廓	

现代的 ARPA 能以 3 s 的更新速率选择和跟踪 20 个以上的目标。除了目标近距离交换外,在雷达平面显示器(PPI)上的矢量线符号大多能跟踪目标。因此对于需叠加在 ARPA 显示器上的 AIS 目标,显然需要更高的更新率。如果更新率太慢,在近距离出现的 AIS 符号将不能与雷达回波相匹配。最佳的解决方案是使 AIS 的更新率与雷达相同,即每 3 s 更新一次。此外,ARPA 的局限性使得他船改变航向 1 min 或 2 min 后才能觉察到,而对于大型油船则可能需要 5 min 才能探测到航向的改变。然后,ARPA 还需要 1 min 或 2 min 才能显示出目标对水的航向和航速矢量。这时也会出现在同一个目标回波上 AIS 符号与 ARPA 符号不一致的现象。

2.雷达目标播发

在雷达目标处理器中,把雷达目标转换为 AIS 目标,并把它们从 VIS 上发射到覆盖区域内的船上。这样,配备 AIS 的船舶就可以获得 VTS 的岸基雷达系统所观测到的目标。

(四)AIS 在船舶交通管理中的应用

VTS 是基于雷达跟踪目标获取船舶动态信息的船舶交通管理系统,而 AIS 是基于 GPS 定位,通过无线电数据通信获取船舶动态信息和其他信息的自动识别船舶的系统。在 VTS 台站增设 AIS,扩大了自动识别船舶的覆盖范围,能得到全面的船舶信息,进一步提高了 VTS 的能力,充分发挥船舶交通管理的作用。

AIS 站可以向 VIS 提供其所辖水域内船舶详细、精确的信息,并自动显示在 VIS 显示屏上。这些信息包括船舶静态数据、动态数据和航行相关数据。在具有海图显示功能的 VTS 显示屏上,VIS 操作人员能很方便地了解航行管辖区域内每一个目标的动态、航行趋势等。在有危险的情况下,还可通过 AIS 发出安全警告信号。因此,在 AIS 运用到 VTS 后,将具有下列优点:VTS 对船舶的管理更为准确及时;克服和弥补了雷达在雾天和恶劣天气等条件下的不足。

给船舶引航提供了便利,可进行实时查询、应答和跟踪;用户可通过计算机网络查询 VTS 中的 AIS 信息数据库,便于船队管理。

AIS 在船舶交通管理系统的应用如下:

(1)自动显示船舶识别码、静态的和航次有关的信息;

(2)改善在海浪和恶劣气象条件下的目标自动跟踪;

(3)几乎实时地获得转向率、航向、对地航速和船舶尺度等信息。

(五)AIS 在搜寻和救助工作中的应用

如果所有的搜救船舶都装备了 AIS,海上搜救协调中心可以迅速地确定哪艘船距救助地点最近,以便在最短的时间赶到。遇险船上若 AIS 工作,则该船就能显示在救助船和救助中心显示器上。在整个搜救期间,所有船舶将被跟踪和标绘,搜救中心能及时地监测和指挥,使搜救的工作更有效。

(六)AIS 作为航标的应用

装在航标上的 AIS 将提供该航标的主动识别码,包括航标的工作状态、潮高、当地气象等信息,可取代雷达应答器,以易于在各种气象条件下探测和识别。

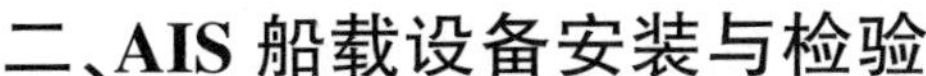

二、AIS 船载设备安装与检验

（一）AIS 船载设备安装

船载 AIS 设备通常由专业技术人员进行安装并完成开通试验。相对其他航海仪器，AIS 设备的安装并不复杂，了解和掌握 AIS 设备的安装要求，有助于驾驶员更好地理解 AIS 工作中可能出现的问题，提高使用和管理 AIS 设备的能力。应按照以下要求安装 AIS 设备。

（1）AIS 设备的 MKD 应安装在驾驶台便于驾驶员进行操作和观察的位置，如果设备与其他航海仪器的显示控制终端（如雷达、电子海图等）连接，则可安装在驾驶台或其附近易于操作和维护的位置（如海图室或毗邻的报务室内）。

（2）AIS 设备应由主、应急电源供电，电缆的布置应考虑电磁兼容性。数据电缆应尽可能短且有可靠的电磁屏蔽，电缆露天连接端头应有水密措施，连接线须可靠固定。同轴电缆应单独敷设，离开供电电缆至少 10 cm，最小弯曲半径应大于 5 倍电缆外径。

（3）接入 AIS 设备的外部传感器应是船舶用于正常航行的设备或系统，应从它们输出接口直接采集数据，且不影响这些设备正常的工作性能。

（4）AIS 设备的 GNSS 天线与 VHF 电话天线不应安装在同一水平面上，并使它们在垂直方向上间隔至少 2 m，而且应远离雷达、发射机等高功率源天线 3 m 以上，离导体结构 2 m 以上；若只能与 VHF 电话天线安装在同一水平面上，则应在水平方向上相距至少 10 m。天线不应紧邻垂直障碍物，尽可能在水平面 360°内无障碍物。

（5）AIS 设备的 CNSS 天线应远离 S 波段雷达 Inmarsat 系统等高功率发射机发射波束 3 m 以上，在水平 360°仰角 5°～90°范围内无连续障碍物，桅、支架等障碍物不应在较大的水平角度范围内遮盖天线。

（6）BIT 的报警输出应连接至一个声响报警装置，也可以通过 PI 将报警输出给其他设备发出报警。

（7）引航员插头应安装在驾驶台引航员通常工作的位置，便于引航员连接 PPU。

（8）安装完成时应提供记录本船静态信息的初始化清单，经核对确认无误后保存在船上。

（二）AIS 船载设备检验

AIS 船载设备安装之后，驾驶员（二副）应对设备进行检验，并将检验结果报告船长签字确认。在营运过程中，设备应进行年度检验，并应做到每个航次或每个月（取时间较短者）对设备发送的静态信息和航次相关信息进行检验，将检验结果记录在航海日志之中。

1.AIS 设备安装检验

（1）检查 AIS 设备的产品证书及检验合格标志。

（2）对设备进行外观检查，确认其外表、接口无损坏迹象。

（3）对设备的连接线、电源装置等进行外观检查，保证电缆连接牢固可靠，无触电安全隐患，设备装设位置易于操作并便于维修保养。检查 AIS 设备已按图纸中的规定良好接地，接线布置与 AIS 设备系统图相符。

(4)检查AIS设备收发天线及内置和外置GNSS天线安装情况,确认其安装位置与图纸的所标及静态信息记录相符,天线安装牢固可靠。

(5)在确认系统已正确连接情况下,通电并进行下述试验:

①检查与AIS设备相连接的传感器是否工作正常。

②利用AIS设备内部的自检功能(BIT)做自检测试,确认结果正常。

③确认在外部传感器具有有效输入信号时,AIS设备应在2 min内正常工作并按照规定的报告间隔发射本船信息。

④按照AIS设备初始化清单,确认已正确输入本船的静态信息。

⑤确认传感器的信息与AIS设备采集显示的信息完全一致,数据精度符合性能标准要求。

⑥在AIS设备正常工作的情况下,开启中/高频及雷达等设备,保证AIS设备在其他设备发射时仍能正常工作。

⑦观察AIS报告目标,比较雷达跟踪目标,确认两者观察的目标一致,必要时可通过其他通信手段对目标的确切位置予以落实。若目标存在较大误差,应进一步调查误差产生的原因。

⑧模拟一人为故障(如GNSS丢失位置),应在驾驶台通过外接的报警单元发出声响报警,在显示单元中显示的报警信息与实际故障情况相一致。

⑨如果可行,试验AIS设备的远程通信功能。

2.AIS设备营运检验

(1)年度检验

AIS设备应结合安全设备的年度检验和定期换证检验进行下述检验:

①检查连接线、引航员插座电源变换装置等的外观,确认电缆无松动、脱落或其他损坏,接地可靠有效,无触电安全隐患。

②检查AIS设备及连接的GNSS天线无过度锈蚀、外皮剥落迹象,确认天线电缆连接处以及穿越舱壁处水密性能良好。

③检查本船静态信息及与航次有关信息可正确显示,并与实际情况一致。

④确认传感器正常工作,设备显示的传感器信息与实际信息相一致。AIS设备在开启后自检结果正常,并在2 min内能正常工作。

⑤对目标信息通过VHF或其他通信方法予以确认,或比较雷达跟踪目标。

⑥按照规定的报告间隔,发射本船AIS信息。

⑦模拟一故障情况,检查MKD给出的相关报警信息是否相符。

⑧检查设备自身记录的最后10次不工作的记录,了解设备的工作及使用状况。

⑨若条件具备,联络AIS基站向本船发送询问信息,确认设备做出正确应答。

(2)航次/月检验

检验年度检验项目中的③④⑤⑥项。

三、AIS 船载设备优势与局限性

（一）AIS 系统的优势与局限性

AIS 集卫星定位技术、数字通信技术、信息处理技术和计算机网络技术等现代高科技发展的最新成就于一身，系统具有精度高、传输速率快、自动化程度高、显示界面友好，与其他航海仪器设备有较好的扩展性和兼容性等优点，促进了船-船及船-岸的关键识别信息和简洁航行安全信息的有效沟通，解决了船舶在避碰行动中难以识别、在搜救行动中效率低下、在交通管理上监控不力等困扰航行安全多年的难题，为船舶实时交通安全监控和航运管理提供了高效率的信息传输通道。

然而，AIS 和其他广播系统一样，对射频干扰敏感，同时还受到 VHF 电波传播的限制。AIS 的核心是卫星导航系统，因此它也具有 GNSS 固有的脆弱性。AIS 不是自主的安全检测设施，对目标的监测依赖他船设备的正常工作。并非所有在航的船舶（如非公约要求的船舶游艇、渔船、军用舰船等）都配备了 AIS 设备，配有 AIS 设备的船舶也可能随时将设备关闭。因此，AIS 设备不能代替驾驶员的瞭望和雷达观测，AIS 信息只是驾驶台航行交通信息的有益补充。

此外，在某些特殊的水域，如海盗活动频繁海域，AIS 信息有可能被非法利用，给本船带来安全威胁。船长可根据相关资料、航行实际情况和自己的专业判断，决定暂时关闭 AIS 设备。

（二）AIS 信息的优势与局限性

AIS 船载设备自动发送和接收本船和他船的静态、动态、航次相关信息和安全相关短消息，并以国际统一标准的信息或图标方式全面地反映本船附近的交通态势，为驾驶员进行船舶避碰操作提供了较为详尽可靠的信息参考。此外，AIS 岸基设施和 AIS 航标还能够为船舶提供导航和多种附加信息服务。然而，AIS 静态信息需要人为设定，还可能被随时修改，动态信息精度则依赖所连接的传感器，航次相关信息也需要驾驶员及时更正，AIS 的岸基服务和航标设施也受到多种人为或客观因素的影响，难免发生错误或带来误差。错误或不准确信息的传递对本船和他船都意味着潜在或直接的威胁，船长和驾驶员始终应对所有输入系统的信息和由传感器添加的信息负责。

1.静态信息

静态信息在 AIS 设备安装结束初始化时，正确输入密码后才能设置。正确的静态信息易于在系统中被识别和监控，使系统能够有效地发挥作用。静态信息内容和格式上的任何错误都可能造成身份识别障碍，致使 MMSI 输入错误，结果在某一水域有两艘或更多的船舶共用一个 ID，AIS 设备将很难对其进行跟踪、识别、监视和信息读取，显示目标将在共用 ID 的 AIS 船舶之间不停地跳跃造成无法查阅目标信息。如果本船的 ID 和同一水域的其他船舶相同，本船的 AIS 设备也不能持续地正常工作。这种情况严重时，可引起 AIS 整个系统工作不稳定。

定位天线的位置信息也非常重要，尤其对于超大型船舶来说，准确输入的天线位置可以使系统准确显示出船舶轮廓线，给避碰操作以可靠参考。遗憾的是，目前相当一部分 AIS 设备在安装时定位天线的位置是随意添加的，给船舶密集的狭窄水域避碰带来安全隐患。

驾驶员应至少每个航次或每个月(取时间较短者),或在任何需要的时候,仔细检查静态信息。在必要的时候,可以通过 VHF 与他船联系,证实本船静态信息的正确性。静态信息的更改应得到船长的同意。

2.动态信息

拙劣的传感器配置或未经校准的传感器数据会导致不正确信息的发送,AIS 设备无法检查来自传感器数据的质量或精度。动态信息中最重要的是船位信息,通常该信息应来自船舶主 GNSS 设备,该设备故障时,AIS 设备应自动转换使用内置 GNSS 定位仪。CNSS 设备的操作失误可能会直接影响 AIS 位置报告的精度,比如 CNSS 设置在模拟状态,或使用了非 WGS-84 测地系则会产生较大的误差,严重影响通航安全。值班驾驶员应注意查验 AIS 设备显示的本船船位、对地航向和航速、艏向和其他传感器的动态信息,验证这些信息准确有效。在沿岸水域航行时应增加检查的频率。AIS 目标信息的精度仅由发送方决定,接收者无法仅从 AIS 信息本身来断定所收到数据的精度。驾驶员应当意识到不同船舶上设备配置的差异会导致不同 AIS 设备发送的信息质量和精度存在差异。某船的错误信息显示在他船驾驶台上很可能会导致错误判断,造成紧迫局面。因此,经常利用其他信息源(如瞭望,其他定位方法有雷达、ECDIS、AIS、VHF 等)来验证 AIS 信息是十分必要的。AIS 提供的信息需要经驾驶员的专业分析和判断才能作为避碰决策的参考。

3.航次相关信息

航次相关信息是港方获得货运资料的辅助渠道,在开航或需要时由驾驶员经船长同意输入,在避碰行动中,该信息可作为辅助参考信息。如通过目的港或航线计划可以判断目标船的基本动向,对避碰决策有一定的帮助;如果目标船装载危险货物,避碰时更应慎重考虑。船舶吃水对 VTS 疏导交通、指导船舶避险有着重要的参考价值。

航次信息可以不输入,但不可随便输入或遗留以往的航次信息不做更新,以免引起误导。

4.AIS 信息安全运用

正确设置操作和使用 AIS 信息有助于船舶驾驶员掌握海域的交通态势,及时协调避让行动,准确核实避让结果。AIS 基站服务和 AtoN 信息增强了船舶与外界的信息交换能力,驾驶员可以及时获得丰富的航行安全信息,辅助船舶在复杂的航行环境安全通航。

正确运用 AIS 信息,驾驶员应注意以下问题:

(1)正确操作 AIS 设备

正确设置操作和使用 AIS 设备是 AIS 信息安全运行的基础。无论是设置本船 AIS 信息,还是读取他船 AIS 信息,驾驶员都应谨慎从事,随时注意核实。对于传感器配置较低的船舶,驾驶员更应从 AIS 基本原理出发,正确设置设备参数,防止不恰当 AIS 信息的传输。特别是在操作为设备提供船位数据的船舶主 GNSS 接收机时,应时刻考虑到对 AIS 信息可能产生的影响。

(2)注重 AIS 设备检验

应按照 AIS 设备的检验规定,严格检验设备工作状况及其数据的精度,保证 AIS 安

全运行。

(3)不可过分依赖 AIS

无论是在系统配置、设备功能,还是信息的可靠性等方面,AIS 都存在着诸多局限性。如果将 AIS 信息作为船舶避碰的主要信息源,将是十分危险的。

(4)AIS 引起的信息多元化问题

船舶在狭水道航行或进港时,值班驾驶员需要在短时间内处理来自 VTS 中心及附近船舶的协调信息,处理来自雷达 AIS 和 ECDIS 等设备的各种信息,AIS 的应用也使航行信息更呈现多元化趋势,加重了值班驾驶员的工作负担。在 AIS 设备未与雷达或 ECDIS合理配置的驾驶台、各种导航设备和系统的恰当运用尤其重要。什么时机选择什么设备,如何获取相关信息并验证信息的精度至关重要。驾驶员过分依赖某一种设备信息,或仅凭一种设备的信息草率进行航行决策是不可取的。

(三)AIS 与雷达在避碰决策中的优势互补

1.雷达在避碰决策中的优势与局限性

作为船舶避碰的主要助航设备,雷达一直担当着重要的角色。雷达是自主式导航设备,可以直接观测到本船周围包括岸线在内的水面目标,获得较为全面的交通形势图像。通过对目标船舶的自动标绘可以判断碰撞危险,求取避让措施(试操船),核实避让行动的效果。采用雷达避让受能见度影响小,精度较高(30 m 或量程的 1%的较大者),决策时间短(3~5 min),探测距离可达 10~20 n mile,驾驶员工作负担轻。当船舶发生碰撞事故时,在避让行动中的雷达观测信息可以作为海事证据予以采纳,然而雷达易受气象海况的影响丢失弱小目标,有 30~50 m 的最小探测距离造成的盲区,在障碍物遮挡形成的阴影扇形区域探测能力受到影响,目标的探测精度和分辨力,尤其方位分辨力有限(1°左右),且随观测量程的变化而变化。雷达只对保速保向的目标保持准确的跟踪,在初始跟踪目标或目标发生机动后,尤其在本船发生机动后,系统有 1~3 min 的处理延时。因此,在船舶机动频繁的狭窄水域雷达的跟踪精度降低,目标数据误差增大。而且目标发生机动后,在 0.5~1 min 后才能在屏幕上标绘出来,不能及时响应目标航行状态的变化,立即修正目标船动态信息,难以及时发现和判断目标船的航行意图。雷达还存在错误录取、漏录取、录取和显示容量限制、目标信息量少、目标丢失、目标交换、无法识别目标等固有缺陷。并且雷达对驾驶员操作维护能力要求较高,有效的雷达观测和雷达自动标绘需要建立在维护良好的设备和恰到好处的操作技术之上。

2.AIS 在避碰决策中的优势与局限性

基于卫星定位的 AIS 设备,精度一般稳定在 5 m(DGNSS)~30 m(GNSS)。该系统无须人工维护和参与,在 VHF 频段以广播方式自动发射和接收船舶识别和航行关键信息,通信链路可靠,不受气象海况影响,不会因杂波干扰发生丢失弱小目标的现象。信息传输具有一定的绕越障碍能力,覆盖范围扩大到河道和水流弯曲处和障碍物之后等雷达探测不到的区域,跟踪稳定性与可靠性明显高于雷达。AIS 不存在近距离盲区,目标的分辨能力取决于 GNSS 的精度,高于雷达,且不因目标距离和方位的变化而变化。设备不存在处理延时,当目标发生航向机动时,能够在 2~3.3 s 内近于实时地反映目标的机动状况,能够更有效地应对多船相遇、快速逼近及机动频繁等场合。当对目标船舶行动有怀疑时,AIS 还可以通过安全短消息及时进行沟通和协调,AIS 设备无录取容量限制,不会发生目标交换现象。此外,AIS 作用距离视天线高度稳定在 15~30 n mile,发现远距离目标能力强。如果进入基站网络服务区,便可以实现海岸覆盖,甚至通过卫星 AIS 和互联网实现广域乃至全球覆盖。AIS 成为继雷达之后最重要的避碰助航系统。此外,AIS 船载设备的图标显示方式还可以不必像雷达那样仅以本船为中心显示周围目标,而是实现类似 ECDIS 的漫游和缩放显示,方便驾驶员对目标的观测和海域交通态势的了解。

AIS 信息对避碰决策有重要参考价值,但是系统在管理实施和技术能力上仍有内在的局限性。AIS 不能显示岛屿、岸线和导航标志,岛屿等大型障碍仍然会对 AIS 产生信号减弱区域或盲区。在航行实践中也会遇到目标丢失或反复闪烁无法读取信息的情况,在航船舶在不同的航行状态下,A 类 AIS 信息更新间隔为 2~10 s,并不比雷达扫描周期短。一些小型船舶安装的 B 类 AIS 设备,发射功率低,信息更新间隔延长至 30 s,特别在通信链路繁忙时,CS-AIS 设备会暂时自动终止船位报告发送,使系统无法及时更新其信息。前面我们还讨论到系统和信息的局限性,因此,驾驶员应该时时警惕 AIS 可能无法提供本船周围航行水域完整或正确的交通信息和态势,不应将 AIS 信息作为避碰决策的唯一参考。

值得注意的是,在船舶避碰时,AIS 提供的目标船 COG/SOC 信息不应直接使用,而应参考目标的艏向。但按照《SOLAS 公约》,目前总吨位 500 以下的船舶并未要求必须安装艏向传感器,无法给出艏向。有的船舶由于故障等原因无法传输罗经数据时,AIS 会显示艏向“NOT AVAILABLE”,避碰决策时驾驶员应提高警惕。

国际海事组织(IMO)NAV 第 47 次会议明确提出,在避碰规则中没有关于使用 AIS 设备进行避碰决策的条款,避碰应在瞭望和雷达观测的基础上进行决策。因此,AIS 不应作为唯一的避碰装置使用,而应当与其他的避碰方法结合使用,协助驾驶员判断碰撞危险。

3.AIS 与雷达在避碰决策中的综合运用

用 AIS 协助雷达跟踪目标,可扩展雷达远、近距离的探测范围,加强远洋、近海、狭窄和拥挤水域的瞭望,增强雷达的信息和信息的参考价值,提高雷达的性能和观测效率,加强雷达预报危险的功能,改善避碰效果,避免或减少紧迫局面和碰撞事故的发生,保障海上航行安全。在搜救行动中使用 AIS 有助于快速搜索海上遇险船舶,提高海上搜救工作效率。

在 AIS 报告目标和雷达跟踪目标融合的雷达显示器上,AIS 的信息辅助雷达回波观测标绘目标的优势是十分明显的。应当注意的是,由于雷达回波与 AIS 数据来源、处理方式和精度不同,同一个目标的显示位置及其相关运动参数也就可能不一致。驾驶员必须根据现场情况做出正确判断,决定取舍。在船舶密集区域,AIS 图标信息可能使屏幕显示符号繁杂而影响正常雷达观测。这就需要驾驶员暂时将 AIS 目标置于休眠状态或屏蔽 AIS 目标的显示,以获得最佳雷达观测效果。

(四)AIS 与 ECDIS 的综合运用

ECDIS 在船舶助航中的作用早已为业界所公认,其通过 GNSS 实时获得本船航行位置信息,直观地实现船舶实时导航。但是 ECDIS 不能直接获得周围其他船舶的航行信息,难以在船舶避碰中发挥作用。AIS 信息与各航海仪器和系统具有非常友好的融合嵌

入特性，可以方便地显示在 ECDIS 上，使得 ECDIS 成为船舶导航避碰的综合操作平台，极大地提高了 ECDIS 在保障船舶航行安全中的应用价值。

利用 ECDIS 平台显示 AIS 信息的优势是十分明显的，它能够实时地以图标化、数字化的方式显示航行水域船舶的丰富的静态、动态和航次信息，直观了解实时交通状况，并结合 ECDIS 水深、潮高、助航设施、岸线轮廓等丰富的信息资源，以及对船舶强大的综合操作控制能力全面地、更好地实现对船舶航行的安全监控。

总之，ECDIS 显示的直观性、内容的丰富性和操作的方便性，都是 MKD 显示器所不能及的。将 ECDIS 作为 AIS 的信息显示和操作平台，在船舶避碰导航中发挥的作用是巨大的。

知识链接三　船载AIS设备的操作

一、船载 AIS 设备的主要功能操作

Samyung SI-30A 型船载 AIS 如图 3-7 所示。

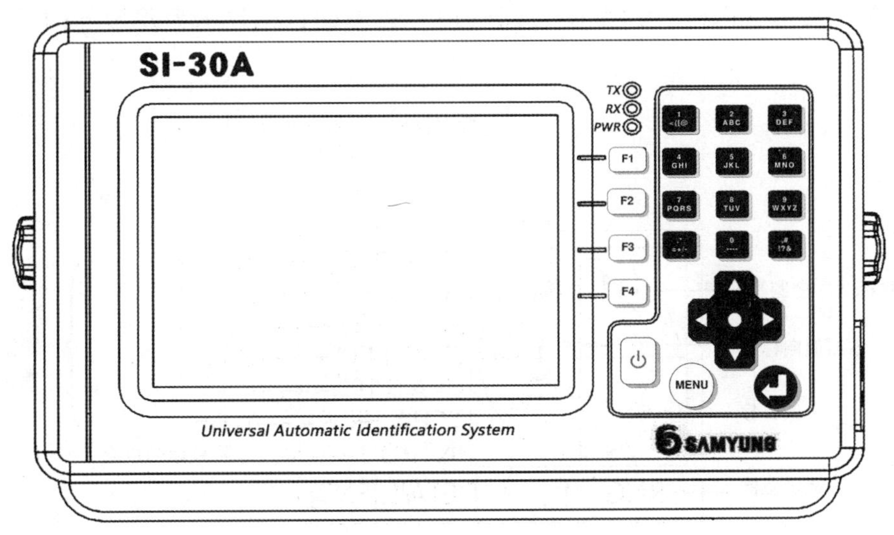

图 3-7　Samyung SI-30A 型船载 AIS

1.开关机

按[POWER]键开关机，当船失电时，系统会自动转换成 24 V 直流供电。

2.调整亮度、对比度

如图 3-8 所示，按[DIM]键打开以下对话框。使用[▲]或[▼]调整面板亮度；使用或调整对比度。按[ENT]键确认并关闭对话框。

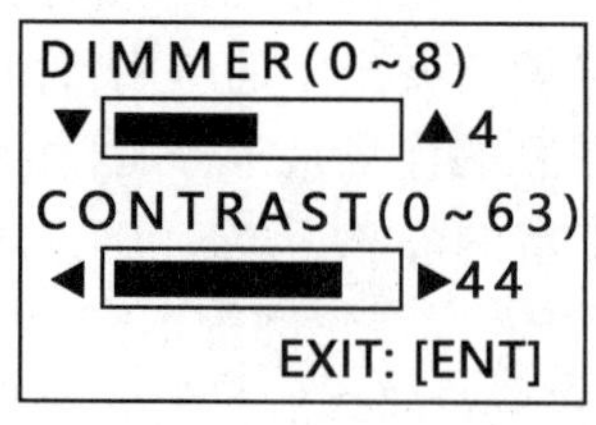

图 3-8　调整亮度、对比度

3.读取 AIS 信息

反复按[DISP]键,会循环显示 5 个基本显示页面,分别是“目标标绘页面”“目标信息列表页面”“本船静态信息页面”“本船动态信息页面”“报警信息页面”。

“目标标绘页面”显示目标静态、动态信息。

“目标信息列表页面”显示目标静态、动态信息。

“本船静态信息页面”显示本船静态信息。

“本船动态信息页面”显示本船动态信息。

(1)目标标绘页面(见图 3-9)

使用[▲]或[▼]调整 RNG 显示量程;使用[◀]或[▶]选择目标,被选中的为“被选目标”,被选择过的为“激活目标”,从未被选择过的为“休眠目标”,有碰撞危险的目标显示为三角形并闪烁,为“危险目标”,信号丢失的目标显示为菱形并闪烁,为“丢失目标”。

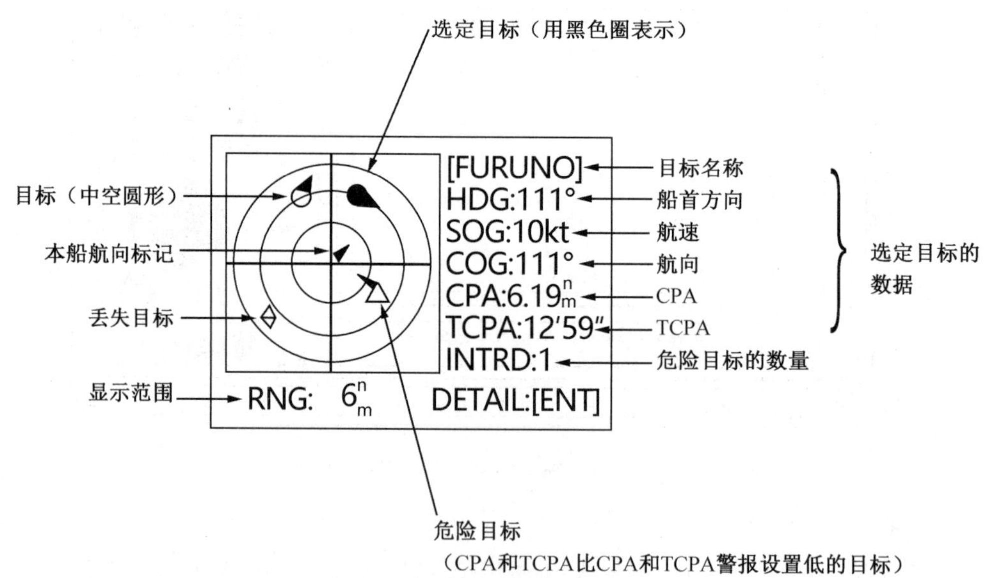

图 3-9　目标标绘页面

(2)目标信息列表页面(TARGET LIST)(见图 3-10)

其中,“RNG”表示目标方位,“BRG”表示目标距离。

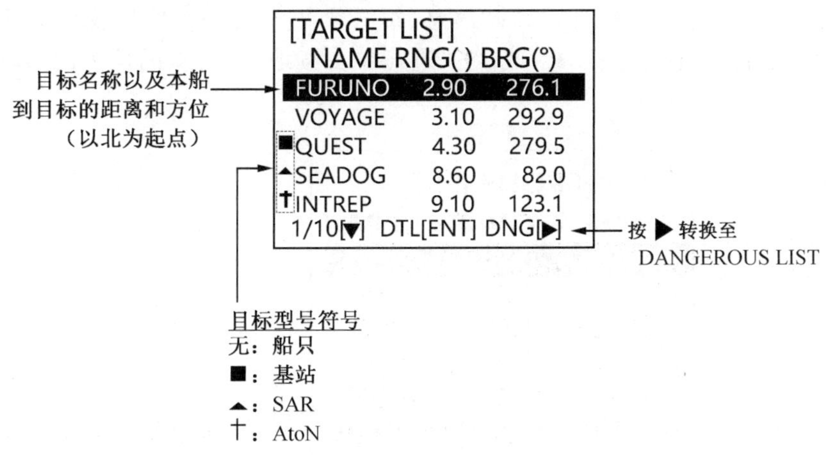

图 3-10　目标信息列表页面一

用[◀]或[▶]在所有目标列表(TARGET LIST)和危险目标列表(DANGEROUS TARGET LIST)之间转换,如图 3-11 所示。

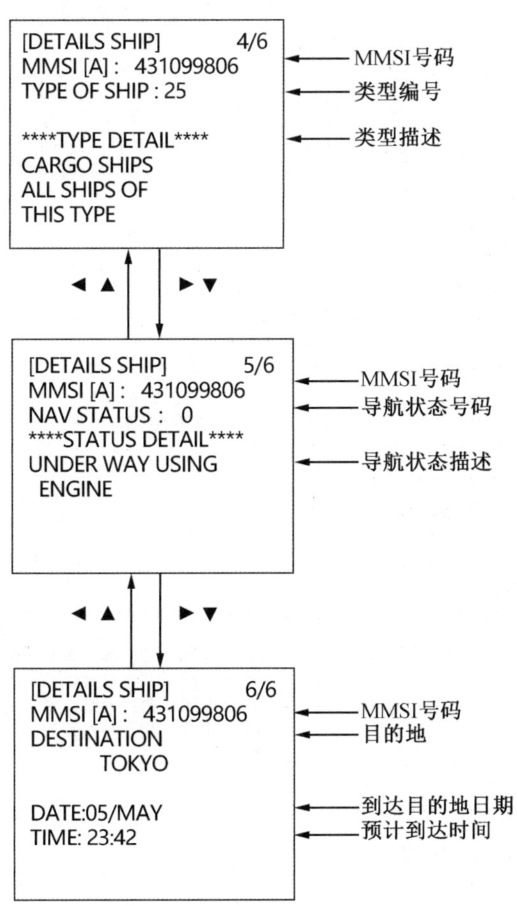

图 3-11　目标信息列表页面二

用[▲]或[▼]滚动显示屏,查看其他更多的目标数据。同时用[▲]或[▼]选定某一目标，按[ENT]键进入读取目标具体信息，每一个目标的基本信息都由 6 页内容组成，屏幕的右上角会有提示，用[▲]或[▼]进行翻页读取，每一页的信息内容如图 3-12 所示：

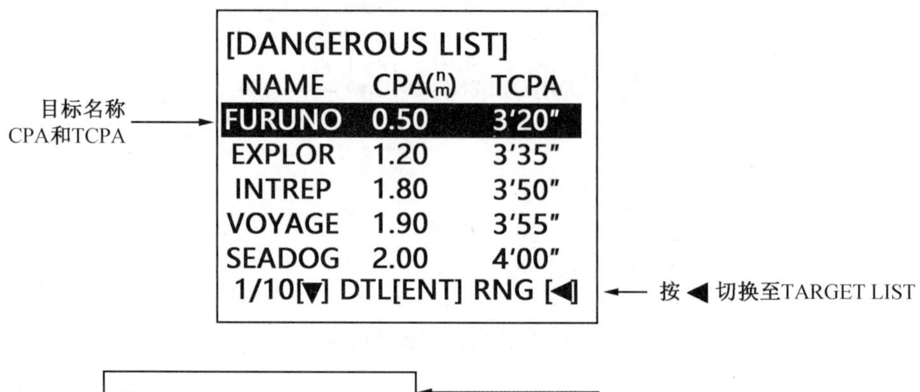

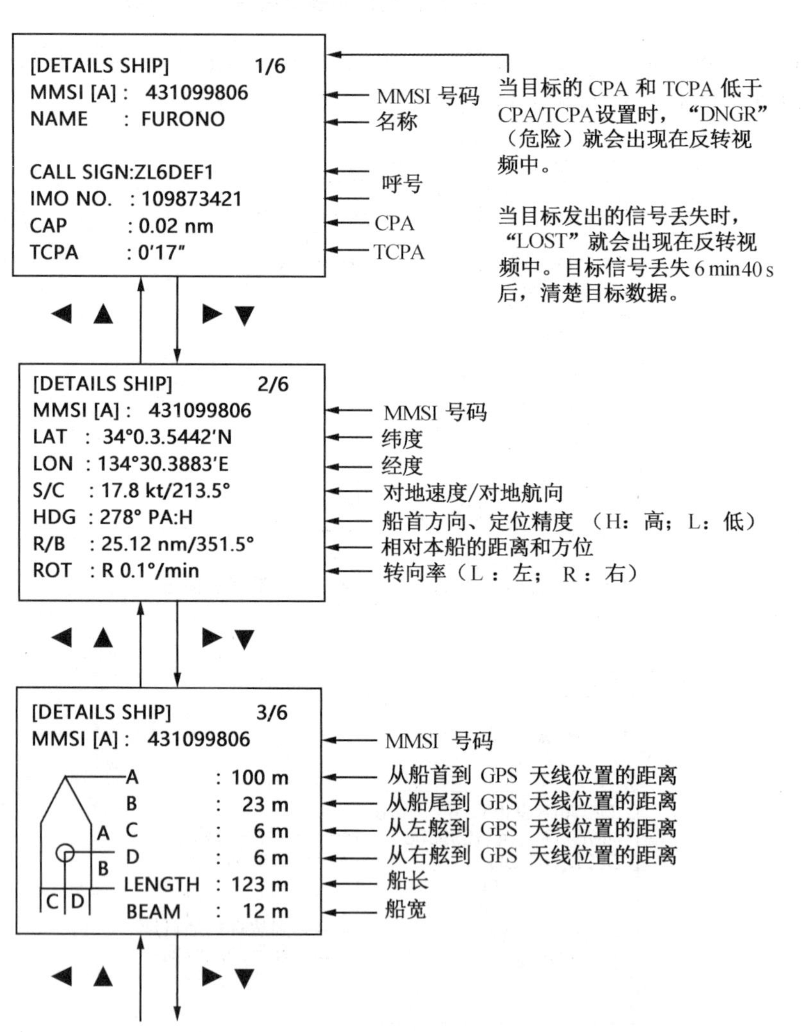

图 3-12 每一目标的基本信息

(3)本船静态信息页面(OWN STATIC DATA)

这一页面由5页内容组成,屏幕的右上角会有提示,用[▲]或[▼]进行翻页读取,每一页的信息内容如图3-13所示。

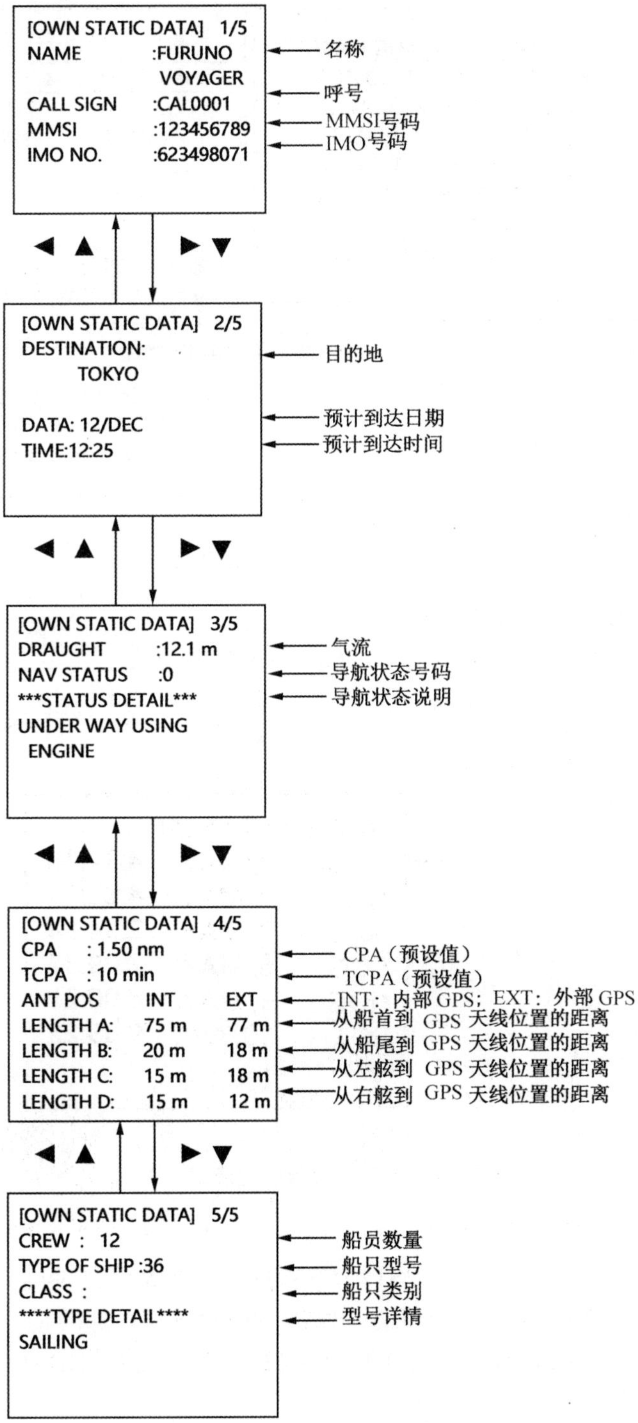

图3-13　本船静态信息页面

(4)本船动态信息页面(OWN DYNAMIC DATA)

该页面仅一页内容,信息如图 3-14 所示。

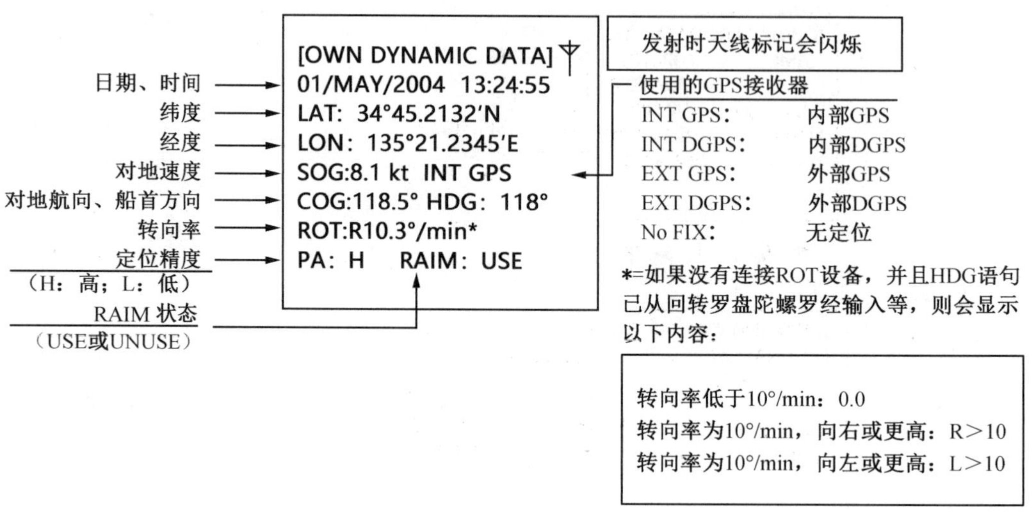

图 3-14 本船动态信息页面

(5)警报状态显示屏

显示触发警报的日期和时间记录,页面如图 3-15 所示。

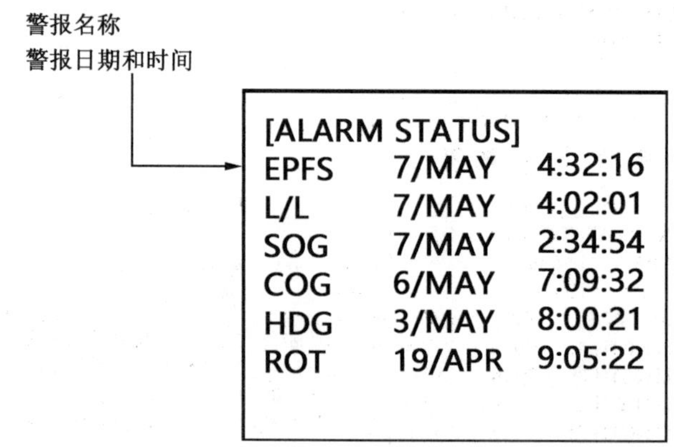

图 3-15 报警状态显示屏

4.航次相关信息的更改

按“NAV STATUS”键打开“NAV STATUS”菜单,一共 5 页,在每页右上角有提示,用[◄]或[►]更换,分别是:“航行状态(NAV STATUS)”“目的港(DESTINATION)”“ETA”“船员人数和货物类型(CARGO TYPE&CREW)”“吃水(DRAUGHT)”,如图 3-16 所示。

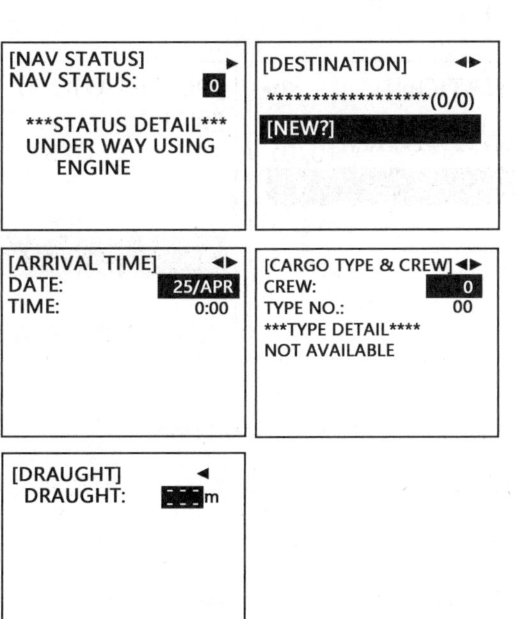

图 3-16　航次相关信息显示面

(1)更改航行状态

按[ENT]键,数字处的黑框变成下划线为输入状态,可见下方状态显示选择合适状态,然后按[ENT]键。

下面是几种状态列表:

00:UNDER WAY USING ENGINE(在航使用主机推进)。

01:AT ANCHOR(锚泊)。

02:NOT UNDER COMMAND(失控)。

03:RESTRICTED MANEUVERABILITY(操纵受限制)。

04:CONSTRAINED BY DRAUGHT(限制吃水)。

05:MOORED(停泊)。

06:AGROUND(搁浅)。

07:ENGAGED IN FISHING(捕鱼)。

08:UNDER WAY SAILING(帆船航行中)。

09:RESERVED FOR HIGH SPEED CRAFT(HSC)[保留用于高速船只(HSC)]。

10:RESERVED FOR WING IN GROUND(WIG)[保留用于地效翼船(WIG)]。

11~14:RESERVED FOR FUTURE USE(将来使用备留)。

15:NOT DEFINED(DEFAULT)[未定义(默认)]。

(2)更改目的港

如图 3-17 所示,选择"NEW(新建)"后,按[ENT]键,进入了目的港输入界面,再按[ENT]键黑框变成下划线为输入状态,按[▲]或[▼]选择输入字母,输好后,再按[ENT]键保存,这个目的港就变为了当前的目的港,显示在"DESTINATION"下方。

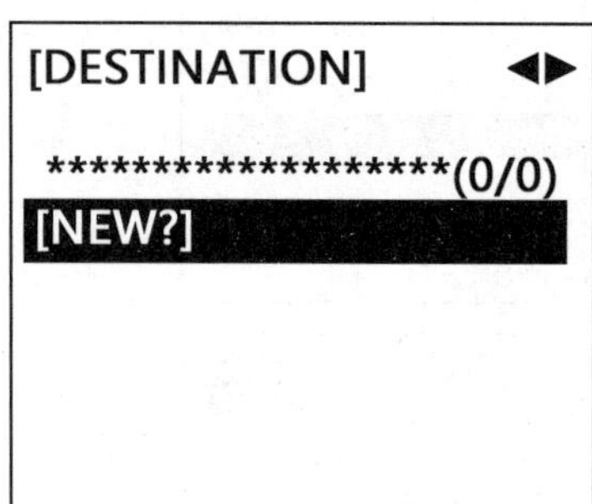

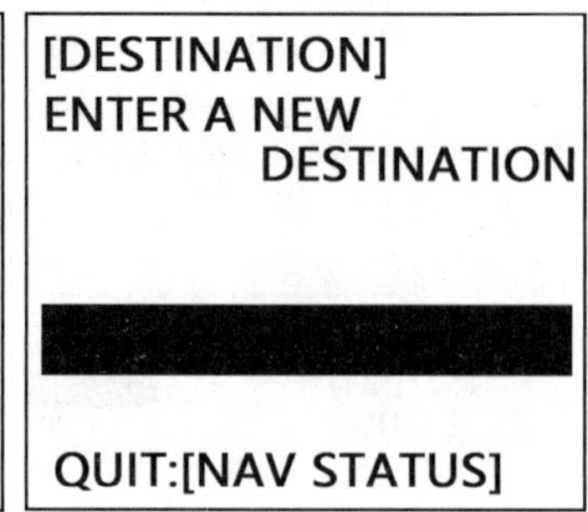

图 3-17　新建目的港

如图 3-18 所示,如果已经输入了一些目的港,可以对目的港进行选择、编辑、删除,操作如下:

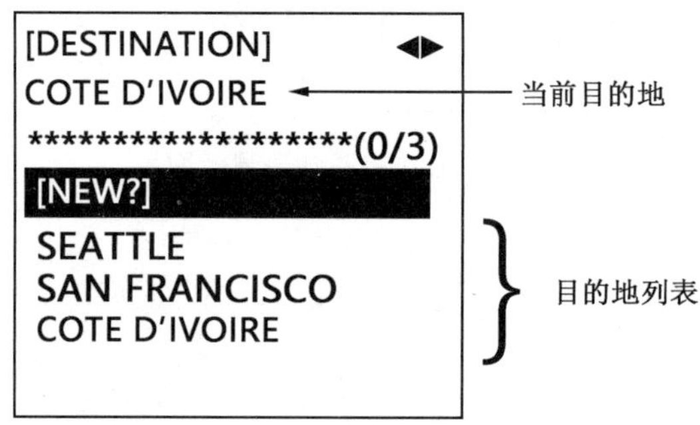

图 3-18　更改目的港

如图 3-19 所示,使用[▲]或[▼]键选中某一目的港,按[ENT]键会弹出一个窗口,显示 3 个选项,分别是"SELECT(选择)""EDIT(编辑)""DELETE(删除)",用[▲]或[▼]键选择某一操作,按[ENT]键进入。

如果选择"SELECT",这个目的港就变为了当前的目的港,显示在"DESTINATION"下方。

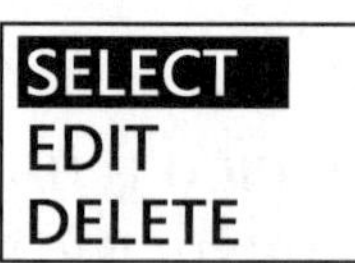

图 3-19　目的港操作选项

如果选择"EDIT",则对该目的港进行名称编辑,方法与新建目的港相同。

如图 3-20 所示,如果选择"DELETE",则删除该目的港,按[ENT]键后会出现提示:根据需要选择"YES(删除)"或是"NO(不删除)"。

DESTINATION DELETE
ARE YOU SURE?
YES　**NO**

图 3-20　删除目的港

(3)输入 ETA

操作与输入航行状态一样,使用[▲]或[▼]配合[ENT]键输入、更改。

(4)输入船员人数和货物类型

操作与输入航行状态一样,使用[▲]或[▼]配合[ENT]键输入、更改。

(5)输入吃水

操作与输入航行状态一样,使用[▲]或[▼]配合[ENT]键输入、更改。

5.安全短信息的收发

(1)发信息

首先设置发送信息的类型:

如图 3-21 所示,按[MENU]键打开主菜单,使用[▲]或[▼]选择"MSG",然后按[ENT]键,选择"CREATE MSG(创建消息)"后,按[ENT]键,选择"SET MSG TYPE(设置消息类型)"后,按[ENT]键,便进入了信息类型设置,使用[▲]或[▼]配合[ENT]键输入、更改各项内容:ADRS TYPE(地址类型)、MMSI(水上移动识别码)、MISG TYPE(信息种类)、CHANNEL(频道)。设置好后按[MENU]键返回"CREATE MSG"子菜单。

[MSG]
CREATE MSG
TX LOG
RX LOG

[CREATE MSG]
SET MSG TYPE
SET MSG
SEND MSG

[SET MSG TYPE]
ADRS TYPE:**BROADCAST**
MMSI　:---------
MSG TYPE :NORMAL
CHANNEL ALTERNATE

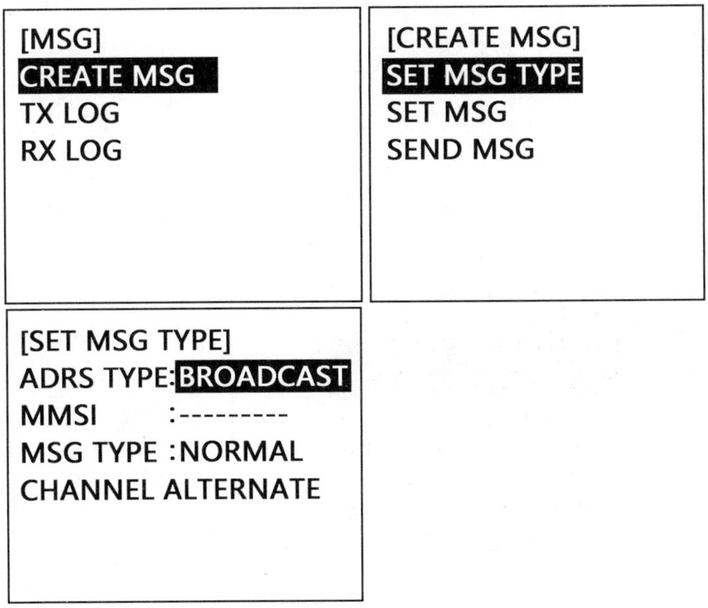

图 3-21　信息主菜单面板

在"CREATE MSG"子菜单中选择"SET MSG(设置信息)"(见图 3-22),按[ENT]键进入,使用[▲]或[▼]配合[ENT]键输入,更改信息内容,输好后按[ENT]键,便保存住了信息内容并自动返回"CREATE MSG"子菜单。

* 每种消息类型使用的字符长度如下：

BROAD-CAST 的 NORMAL 消息　：156 字符
ADDRESS-CAST 的 NORMAL 消息　：151 字符
BROAD-CAST 的 SAFETY 消息　：161 字符
ADDRESS-CAST 的 SAFETY 消息　：156 字符

图 3-22　设置信息

在“CREATE MSG”子菜单中选择“SEND MSG(发送信息)”,按[ENT]键,就会出现提示(见图 3-23):根据需要选择“YES(发送)”或是“NO(不发送)”。

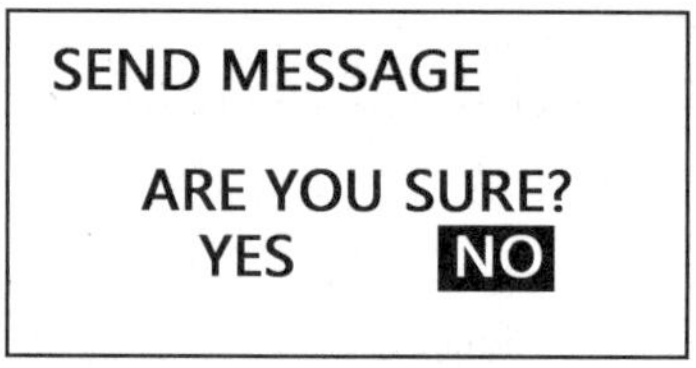

SEND MESSAGE

ARE YOU SURE?
YES　　NO

图 3-23　发送信息

(2)查看收到的或是已经发射的信息

如图 3-24 所示,按[MENU]键进入主菜单,选“MSG”项,选择“RX LOG(收件箱)”或“TX LOG(发件箱)”,然后按[ENT]键,进入读取,如果要看到信息具体内容,需要使用[▲]或[▼]键,选择具体信息进入查看。AIS 设备发送的信息会自动保存在“TX LOG(发件箱)”,接收的信息会自动保存在“RX LOG(收件箱)”,且不能人工删除,只能老信息被新信息取代。

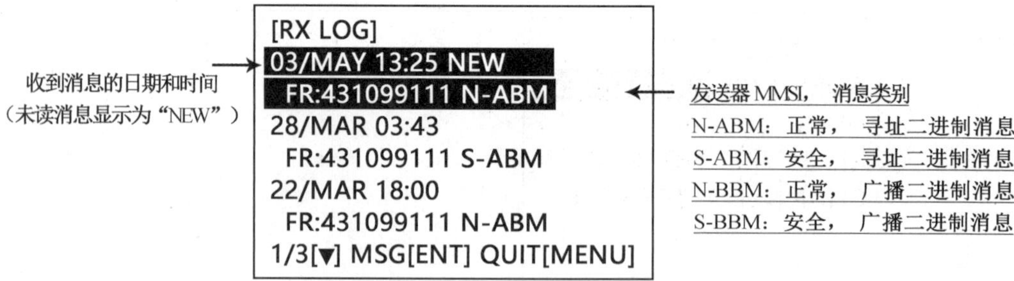

图 3-24　查看收到的或是已经发射的信息

6.设置 CPA/TCPA 报警

如图 3-25 所示,按[MENU]键进入主菜单,使用[▲]或[▼]选择“USER SETTING”,然后按[ENT]键,进入报警设置,输入方法类似设置 ETA。

需要设置 CPA、TCPA 的范围。ALARM MODE 如选择“ON”,则打开了报警功能,如果发现不满足设定值的目标便会报警,在“标绘页面”和“目标列表页面”显示危险目标。

ALARM BUZZER 如选择“ON”，则打开了声音报警功能，显示危险目标同时发出声音报警。

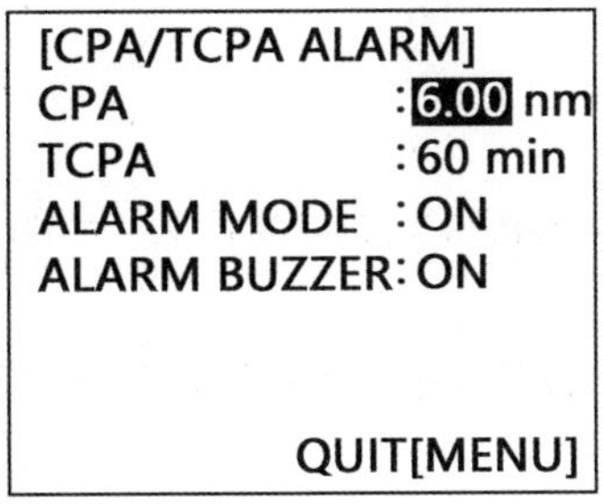

[CPA/TCPA ALARM]
CPA :6.00 nm
TCPA :60 min
ALARM MODE :ON
ALARM BUZZER:ON
QUIT[MENU]

图 3-25　设置 CPA/TCPA 报警

7.主菜单内容简介

如图 3-26 所示，按[MENU]键进入主菜单，按[DISP]键关闭主菜单。将主菜单翻译如下：

MSG：安全短信息。

SENSOR STATUS：查看传感器状态。

INTERNAL GPS：查看内置 GPS 状态。

USER SETTINGS：用户设置，包括警报设置、界面声音设置等。

INITIAL SETTINGS：初始设置，需要密码进入。

CHANNEL SETTINGS：工作频道设置。

DIAGNOSTICS：自检程序。

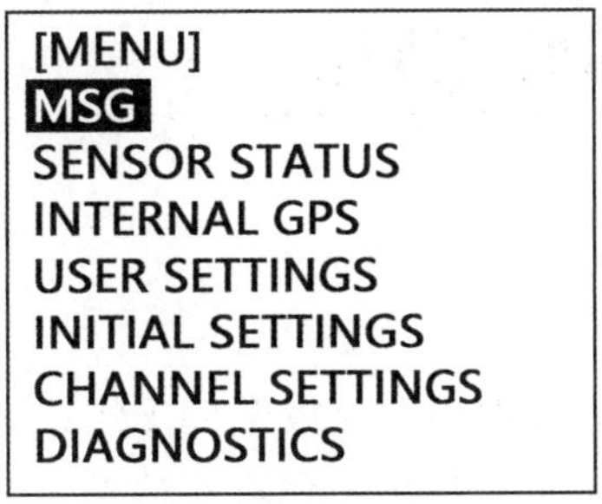

[MENU]
MSG
SENSOR STATUS
INTERNAL GPS
USER SETTINGS
INITIAL SETTINGS
CHANNEL SETTINGS
DIAGNOSTICS

图 3-26　主菜单

项目实施

任务一　船载AIS的数据输入

一、任务描述

1.查验本船静态信息和动态信息，根据指令完成全部操作；

2.在操作过程中,叙述操作内容与相关现象或结果。

二、操作步骤

(1)船舶静态数据的输入(GPS 内置天线位置:距船首 102 m、距船尾 30 m、船宽 28 m。船舶类型:货船)。

(2)船舶航次数据的输入(目的港:青岛;ETA:2010/03/01 10:00;吃水:8.8 m;船上人数:25)。

(3)查看本船最近接收到的信息。

(4)短信的发送(船舶:自定。内容:TEST ABC)。

三、任务小结

____

____

____

____

任务二 船载AIS报告目标

一、任务描述

1.查验本船 AIS 报告目标,根据指令完成全部操作;

2.在操作过程中,叙述操作内容与相关现象或结果。

二、操作步骤

(1)口述 AIS 作用;

(2)打开 AIS 开关;

(3)激活 AIS 目标船;

(4)选择右船首的目标船,显示并读取该目标船的信息;

(5)关闭 AIS 开关。

三、任务小结

____

____

____

____

项目考核

一、知识考核

1.下列不属于 AIS 功能的是________。

A.向已装备 AIS 设备的基站、其他船舶和航空器自动播发本船信息

B.与基站进行数据交换

C.作为 VTS 雷达应答器

D.船对岸模式作为 VTS 的工具

2.船载 AIS 的内置 GNSS 接收机的主要作用是________。

A.提供船舶的航向　　B.提供船舶的速度

C.提供时间基准　　D.提供 XTD

3.船载 AIS 设备中，________可提供船位信息，________可提供航向信息。

A.雷达;GPS　　B.计程仪;罗经

C.GPS;罗经　　D.测深仪;计程仪

4.船舶 AIS 信息可分为静态信息、动态信息、________和安全相关短消息等四类。

A.航行信息　　B.航次相关信息

C.主机遥控信息　　D.驾驶台综合信息

5.船舶 AIS 的静态信息不包括________。

A.MMSI　　B.IMO 编号

C.船员数量　　D.船舶类型

6.船载 AIS 动态信息包括船位信息、UTC 时间、对地航速/航向、________、人工输入航行状态如失控(NUC)、在航、锚泊等。

A.MMSI　　B.呼号和船名

C.船首向　　D.船舶类型

7.船载 AIS 航次相关信息是指驾驶员输入的、随航次而更新的船舶货运信息，包括船舶、危险品货物、________、目的港/ETA 航线计划、开航前最大吃水等项目。

A.MMSI　　B.吃水

C.船首向　　D.船舶类型

8.下列关于 AIS 信息的局限性，不正确的是________。

A.AIS 静态信息需要人工设定，有可能被修改

B.AIS 基站服务和航标设施不依赖人工,不会带来误差或错误
C.动态信息的精度依赖传感器
D.航次信息需要驾驶员人工修正
9.AIS 和雷达相比的优势,不包括________。
A.精度高
B.不受气象海况影响,不会因杂波影响丢失弱小目标
C.都属于主动探测型
D.具有绕射性,无盲区
10.利用 AIS 与________相配合进行船舶避碰时,可起到互补作用。
A.计程仪　　B.罗经
C.VHP　　D.雷达

参考答案:

1.C　2.C　3.C　4.B　5.C　6.C　7.B　8.B　9.C　10.D

二、技能考核

1.调用 AIS 设备中船舶动态信息的页面。
2.介绍 AIS 显示动态数据页面里有哪些信息。
3.在 AIS 设备中进行航次相关信息的更改。
4.口述 AIS 设备使用注意事项。
5.在 AIS 设备中设置 DCPA 和 TCPA。

项目四 计程仪

项目导读

计程仪是一种测量船舶航速和累计航程的导航仪器。计程仪所提供的航速信息对船舶驾驶极为重要，其主要作用如下：

(1)依据计程仪测量的航速信息，结合陀螺罗经或磁罗经提供的航向信息，可进行船位推算。

(2)向 AIS、VDR、雷达 ECDIS 等导航仪器提供航速信息。

(3)向现代化大型或超大型船舶提供纵向和横向速度信息，保证这些船舶在狭水道航行、靠离码头和锚泊时的安全。

计程仪按其测量参考坐标系的不同，可分为相对计程仪和绝对计程仪两类。相对计程仪只能测量船舶相对于水的速度并累计其航程，如水压式、电磁式计程仪。绝对计程仪可以测量船舶对地的速度并累计其航程，如多普勒计程仪和声相关计程仪。但是当测量水深超过其跟踪深度范围时，多普勒计程仪和声相关计程仪便转换成为跟踪水层的相对计程仪。具体地讲，工作于“海底跟踪”方式的多普勒、声相关计程仪属于绝对计程仪，工作于“水层跟踪”方式的多普勒、声相关计程仪属于相对计程仪。

根据《SOLAS 公约》的要求，总吨位 300 及以上的船舶和不论尺度大小的客船应安装 1 台航速和航程测量装置，或其他装置，用于指示船舶相对于水的航速和航程。

本项目介绍船用计程仪的分类和三种计程仪的工作原理。

学习目标

1.知识目标

(1)了解国际公约对船舶配备船用计程仪的要求；

(2)掌握船用计程仪的分类；

(3)掌握三种计程仪的工作原理。

2.能力目标

能够识别并介绍船用计程仪。

3.职业素养目标

(1)履行国际公约要求；

(2)仪器使用符合制造商的建议；

(3)树立精益求精的工匠精神。

知识链接

知识链接一 电磁计程仪

电磁计程仪,是应用电磁感应原理测量船舶瞬时速度和累计航程的一种相对计程仪。它一般由传感器、放大器和指示器等组成,如图 4-1 所示。

图 4-1 电磁计程仪的组成框图

一、传感器

传感器是根据电磁感应原理,将非电量的船舶速度变换为与船速成正比的电信号。常用传感器分为平面式和导杆式两种,平面式装在船底并与船底齐平。导杆式是在一根圆柱形导杆的底部安装传感器,并借助一套升降机构,使用时升出船底。传感器内部是倒"山"字形铁芯及其绕组,以产生磁场,底部表面装有一对电极用来检测感应电动势的大小,如图 4-2 所示。

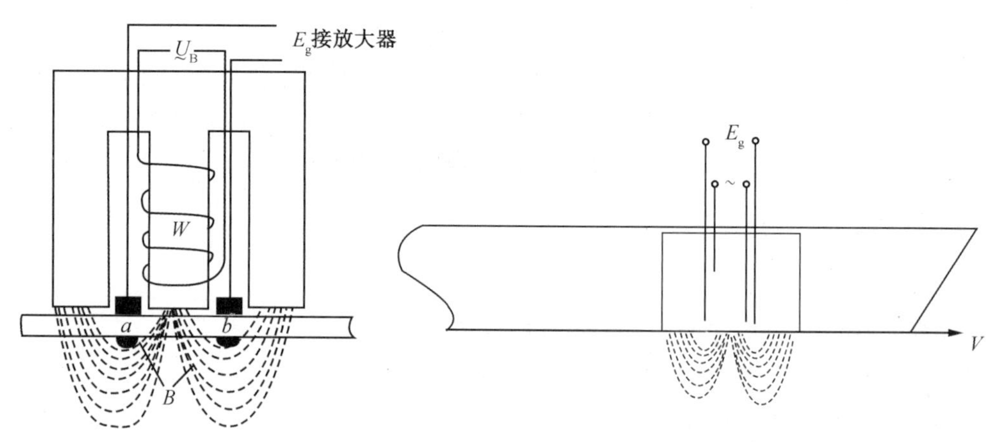

图 4-2 传感器

当船舶在水中航行时,水流即以船速相反方向流过船底,两电极间的海水流动就相当于无数根导线切割传感器磁场的磁力线,于是两个电极间便产生感应电动势 E_g,即:

$$E_g = B_{\sim} Lv \cdot 10^{-8}(\mathrm{V}) \tag{4-1}$$

式中：$B_{\sim}$——交流磁感应强度；

L——两电极间的距离；

v——水流速度，即船相对于水的速度。

实际测速时，传感器常受到外界杂散磁场的干扰作用而测量精度下降。干扰信号分为两种：一种为90°干扰信号，它与激磁电流的相位相差90°，当90°干扰信号达到一定程度后，会引起计程仪放大器饱和，以致不能正常工作。为此在计程仪放大器中专门设置90°干扰信号抑制电路，用来消除90°干扰信号的影响。另一种是0°干扰信号，它与激磁电流的相位相同，当船在静水中且船速为零时，传感器仍有微弱的电压信号输出，产生零点误差。为此需进行零点调整以消除0°干扰信号。

二、放大器

放大器的任务是将来自传感器微弱的航速信号进行放大，并经相敏整流、干扰信号抑制后，输出一个与航速成正比的直流信号，送至航速表指示相应的航速。其特点是为使放大器线性和稳定性良好，加入较深的总体负反馈，国产计程仪的负反馈电路由霍尔乘法器和航速调节器构成。另外，在放大器中还设置了自校电路，产生自校信号，用以检测计程仪的工作性能。

三、指示器

指示器是指示船速和航程的显示装置。航程显示常有数码显示和机械数字计数两种方式。另外，指示器具有200 p/n mile航速脉冲标准输出接口，可把航速信息输至其他航海仪器。图4-3所示的是国产CDJ-6型电磁计程仪的设备组成基本框图，主要有平面式传感器、接线盒、主机和航速指示表等。

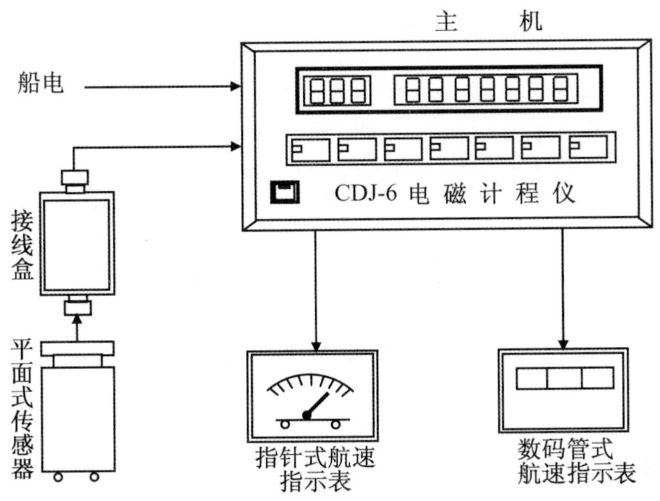

图4-3　CDJ-6型电磁计程仪

知识链接二 多普勒计程仪

多普勒计程仪是应用多普勒效应进行测速和累计航程的一种水声导航仪器。多普勒效应是指当声源与接收者之间存在相对运动时，接收者接收到声波的频率与声源频率不同的现象。

当声源与接收者接近时，接收者收到声波的频率将升高；当两者相互远离时，则接收者收到声波的频率将降低。接收频率与声源频率之差值 Δf 称为多普勒频移。Δf 与声源的频率 f_0、声波在介质中的传播速度 c 和声源与接收点之间的相对运动速度的关系如下：

$$\Delta f=\frac{v}{c}f_0 \tag{4-2}$$

当 f_0 与 c 为常数时，Δf 与 v 成正比，因此可以通过测定多普勒频移来进行测速。多普勒计程仪的优点是测速精度高，测速门限达 0.01 kn，浅水时，可测量船相对海底的速度，成为绝对计程仪，除了可测前进、后退的速度以外，还可测量船舶横移的速度。因此多普勒计程仪在大型船舶的安全航行、安全靠离码头和锚泊中得到了广泛的应用。

多普勒计程仪一般由换能器、电子箱和主显示器等组成，如图 4-4 所示。

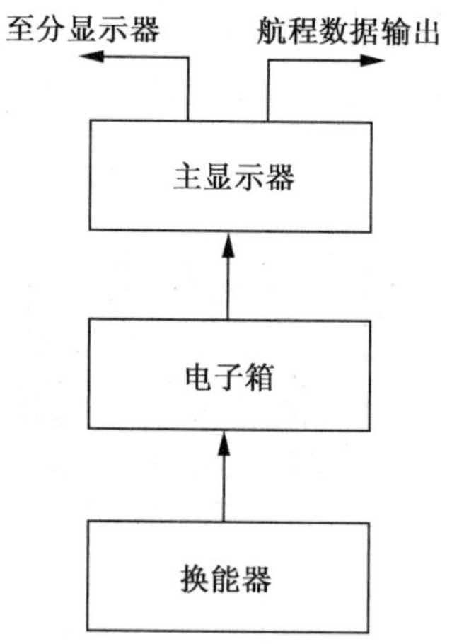

图 4-4 多普勒计程仪组成

一、换能器

换能器的功能是发射和接收超声波脉冲，其材料常为锆钛酸铅压电陶瓷晶体。为了消除船舶上下颠簸和纵向摇摆引起的垂直方向运动速度所产生的测速误差，目前多普勒计程仪已普遍采用双波束系统，即发射两个前后对称的超声波波束，一个朝船首方

向，另一个朝船尾方向，并以相同的发射俯角同时向海底发射和接收。双波束多普勒频移公式为：

$$\Delta f=\frac{4f_0 v\cos\theta}{c} \tag{4-3}$$

式中：f_0——换能器发射频率；

v——船速；

θ——波束发射俯角，即声波束发射方向和船舶速度方向间的夹角，一般取 60°，如图 4-5 所示；

c——声波在海水中的传播速度，一般取 1 500 m/s，由于海水的温度、含盐量等的不同，所以声波在海水中的传播速度并不是常量，这是影响多普勒测速精度的一个主要因素。

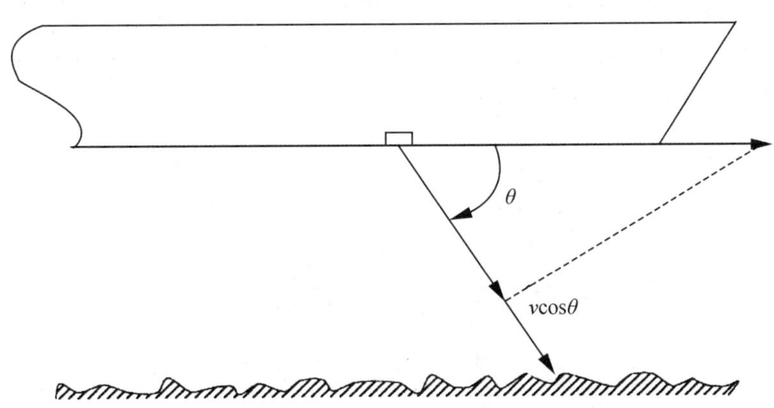

图 4-5　单波束超声波发射角度

上述的双波束系统又称一元多普勒计程仪，它能测量船舶纵向速度并累计航程。第二种类型是四波束系统，即换能器能向前后左右四个方向发射波束，称为二元多普勒计程仪，它除了测量纵向速度外，还能测量横向速度，如图 4-6 所示。第三种类型是六波束系统，即除在船首部装置四波束的换能器外，还在船尾部安装一对向左右方向发射波束的换能器，称为三元多普勒计程仪。它既能测量船舶纵向速度，又能测量船首和船尾的横向速度。

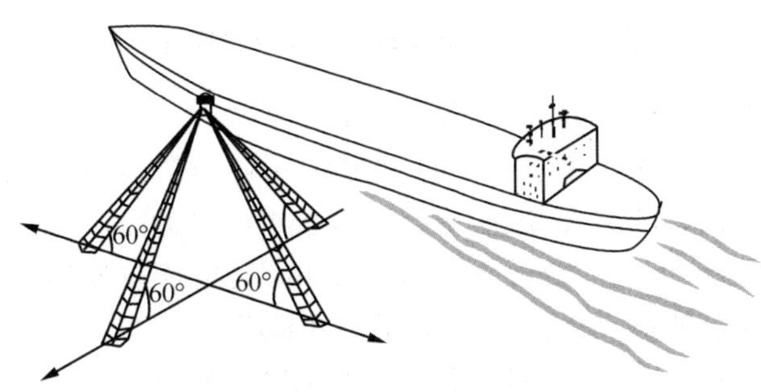

图 4-6　二元多普勒计程仪

二、电子箱

电子箱内装有发射系统、接收系统和计算电路。其功能是控制发射系统,使其产生足够功率的电信号,激励换能器向海底发射超声波。接收系统接收回波信号,并确保其不受干扰。计算电路是将多普勒频移信号变换为航速信号输至主显示器。现在电子箱内电路的上述功能主要由微处理机 CPU 及其外围电路来完成。

三、主显示器

主显示器用来显示船舶速度和航程以及操纵控制整机工作。一般主显示器由电源板、接线板、显示微处理机和液晶显示组件板等组成;同时,备有航速输出接口,将航速信息输至其他航海仪器。也可由主显示器将航速等信息输至分显示器显示。图 4-7 所示为 DS-50 型多普勒计程仪结构框图。

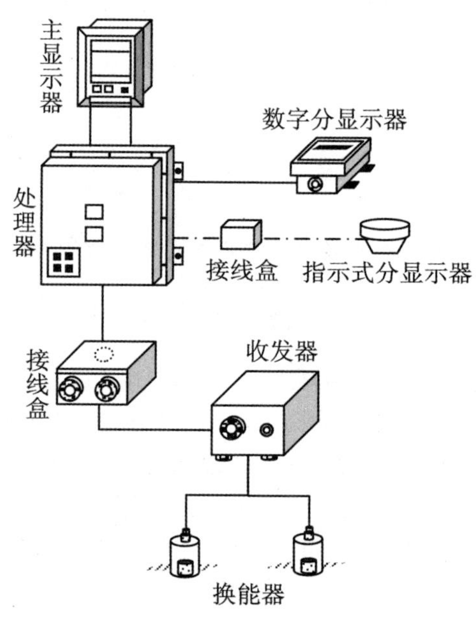

图 4-7　DS-50 型多普勒计程仪结构框图

整机由主显示器、处理器、收发器、分显示器等组成。

主显示器的功能是操纵控制整机工作并显示测量结果,包括船舶前进、后退速度,船首左、右横移速度,累计的航程,船舶龙骨下富余水深等数据。

处理器的作用有:形成触发脉冲送至收发器单元,指挥收发器工作;同时将收发器接收的回波信号变为航速信号送至主显示器或其他分显示器;提供各部分工作所需的电源。处理器内主要有电源电路、多普勒门电路和微处理机等。

收发器的作用是产生电振荡脉冲,激励换能器向海底发射超声波,同时接收换能器的回波信号并进行放大和变换为电信号送至处理器。DS-50 型计程仪某些机型将收发器和处理器合二为一，简化了安装程序。

分显示器有数字式和指示式两种，其功能与主显示器相同，其信号来自处理器提供的串行数据或模拟数据。

知识链接三　声相关计程仪

一、声相关计程仪特点

声相关计程仪是应用相关技术处理水声信息测量船舶航速并累计航程的计程仪。其特点有：

(1)采用垂向发射和接收超声波信号，并对被接收的回波信号的幅值包络进行相关处理来测速；

(2)有海底跟踪和水层跟踪两种工作方式，既可测对地的速度，又可测对水的速度；

(3)测量精度不受声速变化的影响；

(4)它同时可测量水深，兼作测深仪使用。

二、声相关计程仪测速原理

声相关计程仪的测速原理如图 4-8 所示，沿船底纵向等间距安装有前向接收换能器、发射换能器及后向接收换能器，前后两接收换能器的间距为 S。发射换能器以一定的时间间隔向海底发射超声波脉冲，假设在 $t=t_1$ 时刻，经海底反射回来的回波被前向换能器所接收，如图 4-8(a)所示；经过时间间隔 T，即 $t=t_2$ 时刻，回波被后向换能器所接收，船航行的位移为 $S/2$，如图 4-8(b)所示。由于两换能器接收的超声波所走过的路径完全一致，因此可认为这两个回波信号的包络幅值 $f(t)$ 和 $f_s(t)$ 形状完全相同，只是在时间上相差了一时间间隔 T，如图 4-9 所示。我们称这两个信号是相关的，T 为相关延时。航速 v 可以用下式表示：

$$v=\frac{1}{2}\cdot\frac{S}{\tau} \tag{4-4}$$

式中：v——航速；

S——两接收换能器的间距；

τ——延时。

两接收换能器之间距 S 为定值；延时 τ 可以用相关接收技术进行测量，所以船速 v 便可求得。

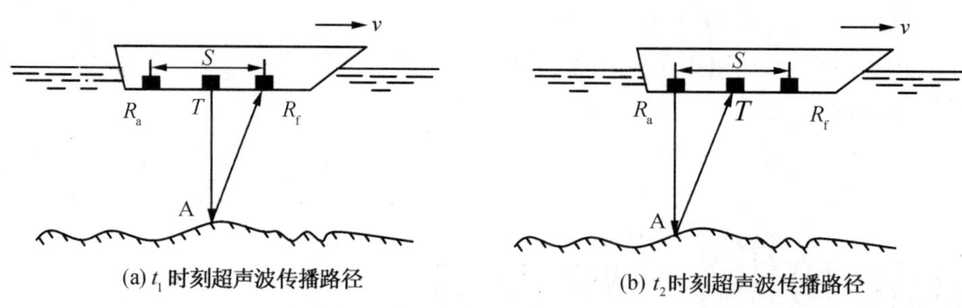

图 4-8　声相关计程仪的测速原理

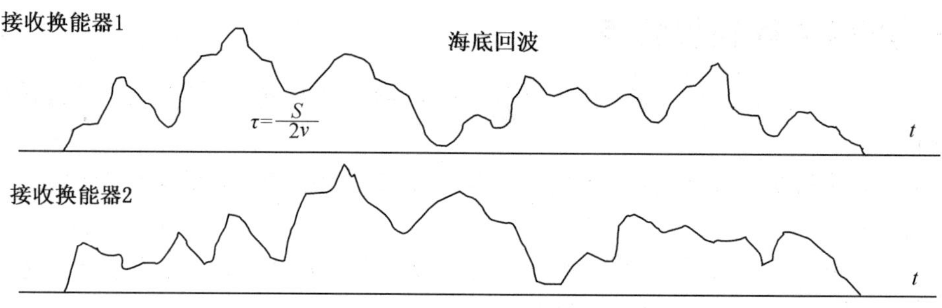

图 4-9　声相关计程仪测速原理

声相关计程仪结构框图如图 4-10 所示,声相关计程仪工作的基本过程是:将两个接收换能器所接收的回波信号,经过放大和延时器处理后,送到一个乘法器,经过乘法运算后输出 $f(t)$ 和 $f(t+T)$ 的乘积,再送到一个积分器作积分运算求取它们的相关函数。相关函数的大小随延时器的延时量而变化,仅当延时为 τ 时,相关函数的值取最大。此时,对应的 τ 即为要求的延时。然后经过换算后由显示器以模拟或数字显示方式显示出船速和航程。

由于 S 为定值,应用相关技术测出接收信号的延时,便可求得航速。将航速对时间求积分,可得到航程。电子柜负责发射、接收和信号处理及输出,由微处理机控制。显示器可分为两种,数字显示和模拟显示,前者可显示航速和航程,而后者则以指针指示航速值。

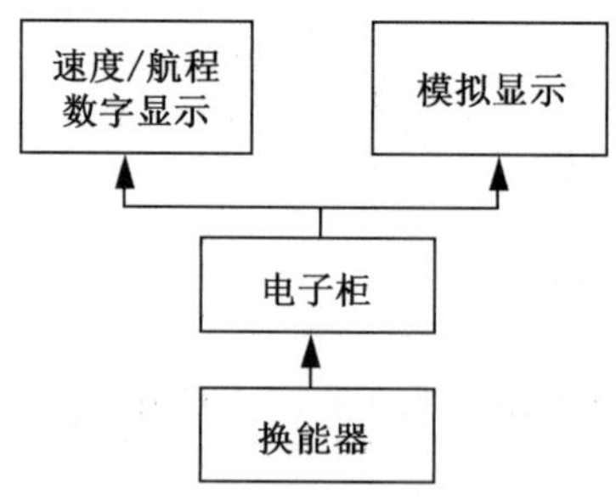

图 4-10　声相关计程仪结构框图

项目实施

任务一　操作JUNLU DS-90型多普勒计程仪

一、任务描述

（一）控制按键

所有的控制按键都位于控制面板上，如图 4-11 所示。

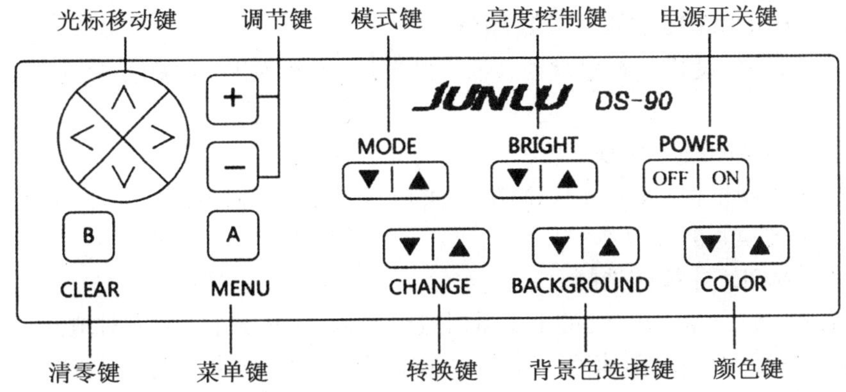

图 4-11　控制面板上的控制按键

（二）画面举例

开机后显示画面如图 4-12 所示。

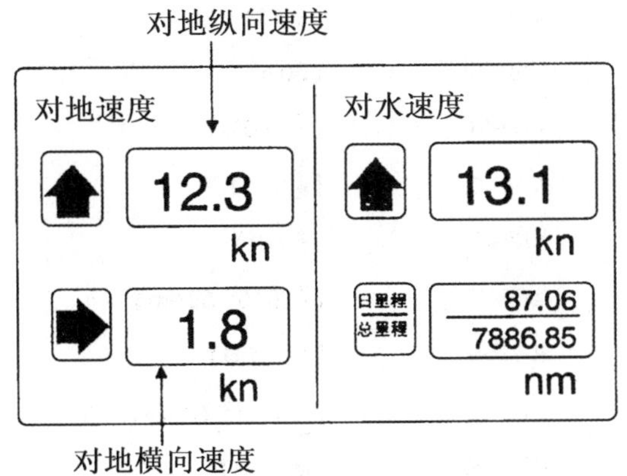

图 4-12　开机后显示画面

二、操作步骤

（一）［ON］/［OFF］电源开/关

在电源正确接通情况下，按下电源控制器的［ON］键，即可开启仪器；按下［OFF］键，则关闭仪器。

（二）［COLOR］颜色选择

用户使用偏好，按下［COLOR］键的上下键，可以设置4种当前航行速度显示数字的颜色，分别为黄色、橙色、红色、白色。

（三）［BRIGHT］亮度控制

根据需要，按下［BRIGHT］键的上下键，可以调节液晶显示单元的显示亮度，从亮到暗共8级。

（四）［BACKGROUND］背景颜色

根据使用偏好，设置了6种背景颜色可供选择，依次为黑色、绿色、紫色、淡蓝色、蓝色、白色。

（五）［CHANGE］转换

为了便于查阅里程，按下［CHANGE］键的上下键，可以在本次航行距离与航行总里程两种模式下转换查阅。

（六）［MODE］模式选择

根据需要，按下［MODE］键的上下键，依次选择显示模式，分别为对地速度、对水速度、对地横向速度、对地纵向速度。其中对地速度模式中，如果同时接入GPS与罗经信号，则纵向、横向速度全部显示，否则只接入GPS，未接罗经信号则无横向速度。

（七）［MENU］菜单设置

按下［MENU］键，可弹出或退出主菜单，主菜单如图4-13所示。

主菜单	V30.14.03.14
1.船速平均	【30 s】
2.速度偏移	【+00.0%】
3.跟踪深度	【3.0 m】
4.角度偏移	【+0.0°】
5.里程设置	【000151.59 nm】
6.语言选择	【中，EN】
7.里程计数	【AUTO STW SOG 】
8.演示模式	【关，开】
9.演示速度	【+10.0 kn】
10.出厂设置	【关，开】

图4-13　主菜单

1.船速平均

出厂默认设置为 30 s,按下菜单调节键设置船速平均时间,可选择 15 s、30 s、45 s、60 s。

2.船速偏移

船速校准在计程仪调试过程中是必须的。在实际使用中,如发现有固定误差,可调整次偏移。设置范围:-29.9%~+29.9%。默认设置为 0%。

3.跟踪深度

DS90 计程仪默认的多普勒测量深度为 3 m,如果由于气泡等原因使速度无法稳定,增加或减少深度后会使读数稳定。设置范围:1~9 m。最佳深度为 1~3 m。

4.角度偏移

参考船舶纵轴,设定换能器的偏离方向。在安装时,此项调整已经完成,用户通常不需要调整,但特殊情况下可以微调。如果换能器方向相对船艏向左侧偏移×°,应设置为-×°;对应地向右偏移,则应设置为+×°。设置范围为:±9.9%。

5.里程设置

此项设置可以改变本次航行距离的测量值。设置范围:0~9 999 9999 99 n mile。

6.语言选择

按菜单调节键选择中文/ENG 设置。

7.里程计数

AUTO:由系统决定(多普勒模式优先)。

STW:选择对水速度(多普勒模式)。

SOG:选择对地速度(GPS 模式)。

8.出厂设置

按菜单调节键选择出厂值。当选择出厂值时,即表示放弃现有设置,恢复出厂设置。

(八)CLEAR 清零

根据需要,连续按下[CLEAR]键两次,即可以清除本次航行距离。(说明:该键只能清除航行距离,无法清除航行总里程)。

三、任务小结

____

____

____

____

任务二 操作JLN-202型多普勒计程仪

一、任务描述

(1)JLN-202 型多普勒计程仪外形,如图 4-14 所示。

图 4-14　JLN-202 型多普勒计程仪外形

(2)完成 JLN-202 型多普勒计程仪的开关机操作和自检程序。

二、操作步骤

(一) JLN-202 型多普勒计程仪的操作使用

(1)将船电开关置于“ON”位置。

(2)开机 20 s 后,即可得到船速。

(3)关机时,开关置于“OFF”位置。

(二) 自检程序

检测信号发生器电路装在收发器内,用于对本设备进行全面检查及速度校正。

(1)开关置于“TEST”位置。

(2)检查速度是否为(14.8±0.1)kn,同时检查数字显示的小数点每隔 10 s 是否闪动一次;若是,即表示取样周期为 10 s。

(3)检查航程显示。工作时,用秒表测定航程显示表在 0.1～1.6 n mile 内的时间间隔是否在 6 min 5 s±2 s 的范围内。

(4)检查 200 p/n mile 的距离输出信号。利用万用表的交流电压挡,在接线箱 JB 内的“200+”和“200-”距离输出上计量触点的闭合次数,检查航程表每增加 0.1 n mile,所测闭合应为 20 次。

(5)检查完后,将开关置于“ON”位置。

三、任务小结

____

____

____

____

项目考核

一、知识考核

1.电磁计程仪是利用电磁感应原理来测量船舶航速和累计航程的一种相对计程仪，________。

A.只能测量船舶前进速度

B.可以测量船舶前进和后退速度

C.可以测量船舶前进和横移速度

D.可以测量船舶前进、横移和后退速度

2.下列计程仪中，不使用换能器的是________。

A.电磁计程仪

B.声相关计程仪

C.多普勒计程仪

D.多普勒计程仪和声相关计程仪

3.多普勒计程仪在船底安装有________。

A.电磁传感器　　B.声电换能器

C.电磁波辐射器　　D.水压管

4.目前多普勒计程仪采用双波束系统的目的是________的影响。

A.消除海底的性质不同给反射带来

B.抑制海洋噪声

C.克服声能被吸收的现象

D.消除风浪所引起的船舶垂直运动和船舶摇摆

5.应用下列哪个原理的计程仪叫声相关计程仪？________。

A.测量感应电动势　　B.测量水压力

C.测量多普勒频移　　D.测量相关延时

6.能够测定船舶前进、后退速度又能测定船舶横移速度的计程仪是________。

A.声相关计程仪

B.电磁计程仪

C.多普勒计程仪

D.多普勒计程仪和声相关计程仪

7.多普勒计程仪是根据多普勒效应进行测速和累计航程的水声导航设备,________。

A.只能测量船舶前进速度

B.不能测量船舶横移速度

C.不能测量船舶后退速度

D.可以测量船舶前进、横移和后退速度

8.声相关计程仪是应用相关技术处理水声信息测量船舶航速并累计航程的计程仪,________。

A.是一种相对计程仪

B.是一种绝对计程仪

C.既可测对地的速度,又可测对水的速度

D.测速精度受超声波声速影响较大

9.下列计程仪中,其测量精度受超声波声速影响的是________。

A.电磁计程仪

B.声相关计程仪

C.多普勒计程仪

D.电磁计程仪和声相关计程仪

10.能够提供首尾横移、前进后退速度信息的船舶,计程仪采用________。

A.2 波束　　　　B.4 波束

C.6 波束　　　　D.8 波束

参考答案:

1.B　2.A　3.B　4.D　5.D　6.D　7.D　8.C　9.C　10.C

二、技能考核

1.计程仪工作状态检查。

考核标准:①各部分与连接是否正常;②当前跟踪状态;③航程、航速单位的识别。

2.读取航程航速数据。

考核标准:①正确读取航程;②正确读取航速。

项目五

船载航行数据记录仪

项目导读

船载航行数据记录仪分为航行数据记录仪(Voyage Date Recorder,VDR)和简易航行数据记录仪(Simplified VDR,S-VDR),是一种以安全并可恢复的方式实时记录保存有关船舶发生事故前后一段时间内的船舶位置、动态、物理状况、命令和操纵手段等有关信息,记录船舶航行数据的设备,俗称“船用黑匣子(Marine Black Box)”。主管机关和船舶所有人可以获得存储在记录仪中的数据,作为处理事故的客观证据。VDR 不但能为救助人员提供事故船的识别码、船位等简单信息,而且具有回放功能,可以帮助人们分析事故发生的原因。

1973 年 7 月 2 日,“C.V. Sea Witch”与“Esso Brussel”两船相撞,并导致纽约港失火。美国国家运输安全委员会(NTSB)对事故调查时,发现了 VDR 在事故重现方面的潜在用途。后来,NTSB 一直促进 VDR 在船舶上的应用,并与美国海岸警卫队(USCG)、其他机构和海事行业各有关公司合作,共同致力于设立规章和制定 VDR 的技术标准。

本模块主要介绍了国际公约对船舶配备 VDR 设备的要求;VDR 的功能、性能指标和系统组成;VDR 设备的基本操作、检验与管理。

学习目标

1.知识目标

(1)了解国际公约对船载航行数据记录仪配备的要求;

(2)了解 VDR 的功能和性能指标;

(3)了解 VDR 的系统组成。

2.能力目标

能够熟练完成 VDR 设备的基本操作、检验与管理。

3.职业素养目标

(1)履行国际公约要求;

(2)提升诚信意识和自律素养。

知识链接

知识链接一 船载航行数据记录仪相关公约要求

一、船载航行数据记录仪配备要求

1997 年 11 月国际海事组织(IMO)第 20 次大会通过了 A.861(20)号决议,其附件《船载航行数据记录仪(VDR)性能标准建议案》是关于船载 VDR 的最低性能标准,同样适用于舰载航行数据记录仪。2000 年 12 月国际海事组织(IMO)在 MSC 第 73 届会议上修订的《SOLAS 公约》第Ⅴ章,要求所有国际航行客船和滚装客船应在 2002 年 7 月 1 日—2004 年 1 月 1 日期间配备安装 VDR,2002 年 7 月 1 日及以后建造的所有总吨位 3 000 及以上船舶应配备 VDR。2004 年,考虑到在航船舶设备的现状,制造商生产 VDR 的形式、数据格式和压缩方式,以及传感器接口的实际情况,国际海事组织(IMO)通过了 MSC.163(78)关于 S-VDR 性能标准的决议。同年 12 月 MSC.170(79)号决议再次修订了《SOLAS 公约》,要求 2002 年 7 月 1 日—2010 年 7 月 1 日建造的客船或客滚船安装 VDR 或 S-VDR。根据以上规定,各国政府主管机关也各自颁布了本国更为严格的 VDR/S-VDR 的安装期限。如中华人民共和国海事局要求中国籍沿海航行 50 及以上客位的客船应于 2001 年 12 月 31 日前完成 VDR 配备;总吨位 100 及以上的油船、液化气船和散装化学品船应于 2002 年7 月 1 日前完成;总吨位 200 及以上的其他船舶于 2003 年 12 月 31 日前完成。船载航行数据记录仪的配备要求简化如表 5-1 所示。

表 5-1 船载航行数据记录仪的配备要求

船舶种类/建造时间	2002 年 7 月 1 日之后建造	2002 年 7 月 1 日之前建造
客船或滚装客船	VDR	VDR
总吨位 3 000 以上货船	VDR	VDR 或 S-VDR

二、船载航行数据记录仪相关国际标准和导则

船载航行数据记录仪的相关国际标准和建议可分类为性能标准,技术标准,以及安装、操作和查验导则三类。

(一)性能标准

性能标准是对设备使用功能的最低要求,由国际海事组织(IMO)制定。自 1997 年以来,国际海事组织(IMO)通过的有关船载航行数据记录仪的性能标准及其修正案包括:

(1)IMO A.861(20)号决议《船载航行数据记录仪(VDR)性能标准建议案》(1997 年 11 月 27 日通过);

(2)IMO MSC.163(78)号决议《船载简易航行数据记录仪(S-VDR)性能标准》(2004年5月17日通过);

(3)IMO MSC.214(81)号决议《船载航行数据记录仪(VDR)性能标准[A.861(20)号决议]和船载简易航行数据记录仪(S-VDR)性能标准[MSC.163(78)号决议]修正案》(2006年5月12日通过)。

(二)技术标准

技术标准是对设备技术指标的最低要求,由国际电工委员会(IEC)根据国际海事组织(IMO)的性能标准制定,是各生产厂家生产和测试设备的依据。自2000年以来国际电工委员会(IEC)根据国际海事组织(IMO)关于VDR/S-VDR的性能标准,分别制定了关于船载航行数据记录仪的技术标准,并在2007年依据IMO MSC.214(81)号决议对技术标准重新做了修订。目前生效的技术标准包括:

(1)IEC 61996-1 Ed.1.0《海上导航及无线电通信设备和系统—船载航行数据记录仪(VDR)—第一部分—航行数据记录仪(VDR)—性能要求、试验方法和要求的试验结果》(2007年11月21日颁布);

(2)IEC 61996-2 Ed.2.0《海上导航及无线电通信设备和系统—船载航行数据记录仪(VDR)—第二部分—简易航行数据记录仪(S-VDR)—性能要求、试验方法和要求的试验结果》(2007年11月21日颁布)。

(三)安装、操作和查验导则

针对VDR/S-VDR的安装、操作、数据所有权和年度审验,国际海事组织(IMO)和国际标准化组织(ISO)等国际组织通过和颁布了相关的指导性建议,各国政府按照或参照这些建议规范船载航行数据记录仪的安装、操作和查验。这些指导性建议包括:

(1)国际海事组织(IMO)《航行数据记录仪所有权与恢复导则》(2002年5月29日通过)。

(2)国际海事组织(IMO)《从航行数据记录仪和简易航行数据记录仪中读取存储数据供调查机关使用的建议》(2005年6月17日通过)。

(3)国际海事组织(IMO)《航行数据记录仪和简易航行数据记录仪的年度性能测试导则》(2006年12月11日通过)。

(4)ISO 22472—2016《船舶和船舶技术——航行数据记录仪(VDR)的操作和安装指南》(2006年11月1日颁布)。

三、船载航行数据记录仪地区性和国家性标准

根据以上配备要求和国际标准,很多国家、地区或船级社分别制定和颁布了更为严格的地区性或国家性的法规,如中华人民共和国交通部海事局于2000年10月18日颁布了《船载航行数据记录仪管理规定(试行)》,于2001年4月20日颁布了《船载航行数据记录仪技术条件和检验程序(国内船舶试行)》;中国船级社于2001年7月和12月讨论并通过了《船载航行数据记录仪检验指南》,于2006年7月3日下发了《关于简易航行数据记录仪(S-VDR)安装及检验要求的规定》;同时欧盟、美国、日本、DNV等地区、国家和船级社也都制定了船载航行数据记录仪的相关法规。

知识链接二 船载航行数据记录仪的组成及功能

一、VDR的组成

船载航行数据记录仪的系统通常由数据采集单元、保护存储单元和回放评价单元、报警指示器和电源等组成。船载航行数据记录仪系统及其外接设备单元组成如图5-1所示。

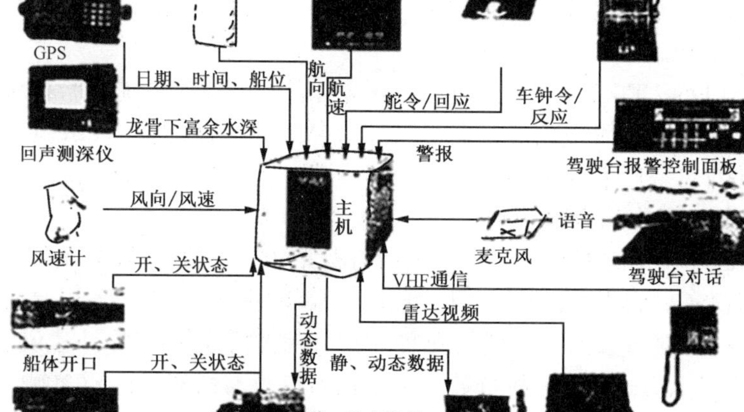

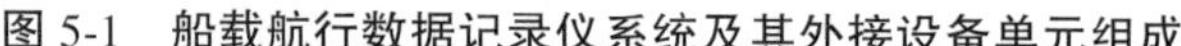
图5-1 船载航行数据记录仪系统及其外接设备单元组成

1.数据采集单元

数据采集单元亦称主机,是通过专用的接口与船舶的各种设备相关连接,用于采集、处理和存储船舶静态数据、状态信息以及操作信息,包括数据处理器、传感器接口及信号处理电路。数据处理器可以采集来自RS232接口或RS422接口符合IEC 61162或NMEA0183标准的数据,或其他类型数据,如图像、语音,模拟量信号、开关量信号等,并在数据存储和控制程序的控制下,完成数据格式转换、数据刷新和数据备份等任务。航行数据记录仪所采集数据的精度主要取决于被采集设备输出的数据精度。主机通常还设有可移动的存储介质(Flash Memory),俗称"白匣子",以方便事故调查及相关人员获得船舶航行数据。

2.保护存储单元

保护存储单元就是"黑匣子",包含保护容器(Protective Capsule)和安装于其内的保护最终记录介质(Final Recording Medium,FRM)。用于封闭安装最终记录介质的保护容器在事故发生之后可以访问最终记录介质,但应防止数据被篡改;在船舶正常营运

时，通过标准操作程序应不能访问最终记录介质；应提供一种措施，在不打开保护容器的情况下，通过外部装置恢复存储的信息；应设计成安装在船舶的外部甲板；应设计成在经受冲击（50 g 半正弦脉冲 11 ms）、穿刺（250 kg 100 mm 直径尖头物体 3 m 坠落）、耐火（260 ℃ 10 h 及 1 100 ℃ 1 h）、深海压力和潜水（6 000 m 深 24 h 及 3 m 深 30 天）情况后能保护存储的数据；其外壳应为高可见度的发荧光的橙色，用反光材料标识"VOYAGE DATA RECORDER-DO NOT OPEN-REPORT TO AUTHORITIES"；应设有适当的设备以帮助定位。对于 S-VDR 保护舱可不要求满足穿刺的标准。

保护容器可以设置为固定式或自浮式，但应设有一个工作在 25～50 kHz 频段的水下声响信标，信标所用电池至少可以工作 30 天。自浮式保护容器还应设有一个昼夜工作的指示灯和一个工作在 121.5 MHz 的无线电发射器，周期性发射莫尔斯码"V"，指示最后已知或即时位置（如果有内置 EPFS 设备）。也有的自浮式保护容器集成了 EPIRB，能够通过卫星搜救系统发出遇险报告。自浮式保护容器指示灯和无线电发射机应具有 7 天的工作能力。自浮式保护容器的浮力特性应保证无线电天线能够发射半球形和垂直极化的信号，且应设计成至少在 7 级海况（相当于蒲氏风力 10 级）的条件下提供可用的信号。自浮式和固定式保护容器都应具有释放机构，以便于潜水员或遥控机械装置进行水下回收，具有释放机构可以采用分离螺栓、释放杆或转锁。为了确保保护容器在释放后能被安全地回收，它应具有适当大的金属环或把手。如果保护容器经历了比国际标准要求的无线电发射装置的防火性能更严酷的燃烧温度时，则任何自由浮离释放装置应被自动禁止释放保护容器。

3.回放评价单元

回放评价单元是一种专门用于下载和回放主机或保护存储单元中所存储的船舶一段时间内数据的设备，包括信息读出设备和相应的软件包以及信息再现设备。存储介质的内容只有在再现系统的硬件和软件的条件下才能被正确读出和再现，具有数据再现、声音再现和图形再现的功能，但该设备不能改写存储介质中的数据。回放评价单元不是船载航行记录仪系统中必备的船载设备，但国际海事组织（IMO）建议，2006 年 7 月 1 日以后安装的 VDR/S-VDR，应提供回放软件，采用以太网（Ethernet）、USB、火线（Fire Wire）或其他等效输出端口，以便将所储存的航行数据获取至便携式计算机。对于已经安装在船并具有以上端口的 VDR/S-VDR，应在 2007 年 7 月 1 日以后解决航行数据获取和回放方式。

4.报警指示器

船载航行数据记录仪设有设备报警和工作报警功能。设备报警指记录仪自身发生故障时自动发出的警示信号。工作报警指为操作人员设计的辅助警示信号。记录仪的自检和故障警报程序能够自动连续地监测设备的供电、记录功能、比特误码率、麦克风功能和所记录数据的完善性等。当所监测设备或数据失常时，即通过报警指示器发出声音和视觉报警，音响警报经确认后能够被静音，视觉警报指示保留到设备恢复功能后自动解除。听觉警报的声响等级应为 55 dBA 至 65 dBA。不同的设备，报警指示器安装的位置也不同，有的集成在主机上，有的则设在主机外，作为遥控报警指示器。

5.电源

船载航向数据记录仪的电源系统包括主电源、应急电源和专用备用电源。主电源可将交流 220 V 船电转换为 24 V 直流电。应急电源为 24 V 直流电。当外部的主电源和应急电源都失电时，专用备用电源可自动为系统供电，并保证系统连续记录驾驶室声音达 2 h。在 2 h 结束时，所有记录应自动停止。专用备用电源通常为自动充电装置的蓄电池。主电源、应急电源和专用备用电源切换过程中，可保证系统连续工作。

二、VDR 的功能

1.记录数据的安全

船载航行数据记录仪应尽实际可能设计成不能对输入设备的数据的选择方式、数据本身或已经记录的数据进行篡改。任何干扰数据或记录完整性的尝试应予以记录。记录方法应能对记录数据的每一项目进行完整性检查，即记录的数据与接收到的数据相一致，如发现不可改正的错误则要发出警报。

对于国际航行的船舶，在船载航行数据记录仪交付使用时，应将说明设备及其连接的传感器的配置数据块写入最终记录介质。该配置数据应永久地保存（固化）在最终记录介质中，并采取适当的保护以便只能由经过适当授权的人员根据配置数据变化进行修改。对该数据块的任何改变都不应影响强制项目的记录。应永久保存（固化）的数据包括型式认可机关和参考证明；国际海事组织（IMO）船舶识别号；使用的软件版本；话筒的安装位置和录音通道的分配；VHF 通信——对哪（些）台 VHF 进行录音；日期和时间——从哪个数据源获得；船位——从哪个 EPFS 获得及其在船上的相对位置；其他输入数据——提供记录数据的设备的特征数据；自动插入最近修改的日期和时间。

按照我国 2001 年 4 月 20 日开始实施的《船载航行数据记录仪技术条件和检验程序（国内船舶试行）》规定，应永久保存（固化）的数据包括船舶名称、船舶国际编码、船舶呼号、登记号码、船舶种类、船籍港、船舶建造日期、船（总）长、船（型）宽、船（型）深、船舶的总高度、船舶总吨位、船舶净吨、主机种类、主机功率、主机数目、主机转速、推进器种类、所有人名称和地址等。

2.运行

除电源应满足要求外，船载航行数据记录仪应连续记录，所有存储的数据项目应至少保留 12 h。超过 12 h 的数据项目可以被新的数据覆盖。当船舶在港需对设备进行重要的维护时或当船舶闲置时，可以通过钥匙或其他安全的方法停止设备的记录。

设备在正常工作状态下运行应是完全自动的。在对设备的记录造成最短中断和不打开保护容器的情况下，应采取措施确保在船舶发生事故后，通过适当的方法存储已记录的数据，并满足下列要求：

（1）保存过程中使用的控制器应易于操作；

（2）保存过程中，最终记录介质的记录过程的中断不应多于 10 min，记录在最终记录介质中的数据不应被清除；

（3）应自动检查保存的数据，以保证与在最终记录介质中记录的数据的一致性，任何错误应给予指示；

（4）当保存过程结束，应有措施以便能够制作这次保存数据或与以后有关事故的数据的拷贝。

注:“保存过程”是指对保存到最终记录介质中的数据进行复制。

3.应记录的数据项

VDR 至少应记录的船舶数据共有 15 项。

(1)日期和时间:可参考世界协调时(UTC),日期和时间应从船舶外部的时间源(例如 EPFS 或无线电时间信号)或船舶内部时钟至少每小时获得一次。记录应指明使用哪种时间源。所有其他数据项目的记录计时可以在再现时得到。为了保证有关的计时能够高于 0.1 s 的分辨率,当设备采样时,所有数据项目按 0.05 s 的系统时间进行记录,计时误差不能大于每小时 1 s。

(2)船位:纬度、经度以及使用的基准应来自一个指定的 EPFS 或 INS(如可用)。记录应保证 EPFS 的特性和状况总是可以通过再现来确定。船位应按船上可获得的数据进行记录,其分辨率应高于 0.000 1′弧度。

(3)速度:应按船上可获得数据记录相对于水或地的速度(如果船舶上能获得,应记录纵向和横向的速度),包括指明速度是来自哪种设备,速度的分辨率应高于 0.1 kn。

(4)艏向:艏向由船舶上指定的罗经指示。艏向应按船上可获得的数据进行记录,分辨率应高于 0.1°。

(5)驾驶室声音:位于驾驶台内的一个或多个话筒应布置成能充分地记录在指挥位置、雷达显示器、海图桌等位置或附近的谈话。话筒的布置应尽实际可能捕捉到驾驶台内的内部通信、公共广播系统和声响报警(驾驶台安装的设备)。应连续记录所有在工作站位置的声音信号,作为选择,可以提供措施,通过分析回放记录信息中的声音信号识别出发出声音的工作站。

(6)通信声音:应记录有关船舶操纵的 VHF 通信,并与驾驶室声音分别独立。记录中包括发送和接收的音频信号,音频信号应连续地来自指定的 VHF 装置。

(7)雷达数据:应包括从船舶的一台雷达装置上获得的电子信号信息,它记录了当时在雷达主显示器上实际出现的全部信息。

(8)回声测深仪:应记录船舶上可以得到的龙骨以下的深度(分辨率高于 0.1 m)。当可以得到时,还应记录当时显示的深度刻度和其他状态信息。

(9)主报警:这些报警包括在驾驶室内所有国际海事组织(IMO)强制要求报警的状态。所有国际海事组织(IMO)强制要求报警的状态,如可行,应通过驾驶台声音并作为数据参数进行记录。

(10)操舵命令和响应:操舵命令和响应角度应按船舶可得到和允许的数据进行记录,分辨率 1°艏向或航迹控制仪(如设有)的状态和设定值也应记录。

(11)轮机命令和响应:包括任何车钟或直接的机器/螺旋桨控制器的位置,包括轴转数(或等效速度)、反馈指示、前选/后退指示器(如设有时);还应包括艏侧推器和艉侧推器(如设有)的状态。转速记录的分辨率应高于 1 r/min,螺距记录的分辨率应高于 1°。

(12)船体开口状态:包括国际海事组织(IMO)要求在驾驶台内强制显示的所有状态信息。

(13)水密门和防火门状态:包括国际海事组织(IMO)要求在驾驶台内强制显示的所有状态信息。

(14)加速度和船体应力:如果船舶安装了国际海事组织(IMO)强制的船体应力和响应监测设备,则所有在设备内预选和可得到的数据项目应予以记录。

(15)风速和风向:适用于安装了适当的传感器的船舶。相对风速、风向或绝对风速、风向都可以记录,但在记录中应指明是哪一种。

知识拓展

知识拓展一 简易航行数据记录仪

一、S-VDR 的提出

国际海事组织(IMO)MSC 第 73 次会议正式通过的《SOLAS 公约》第Ⅴ章的修正案只对客船、客滚船及 2002 年 7 月 1 日以后建造的总吨位 3 000 及以上的货船强制要求安装 VDR。而对于强制范围以外的货船,如 2002 年 7 月 1 日之前建造的总吨位 3 000 及以上的货船,考虑到这些货船可能在设备的接口上难以与 VDR 兼容,只是要求对其安装的可行性进行研究。

2003 年 7 月,国际海事组织(IMO)NAV 第 49 次会议基本达成了一致意见:对于 2002 年 7 月 1 日以前建造的总吨位 3 000 及以上,且小于总吨位 20 000 的货船,应不迟于 2008 年 1 月 1 日安装 VDR,但也并没有正式写入《SOLAS 公约》中,只是建议性的。直到 2004 年 12 月,国际海事组织(IMO)MSC 第 79 次会议正式通过了《SOLAS 公约》第Ⅴ章的修正案,强制要求对 2002 年 7 月 1 日之前建造的总吨位 3 000 及以上的货船在 2010 年 7 月 1 日前必须安装 VDR 或 S-VDR。因此,在 2010 年 7 月 1 日以后,所有从事国际航行的船舶都必须装有 VDR 或 S-VDR。

二、性能的比较

国际海事组织(IMO)在 2004 年 5 月,颁布了《船载简易航行数据记录仪(S-VDR)性能标准》,对 S-VDR 的操作要求、记录数据和接口等进行了规定和建议。S-VDR 在记录数据的种类上与 VDR 的不同之处如表 5-2 所示。

S-VDR 所要求记录的船舶数据除了与 VDR 相对应的种类有所减少外,唯一不同的是,S-VDR 在没法记录雷达图像数据时,必须记录 AIS 的数据,该数据还可以作为雷达数据的辅助记录数据。

表 5-2　VDR 与 S-VDR 记录数据项目比较

数据		设备	
类型	内容	VDR	S-VDR
导航仪器	日期时间船位(EPFS)	强制	强制
	速度(计程仪或 EPFS)	强制	强制
	艏向(罗经)	强制	强制
	水深(测深仪)	强制	非强制
雷达 AIS	雷达图像(雷达)	强制	非强制
	AIS 数据(AIS)	不需要	若记录雷达数据,则不需要
音频	驾驶台/VHF 声音(麦克风)	强制	强制
操作状态	舵令及响应	强制	非强制
	轮机命令及响应	强制	非强制
环境状态	船体开口	强制	非强制
	水密门和防火门	强制	非强制
	加速度和船体应力	若有传感器	非强制
	风速风向	强制	非强制
报警	主报警	强制	非强制
若有 IEC 61162 或 NMEA0183 数据或 RGB 接口(雷达),则应予以记录			

如果无法通过商用的接口获得雷达图像数据,那么 AIS 目标数据应作为其他船舶的信息资料来源予以记录。如果雷达数据已予以记录,则 AIS 信息可以作为对其他船舶和自己船舶有利的辅助信息予以记录。

三、保护容器

S-VDR 若采用固定式保护容器应与 VDR 要求一致,但无须满足穿刺要求。自浮式的保护容器只需满足示位标的要求,示位标的供电时间为 7 天。

任务一 VDR的日常操作

一、任务描述

船载航行数据记录仪在正常工作状态下的运行是完全自动的，无须人为干预。当警报单元发出告警时，驾驶员应按操作说明书的要求进行操作，必要时要核对设备资料中必备的“错误码表”（Error Code）。设备通常设有电源、存储、警报确认和测试等操作控钮。

二、操作步骤

操作1　电源开关操作

航行数据记录仪的电源开关一般设在主机不易被接触或被锁定的位置，启动时应注意按顺序接通船舶主电源、应急电源和专用备用电源开关。当电源接通后，操作人员应查看警报指示单元，确认设备正常完成船舶航行数据记录功能。

操作2　存储操作

有的设备，使用存储按钮可将最近12 h记录的航行数据存储在移动存储介质中，存储时间较长；而有的设备是随时将数据备份至移动存储介质中，使用存储按钮则是终止数据备份，可以在较短的时间内即可取出移动存储介质。但无论使用何种方式存储数据，此存储过程应不影响系统正常记录航行数据。

操作3　警报确认操作

当设备发生警报时，按下警报确认按键，声音警报静音，但视觉警报必须在警报条件解除之后消失。需要注意的是，有些情况下产生警报属正常现象，比如关闭计程仪或X波段雷达，不能记录相应的导航数据而产生的警报，此时驾驶员只需确认即可。

操作4　测试操作

此键用于人工起动设备自检程序，并将测试结果显示在警报指示器上或发出相关的提示，以配合对设备的查检。

三、任务小结

____

____

____

____

任务二 发生事故后的操作

一、任务描述

在船舶发生一般性事故后，船长或指定人员应按设备操作说明书，将数据备份至移动存储介质，并复制至计算机，检查数据的有效性。

二、操作步骤

在船舶发生重大事故后，若无须继续记录数据，则船长或指定人员应按设备操作说明书，将数据备份至移动存储介质，并关闭设备电源。

当船舶因事故需要弃船时，若情况允许，船长或指定人员应尽量将数据备份至移动存储介质并带走；若情况紧急，则可无须任何操作，设备在断电 2 h 后，将自动停止数据记录，记录的数据将随保护存储单元回收后得到恢复。

以上操作均应记录在航海日志中。

三、任务小结

____

____

____

____

任务三 VDR的日常维护

一、任务描述

船舶安装航行数据记录仪后，正常工作时，船载航行数据记录仪通常无须日常特别操作与维护，值班驾驶员只需随时查看警报指示器监控面板，处理警报信息，确认是否存在不能恢复的警报。如发现船舶上无法处理的异常情况，应立即向船公司，或向所在或就近港口的海事主管机关报告，报告内容应包括发现设备异常工作的时间、地点、可能原因、海况、天气情况等，并应及时将情况记入航海日志。船舶进入第一港口时书面报海事主管机关签证备查。

二、操作步骤

如果系统提供了回放功能，则可以按照厂家提供的操作说明书提供的步骤每月进行一次回放检测，以确认系统处于正常工作状态。

同时，应按照说明书，检查专用备用电池的有效期（通常 2 年更换一次），注意不能短接电池的电极。当要停止记录仪的记录或长时间停止船电，应切断箱内的专用备用电源开关，避免备用电池电源耗完。

若在航行数据记录仪中，若使用的示位标为 EPIRB，则应按要求对 EPIRB 定期自测一次。测试主要检查电池、发射和闪光灯等的工作情况。如果测试结果不正常，再重复测试，若还是不正常，就不能再使用，应送回厂家授权的机构检修或更换电池。当在紧急情况下曾经使用过 EPIRB，或误发射超过 2 h，也应更换电池。EPIRB 的静水力释放装置（HRU）应在有效期内更换，一般为 2 年。注意，EPIRB 的基部一旦弄湿，EPIRB 会发射，所以要小心更换电池，放在干燥的地方。

三、任务小结

____

____

____

____

项目考核

一、知识考核

1.VDR 固定式保护舱带有一个在 25~50 kHz 频段的水下声响信标，信标所用电池至少可以工作________天。

A.10　　B.30

C.45　　D.60

2.VDR 自由浮离舱在船体沉没时能够自动脱离船体上浮，并能够在海水浸泡至少________保持数据完好性。

A.12 h　　B.24 h

C.7 天　　D.30 天

3.当船舶主电源和应急电源都断电时，VDR 备用电源可以保证系统再连续记录________的驾驶台语音数据。

A.2 h　　B.6 h

C.12 h　　D.24 h

4.如果 VDR 或 S-VDR 的船舶主电源和应急电源失电，由系统专用（备用）电源供

电，仅继续记录________的驾驶台音频数据。

A.1 h　　B.6 h

C.12 h　　D.2 h

5.使用船载航行数据记录仪的存储按键，可将最近________记录的运行数据存储在可移动存储单元中。

A.3 h　　B.6 h

C.12 h　　D.24 h

6.船载航行数据记录仪可采集的数据，不包括________。

A.回声测深仪　　B.船体开口状态

C.船舶货物状态　　D. VHF 通信

7.如果 VDR 可获得雷达图像数据，不需要连接的传感器是________。

A.测深仪　　B.计程仪

C.AIS　　D.GPS

8.船载航行数据记录仪主、应急电源中断，备用电源再连续记录驾驶室声音________后自动锁闭存储器，停止工作。

A.1 h　　B.3 h

C.2 h　　D.5 h

9.船载航行数据记录仪通过________记录他船的艏向和速度信息。

A.雷达或 AIS　　B.GPS 和计程仪

C.雷达和计程仪　　D.陀螺罗经和计程仪

10.船载航行数据记录仪记录数据________。

A.当班驾驶员可以修改

B.不能干扰数据记录、进行数据篡改

C.不可再现

D.船长可以修改

参考答案：

1.B　2.C　3.A　4.D　5.C　6.C　7.C　8.C　9.A　10.B

二、技能考核

1.VDR 的日常维护。

2.VDR 的一般操作。

项目六

船舶远程识别与跟踪系统

项目导读

2002 年 12 月，国际海事组织（IMO）召开了海上保安外交大会，通过了《SOLAS 公约》修正案，将《ISPS 规则》纳入《SOLAS 公约》。在这次大会上，LRIT 作为海上保安的特别措施被提交给“海安会（MSC）”及其“航行安全分委会（NAV）”和“通信与搜救分委会（COMSAR）”研究。2006 年 5 月 MSC 第 81 次会议通过《经修订的 1974 年 SOLAS 公约修正案》，增加了强制实施船舶远程识别与跟踪系统（LRIT）的相关内容，并于 2008 年 1 月 1 日开始生效，2008 年 12 月 31 日（延至 2009 年 6 月 30 日）开始实施。同时，我国船舶远程识别与跟踪（LRIT）国家数据中心于 2009 年 7 月 1 日建成并运行。

本项目主要介绍了 LRIT 系统的组成、原理和功能，以及 LRIT 系统的使用注意事项。

学习目标

1.知识目标

（1）了解船舶远程识别与跟踪系统（LRIT）的系统组成；

（2）了解船舶远程识别与跟踪系统（LRIT）的基本功能；

（3）掌握船舶远程识别与跟踪系统（LRIT）的使用注意事项。

2.能力目标

能够熟练使用船舶远程识别与跟踪系统（LRIT）。

3.职业素养目标

（1）履行国际公约要求；

（2）LRIT 的使用符合仪器制造商的建议；

（3）具备走向深蓝的战略思想。

知识链接

知识链接一　船舶远程识别与跟踪系统（LRIT）基本原理

一、LRIT 系统组成

LRIT 系统的组成包括：船载设备、通信服务提供商（CSP）、应用服务提供商（ASP）、LRIT 数据中心（DC）或相关船舶监控系统（VMS）、数据分配计划（DDP）、国际数据交换（IDE）、LRIT 数据用户（LDU）等，如图 6-1 和图 6-2 所示。

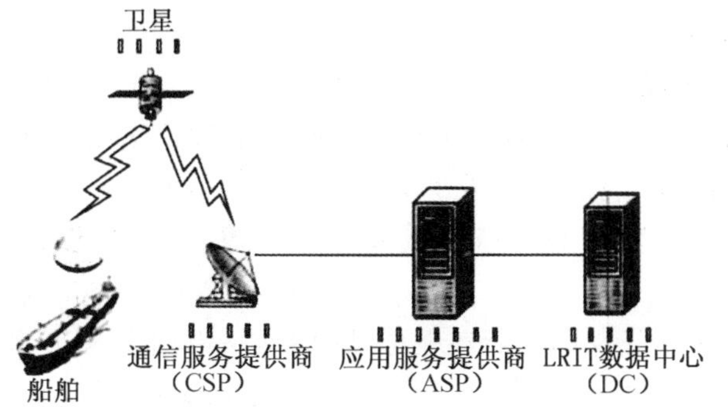

图 6-1　LRIT 系统的组成

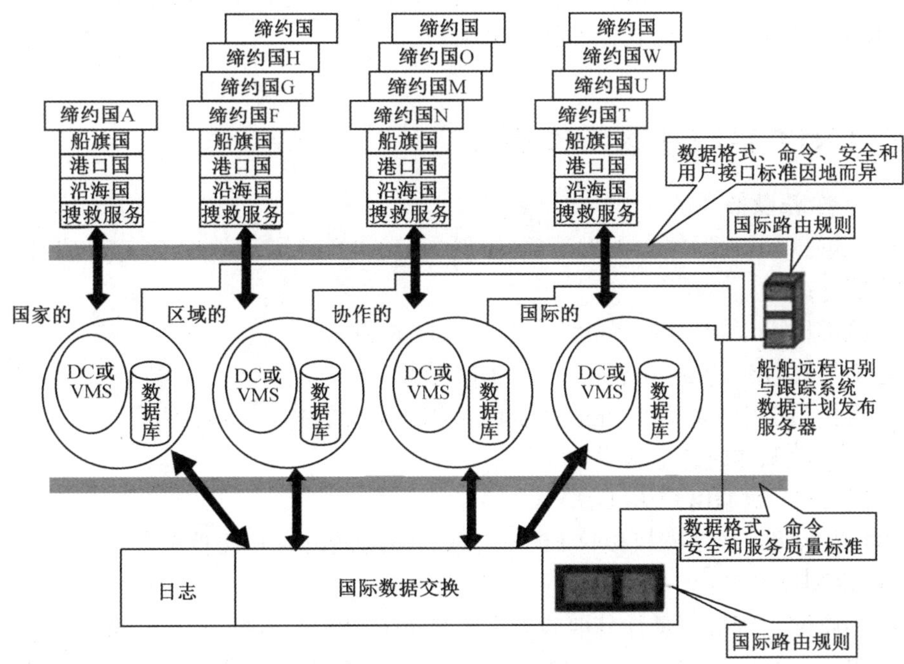

图 6-2　LRIT 系统的结构图

二、LRIT 系统基本功能

LRIT 系统具有以下功能：

（一）海上保安

通过 LRIT 信息监控，各缔约国政府可以预防和减少船舶和港口遭受袭击，提高船舶保安能力。

（二）海上搜救

通过 LRIT 信息监控，搜救服务可以有效缩小海上遇险船舶搜救范围，缩短反应时间。

（三）船舶和船队管理

通过 LRIT 信息监控，船旗国、港口国和沿岸国可以实时跟踪和查询相关船舶航迹，便于政府对其所属船舶监督管理。

（四）保护海洋环境

通过 LRIT 信息监控，缔约国政府可以重点跟踪危险化学品船和油船等危险货物运输船舶的船位，防止泄漏、溢油等事故的发生，以及事故发生后及时采取善后工作；同时，也便于国际组织对受保护的特殊海域或敏感海域进行监控，起到保护海洋环境的作用。

航行船舶把 LRIT 信息发送到陆地地球站，地球站再通过 ASP 和 LRIT 分配网络转发到经国际海事组织（IMO）授权的用户终端——国际海事组织（IMO）缔约国政府（包括 SAR 机构、船旗国、港口国、沿岸国），后者就可以实现对航行船舶进行全球性识别和跟踪。LRIT 系统还可以把 LRIT 信息（预先设定发送时间的船位报告、被要求发送的船位报告和事件报告）发送给其他经授权的用户。

三、LRIT 系统基本工作原理

（一）船载设备

（1）能够自动，无须船上人工干预，每隔一定的时间（默认 6 h）向 LRIT 数据中心发送 LRIT 信息；

（2）能够以人工预设的时间间隔发送 LRIT 信息；

（3）能够在收到轮询指令后，发送 LRIT 信息；

（4）直接与船上全球卫星导航系统设备相连通，或者有内部定位能力；

（5）以主电源和应急电源供电。

（二）LRIT 数据用户（LDU）

LRIT 数据用户包括授权接收 LRIT 信息的缔约国政府和搜救服务机构。船舶 IRIT 信息的接收权限于：

（1）船旗国主管机关悬挂其船旗的所有船舶在任何位置的 LRIT 信息；

（2）港口国政府有权要求意欲进入其港口或其管辖水域港口设施的船舶提供 IRIT 信息；

(3)沿海国有权获得距海岸 1 000 n mile 以内不论船旗的所有船舶的 LRIT 信息。

(三)通信服务提供商(CSP)

通信服务提供商使用通信协议提供连接 LRIT 系统各个部分的服务,以确保各终端安全传输 LRIT 信息。船载设备应使用能够覆盖船舶所有操作区域的通信系统进行 LRIT 信息的发送,CSP 也可以作为应用服务提供商(ASP)提供服务。

(四)应用服务提供方(ASP)

应用服务提供方的功能有:

(1)提供通信服务提供者和 LRIT 数据中心之间的通信协议接口;

(2)提供集成交互管理系统以监控 LRIT 信息的数据流和路由;

(3)确保以安全可靠的方式收集、保存和传送 LRIT 信息。

(五)LRIT 数据中心(DC)

1.国家的 LRIT 数据中心(NDC)

缔约国可以建立国家级 LRIT 数据中心。缔约国应向国际海事组织(IMO)提供建立该中心的相关细节,以后在发生变更时应及时更新信息。其在我国为"中国 LRIT 国家数据中心"。

2.区域的或合作的 LRIT 数据中心(RDC/CDC)

一组缔约国可以建立一个区域性或合作性的 LRTT 数据中心。建立该中心的相关安排应经过有关缔约国批准。建立中心的缔约国之一应向国际海事组织(IMO)提供相关的细节,以后在发生变更时应及时更新信息

3.国际的 LRIT 数据中心(IDC)

除根据要求向国家级、区域性或合作性 LRIT 数据中心发送 LRIT 信息的船舶之外,其他船舶都需将 LRIT 信息发送给国际 LRIT 数据中心,目前暂时搁置。

LRIT 数据中心的主要功能:接收、提供、处理、延迟、发送,并在船舶停止发送时通知用户和主管机构。

LRIT 数据中心的主要性能:

(1)船舶直接发送信息至少存档 1 年,直至审查认可协调员提交的系统性能审查年度报告(包括中心连续 2 年的年度性能审查期间完整活动记录);

(2)确保信息定期备份并储存于中心之外,保证服务连续性;

(3)存档信息在接收到请求后应在规定时间内发送,存档时间和发送限时如表 6-1 所示。

表 6-1 存档时间和发送限时

存档时间(天)	发送限时
<4	≤30 min
4~30	≤1 h
>30	≤5 天

LRIT 数据中心要求:

(1)接收船舶传送至该中心的 LRIT 信息;

(2)通过国际 LRTT 数据交换从其他 LRIT 数据中心获取信息和向其他 LRIT 数据

中心发送信息；

(3)执行收到的 LRIT 数据用户关于船舶的 LRIT 信息轮询或更改发送间隔的请求；

(4)根据请求向 LRIT 数据用户发送信息，并在某一特定船舶停止发送信息时，通知 LRIT 用户和主管机关将接收的船舶 LRIT 信息存档至少 1 年；

(5)过去 4 天内存档的 LRIT 信息，在接到请求后 30 min 内发送；4 至 30 天存档的 LRIT 信息，1 h 内发送；30 天以上存档的 LRIT 信息，5 天内发送；

(6)定期对 LRIT 信息进行异地备份，并在崩溃时能尽快可用，以保证服务的连续性；

(7)所有 LRIT 数据中心的运行应由 LRIT 协调人进行审核；

(8)应向搜救服务机构(SAR 服务机构)提供所指定的地理区域内的所有船舶发送的 LRIT 信息。

（六）国际数据交换（IDE）

在 MSC 协调下，缔约国政府合作建立国际 LRT 数据交换，与所有信息中心建立连接，使用分发方案提供的信息，在数据中心之间建立信息路由。

1.主要功能

(1)自动保存包括标题的日志，用作计费并解决争议及审核；

(2)日志至少存档 1 年，直到审查接受了协调人审核的年度报告；

(3)在日志信息基础上，必要时准备与运行相关的非统计信息；

(4)标准协议与数据中心通信，可靠连接；

(5)不存档信息，但缓存信息；

(6)持续获取分发方案。

2.性能

(1)具有至少每秒接收与处理 100 个报告的能力；

(2)接收后 30 s 内对其进行处理，并给出相应的输出；

(3)每年优于 99.9%的可用性；

(4)每天 24 h 以优于 95%的可用性向系统提供数据。

（七）数据分配计划（DDP）

缔约国根据公约及有关技术规范文件向国际海事组织(IMO)提交的信息，包括各缔约国有权请求 LRIT 信息的地理区域、国家联络人、港口设施以及搜救机构信息等的清单。

四、LRIT 信息的使用

无论船舶位于何处，船旗国都有权获取其船舶的 LRIT 信息；如果船舶意欲进入另一国管辖的港口设施，那么无论船舶位于何处，只要不处于另一国的领海内，那么该缔约国可以通过其国家 LRIT 数据中心从国际 LRIT 数据交换调取船舶的 LRIT 信息；如果船舶距离另一国的领海基线不大于 1 000 n mile，并且不处于船旗国或其他国家的领海内，那么无论船舶是否意欲进入该国管辖港口设施，该国的国家 LRIT 数据中心都可以通过国际 LRIT 数据交换从船旗国国家 LRIT 数据中心获取该船舶的 LRIT 信息。上述

“国家”均指《SOLAS 公约》的缔约国,上述“船旗国国家 LRIT 数据中心”也可能是船旗国指定的其他 LRIT 数据中心,如协作性区域 LRIT 数据中心或国际 LRIT 数据中心。除了船旗国、港口国和沿岸国以外,搜救机构也可以获取船舶的 LRIT 信息。通过获取船舶的 LRIT 信息,船旗国可以掌握其船舶的即时信息;港口国和沿岸国通过获取 LRIT 信息识别恐怖威胁;搜救机构也可利用 LRIT 信息迅速找到可以为海上搜救提供援助的船舶。

在我国,任何使用 LRIT 信息的行为须经过中国海事局的授权,并仅可用于申请的用途。未经授权任何个人和组织不得获取、修改、泄露船舶 LRIT 信息。请求使用船舶 LRIT 信息须经中国海事局同意。LRIT 信息的传输、使用不应对国家安全、公民或法人的权益形成危害。为满足保安或其他需要,我国海事局有权决定是否向其他缔约国政府提供中国籍船舶的 LRIT 信息,并向国际海事组织(IMO)通报。

知识链接二　LRIT船载设备

一、LRIT 的主要功能

LRIT 船载设备是指船舶所配备的、能满足公约及有关技术规范文件要求自动发送 LRIT 信息的设备,如船上已有设备(或经功能扩展后)能满足此要求,则不必增加新的设备;如不能,则应重新配备符合要求的设备。LRIT 系统要求船载设备每隔 6 h 发送一次船位,内容包括船舶的识别码、经度、纬度和时间,不要求上报航向和航速。

LRIT 船载设备在满足国际海事组织(IMO)关于船上组成全球海上遇险和安全系统(GMDSS)和电子助航设备的无线电设备的一般要求的基础上,还应当至少符合下列要求:

(1)在无须船上操作员协助的情况下,可每隔 6 h 自动向 LRIT 数据中心发送船舶 LRTT 信息;

(2)可以被遥控设置为在不同的时间间隔发送 LRIT 信息;

(3)能够响应轮询指令发送 LRIT 信息;

(4)直接与船上全球卫星导航系统设备相连接,或者自身具备定位功能;

(5)利用主电源及应急电源供电,并根据国际海事组织(IMO)制定的相关要求,通过电磁兼容性测试;

(6)船上设备所利用的通信系统应当可以覆盖船舶所有航行区域;

(7)应将船上设备设置为每隔 6 h 自动向船旗国主管机关指定的 LRTT 数据中心发送一次 LRIT 信息,除非 LRIT 数据用户要求以更高的频率报送更为详尽的 LRIT 信息;

(8)除上述几条规定外,还应当具备表 6-2 所列功能。

表 6-2　LRIT 船载设备所具备的功能

参数	注释
船上设备识别码	船上设备使用的识别码
船位数据	(基于 WGS-84 数据的)GNSS 位置(经纬度)。 位置:如《SOLAS 公约》第Ⅴ章第 19-1 条所述,在无须船上操作员协助的情况下,设备应当可以传输(基于 WGS-84 数据的)GNSS 位置(经纬度)。 响应船位报告(On-demand Position Reports):无论船舶处于何处,设备都应当可以在无人干涉的情况下响应调取 LRIT 信息的询问。 常规船位报告(Pre-scheduled Position Reports):无论船舶处于何处,设备都应当可以在无人干涉的情况下被遥控设置为以 0.25~6 h 之间的指定时间段为间隔向 LRIT 数据中心发送 LRIT 信息
时间标签	GNSS 位置的日期和时间。 设备应当可以在每次发送 LRIT 信息时报送 GNSS 位置的时间

二、LRIT 实施与运行注意事项

(一)实现方式

LRIT 系统没有明确使用哪种船载设备。按照国际海事组织(IMO)相关技术规范的要求,船舶安装的 Inmarsat C 设备满足 LRIT 船载终端要求的条件,但必须经过应用服务提供商(ASP)的测试通过,并签发认可证书。目前基于船载海事卫星 C 的终端设备基本上有两种,一种是 Inmarsat C 终端设备,另一种是船舶 SSAS(船舶安全报警系统)终端设备。由于 LRIT 主要是利用 Inmarsat C 系统的询呼(Polling)和数据报告(Data Report)业务,而 Inmarsat C 终端因为设备配备较早,部分厂家早期的设备不支持询呼和数据报告业务,而 SSAS C 终端设备较新,对数据报告功能支持较好,所以选用后者作为 LRIT 船载终端设备较好。

(二)注意事项

(1)加强维护确保设备处于全天候正常可用状态。

(2)在下述情况下,可关闭设备:

①国际协议、规则或标准规定要保护航行信息时;

②船长认为发送信息有损船舶安全或保安时。

(3)在关闭、停止、设备故障、不发送信息时,船长要及时通知船旗国国家数据中心,并将情况及时间记录在航海日志中。

(4)在中国沿海港口水域停航不小于 7 天(暂停营运/长时间修理等),应递交暂停申请,恢复后及时申请恢复发送。

项目实施

任务一　LRIT系统设备的符合性测试

一、法定要求

船载设备必须通过符合性测试并取得测试报告。符合性测试报告随船保存，并接受主管机关检查。中国的主管机关是中国海事局，ASP 是中国交通通信中心。

导致符合性测试报告失效的情况：

(1)船载设备变化。

(2)船舶更旗，同一 ASP 仍有效，以新主管机关签发。

(3)ASP 通知主管机关或船级社不再证实其签发的有效性。

(4)主管机关撤销对 ASP 的认可或授权。

(5)船载设备不能正常使用。

二、测试内容

MSC.1/Circ.1296 文件规定：船载终端登记，卫星链路管理，执行测试流程，出具测试报告，测试证书，测试 ASP 必须按照通则要求完成对船载设备 15 个项目的测试。其中最重要的评估性测试项目包括(通过卫星链路)：

(1)下载数据网络标示符：下载船载设备数据网络标示符(DNID)，建立和监控测试。

(2)改变发射时间间隔：设定船载设备从某个时间开始按照规定时间间隔上报位置，此测试持续 12 h。进行 15 min 和 60 min 位置报告测试。

(3)停止发射：停止船载设备发射信息命令，设备应及时响应停止发射。

(4)轮询：船载设备应及时响应，立即返回信息。

(5)删除数据网络标示符：删除船载设备 DNID。

(6)测试一般最长需要 48 h 完成，若通过所有测试步骤，即可成功完成船载设备符合性测试。

(7)测试过程必须保持操作设备连续供电工作，无须船方人为干预。

任务二　检验

一、安装检验

(1)兼用 LRIT 设备：符合《SOLAS 公约》第Ⅳ章或《SOLAS 公约》第Ⅺ章第 2/6 条的

无线电设备。

(2)专用LRIT设备:符合《SOLAS公约》第Ⅴ章第19-1.6条要求,检查设备安装与认可图纸符合性并落实审图意见,检验设备产品证书,核查符合性测试报告的有效性,并签发安全证书和在设备记录中注明设备配备情况。

(3)不满足配备要求的解决办法:

①与船公司协商制定限期解决方案;

②将有关情况报送主管机关同意;

③签发不超过2个月的安全证书、条件证书,并给出相应法定遗留项目。

二、营运检验

营运检验包括年度检验、定期检验、换新检验。如果符合性试验报告保持有效,则可以签署或签发相关证书。

项目考核

一、知识考核

1.按照《SOLAS公约》的要求,下列不需要装备LRIT设备的是________。

A.国际航行的客船　　B.总吨位300及以上的货船

C.国内航行的客船　　D.移动式海上钻井平台

2.按照《SOLAS公约》的要求,LRIT应自动传送的信息必须包括________。

A.MMSI　　B.呼号和船名

C.航向和航速　　D.船舶类型

3.下列关于LRIT信息获取的描述,正确的是________。

A.当班驾驶员在特殊情况下可以关闭LRIT设备或不提供LRIT信息

B.船舶在其登记国领海内必须向公约中所指的沿岸国提供LRIT信息

C.船长在特殊情况下可以关闭LRIT设备或不提供LRIT信息

D.任何时候船旗国都无权拒绝向沿岸国提供本国船舶的LRIT信息

4.LRIT系统要求船载设备正常情况下每隔________自动发送一次船舶IMO编号、MMSI、经度、纬度、UTC的LRIT报文。

A.0.25 h　　B.1 h

C.3 h　　D.6 h

5.LRIT船舶识别跟踪信息包括________。

①船舶识别码;②船舶航向;③船舶速度;④船舶位置和所提供位置的日期和时间(UTC)

A.①②　　B.①③

C.②③　　D.①④

6.船载LRIT设备________每隔6 h或不同时间间隔向LRIT数据中心发送LRIT

信息。

A.通过船长操作

B.通过电子员操作

C.通过大副操作

D.在无须任何人工干预的情况下自动

7.按照性能标准的要求,在无须船上操作员协助的情况下,可每隔________自动向LRIT数据中心发送船舶LRIT信息。

A.3 h　　B.6 h

C.12 h　　D.24 h

8.LRIT系统没有明确使用哪种船载设备。目前LRIT船载设备的实现方式是________。

A.VHF设备　　B.中高频设备

C.Inmarsat C终端设备　　D.Inmarsat F终端设备

9.LRIT系统没有明确使用哪种船载设备。目前LRIT船载设备的实现方式是________。

A.VHF设备　　B.中高频设备

C.船舶SSAS终端设备　　D.Inmarsat F终端设备

10.船舶因为设备故障不能发送LRIT信息时,船舶应及时通知________并将故障情况、暂停时间等记入航海日志,船舶和船公司有责任尽快安排并完成设备的维修。

A.船旗国LRIT国家数据中心

B.船旗国LRIT应用服务提供商(ASP)

C.沿岸国LRIT国家数据中心

D.沿岸国LRIT应用服务提供商(ASP)

参考答案:

1.C　2.A　3.C　4.D　5.D　6.D　7.B　8.C　9.C　10.A

二、技能考核

1.LRIT船载设备的符合性测试。

2.LRIT船载设备的检验。

项目七

舰船磁罗经

项目导读

磁罗经是利用地磁场对磁针具有吸引力的现象而制成的一种航海指向仪器，可为舰船指示航向，并用于定位和导航。舰船磁罗经构造简单、不依赖于舰船电源，工作稳定且不易损坏。《SOLAS 公约》规定所有船舶，不论其尺度大小，均应配备该指向设备。它是不可缺少的主要航海仪器之一。

但安装在钢铁结构舰船上的磁罗经由于受船磁的影响，磁针不是指向磁北，而是指向地磁力与船磁力的合力方向，即罗北方向，罗北偏离磁北的误差称为磁罗经自差。为了尽可能地消除或减少船磁对磁罗经的不利影响，在磁罗经设备上安装了自差校正设备，并且舰船驾驶员要经常观测、核对磁罗经自差的大小，确保自差数值被控制在允许的范围内。掌握了磁罗经自差的大小，再结合当地磁差，便能够正确地推算出真航向和真方位，以进行正确的航海测量和舰船定位导航。

本项目介绍舰船磁罗经的种类、操作使用方法，磁和地磁场的基本知识，磁罗经自差产生的原因、种类、性质和基本公式，校正磁罗经自差的条件、原则和准备程序，校正磁罗经自差的程序，理解磁罗经自差测定的方法。

学习目标

1.知识目标

(1)了解磁和磁场的分类；

(2)了解磁罗经的分类和使用方法；

(3)了解磁罗经自差产生的原因、种类；

(4)掌握罗经自差测定的方法。

2.能力目标

(1)能够正确分辨磁罗经种类及使用磁罗经；

(2)能够准确进行磁罗经自差测定。

3.职业素养目标

(1)磁罗经使用符合仪器制造商的建议；

(2)树立中国传统海洋文化价值观。

知识链接

知识链接一　磁罗经的分类与结构

磁罗经是指利用地球磁场引力作用而制造的一种能够指示地理方位和船舶航向的指示仪器，是中国古代四大发明之一的指南针的发展与完善。磁罗经具有组成结构简单、价格低廉和工作可靠性高等优点，已经成为船舶必备的航海仪器之一。

一、磁罗经的分类

根据用途和船上的安装位置，船用磁罗经可分为标准罗经、操舵罗经、应急罗经（太平罗经）、艇用罗经四类。

（一）标准罗经

它用来指示舰船航向和测定物标的方位。一般在驾驶室顶罗经甲板上露天安装，因其位置较高，受船磁影响小，指向较为准确，故称为标准罗经。

有的标准罗经（如图 7-1 所示）配有一套导光装置，可将罗盘刻度投射到驾驶室内的平面镜中，供操舵人员观察航向。根据照射罗盘光源位置的不同，这类罗经又可分为投影式和反射式两种。投影式罗经光源在罗盘的上方，罗盘上的刻度被镂空以便透射光线；而反射式罗经的光源从罗盘下方向上照射，经过反射把罗盘上的度数传至驾驶室内的平面镜中。

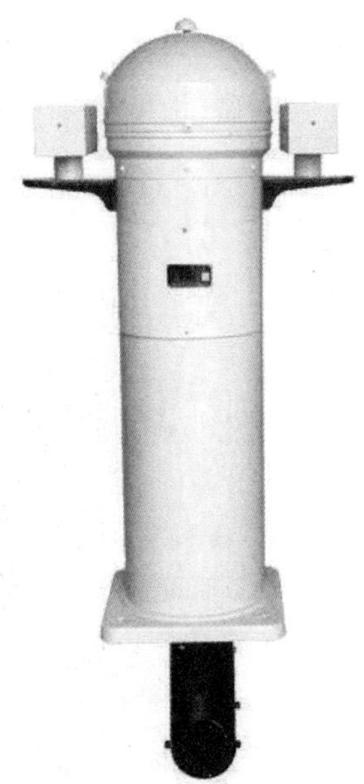

图 7-1　标准磁罗经正面及背面图示

（二）操舵罗经

操舵罗经安装在驾驶室内，专供操舵用。当舰船安装有反射式或投影式的标准罗经时，可以免装操舵罗经，故当今船舶多数已经不再配备操舵罗经。

（三）应急罗经（太平罗经）

应急罗经安装在应急舵机间内，以便使用应急舵航行时，指示航向。但当今船舶大多使用陀螺罗经的分罗经作为应急罗经。

（四）艇用罗经

每个救生艇都备有一个小型罗经（如图 7-2 所示），以供操纵救生艇时使用。艇用罗经没有配备自差校正设备，体积很小。

图 7-2　艇用罗经

二、磁罗经的结构

舰船磁罗经大多由罗经盆、罗经柜、方位仪以及自差校正器等组成。

（一）罗经盆

罗经盆又称为罗盆，由罗盆本体和罗盘两部分组成，如图 7-3 所示。

图 7-3　罗经盆

罗盆由不带磁性的材料制成，一般为铜。其顶部为玻璃盖，玻璃盖的边缘有水密橡皮圈，并用铜环压紧以保持水密。罗盆底部加有配重措施，以降低罗盆重心，在船舶摇摆时，罗盆仍能保持水平。罗盆内充满液体，通常为酒精与蒸馏水的混合液，混合液的比例为45%酒精和55%二次蒸馏水，在温度为15 ℃时，混合液密度约为0.95 g/cm^3。酒精的作用是降低冰点。该混合液沸点为83 ℃，冰点为−26 ℃，黏度系数在温度20 ℃至−50 ℃之间不发生显著变化，有的罗经还用纯净的煤油作罗盆液体。

罗盆的侧壁有一注液孔，供灌注液体以排除罗盆内的气泡。注液孔平时用螺丝旋紧以保持水密，如图7-4所示。

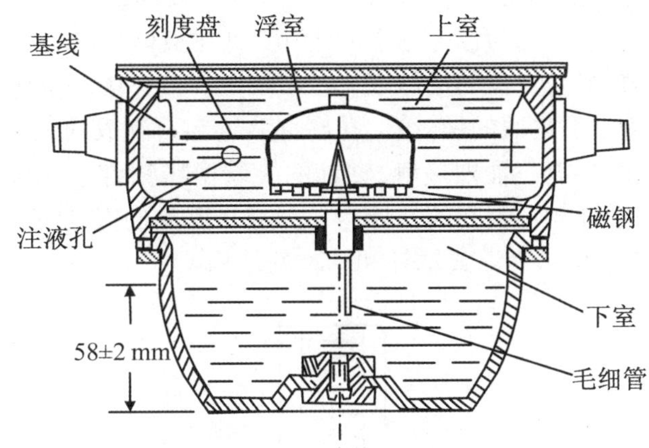

图7-4　罗经盆剖面示意图

在罗盆内，其前后方均装有罗经基线，位于船首方向的称为首基线，当首基线位于船舶首尾面内时，其所指示的罗盘刻度即为本船的罗航向，如图7-5所示。

图7-5　罗经盘上的基线

罗盆还设计了一些保护措施，用以调节因热胀冷缩而造成的液体体积变化，从而保护罗盆不因液体膨胀而破裂，同时还保证液体遇冷收缩时依旧充满罗盆。有的罗经在其罗盆底部装有带波纹状皱纹的铜皮,铜皮较容易产生变形,用以调节罗盆内液体的膨胀与收缩。还有的罗经其罗盆分为上下两室,上室安放罗盘,并充满液体;下室液体不满,留有一定的空间,由毛细管连通罗盆的上下两室。当温度升高时,上室液体受热膨胀,一部分液体通过毛细管流到下室;反之,当温度降低,上室液体收缩时,在大气压力下,下室通过毛细管又会向上室补充一部分液体,起到调节液体体积变化的作用,避免上室出现气泡。

罗盘是磁罗经的核心部分,它是指示方向的灵敏部件。液体罗经的罗盘均由刻度盘、浮室、磁钢和轴帽组成。

刻度盘由云母等轻型非磁性材料制成,上面刻有 0°~360°的刻度和罗经方位点。罗盘中间为一水密空气室,称为浮室,用以增加罗盘在液体中的浮力,减轻罗盘轴帽与下方轴针间的摩擦力,提高罗盘的灵敏度。一般罗盘在液体中的重量约为 8~12 g。

浮室中心轴处为上下贯通的螺丝孔,孔底部装置宝石制成的轴帽,浮室下部呈圆锥形,以限制轴针的尖端只能与轴帽接触,轴针的尖端由铱铂合金制成,罗盘通过轴帽支承在轴针上,可减小轴针与轴帽间的摩擦力。为减小罗盘的振动,在宝石轴帽的上方还装有减振装置。图 7-6 所示为浮式轴针和轴帽的结构。

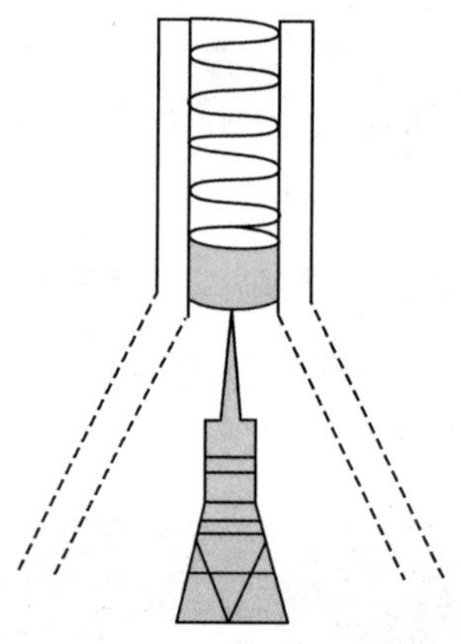

图 7-6　浮式轴针和轴帽的结构

使罗盘能够指北的关键部件,是在其上安装的磁针,称之为磁钢。罗盘的磁钢目前有条形和环形两种,均焊牢在浮室下面。在木船上,罗经只受地磁场的作用。但在钢质船舶上,罗经除受地磁场作用外,还受船磁场和各种校正器磁场的影响,由于它们距罗经磁钢很近,在磁钢两端产生了不均匀磁场。理论和实践证明,单磁钢罗盘在不均匀磁场的作用下,会产生高阶自差,不易准确地消除。要避免产生高阶自差,就必须减小磁钢的长度,使磁钢的长度远小于船舶铁磁物质和罗经校正器到磁钢中心的距离。

但磁钢长度的减少势必减小磁钢的磁矩,降低罗经指向功能,为解决这个矛盾,现代罗经采用两对或三对短磁钢构成的磁钢系统,既减少了磁钢长度,又没有降低磁钢的磁矩。有的罗盘采用环形磁钢也可达到同样的目的,如图 7-7 所示。

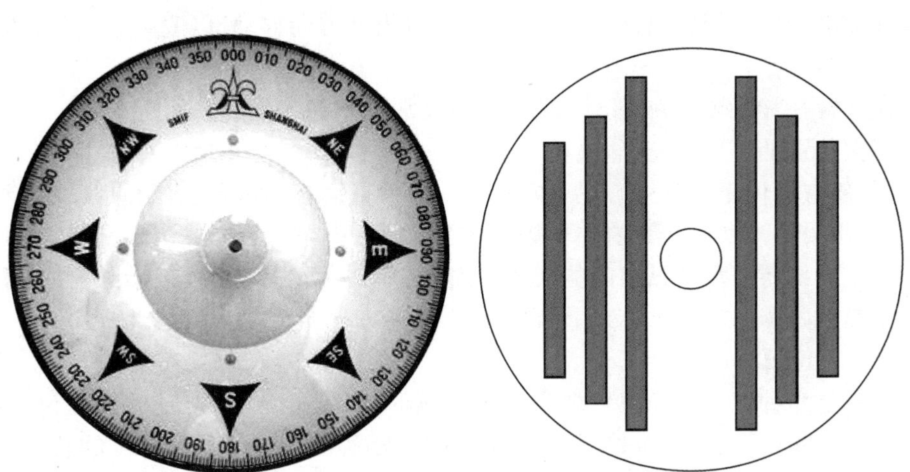

图 7-7　罗经盘正面刻度盘和背面磁钢

（二）**罗经柜**

罗经柜是用非磁性材料制成的，一般有铜、木、铝等材料，现代磁罗经的罗经柜多是用玻璃钢制成的。罗经柜用来支撑罗盆和安放自差校正器，如图 7-8 所示。

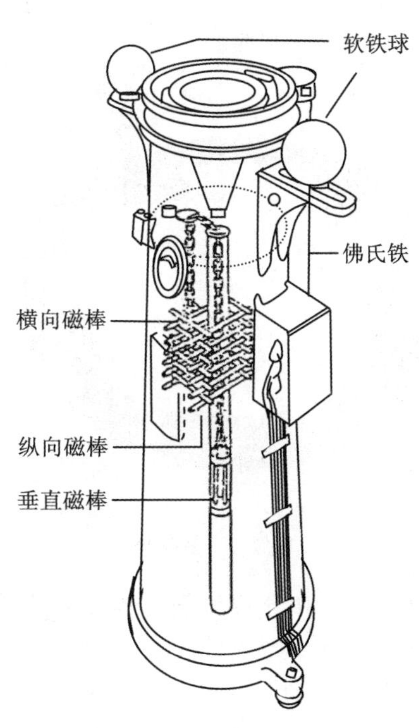

图 7-8　罗经柜结构

罗经柜的顶部的罗经帽可以保护罗盆，使其避免风雨侵蚀和阳光照射，以及在夜航中防止照明灯光外露。

罗经柜的正前方有一竖直圆筒，筒内根据需要，放置长短不一消除自差用的佛氏铁或在竖直的长方形盒内放置数根消除自差用的软铁条。

罗经柜左右正横部位有放置象限自差校正器（软铁球或软铁片盒）的座架，软铁球或软铁片盒的中心位于罗盘磁钢的平面内,并可内外方向移动,以改变校正器和罗盘的距离。

罗盘放置在常平环上,在船体发生倾斜时,常平环能够使罗盆保持水平。常平环通常装在减振装置上,以减缓罗盆振动。

在罗经柜内,位于罗盘中心正下方安装一根垂直铜管,管内放置消除倾斜自差的垂直磁铁,并由吊链拉动可在管内上下移动。

罗经柜内部还有水平纵横向的架子,用以放置纵横磁棒,来校正半圆自差,罗盘中心应位于纵横磁棒的垂直平分线上,以使纵横磁棒对罗盘的受力均匀。

（三）方位仪

方位仪是一种配合罗经用来观测物标方位的仪器,通常有方位圈、方位镜、方位针等几种。方位圈由铜制成(如图 7-9 所示),有两套互相垂直的观测方位的装置。其中一套装置由目视照准架和物标照准架组成。在物标照准架的中间有一竖直线,其下部有天体反射镜和三棱镜。天体反射镜用来反射天体(如太阳)的影像,而棱镜用来折射罗盘的刻度。目视照准架为中间有细缝隙的竖架。当测者从细缝中看到物标照准线和物标重合时,从物标照准架下三棱镜中读到的罗盘刻度,就是该物标的罗经方位。这套装置既可观测物标方位,又可观测天体方位。

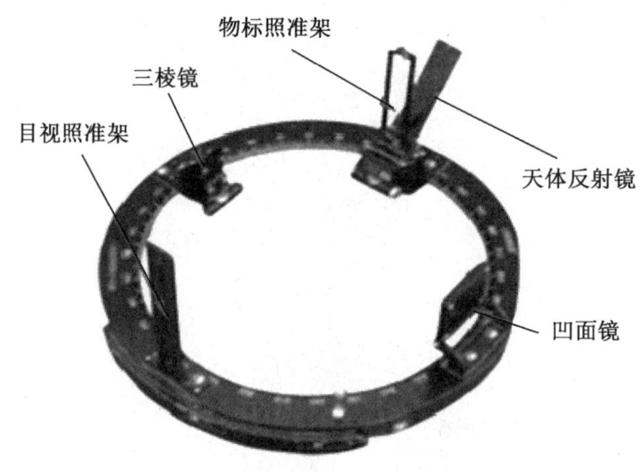

图 7-9　方位圈

另一套装置由可旋转的凹面镜和允许细缝光线通过的棱镜组成,它专门用来观测太阳的方位。若将凹面镜朝向太阳,使太阳聚成的一束反射光经细缝和棱镜的折射,投影至罗盘上,则光线所照亮的罗盘刻度即为太阳的方位。

在方位仪上装有水准仪,在观测方位时,应使水准仪气泡位于中央位置,以提高观测方位的精度。

知识链接二　磁罗经自差及特点

一、地磁基础知识

（一）磁性

物体能吸引铁、镍、钴等物质的性质叫作磁性。磁性物质具有同性磁极相斥，异性磁极相吸的特性。磁场是指磁性物质作用力所能达到的空间范围。磁场强度是一矢量，指向为磁力线的切线方向。若磁场中某一范围内，各点的磁场强度大小相等，方向一致，则该范围内的磁场称为均匀磁场，位于船体范围内的地磁场以及罗盘范围内的船磁场可视为均匀磁场。

条形磁铁的磁极主要集中在磁棒的两端，我们将磁性最强的地方称为磁极。一根自由悬挂着的磁铁，指向地磁北极的一端称为北极，用“N”表示，并涂成红色，其磁量用“$+m$”表示；指向地磁南极的一端称为南极，用“S”表示，并涂成蓝色或黄色等，其磁量用“$-m$”表示。两磁极间的连线称为磁轴，同一磁铁两磁极的磁量是相等的。磁铁磁极的位置视磁铁形状、金属材料磁化过程和磁化程度而定，用 L 表示磁铁的全长，通常认为南北磁极距磁铁两端 $L/12$，如图 7-10 所示。

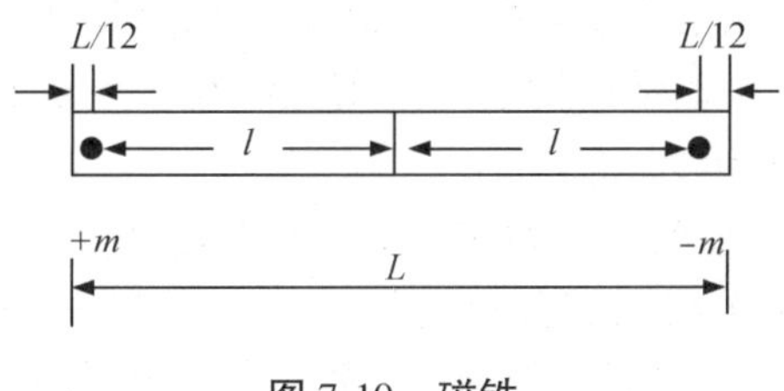

图 7-10　磁铁

（二）地磁

地球可认为是一个被均匀磁化的球体，在其周围空间存在着磁场。地磁极位于地理南北极附近，而且位于地球深处。地磁极的地理位置是不固定的，逐年缓慢变化，如图 7-11 所示。

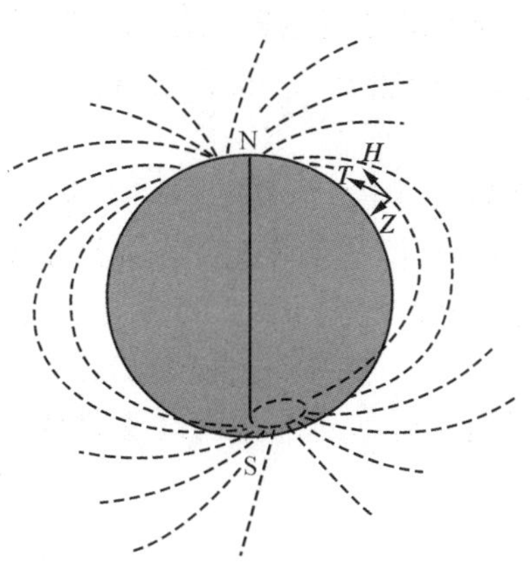

图 7-11　地磁场图

地球由地磁场包围,地面上任意一点的地磁场方向,可以用一根自由悬挂的磁针来测定,如图 7-12 所示。磁针磁轴的指向顺着地磁力 T 的方向,与磁针磁轴重合的垂直平面,称为该地的磁子午面。磁子午面与地理子午面的水平夹角,称为磁差(Var)。

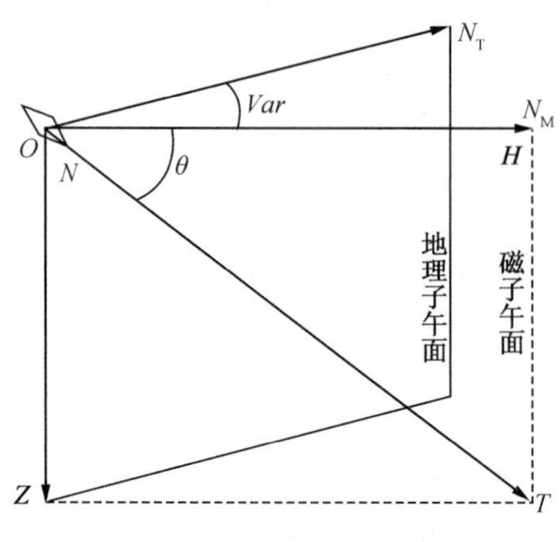

图 7-12 地磁力的分解

地磁力 T 可以被分解为水平分量 H 和垂直分量 Z。其中 T 与 H 的夹角为磁倾角 θ,θ 角在水平面之下为正值,在水平面之上为负值。这样,在地磁北极:$\theta=+90°$,地磁南极:$\theta=-90°$。地面上由磁倾角等于零的各点连接而成的不规则曲线,称为磁赤道。磁罗经在地磁水平分量的作用下才能够指向磁北。可见使磁针指北的力 H 在磁赤道处最大,在地磁极处为零,所以在地磁极附近无法用磁罗经来指示地理方向。垂直分量 Z 在磁赤道处为零,在两磁极处最大。

航海上把指北力 H、地磁倾角 θ 和磁差 Var 称为地磁三要素。

我们将海图上地磁要素相同的各点连接起来绘成的各类曲线图称为地磁图。目前,航海上所使用的地磁图有等磁差线图、等水平力线图、等垂直力线图、等磁倾角线图和等地磁总力线图等。由于各地磁要素逐年缓慢变化,因此各地磁图与标注的数据只适用于某一特定年份,通常地磁要素图每 5 年左右重新绘制一次。在实际使用时,为获得较准确的数据,应根据地磁要素的年变化率修正地磁图上标注的数据。

(三)船磁

钢质船舶在地磁场中会受到地磁场的磁化作用影响,产生一定的船磁,船磁分为两种:永久船磁力(硬铁磁力)和感应船磁力(软铁磁力)。

1.永久船磁力(硬铁磁力)

船舶在建造或长期停泊期间,因船舶长期停留在某一方向上,在地磁力的作用下,船上钢铁材料中的硬铁成分被磁化,这种磁性产生后,基本上维持稳定不变,可视作永久船磁。它对罗经的作用力在 $POxy$ 坐标系上的分力分别为 P、Q、R,其中 P 为硬铁的纵向力,Q 为硬铁的横向力,R 为硬铁的垂直力,如图 7-13 所示。

P、Q、R 的正负号取决于造船时的船首方向以及罗经在船上的安装位置。

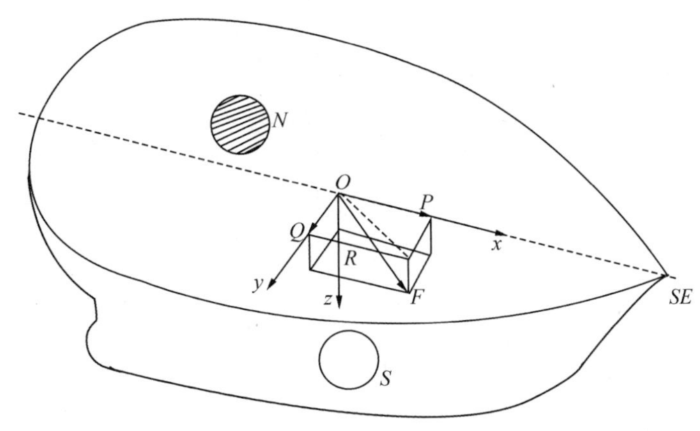

图 7-13　永久船磁力的分解

2.感应船磁力(软铁磁力)

船上的软铁成分受到地磁力磁化后并不产生永久船磁,而是产生随地磁力的变化而变化的感应船磁。

所以,作用在钢质海船上磁罗经的磁力有地磁力、永久船磁力和感应船磁力。两种船磁力使得磁罗经的罗北极偏离磁北极一定的角度,产生了自差。通过分析研究这些影响磁罗经的力,从而找到了磁罗经自差产生的规律,下面就列出驾驶台在艉部的船舶安装于船舶首尾面内的标准磁罗经的自差种类及特征。

二、自差

(一)正平自差

1.恒定(固定)自差

舰船软铁材料作用于磁罗经而产生恒定自差,其大小和符号在磁罗经安装后不会发生变化,与船舶所在纬度和船舶航向无关,数值较小,一般不做校正,保留到剩余自差中。

2.半圆自差

半圆自差是船舶硬铁材料具有的永久船磁和软铁材料具有的软铁船磁共同作用于罗盘而产生的。其大小和符号与船舶所在纬度和船舶航向有关。在 360°的航向中,自差符号改变一次,故称为半圆自差,如图 7-14 所示。

半圆自差较大,必须予以校正。

校正原则:用磁力抵消的方法,就是用大小相等、方向相反、性质相同的校正磁力来抵消相应的船磁力。一般采用在罗经柜内部,罗盘的下方放置磁铁棒来抵消永久船磁,罗经柜正前方放置佛氏铁来抵消软铁船磁。

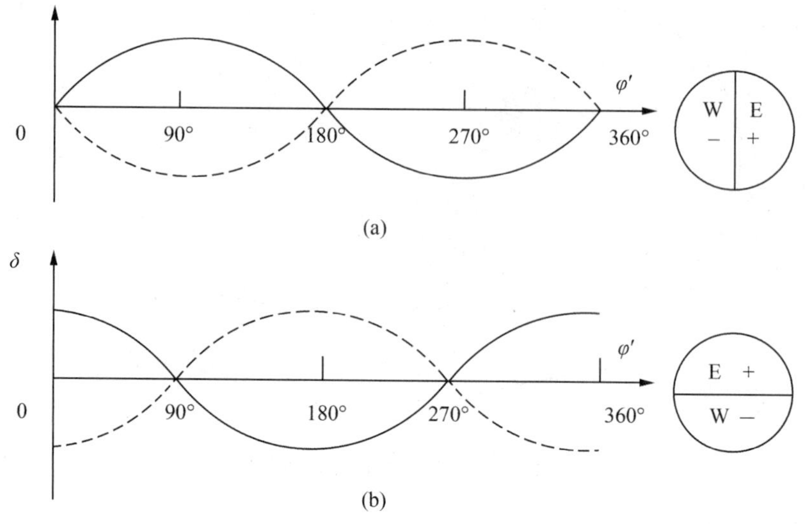

图 7-14　半圆自差

3.象限自差

象限自差是船舶软铁材料具有的软铁船磁作用于罗盘而产生的。在 360°的航向中,自差符号改变三次,故称为象限自差。其大小和符号与船舶 2 倍罗航向成正弦关系,与磁纬度无关,如图 7-15 所示。

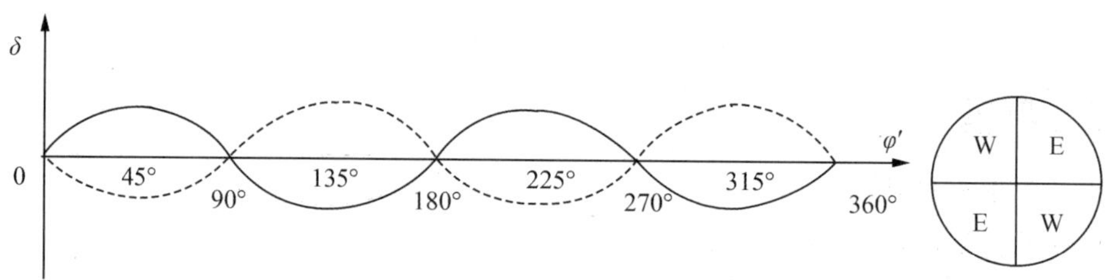

图 7-15　象限自差

校正原则:采用在罗经柜左右两侧同一位置放置软铁球或软铁片来抵消软铁船磁。

4.次象限自差

次象限自差是船舶软铁材料具有的软铁船磁作用于罗盘而产生的。在 360°的航向中,自差符号改变三次,故称为次象限自差。其大小和符号与船舶 2 倍罗航向成余弦关系,与磁纬度无关,如图 7-16 所示。

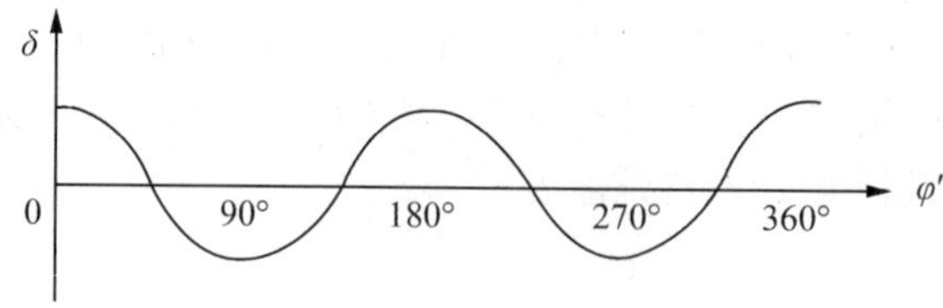

图 7-16　次象限自差

（二）倾斜自差

舰船正平时，作用于罗经上的垂直力不会产生自差。当船体发生横倾或纵倾时，船体的硬铁和软铁部分也随着船舶倾斜，相对于正平时坐标的位置发生了变化，同时对罗经作用力的相对方向也发生了变化，产生了新的自差，这种因船体倾斜而使罗北偏离船正平时的罗北的角度称为倾斜自差。

倾斜自差有两种，即横倾自差和纵倾自差，这两种自差理论基本相同，横倾自差（$\Delta\delta_i$）较大，这里只讨论横倾自差，公式为：

$$\Delta\delta_i = -Ji\cos CC \tag{7-1}$$

式中：J——横倾自差系数，$J=\dfrac{R+(k-e)Z}{\lambda H}$；

i——横倾角，右倾时 i 为正值，左倾时 i 为负值。

从上式中可以看出，在相同横倾角 i 的情况下，罗航向为 N 或 S 时，罗经产生的横倾自差最大，且横倾自差随船所在的磁纬度的变化而变化。

倾斜自差的大小和倾斜角成正比，倾斜自差的方向却不以偏东或偏西来表示，而是用偏向船舶高舷侧或偏向低舷侧来表示。式（7-1）是在船向右舷倾斜，即 i 为正的情况下得出来的，其结果在公式的右边带有负号。若船北向航行且位于磁赤道北边时，船向右舷倾斜，则罗经产生 $-\Delta\delta_i$，即罗盘向左舷（高舷）偏转；当船向左舷倾斜时产生 $+\Delta\delta_i$，即罗盘向右舷（高舷）偏转。由此可见，当存在倾斜自差时，船在风浪中左右摇摆，罗盘将无法稳定。这样，在实际使用中，也常根据这种不稳定的现象来判定罗经是否存在倾斜自差。

（三）磁罗经自差校正

自差校正就是设法抵消自差力，由永久船磁产生的自差，应用永久磁铁去抵消；由感应船磁产生的自差，应用软铁去抵消。一般情况下，自差校正仅限于对倾斜自差、半圆自差和象限自差的消除。

1.凡属于下列情形之一者，必须进行自差校正

（1）磁罗经安装在新船上，或罗经安装位置移动后；

（2）修船之后（无论大修、中修或小修）；

（3）船舶受到剧烈振动后，如碰撞搁浅、触礁、炮火袭击、雷击或强电流影响后；

（4）驾驶室周围进行过大面积的电焊，或拆换磁罗经附近的甲板和设备等；

（5）船舶在某个固定航向上停泊一个月以上；

（6）装运大量磁性货物卸货后；

（7）不计恒定自差，标准罗经超过±3°，操舵罗经自差超过±5°时；

（8）在正常情况下，如未定期（每年）校正磁罗经自差及重新编制自差表。

2.校正磁罗经自差的程序

（1）粗略校正象限自差，方法是把校正软铁放在罗经左右正横支架的中点；

（2）近似校正软半圆自差，方法是参考同类型船的佛氏铁长度来安放佛氏铁；

(3)准确校正倾斜自差;

(4)准确校正半圆自差;

(5)准确校正象限自差;

(6)准确测定并计算剩余自差表及绘制剩余自差曲线。

对于旧船,只需按(3)(4)(5)(6)的顺序进行校差。

3.船员自行校正磁罗经自差的简便方法

校正磁罗经自差一般由专业人员进行,如有条件,船员也可自行校正。校正步骤如下:

(1)若为新船,则可将软铁球置于横支架中间位置,佛氏铁参考同类型船舶所使用的长度。若为旧船,则一般不动。

(2)校正倾斜自差:先在岸上将倾差仪调整好,使磁针平衡并记下刻度,并置于乘以0.9刻度的位置上,在罗经航向为东时,取下罗经盆,将已经调整的倾差仪放于罗盘相当的位置上,以倾差仪中的磁针北端指向北,调整垂直磁铁,直至倾差仪磁针成水平。

(3)放上罗经盆,操舵保持航向向东,测定自差δ_E(δ表示自差;δ_E为罗经航向正东时的自差;下均同),用纵向磁棒将δ_E全部消除。

(4)船舶驶向罗航向北,测定自差δ_N,用横向磁棒将δ_N全部消除;

(5)船舶驶向罗航向西,测定自差δ_W,调整原来的纵向磁棒将δ_W消除一半,记下剩余自差。

(6)船舶驶向罗航向南,测定自差δ_S,调整原来的横向磁棒将δ_S消除一半。

(7)船舶驶向罗航向西北,测定自差δ_{NW},移动软铁球,使自差δ_{NW}消除为零。

(8)船舶驶向罗航向西南,测定自差δ_{SW},移动软铁球,将自差δ_{SW}消除一半,记下剩余自差。

(9)依罗经航向"东南—东—东北—北—西北"顺序,测定各航向上磁罗经的自差,作为剩余自差并记录;

(10)记录校正器各部分的位置,利用剩余自差编制自差表。

船员自行校正磁罗经,应熟记口诀:

①安放磁棒:东红东,西红西

解释:若罗经柜内没磁棒,测得东自差时,则将磁棒的红端(N极)向东插上去,谓之"东红东";若测得西自差时,则将磁棒的红端(N极)向西插上去。

②调整磁棒:东东上,西西上,东西下,西东下

解释:若罗经柜内已有磁棒,测得东自差时,且其红端已朝东,根据"东东上"的原则,应将磁棒向上移动;若柜内磁棒红端朝西,根据"东西下",应将磁棒往下移。测得西自差时,且其红端已朝西,根据"西西上"的原则,应将磁棒向上移动;若柜内磁棒红端朝东,根据"西东下",应将磁棒往下移。

三、磁罗经自差系数的计算和自查表

任何一种消除自差的方法，都不可能绝对准确地把各航向上的自差消除为零，未消除净的自差称为剩余自差。消除自差的目的是使剩余自差尽可能地小，一般标准罗经剩余自差不超过±3°，操舵罗经剩余自差不超过±5°。

（一）自差系数的计算

自差是随航向变化的，在实际工作中，我们不方便在每一航向上都测定自差，只需求得每隔 10°或 15°航向的自差即可。而操作上一般只需在 8 个罗经航向上测定剩余自差，将所测得的 8 个航向上的自差值（δ_N、δ_{NE}、δ_E、δ_{SE}、δ_S、δ_{SW}、δ_W、δ_{NW}）代入自差公式：

$$\delta = A + B\sin\varphi' + C\cos\varphi' + D\sin2\varphi' + E\cos2\varphi' \tag{7-2}$$

便可得到 8 个方程式，解此 8 个方程式，得到 5 个自然系数：

$$A = (\delta_N + \delta_{NE} + \delta_E + \delta_{SE} + \delta_S + \delta_{SW} + \delta_W + \delta_{NW})/8$$

$$B = [\delta_E - \delta_W + (\delta_{NE} - \delta_{SW} + \delta_{SE} - \delta_{NW})\sin45°]/4$$

$$C = [\delta_N - \delta_S + (\delta_{NE} - \delta_{SW} + \delta_{NW} - \delta_{SE})\sin45°]/4$$

$$D = (\delta_{NE} + \delta_{SW} - \delta_{SE} - \delta_{NW})/4$$

$$E = (\delta_N + \delta_S - \delta_E - \delta_W)/4$$

将 5 个自然系数代入自差公式（$\delta = A + B\sin\varphi' + C\cos\varphi' + D\sin2\varphi' + E\cos2\varphi'$）逐一求出每隔 10°或 15°航向的自差。

（二）自差表的制作

由于磁罗经自差值的大小是随船舶航向的变化而改变的，所以必须把自差数据按一定的航向间隔填制成表，以便航行时查阅使用，这种统一印制的表格为罗经自差表，见图 7-17。表上习惯采用的航向间隔为 10°或 15°，介于表列航向之间的自差值可以用线性内插法求得。自差表一般张贴于海图室内。

对于制作好的自差表，可用下列几种方法来判断罗经校正自差的质量：

(1) 自差曲线是否顺滑自差表的数据若是准确的，则标绘在坐标纸上的各点连线应该是连续、光滑、均匀的。如果自差曲线中有明显的曲折、凸出或凹入，说明在该航向上观测或计算的自差值不准，应予以改正。

(2) 根据自差系数的大小来判断

当计算出的 5 个自差系数超过±1°时，说明校正质量欠佳。

(3) 根据测定自差和计算自差之间的差值大小来判断

若航向点上测定的自差与该航向计算得到的自差之差超过 0.5°，说明观测的偶然误差大或者计算有误；此差值若大于 1.0°时，则自差表就不能使用，应重新测定或计算。

磁罗经自查表应该每年更新一次，由船方或海事管理部门进行测定、更新。

罗经自差表
COMPASS DEVIATIONS TABLE

船名：
SHIP'S NAME:_______
校正地点：
ADJUSTED AT:________

日期：
DATE:___________
海况天气：
SEA WEATHER:_____

罗经自差表 DEVIATIONS TABLE			DEVIATIONS CURVE
标准罗经	操舵罗经	罗航向	WLY(–) ELY(+)
自差 DEVIATIONS		COMPASS COURSES	4 3 2 1 0 1 2 3 4
−0.3		NORTH 北 000°	
−0.1		015°	
−0.1		030°	
+0.2		NE 东北 045°	
+0.1		060°	
NIL		075°	
−0.2		EAST 东 090°	
−0.4		105°	
−0.5		120°	
−0.6		SE 东南 135°	
−0.5		150°	
−0.3		165°	
+0.1		SOUTH 南 180°	
+0.5		195°	
+0.7		210°	
+0.8		SW 西南 225°	
+0.9		240°	
+0.8		255°	
+0.4		WEST 西 270°	
NIL		285°	
−0.1		300°	
−0.4		NW 西北 315°	
−0.5		330°	
−0.5		345°	
−0.3		NORTH 北 360°	

		尺寸 SIZE	数量 QUANTITY	位置 C MARK			
标准罗经	纵向 FOR & AFT				直径Dia		
	横向 ATHWARDSHIP				左Port		
	垂直 HEELING				右Starb		
操舵罗经	纵向 FOR & AFT				直径Dia		
	横向 ATHWARDSHIP				左Port		
	垂直 HEELING				右Starb		

系数 COEFFICIENTS	A	B	C	D	E	附注 Remarks	

罗经校正师（员）
COMPASS ADJUSTER___________

图 7-17 罗经自差表

知识拓展一　磁罗经的安装

一、磁罗经安装位置的选择

磁罗经剩余自差的大小与罗经在船上安装位置有关，为保证罗经具有良好的指向性能，应正确选择罗经安装位置。商船上的磁罗经不论是标准磁罗经还是操舵磁罗经都应安装在船首尾面内，以使左右两舷的罗经软铁对称，减小罗经的剩余自差。再则标准磁罗经安装在驾驶台的露天甲板上，周围应是开敞的，视线尽可能不被障碍物遮挡，以便于观测方位。罗经安装位置尽可能选择船磁影响小的地方，远离固定或移动的钢铁设备，船舶钢铁设备与罗经的距离应满足磁性材料最小安全距离的要求，任何磁性物体与罗经的最小距离不得小于 1 m。

二、磁罗经的安装

在安装罗经时，船应保持正平，在选择好安装标准罗经的地点后，首先用尺量出船首尾线的位置，然后在该位置上装上罗经垫板，并安装上罗经。

罗经柜必须与甲板保持垂直，可用铅垂线或罗经柜上的倾斜仪进行测量，若发现罗经柜有倾斜时，可调整罗经柜下方的垫木使罗经柜垂直。为使罗经首尾基线处于船首尾面内，可利用船上桅杆、烟囱等位于船首尾面上的建筑物来校准罗经首尾基线，如图 7-18 所示。在罗经处，当用方位圈对准罗经首基线后，从方位圈照准面观测照准线是否对准桅杆中心线，若照准线不与前桅杆中心线重合，可旋松罗经柜的底脚螺丝，旋转罗经柜，使照准线对准桅杆中心线；也可用安装方位圈观测烟囱两边缘相对于罗经尾基线的夹角是否相等，若两夹角相等，则说明罗经的尾基线在艏艉线上。在固定罗经位置过程中，须反复核对罗经首尾基线位置的准确性，要求基线误差小于 0.5。

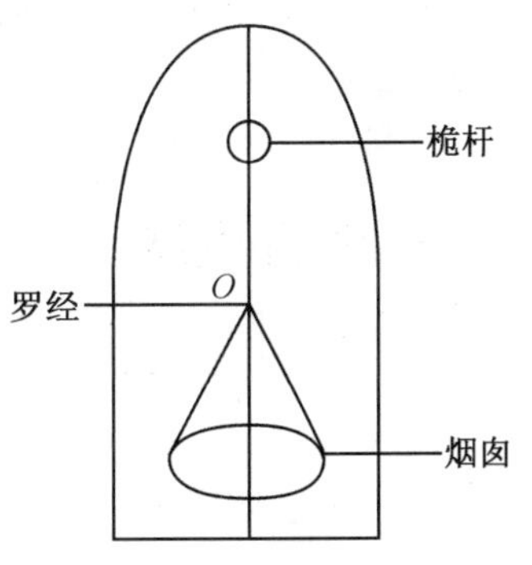

图 7-18　磁罗经基线的校准

操舵罗经的安装与标准罗经的安装相类似，但操舵罗经只能利用船首方向的目标（如船首桅杆）来校核罗经基线的准确性。

项目实施

任务一 罗盘灵敏度的检查

一、任务描述

罗盘的轴帽和轴针之间虽然采用了宝石、合金等材料，但是使用久了，依旧会产生磨损，磨损过多的话就会影响罗经指向精度。罗盘灵敏度的检查就是检查轴帽和轴针之间的磨损状况。根据下述指令完成全部操作；在操作过程中，叙述操作内容与相关现象或结果。

二、操作步骤

(1)先将罗盆置于稳定且无磁性干扰的地方，最好是搬至岸上。

(2)用小磁铁将罗盘从原来的平衡位置向左(或向右)引偏 2°～3°，然后移去小磁铁。

(3)让罗盘恢复其原先的指向，观察与原先指向的差别。

(4)测试多次引偏观测并且取平均值。

(5)若与原先指向位置读数相差大于 0.2°，说明轴针的尖端或轴帽磨损较严重，应当修理或更换。

三、任务小结

任务二 罗盘磁力的检查

一、任务描述

罗经使用久了，罗盘背面磁钢的磁性可能会发生变化，进而影响罗经指向精度。罗

盘磁力的强弱可根据罗盘摆动的半周期来测定,如图 7-19 所示。

图 7-19 观测罗盘半周期

二、操作步骤

(1)先将罗盆置于稳定且无磁性干扰的地方,最好是搬至岸上。

(2)记录下罗盘的初始航向度数。

(3)用小磁铁将罗盘向左(或向右)引偏 40°,移去小磁铁。

(4)用停表测量罗盘上初始航向度数两次通过船首基线的时间间隔,即为罗盘的摆动半周期。

(5)补充:如果是将罗盆放到了岸上,则可以转动罗盆使船首基线对准罗盘的 0°,这样观测起来会比较方便。经过多次引偏观测并且取平均值,若所测半周期数值比罗经说明书中的标准值大得多,则说明罗盘磁力减弱,应进行修理。

三、任务小结

任务三 罗盆内气泡的排除

一、任务描述

罗经使用一阶段,罗盆内往往会产生气泡,气泡在罗经盆内会使罗盘的转动遇到阻力，影响指向精度，所以发现气泡就要及时消除，否则不仅影响航行安全，还会在港口国检查中造成缺陷。但是在消除气泡时首先要弄清气泡产生的原因，罗盆内产生气泡的原因主要有两种：一是罗盆中液体受环境影响，遇冷或遇热，罗盆密封处老化漏气；二是空气从浮室中逸出。如果这些泄漏不太严重，船上又没有维修能力，那就要及时补充液体排除气泡。等有了合适的时机，对罗经进行彻底的修理。

二、操作步骤

（1）按照比例调配罗经液体，配好后备用。

（2）侧放罗经盆，使注液孔朝上，旋出注液孔螺塞，用针管抽取少量罗经液体同少量待添加液体混合观察是否融合正常。稍稍摇动罗盆，让盆内气泡从注液孔排出。

（3）再注入调配好的酒精和蒸馏水的混合液体或规定的液体，将罗盆内空间注满，直至液体溢出为止。

（4）配合轻敲拍打罗盆，使盆内角落处的气泡也被驱赶到注液孔口处，液面下降之后再次重复添加液体。

（5）再次轻敲驱赶气泡，如此反复多次，直至罗盆内气泡彻底消除，慢慢拧上螺塞，让罗盆复原。

三、任务小结

____

____

____

____

任务四 自差校正器的检查

一、任务描述

罗经柜内的硬铁校正磁棒表面应无锈，锈蚀会使磁性衰退。磁棒涂有表示 N、S 极的红蓝颜色标记，标记应与实际磁棒的极性相符合。软铁校正器不应带有永久磁性。

二、操作步骤

检查软铁球是否磁化的方法是：

（1）在航向稳定时，松开软铁球，将两球紧靠罗经柜，分别做间断的原位转动。

(2)每次转动后观察记录船首基线所指的罗盘读数,判断是否变化,若有变化,则说明软铁球已有永久磁性。

(3)对含有永久磁性的校正软铁,可采用将其放在地上滚动、敲击,或者加热的退磁方法进行退磁处理。备用自差校正器存放于专用的木盒内,如图 7-20 所示。

图 7-20　硬铁矫正器的存放

三、任务小结

______

______

______

______

任务五　方位仪的检查

一、任务描述

方位仪应能在罗盆上自由转动,其旋转轴应与罗盆中心轴针重合,无论是方位圈或方位镜,其棱镜必须垂直于照准面,否则观测方位时,将产生方位误差。

二、操作步骤

(1)检查方位圈时,把方位圈的舷角定在0°。

(2)同时根据照准线从棱镜上看到罗盘读数,并记录此时数据。

(3)对照罗盘读数与船首基线所对的罗盘读数相等,否则方位圈的棱镜面不垂直于照准面,应予以调整。

三、任务小结

____

____

____

____

项目考核

一、知识考核

1.安装在罗经柜内的自差校正器是________。

A.佛氏铁

B.象限自差校正器

C.软半圆自差校正器

D.半圆自差校正器和倾斜自差校正器

2.某磁罗经的罗经液是酒精和蒸馏水的混合液,在某次更换罗经液时,仅向罗盆中注入了蒸馏水,产生的后果是________。

A.罗经指向精度提升　　B.罗经摆动周期变大

C.罗经在高纬地区结冰　　D.罗经液浑浊

3.磁罗经中的________是磁罗经指示方向的灵敏部件。

A.纵横磁棒　　B.罗经柜

C.方位仪　　D.罗盘

4.为了使罗经基线处于船首尾面内,可以利用________来校准罗经首尾基线。

①大桅;②灯塔;③烟囱;④太阳

A.①③　　B.②④

C.②③④　　D.①③④

5.标准罗经安装在罗经甲板中线上,并且离甲板保持一定的高度,主要原因是________。

A.减少船磁对罗经的影响　　B.减少地磁对罗经的影响

C.增加船磁对罗经的影响　　D.增加地磁对罗经的影响

6.检查轴帽和轴针之间的磨损状况是检查磁罗经________。

A.罗盘灵敏度　　B.罗盘磁力
C.指向精度　　D.剩余自差
7.检查磁罗经磁力是通过测量磁罗经________来体现的。
A.罗盘灵敏度　　B.罗盘摆动半周期
C.指向精度　　D.剩余自差
8.航行过程中需要________测定罗经自差一次。
A.每天　　B.每周
C.每两天　　D.每个航行班
9.备用的软铁校正器不应靠近________,避免产生________。
A.永久磁铁;感应磁性　　B.永久磁铁;永久磁性
C.感应磁铁;感应磁性　　D.感应磁铁;永久磁性
10.为了满足磁罗经最小安全距离的要求,任何磁性物体与罗经的最小距离不得小于________。
A.1 m　　B.1.5 m
C.2 m　　D.2.5 m

参考答案:

1.D　2.C　3.D　4.A　5.A　6.A　7.B　8.D　9.B　10.A

二、技能考核

根据下述指令完成全部操作;在操作过程中,叙述操作内容与相关现象或结果。
1.陀螺罗经的结构与保养
(1)对照安许茨 4 型陀螺罗经,指出并叙述:
①陀螺罗经整套设备的组成及作用。
②主罗经的组成及作用。
③陀螺罗经的日常检查。
(2)对照斯伯利 37 型陀螺罗经,指出并叙述:
①陀螺罗经整套设备的组成及作用。
②主罗经的组成及作用。
③陀螺罗经的日常检查。
2.陀螺罗经的操作
(1)对照安许茨 4 型陀螺罗经,操作并叙述:
①陀螺罗经启动前的注意事项。
②陀螺罗经的航向读取。
③陀螺罗经的启动及关闭。
(2)对照斯伯利 37 型陀螺罗经,操作并叙述:
①陀螺罗经启动前的注意事项。
②陀螺罗经的航向读取。
③陀螺罗经的启动及关闭。

项目八

舰船陀螺罗经

项目导读

陀螺罗经俗称电罗经,是利用陀螺仪的特性,结合地球自转矢量和重力矢量,通过对其施加控制力矩和阻尼力矩,以实现自动找北,精确地跟踪地理子午面的指向仪器。陀螺罗经的指向精度可以达到0.1°,较磁罗经的精度有了巨大的提高。它是当前船舶上作为日常导航使用和为各种航海仪器提供航向信号的主要设备。

本项目介绍陀螺罗经的工作原理、误差和校正方式,以及主要类型设备的结构特点和使用操作与维护。

学习目标

1.知识目标

(1)掌握陀螺仪的结构特性及陀螺罗经的工作原理;

(2)掌握陀螺罗经误差的产生原因及校正方式;

(3)掌握各类型陀螺罗经的系统组成与使用维护方法。

2.能力目标

能够熟练操作使用和维护各种类型的陀螺罗经。

3.职业素养目标

(1)履行国际公约的要求;

(2)仪器操作符合制造商的建议;

(3)培养舰船自动驾驶等科学素养。

知识链接

知识链接一 陀螺罗经基本工作原理

一、陀螺仪及其特性

（一）陀螺仪的定义与结构

工程上把陀螺仪定义为：高速旋转的对称陀螺转子及其悬挂装置的总称。

陀螺仪的基本结构由转子、内环、外环、固定环、基座组成。转子轴（*OX* 轴）称陀螺仪主轴，内环（*OY* 轴）称水平轴，外环（*OZ* 轴）称垂直轴，固定环固定在基座上。3 个轴交点与转子中心重合，该点称为陀螺仪的几何中心，陀螺转子能绕 3 个轴旋转，即有 3 个自由度，3 自由度陀螺仪的主轴可以指向空间的任意方向，如图 8-1 所示。

若陀螺仪的重心与几何中心相重合，则称为平衡陀螺仪。

不受任何外力矩作用的平衡陀螺仪称为自由陀螺仪。

应当指出，上述陀螺仪的定义是传统的定义，是有局限性的。随着科学技术的发展，人们认识到许多物理现象可以保持给定的空间方位，即能产生陀螺效应。因此，广义上说，凡是能产生陀螺效应的装置都可称为陀螺仪。

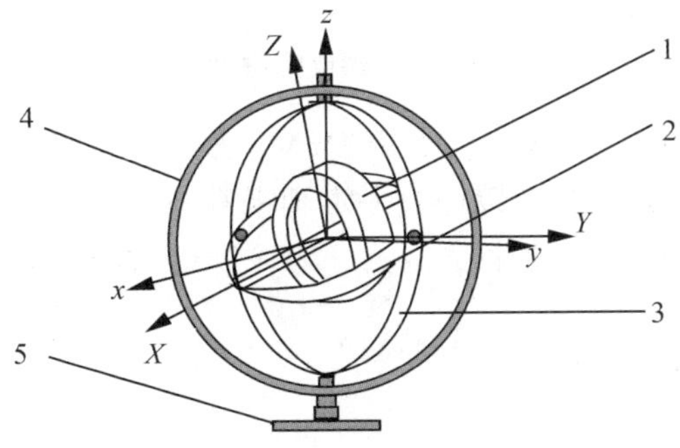

图 8-1 陀螺仪结构

1—转子；2—内环；3—外环；4—固定环；5—基座

（二）陀螺仪的特性

陀螺仪有着自己独特的动力学特性，即定轴性和进动性。

1.定轴性

当高速旋转的陀螺转子不受外力矩作用时，转动 3 自由度陀螺仪基座，可发现主轴 *OX* 不随基座一起转动，而保持其初始的方向不变，这种现象称为陀螺仪的定轴性，如图 8-2 所示。

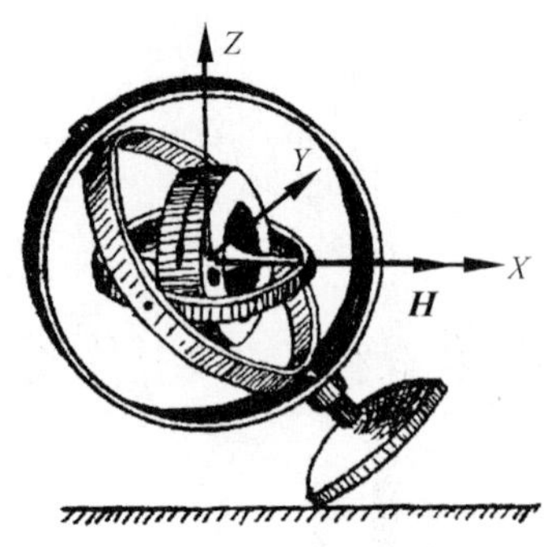

图 8-2 陀螺仪的定轴性

2.进动性

用陀螺仪主轴动量矩(**H**)来描述陀螺转子旋转运动的强弱与方向,则在外力(**F**)作用下,陀螺仪主轴的动量矩(**H**)矢端以捷径趋向外力矩(**M**)矢端做运动的现象,称为陀螺仪的进动性,如图 8-3 所示。

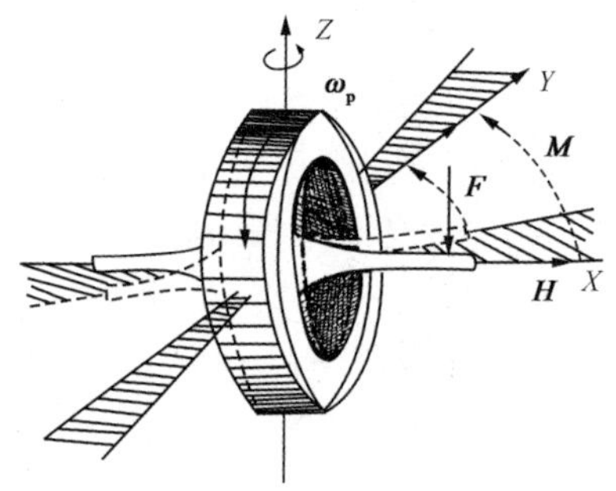

图 8-3 陀螺仪的进动性

进动角速度($\boldsymbol{\omega}_p$)、动量矩(**H**)、外力矩(**M**)三者是互相垂直的,进动角速度的方向取决于动量矩和外力矩的方向,可以用右手定则来判断,如图 8-4 所示。

动量矩 **H**、外力矩 **M**、进动角速度($\boldsymbol{\omega}_p$)三者之间的大小关系满足公式:

$$\omega_p = \frac{M}{H} \tag{8-1}$$

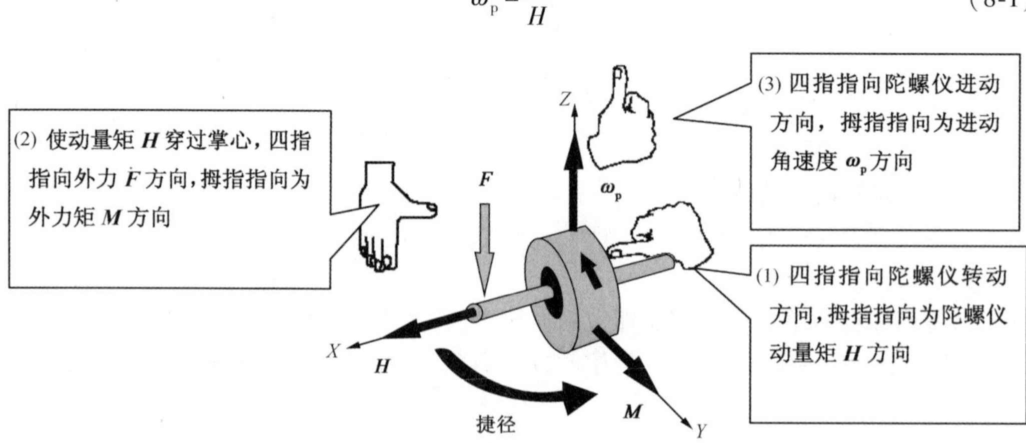

图 8-4 用右手定则判断陀螺仪的进动规律

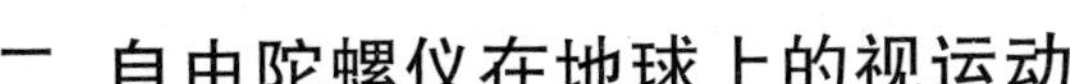

二、自由陀螺仪在地球上的视运动

地球自西向东不断地做自转运动，水平面和子午面在空间运动状态如下：

（一）地球上水平面的运动

每天看到太阳从东边升起西边落下，而相对来说太阳本身在空间的位置是基本不变的，这显然是由于地球的自转而出现的水平面东端不断下降、西端不断抬高。其运动方向如图 8-5 所示的水平分量 $\boldsymbol{\omega}_1$。

（二）地球上子午面的运动

从图 8-5 中可以看出地球自转角速度的垂直分量 $\boldsymbol{\omega}_2$。

在北纬，$\boldsymbol{\omega}_2$ 的方向指向天顶，子午面的北端不断地向西偏转。

在南纬，$\boldsymbol{\omega}_2$ 沿铅垂线方向指向地心，子午面的北端不断地向东偏转。

在赤道上，NS 线的空间方向不发生改变，即不存在 $\boldsymbol{\omega}_2$。

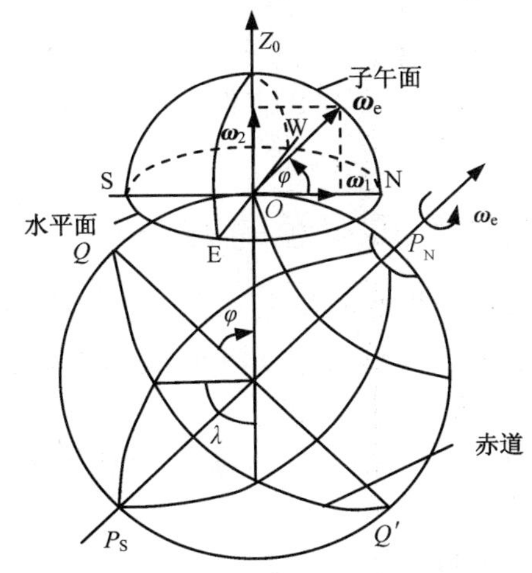

图 8-5　地球自转角速度分解

（三）自由陀螺仪主轴视运动规律

因自由陀螺仪的主轴具有定轴性，保持宇宙空间的指向不变，地球自转时，地球上的观测者看到的是陀螺仪主轴相对地球子午面和水平面的运动，引起的方位和高度的变化用方位角 α 和高度角 θ 表示，如图 8-6 所示。

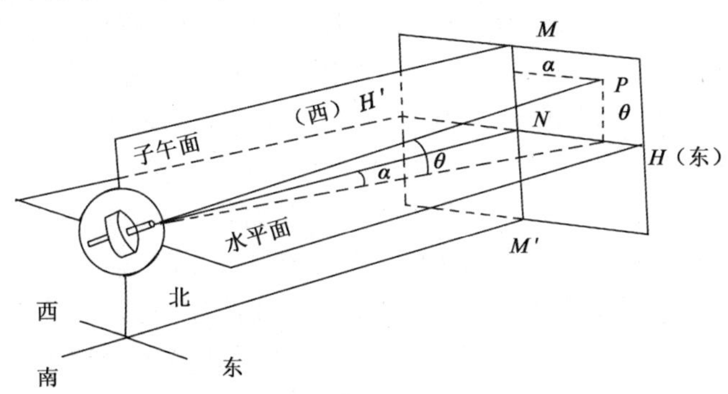

图 8-6　陀螺仪的方位角与高度角

方位角 α:陀螺仪主轴在地平面上的投影与地平面上真北线 ON 之间的夹角,以子午面为基准,主轴偏在子午面西边时,方位角为正;主轴偏在子午面东边时,方位角为负。

高度角 θ:陀螺仪主轴 OX 与主轴在地平面投影线之间的夹角,以水平面为基准,主轴上仰于地平面之上时,高度角为负;主轴 F 俯于地平面之下时,高度角为正。

1.自由陀螺仪主轴相对子午面的视运动

由于地球自转角度垂直分量 $\boldsymbol{\omega}_2$ 的作用,在北纬,陀螺仪主轴做由西向东的视运动;在南纬,陀螺仪主轴做由东向西的视运动,视运动速度都是 $\boldsymbol{\omega}_2$。

2.自由陀螺仪主轴相对水平面的视运动

由于地球自转角度水平分量的作用,当主轴偏于子午面之东时,主轴相对于水平面做升高的视运动;当主轴偏于子午面之西时,主轴相对于水平面做下降的视运动。

综上所述,位于地球上的自由陀螺仪主轴在方位上和高度上的视运动规律可概括为:

北纬东偏,南纬西偏,东升西降,全球一样

因此,地球上的自由陀螺仪不能直接用来作为指示地理方向的陀螺罗经。

三、变自由陀螺仪为陀螺罗经的方法

为了使自由陀螺仪变为稳定指北的陀螺罗经,人们发明了通过给自由陀螺仪施加控制力矩和阻尼力矩的方法来抵消因地球自转而产生的视运动影响,使陀螺仪主轴能够自动找北,并且稳定在子午面内。

在实践中,有两种方式对陀螺仪施加控制力矩,分别是机械摆式(重力控制式)和电磁控制式。

(一)摆式罗经控制力矩的获得

根据前面分析的陀螺仪在地球上的视运动规律,地球自转的垂直分量使陀螺仪主轴偏离子午面,同时地球自转的垂直分量也使陀螺仪主轴偏离水平面,两个偏离是同时发生的,只有当陀螺仪主轴处于子午面内时才能同时处于水平面内。

若让陀螺仪的重心与其几何中心在垂直方向上不重合,也就是变成不平衡的陀螺仪,那么一旦主轴偏离子午面,必然同时偏离水平面,打破了陀螺仪重心与几何中心在垂直方向上的平衡,而在地球重力的作用下,陀螺仪立刻会有恢复平衡的趋势,也就是在垂直方向上受到了地球重力对陀螺仪的作用力。这个力施加于陀螺仪水平轴上,根据前面所讲述的陀螺仪进动规律,就会产生水平方向上的外力矩 $\boldsymbol{M}$,而这个外力矩 $\boldsymbol{M}$ 恰好能使陀螺仪在水平方向上朝着地理北点进动,这就变成了能指北找北的陀螺罗经。

在实践中,通常用下述两种方法获得重力控制力矩:一种是将平衡陀螺仪的重心沿垂直轴 OZ 下移,制成的陀螺罗经称为下重式陀螺罗经,安许茨系列陀螺罗经就是采用这种办法。另一种是在平衡陀螺仪主轴两端放上液体连通器,制成的陀螺罗经称为液体连通器式或上重式陀螺罗经,斯伯利系列陀螺罗经就是采用这种方法。下重式和液体连通器式陀螺罗经又统称为机械摆式陀螺罗经,简称摆式罗经。此外,还有一种陀螺罗经利用电磁摆来控制主轴在水平面的倾角,称为电磁控制式陀螺罗经,其产品为阿玛-勃

朗系列陀螺罗经。

1.下重式罗经的重力控制力矩

以安许茨系列陀螺罗经为例,其灵敏部分为一密封球体,称为陀螺球。陀螺球悬浮在特制的支承液体中,并能在支承液体中自由转动。制造时,使陀螺球的重心低于其几何中心,如图 8-7 所示。

从地球北极观察置于赤道上的下重式罗经陀螺球的运动情况,如图 8-8 所示。开始时,罗经位于 A_1 处,主轴在水平指东位置。此时的陀螺球的重心 G 与几何中心 O 在同一垂线上,因此重力 mg 相对于 O 点的力矩为零,陀螺球不受外力矩作用。经过了一段时间,由于地球自转,陀螺球到达了 A_2 处,此时的陀螺球主轴虽然保持其空间指向不变,但相对于地理水平面却上升了一个高度角 θ,因而重力 mg 的作用线不再通过 O 点,于是重力 mg 便相对于 O 点产生力矩 $\boldsymbol{M}$,$\boldsymbol{M}$ 的方向指 OY 轴正向(此时 OY 轴正向为地理北方),OX 轴将绕 OZ 轴向轴正向进动,其方位角由先前的指东而逐渐减小并向子午面北端靠拢。

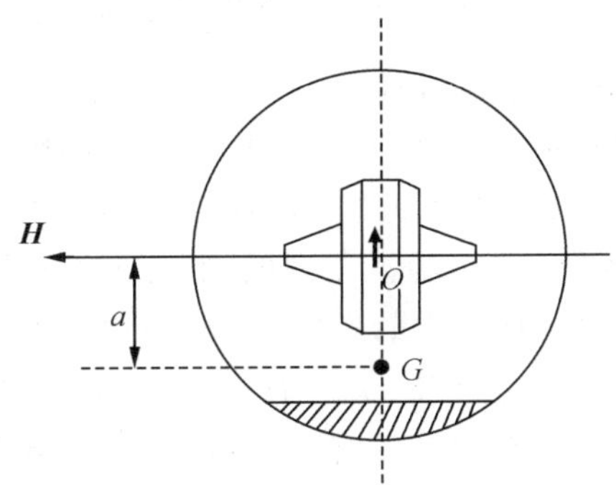

图 8-7　陀螺球的重心下移

同理可推断,若开始时主轴水平指西,经过一段时间,主轴的正端将偏于水平面之下,重力 mg 相对于 O 点产生的力矩 $\boldsymbol{M}$ 与前述相反方向,指 OY 轴负向(此时 OY 轴的负向为地理北方),陀螺球主轴将绕 OZ 轴向 OY 轴负向进动,方位角也由原来的指西而逐渐减小,同样向子午面北端靠拢。

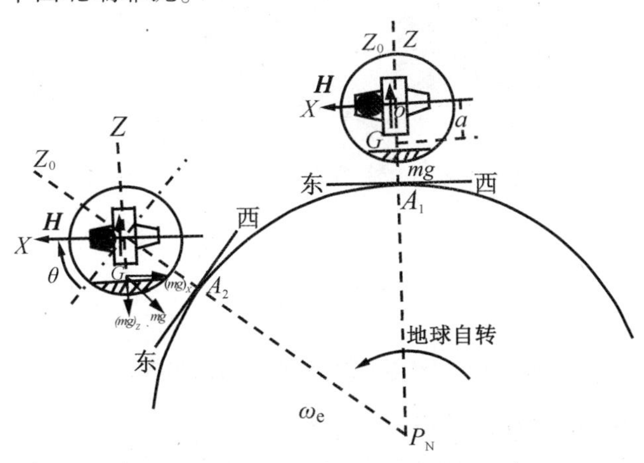

图 8-8　下重式罗经的指北原理

综上所述，不管陀螺球主轴偏向子午面哪一边，下重式罗经产生的重力控制力矩总能使主轴向子午面北端靠拢。由此可见，重心下移后的陀螺球具有自动找北的功能。

2.液体连通器式罗经的重力控制力矩

以斯伯利系列陀螺罗经为例，其陀螺球内结构是在平衡陀螺仪主轴两端放上一组液体连通器，形成液体摆，连通器内注有一定数量的液体(水银或硅油等)。液体连通器的中心连接点位于 OZ 轴上，如图 8-9 所示。

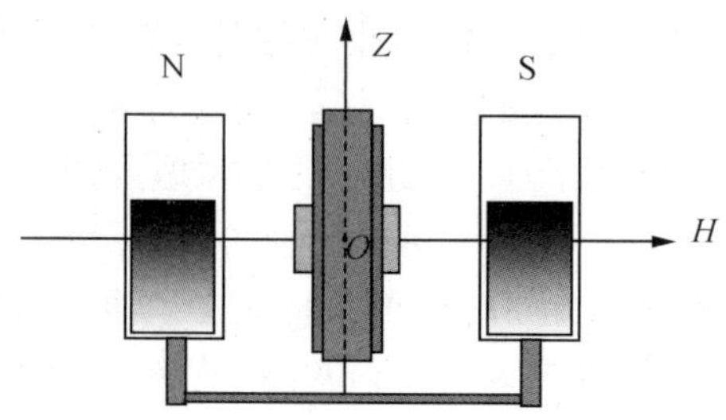

图 8-9　液体连通器式陀螺仪

从地球北极观察置于赤道上的液体连通器式罗经陀螺球的运动情况，如图 8-10 所示。开始时，罗经位于 A_1 处，陀螺仪主轴水平，南北两容器内的液体量相等，无外力矩产生。经过了一段时间，由于地球自转，陀螺球到达了 A_2 处，主轴 OX 相对于水平面抬高 θ 角，液体连通器随主轴一起倾斜，高端容器内的液体通过连通管向低端容器流动，使低端容器形成多余液体。多余液体产生的重力控制力矩 $\boldsymbol{M}$ 指向 OY 轴的负向(此时 OY 轴负向为地理南方)，和下重式罗经产生的重力控制力矩指向刚好相反，相当于重心上移产生的效果。为使主轴得到相同的进动方向，则必须使它们的动量矩 $\boldsymbol{H}$ 指向相反，即转子的转向相反。所以在结构上，下重式陀螺罗经的动量矩是指北的，而液体连通器式陀螺罗经的动量矩是指南的，由此可见，液体连通器式罗经与下重式罗经一样，都具有自动找北的功能。

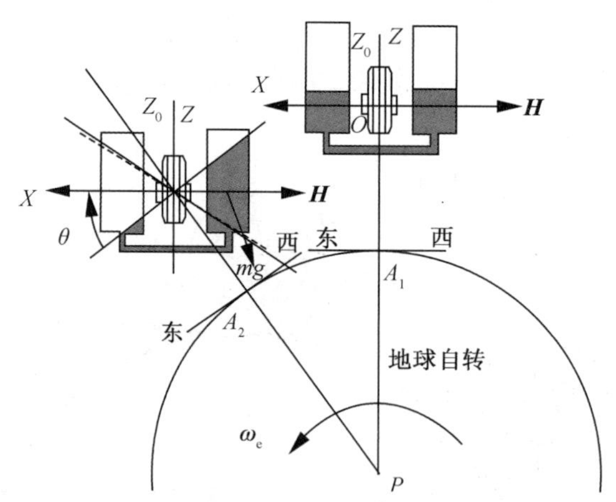

图 8-10　液体连通器式罗经的指北原理

(二) 摆式罗经等幅摆动的特点

经过重心下移或上移的机械摆式陀螺罗经的主轴能够自动找北，却不能够稳定在子午面内，其主轴会围绕着地理北点做椭圆轨迹的等幅摆动。如不采取任何措施，上述

的等幅摆动会一直持续下去,如图 8-11 所示。其等幅摆动特点有:

(1)椭圆轨迹呈扁平状,在给定的纬度上,椭圆的扁率在 1/30~1/20 之间,即椭圆的长轴很长,短轴很短,方位角变化很大,而高度角变化很小。

(2)椭圆运动周期(等幅摆动周期)的大小与罗经结构参数(动量矩、控制力矩)以及船舶所在的地理纬度有关,而与主轴起始位置无关。罗经结构参数确定后,椭圆运动周期随纬度的变化而变化。84.4 min 的周期称为舒拉周期,满足舒拉周期的某一特定纬度称为该罗经的设计纬度。设计纬度的作用在后面的陀螺罗经误差中会提到,一般情况下,罗经的设计纬度为±60°。

(3)椭圆圆心即为罗经主轴的稳定位置。主轴一旦偏离此稳定位置,就要围绕该位置做椭圆运动。稳定位置有两个特点:一是主轴位于子午面内;二是在北纬,主轴高于水平面一个很小角度,在南纬,主轴低于水平面一个很小角度,赤道上,主轴水平指北。这个偏离水平面的高度角与罗经结构参数、地球自转角速度和船舶所在纬度有关。

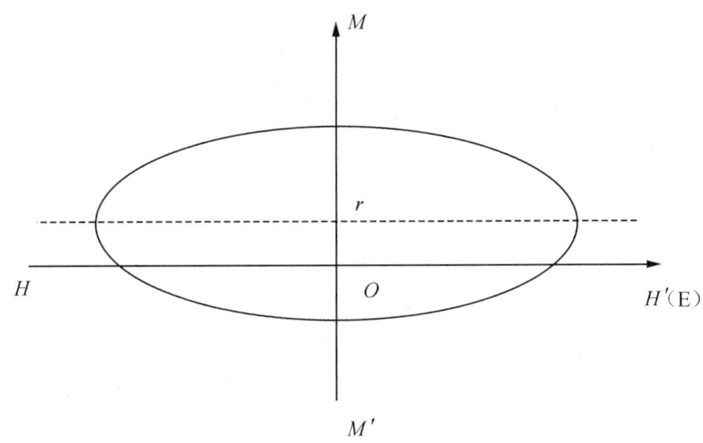

图 8-11　摆式罗经的等幅摆动曲线

(4)陀螺罗经的主轴在子午面内时,指向力矩为零。若主轴不在子午面内,指向力矩将使罗经的主轴回到子午面来。指向力矩的大小不仅与结构参数有关,且随纬度的改变而变化。当船舶航行于高纬度地区时,指向力矩将迅速减小,在地球的两极处指向力矩为零。故在高纬度区($\varphi>75°$)罗经的指示精度较差,在两极附近则完全丧失其指向能力。因此罗经通常只能在±75°纬度区间内使用。

(三)摆式罗经减幅摆动

由于仅有控制力矩作用的摆式罗经能够自动地找北,但不能稳定地指北,因此还不是真正的陀螺罗经。要使摆式罗经主轴能自动找北且稳定地指北,必须变等幅摆动为减幅摆动。在陀螺罗经中,对陀螺仪施加阻尼力矩,使主轴的方位角 α 和高度角 θ 按减幅摆动规律变化,便能自动抵达其应有的稳定位置。对陀螺罗经施加阻尼力矩的方法有两种:一种叫水平阻尼法,即压缩椭圆长轴的方法,这时阻尼力矩应施加于陀螺仪的水平轴上;另一种叫垂直阻尼法,即压缩椭圆短轴的方法,这时阻尼力矩应施加于陀螺仪的垂直轴上。产生阻尼力矩的装置叫"阻尼器"。

1.水平轴阻尼法

水平轴阻尼法是把阻尼设备产生的阻尼力矩作用于水平轴。当主轴向稳定位置

(子午面)运动时,阻尼力矩使其水平运动的速度加快,当主轴偏离稳定位置(子午面)运动时,阻尼力矩将减缓其水平运动速度,从而不断地缩短椭圆的长轴,所以又称其为长轴阻尼法。下重式陀螺罗经(安许茨系列)便是采用该阻尼方法,阻尼设备为液体阻尼器,如图 8-12 所示。

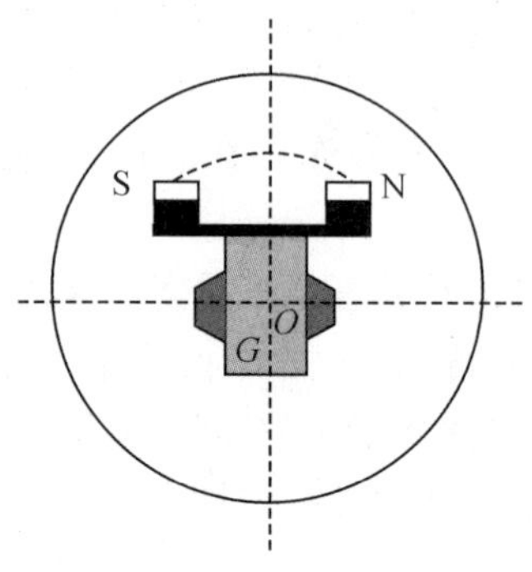

图 8-12　液体阻尼器

稳定位置:在北纬,静止基座上,陀螺球主轴的稳定位置在子午面内并相对于水平面抬高一个 θ_r 角;在南纬,静止基座上,陀螺球主轴的稳定位置在子午面内并相对于水平面降低一个 θ_r 角,如图 8-13 所示。

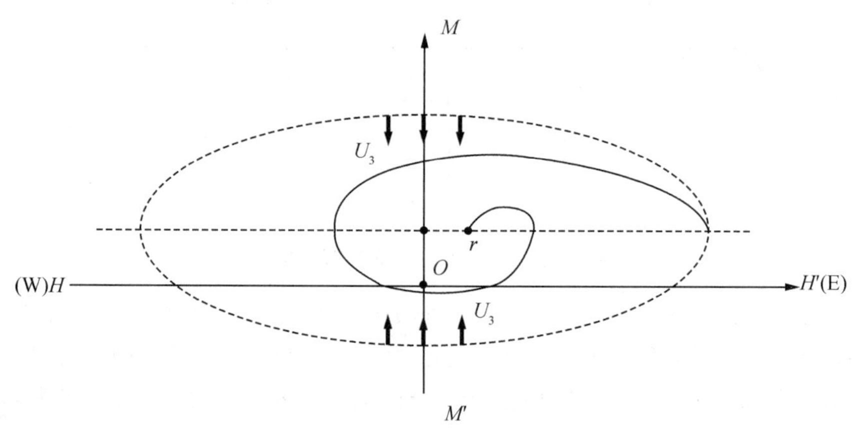

图 8-13　水平轴阻尼曲线

2.垂直轴阻尼法

垂直轴阻尼法是把阻尼设备产生的阻尼力矩作用于垂直轴 OZ 上。当主轴向稳定位置(水平面)运动时,阻尼力矩使其运动速度加快;当主轴偏离稳定位置(水平面)运动时,阻尼力矩减缓其运动速度,从而不断地缩短椭圆的短轴,所以又称为短轴阻尼法液体连通器(斯伯利系列)和电磁控制式(阿玛-勃朗系列)陀螺罗经便是采用该阻尼方法,阻尼设备为西边加配重和垂直力矩器,如图 8-14 所示。

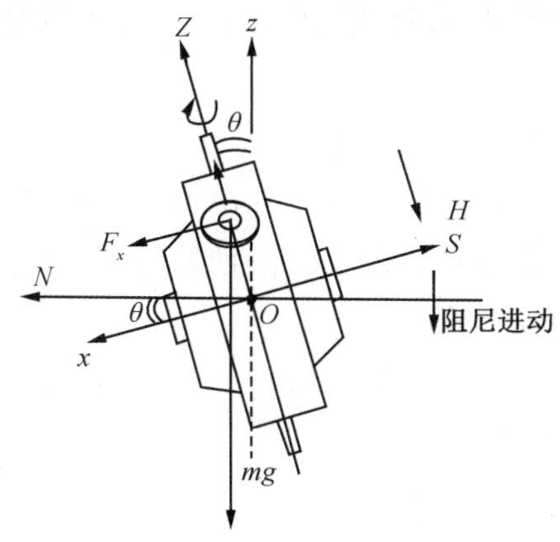

图 8-14 西边配重阻尼器

稳定位置:在北纬,静止基座上,陀螺球主轴的稳定位置在子午面以东并相对于水平面抬高一个 θ_r 角;在南纬,静止基座上,陀螺球主轴的稳定位置在子午面以西并相对于水平面降低一个 θ_r 角,如图 8-15 所示。

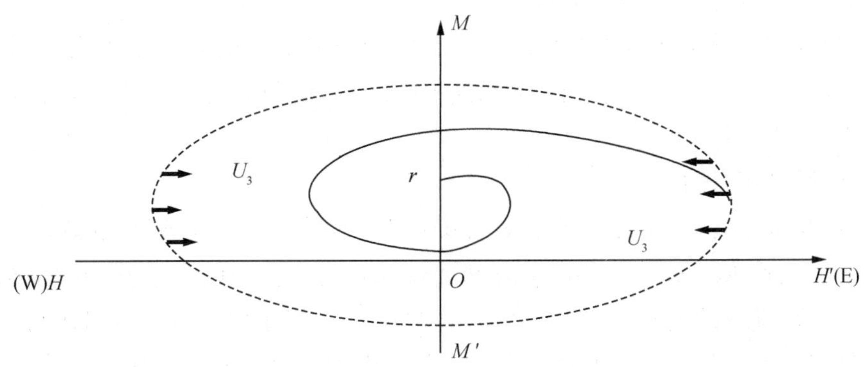

图 8-15 垂直轴阻尼曲线

(四)阻尼曲线

机械摆式罗经启动后做减幅摆动,其主轴方位角 α 随时间的变化规律可在航向记录器上记录下来,绘制成曲线图,如图 8-16 所示。

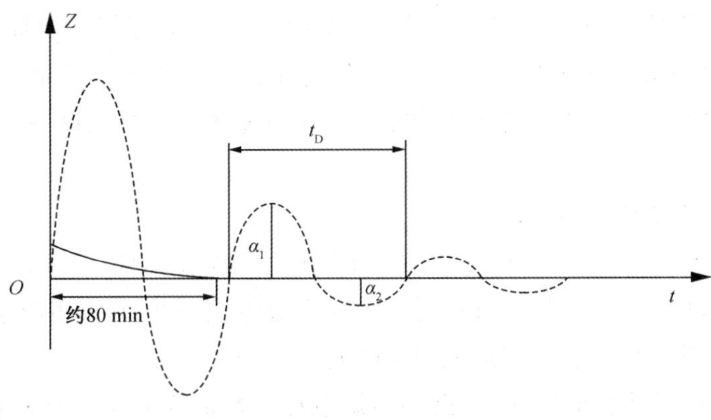

图 8-16 阻尼衰减曲线

该曲线称为陀螺罗经的阻尼曲线，在此曲线上，可以估算表征罗经性能的下列参数：

1.阻尼因数

阻尼因数又称衰减因数，它表示主轴在方位角上减幅摆动过程的快慢程度。若以 $\alpha_1,\alpha_2,\alpha_3,\cdots,\alpha_{n+1}$ 表示罗经在做减幅摆动时主轴偏离子午面之东和相继偏西的依次最大方位角，则罗经的阻尼因数可表示为：

$$f=\alpha_1/\alpha_2=\alpha_3/\alpha_4=\alpha_5/\alpha_6=\cdots=\alpha_n/\alpha_{n+1} \tag{8-2}$$

通常阻尼因数在 2.5~4 之间。

2.阻尼周期 T_D

阻尼周期表示罗经做减幅摆动时主轴做阻尼摆动一周所需的时间。阻尼周期与罗经的结构参数和船舶所在纬度有关，在某个确定的纬度上，阻尼周期大于无阻尼周期。通常在罗经说明书中给出 f 值和各纬度的 T_D，也可由实际绘出的阻尼曲线中求得 f 和 T_D，以便与说明书给出的数据进行比较，由此判断罗经性能的好坏。注意：若是采用液体阻尼器的罗经，应该读取启动 80 min 后的数值。

罗经自启动到其满足航海要求的指向精度所需的时间，一般为 2~3 个阻尼周期，所以常在开航前 4 h 启动罗经。若开机时设法使主轴在方位和高度上均逼近稳定位置，稳定时间就可以大大缩短。

（五）罗经稳定时间

从航海的角度来看，自罗经起动主轴经减幅摆动到其指向精度满足航海精度（±1°）要求所需的时间，称为陀螺罗经的稳定时间。稳定时间的长短取决于罗经的结构参数和所在地的纬度，随着纬度升高，罗经稳定时间也会延长。此外，稳定时间还与启动时罗经指北端的初始位置（方位角和高度角）有关。因为通常罗经稳定时间约为 4 h，所以船舶驾驶员一般在开航前 4 h 启动罗经。为了缩短稳定时间，有些罗经设有快速稳定装置，使主轴指北端预先接近其稳定位置。

（六）电磁控制式陀螺罗经介绍

电磁控制式陀螺罗经简称电控罗经。它是一种在平衡陀螺仪结构上设置一套电磁控制装置的新型陀螺罗经，如图 8-17 所示。电控罗经与双转子摆式罗经、液体连通器罗经等机械摆式罗经相比较，根本区别在于施加力矩的方式不同。机械摆式罗经采用机械控制方法直接给陀螺仪施加力矩，而电控罗经是通过一套电磁控制装置间接给陀螺仪施加力矩的。

电控罗经的主要优点有：

（1）其结构参数的选择不受舒拉条件的限制，并可根据需要予以改变。

（2）启动时增大施加于水平轴和垂直轴的力矩电控系数，即减小了阻尼周期，使电控罗经工作于强阻尼状态，可以缩短其稳定时间。

（3）待主轴接近其稳定位置时，再将力矩电控系数值恢复至正常工作的数值，使电控罗经工作于弱阻尼状态，可以提高罗经的指向精度。

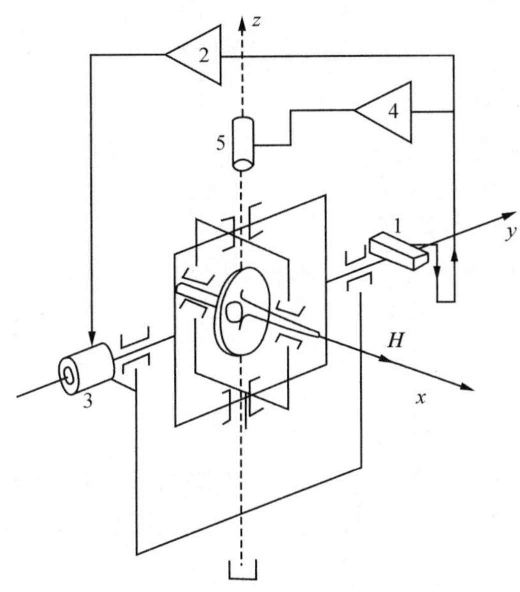

图 8-17　电控罗经示意图

1—电磁摆；2—倾斜放大器；3—水平力矩器；4—方位放大器；5—垂直力矩器

(4)对于消除 ω_2 的影响、补偿和消减有害力矩的干扰等，均可用电路实现，这将有利于简化罗经的机械结构和提高指向精度。

(5)稳定位置：在北纬，静止基座上，陀螺球主轴的稳定位置在子午面以东并相对于水平面抬高一个 θ_r 角；在南纬，静止基座上，陀螺球主轴的稳定位置在子午面以西并相对于水平面降低一个 θ_r 角。

知识链接二　陀螺罗经的误差及其修正方法

由于某些因素，如采用的阻尼方式不同以及船舶的运动状态不同，都会引起陀螺罗经主轴在方位上偏离真北方向产生陀螺罗经误差。这些误差均按一定的规律变化，其数值和符号可以通过计算确定，使用时可予以修正或自动补偿消除。

一、纬度误差

（一）产生原因

采用垂直轴阻尼法的陀螺罗经，其主轴指北端的稳定位置不在子午面内，而是偏离子午面一个角度，该角度称为纬度误差。纬度误差表达式为

$$\alpha_{\gamma\varphi} = \frac{M_D}{M}\tan\varphi$$

$$\alpha_{\gamma\varphi}=\frac{K_Z}{K_Y}\tan\varphi$$

式中：M_D——最大阻尼力矩；

M——最大控制力矩；

K_Z——垂直轴力矩电控系数；

K_Y——水平轴力矩电控系数。

对于结构参数 M、M_D或 K_Z、K_Y已经确定的陀螺罗经来说，$\alpha_{\gamma\varphi}$仅与船舶所在纬度有关，即与纬度的正切成正比。在北纬 $\alpha_{\gamma\varphi}$为东误差，即偏在子午面之东；在南纬 $\alpha_{\gamma\varphi}$为西误差，即偏在子午面之西。

（二）误差的修正

1.外补偿法

外补偿法利用机械解算装置，查出纬度误差的数值与符号，移动主罗经基线或仅移动分罗经基线或者转动罗经方位刻度盘，在罗经的刻度盘读数中消除该误差，如图 8-18 所示。

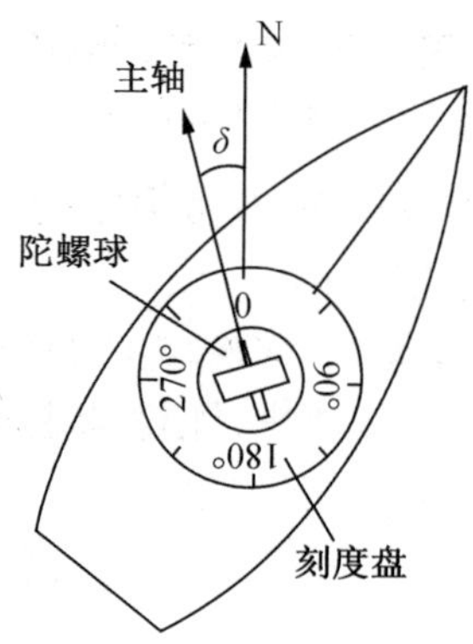

图 8-18　外补偿法

2.内补偿法

内补偿法又称电气补偿法或力矩补偿法，它利用一套电气解算装置，计算并输出按纬度误差规律变化的电信号，通过力矩器，对罗经灵敏部分施加补偿力矩，使主轴返回到子午面内，从根本上消除纬度误差。用此方法的罗经常设有纬度校正旋钮，只要调整旋钮至船舶所在纬度数值，纬度误差即可修正。

二、速度误差

（一）产生原因

船舶恒向恒速运动时，陀螺罗经主轴的稳定位置与航速为零时主轴稳定位置在方位上的夹角称为速度误差。速度误差常用表达式为：

$$\alpha_{\gamma v}=\frac{v\cos C}{R_e\omega_e\cos\varphi}=\frac{v\cos C}{5\pi\cos\varphi}$$

式中：v——航速；

C——航向；

R_e——地球半径。

从上述公式可以看出,速度误差具有下列特性:

(1)速度误差仅与船舶的航速、航向和所在纬度有关,与罗经结构参数无关。因此,只要船舶运动,任何类型的陀螺罗经都会产生速度误差。

(2)与航速 v 成正比关系,航速越快,速度误差越大,反之亦然。

(3)速度误差随纬度的增高而增大。

(4)速度误差随航向 C 而变,有规律性。在南、北航向上航行时,速度误差最大;在东、西航向上航行时,速度误差为零。偏北方向航行时,速度误差为西误差;偏南方向航行时,速度误差为东误差。

(二)误差的修正

1.外补偿法

(1)查表法是按罗经说明书所附的表格,查取相应的速度误差值,然后从航向读数中予以扣除,进而求得船舶的真航向的方法。

(2)其他的外补偿法仍直接在刻度盘读数上设法予以消除。安许茨系列陀螺罗经采用的是外补偿法。

2.内补偿法

类似纬度误差的内补偿法,也用电气解算装置使主轴返回到子午面内,从根本上消除速度误差。用此方法的罗经常设有速度校正旋钮,只要调整旋钮至船舶实际速度值,速度误差即可修正。

三、冲击误差

(一)产生原因

船舶在机动(变速变向)航行过程中所产生的惯性对陀螺罗经造成的影响而引起的误差,称为冲击误差。由于船舶机动的持续时间较罗经的摆动周期要短得多,因而机动时所产生的惯性力对罗经的作用相当于一个冲击过程,故称其为冲击误差。

惯性力作用在陀螺罗经重力控制设备上而产生的冲击误差,称为第一类冲击误差。惯性力作用在阻尼设备上产生的冲击误差,称为第二类冲击误差。

第一类冲击误差在船舶机动终了时,数值最大,机动终止后的误差大小和符号均做周期性变化并逐渐消失。船舶在设计纬度上时,即罗经等幅摆动周期为舒拉周期84.4 min时,罗经的第一类冲击误差为零,高于或低于这个设计纬度时,冲击误差的符号是相反的。

第二类冲击误差在机动终了后约1/4阻尼周期时,呈现最大值,以后其大小和符号呈周期性变化,约经1 h即可消失。

(二)误差的减小

船位低于设计纬度时,两类冲击误差符号相反,相互叠加使总的冲击误差减小,可以不做处理。船位高于设计纬度时,两类冲击误差的符号相同,相互叠加使总的冲击误差增大,船舶机动过程中可以临时关闭罗经的液体阻尼器,以使主轴的冲击位移减小。所以,在设计制造罗经时尽量提高设计纬度,能使罗经总的冲击误差减小。

四、摇摆误差

（一）产生原因

陀螺罗经摇摆误差是指船舶摇摆所产生的惯性力作用于单转子摆式罗经重力控制设备上而引起的罗经示度误差。

摇摆误差与罗经的结构参数、罗经的安装位置、船舶的摇摆姿态、船舶所在地理纬度和船舶的摇摆方向等参数有关。沿东、西、南、北基点航向航行时，摇摆误差为零、沿隅点航向（045°、135°、225°、315°）航行时，摇摆误差最大。

（二）误差的修正

（1）安许茨系列陀螺罗经在陀螺球内安放两个陀螺马达，它们的动量矩相互垂直，其合成动量矩方向即为主轴方向。因而在船舶摇摆过程中，陀螺球的赤道平面始终水平，有效地消除了摇摆误差，如图 8-19 所示。

（2）采用平衡陀螺仪或其他各种减摇摆措施，如增加液体连通器和电磁摆内硅油的黏性等。

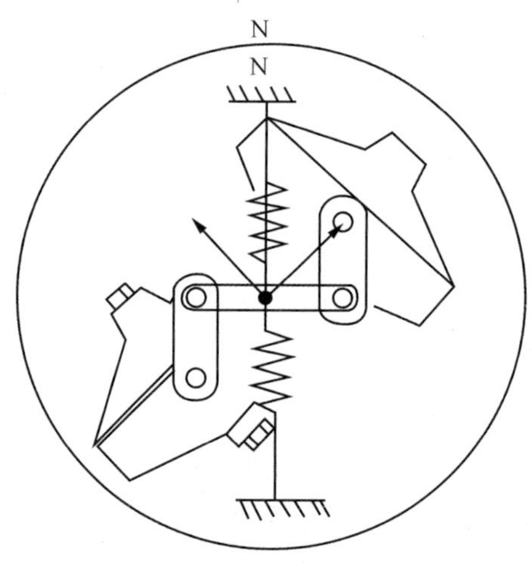

图 8-19　双转子陀螺球

五、基线误差

（一）产生原因

陀螺罗经的主、分罗经上都有用来读取航向的基准线，称为基线。安装罗经时，应使罗经的基线与船首尾线平行，否则将产生基线误差。基线误差的大小及符号不随时间变化，是一种固定误差。当基线向船舶右舷偏开时，罗经方位读数大于真方位，此时的基线误差为西误差，用 W 表示；当基线向船舶左舷偏开时，罗经方位读数小于真方位，这时的基线误差为东误差，用 E 表示。

（二）误差的修正

通常基线误差大于 0.5°时，则应予以校正，可以用移动基线的方法进行校正。

知识链接三　安许茨系列陀螺罗经

安许茨系列陀螺罗经的典型产品有德国的安许茨系列 4、6、12、14、20、22 型，普拉特系列，中国的航海 I 型，日本的北辰系列等。

一、安许茨 4 型陀螺罗经

（一）主罗经结构

1.灵敏部分

灵敏部分为一陀螺球，是指北、找北的部件。球体密封充氢气。球内装有两个陀螺马达，重心沿垂直轴下移约 8 mm，液体阻尼器装在陀螺马达的支架上，球内底部装有环形的电磁上托线圈；球壳覆盖一层绝缘硬橡胶，留出顶、底、赤道部分并涂有石墨制成的导电电极，此为陀螺马达三相电源通路。在宽赤道电极两端装有随动电极，它是随动信号的通路。另外，为对陀螺马达主轴承进行润滑，在陀螺球的底部存有润滑油，因此在拆卸、搬运的过程中，不能让陀螺球倾斜超过 45°，以免浸润马达转子线圈绕组，如图8-20 所示。

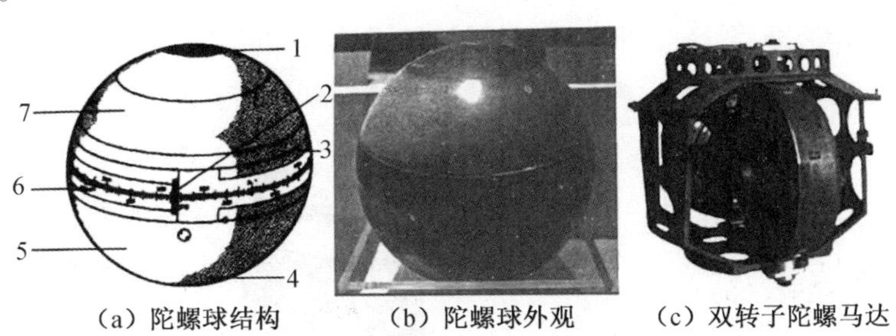

（a）陀螺球结构　（b）陀螺球外观　（c）双转子陀螺马达

图 8-20　安许茨 4 型陀螺球

1—顶电极；2—随动电极；3—窄赤道电极；4—底电极；5—下半球；6—宽赤道电极；7—上半球

2.随动部分及随动系统

随动部分跟随灵敏部分转动，以减少外界对灵敏部分的影响，提供电源通路，通过航向刻度盘把灵敏部分的指向提供给使用人员。它由随动球、蜘蛛架、中心导杆、水密接线盒、汇电环、方位齿轮和航向刻度盘等组成。

随动球由上下两半球、透明玻璃块等组成，其内放置陀螺球，整个陀螺球浸没于支承液体之中。液体按一定的配方配制而成，安许茨 4 型陀螺罗经的配方为蒸馏水（10 L）、甘油（1 L）和安息香酸（10 g）。甘油的作用是增加液体密度，安息香酸的作用是增加液体的导电率和防腐性。

在 52±1 ℃的工作温度下，液体的浮力加上电磁上托线圈的上托力，使陀螺球的赤道线比随动球的赤道线高出 2 mm，并允许有±1 mm 的变化范围，且电磁上托线圈有使陀螺球相对于随动球保持中心位置的作用,从而实现了灵敏部分的近似无摩擦的支承,如图 8-21 所示。

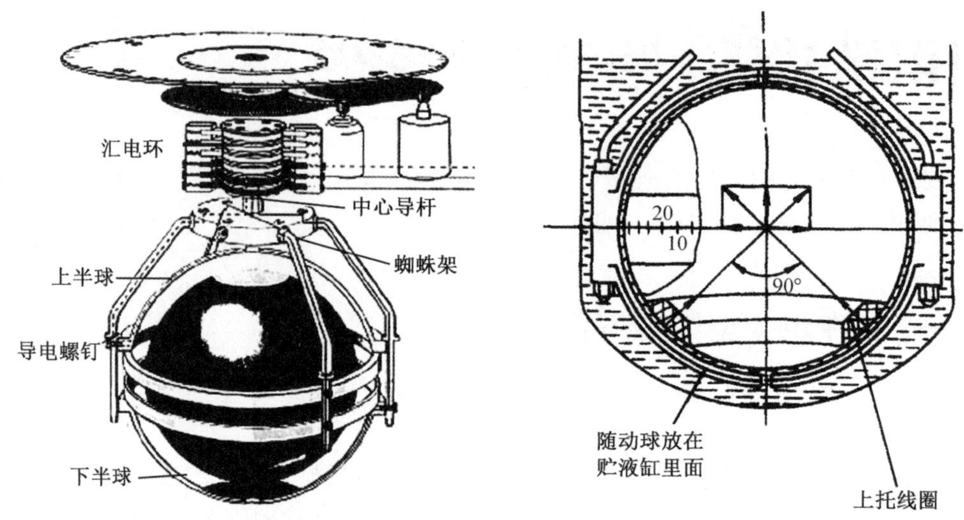

图 8-21 安许茨 4 型随动球(放在贮液缸里面)

通过随动系统的工作,随动球跟随陀螺球转动,即由随动失配敏感元件(信号电桥)、随动放大器和方位电机等来完成。正常工作时两者始终保持相对位置的一致,这样就可从固定在随动球上的航向刻度盘上读取航向。

3.固定部分

固定部分由贮液缸、罗经桌、平衡环、金属托架、罗经罩、罗经箱等组成,如图 8-22 所示。

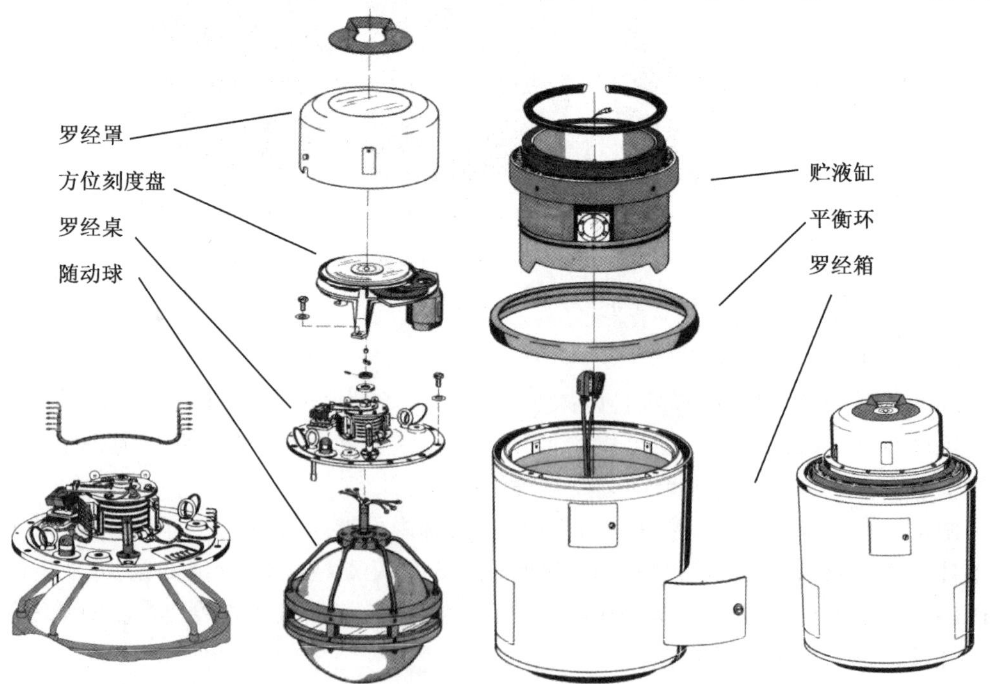

图 8-22 安许茨 4 型主罗经整体结构

贮液缸由青铜制成,借助于缓冲弹簧悬挂于平衡环的内环上,缸内盛有支承液体。后侧中部有一玻璃观察窗,用于观察陀螺球航向。

罗经桌是贮液缸的盖子,随动球支撑在罗经桌上,当罗经桌盖紧贮液缸后,随动球及其内部的陀螺球均浸在液体中。罗经桌上面装有温控装置、方位刻度盘支架、电刷、加液孔、温度计、电缆插座、水准器、照明灯等。其中方位刻度盘支架上装有方位电机、同步发送器、方位齿轮、方位刻度盘,其上的基线用于读取罗经航向。罗经箱上有三个小门,分别用于观察船舶航向及陀螺球高度、操作随动开关和放大量转换操作。

(二)电路系统

1.电源系统

电源系统属于交流变流机电源系统,由变流机和电源控制箱组成,如图 8-23 所示。

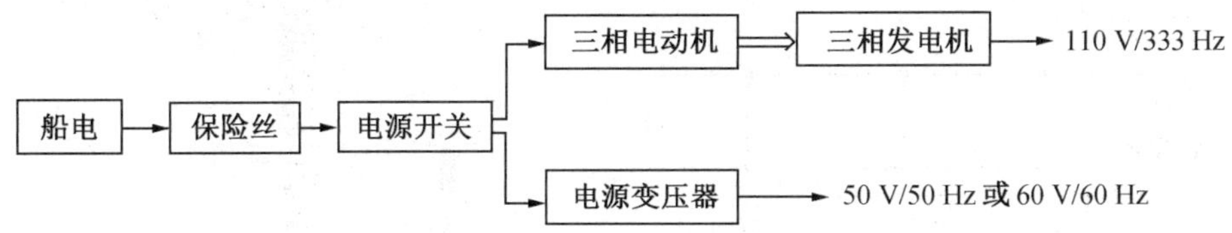

图 8-23　安许茨 4 型陀螺罗经电源系统

变流机为主罗经陀螺马达供电,电压为 110 V 三相交流电,频率为 333 Hz,陀螺马达额定转速为 20 000 r/min。

电源控制箱为罗经控制、监控系统供电,电压为 5 V 直流电,频率为 50 Hz。

2.随动系统

随动系统由主罗经的随动部分和信号电桥、放大器、执行电机(方位电机)组成。信号电桥自动测量随动球与陀螺球之间的随动信号电压(失配角),随动信号电压的大小与极性,代表随动球与陀螺球之间失配的程度及失配的方向。随动信号经放大器放大,送到方位电机,控制方位电机工作,如图 8-24 所示。

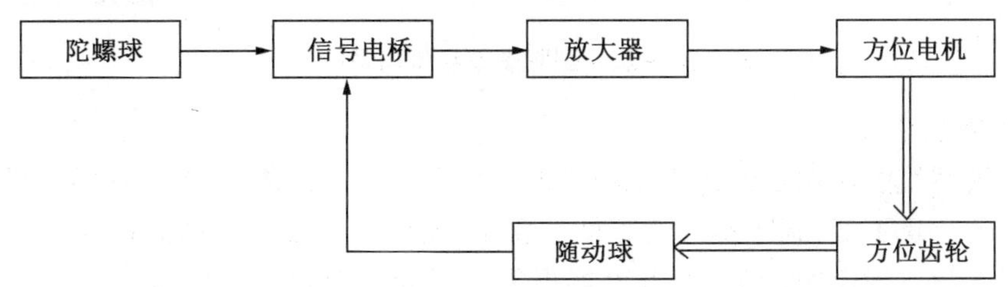

图 8-24　安许茨 4 型陀螺罗经随动系统

当随动球与陀螺球相对位置一致(失配角为零)时,随动信号电压为零,方位电机定子只有激磁磁场而没有控制磁场,方位电机不工作。当随动球与陀螺球相对位置不一致(有失配角)时,随动信号电压不为零,方位电机的定子既有激磁磁场又有控制磁场,方位电机工作,通过方位齿轮使随动球、主罗经刻度盘与陀螺球相对位置一致。

3.传向系统

传向系统的作用是将主罗经的航向精确地传送到分罗经、航向记录器等需复示航向的仪器中,传统的安许茨系列陀螺罗经大都采用交流同步式传向系统。同步传向系统是基于自整角机的工作原理,与随动系统一起工作的。当船舶转向时,随动系统立即工作,方位电机转动,经齿轮传动,一方面带动随动球和主罗经航向刻度盘转动,另一方面带动同步发送器的转子转动,并发出航向同步信号,经分罗经接线箱传送到各复示器内的同步接收器,使它们的转子与发送器转子同步转动,以复示主罗经航向示度,如图8-25所示。

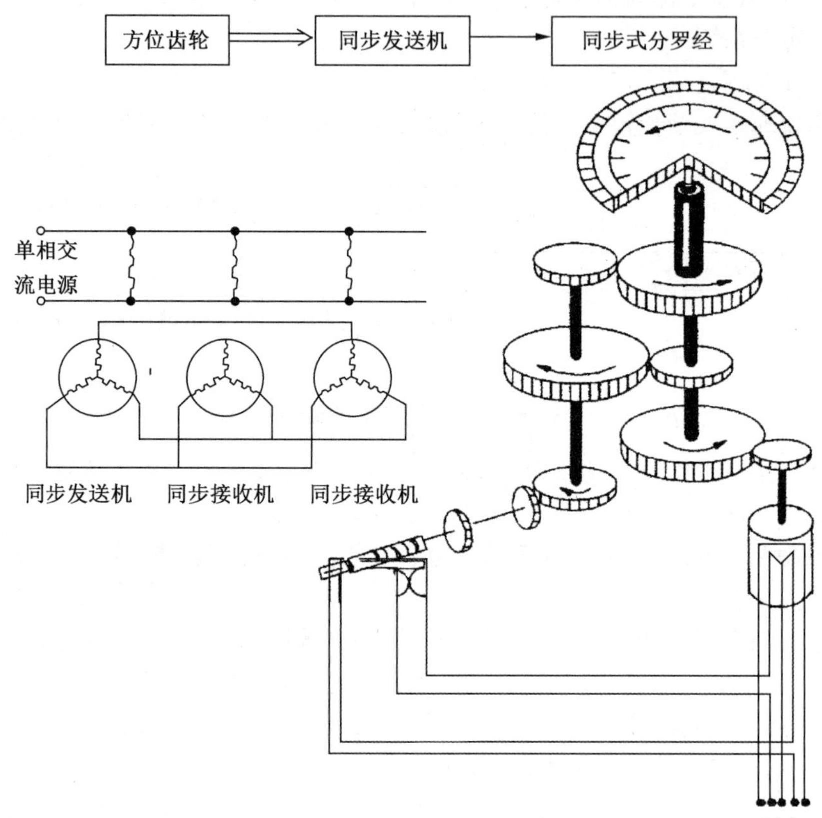

图 8-25　安许茨 4 型陀螺罗经传向系统

4.温控及警报系统

温控及警报系统的作用是保持支承液体的工作温度在规定的范围内(52±1 ℃),以保证支承液体的比重不变,则陀螺球的高低位置不变,保证陀螺球的指向性能良好。若支承液体的温度超过规定的范围,则报警器报警。温控及警报系统,由乙醚管、微动开关、加热器、电风扇和蜂鸣器等组成。当温度低于 49 ℃时,加热器电路被接通,加热器工作;当温度达到 49 ℃时,切断加热器电路,停止加热;当温度升至 52 ℃时,接通电风扇电路,电风扇对罗经进行冷却;若由于某种原因,液温升至 57 ℃时,接通蜂鸣器电路,发出报警声响,如图 8-26 所示。

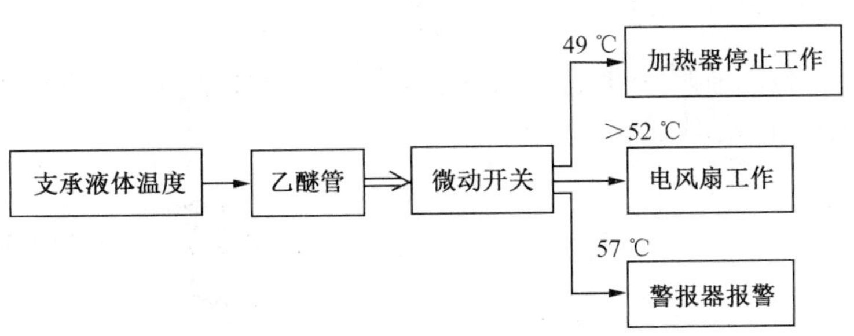

图 8-26　安许茨 4 型陀螺罗经温控及警报系统

安许茨 4 型陀螺罗经主要结构参数汇总：

转子数量	双转子（互成直角）
陀螺马达转数	20 000 r/min
动量矩 H 方向	指北
陀螺球支承方式	液浮加电磁上托线圈
陀螺球内气体	氢气
支撑陀螺球的液体	蒸馏水 10 L，甘油 1 L，安息香酸 10 g（液体导电）
控制力矩、设备	下重式，重心下移 8 mm
阻尼力矩、设备	液体阻尼器（内装高黏性的甲基硅油）
阻尼方式	水平轴（长轴）
纬度误差及消除	不存在
速度误差及消除	存在，外补偿法
速度、纬度调节	不需要调节装置
消除摇摆误差措施	双转子陀螺球
主罗经工作电压	110 V/333 Hz
电源系统	变流机
随动系统	信号电桥
传向系统	交流同步式
传向系统精度	0.1°
工作温度	52±1 ℃
报警温度	57 ℃
环境温度	-10~45 ℃
陀螺球达到额定转数时间	20 min，之后手动启动随动系统
快速启动	不支持

二、安许茨 22 型陀螺罗经

（一）主罗经结构

安许茨 22 型陀螺罗经较安许茨 4 型陀螺罗经有了很大的技术改进，基本原理还是相同的，也是靠液体导电的双转子陀螺球指北。安许茨 22 型陀螺罗经采用了微处理器数字信号控制、网络总线控制和模块化产品技术，自动化程度高、体积小、重量轻、精度高、操作简便。

图 8-27 所示为一种典型的安许茨 22 型陀螺罗经整体结构。其主罗经结构同样分成灵敏部分、随动部分、固定部分。

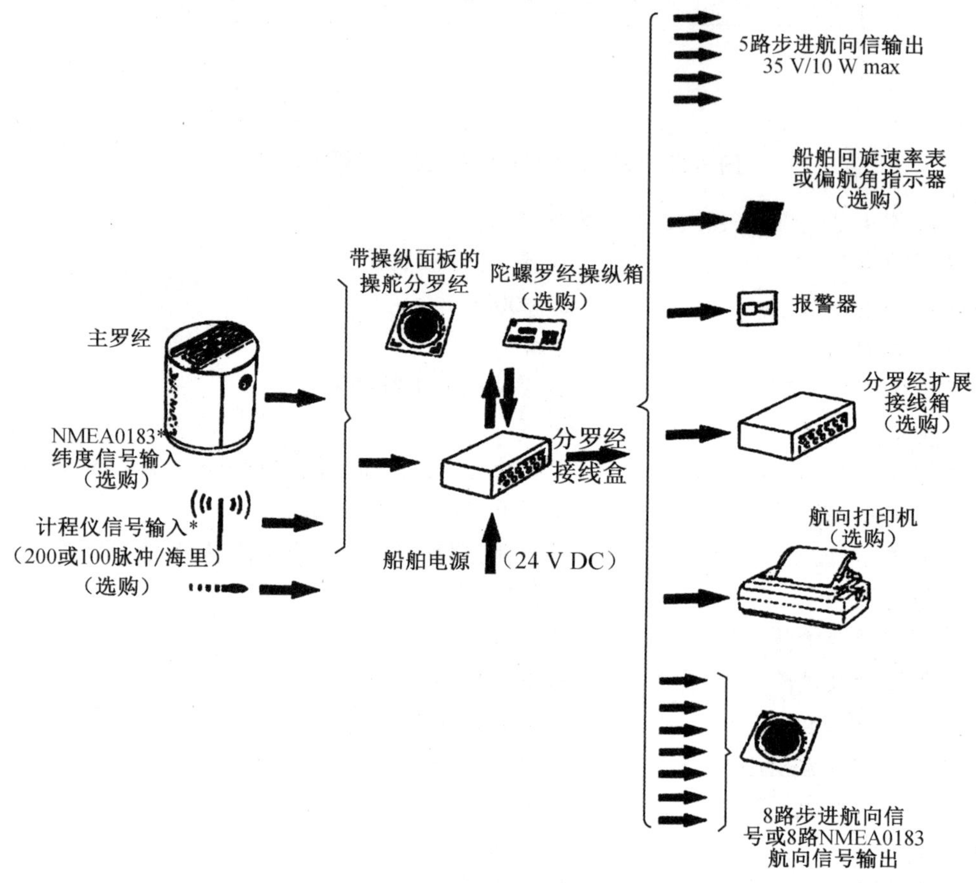

图 8-27　安许茨 22 型陀螺罗经整体结构

1.灵敏部分

灵敏部分依旧是一个小型陀螺球，重心低于球心，使用液体阻尼器，与安许茨 4 型相比区别有：

（1）顶电极与底电极只构成单相交流电通路，向陀螺球内提供 55 V/400 Hz 交流电，经球内移相电容转换成三相交流电，为陀螺马达供电，马达转速为 12 000 r/min，赤道电极是一条半圆周形带状电极，是随动信号的通路，没有了赤道上的航向刻度线。

（2）陀螺球内充有氦气，没有了球底部的液态润滑油。

（3）用离心水泵代替了电磁上托线圈。

2.随动部分

随动部分由随动球组件、减振波纹管摆式连接器、方位齿轮、汇电环等组成。其中，随动球组件主要由随动球、离心水泵及其他附件等组成，如图 8-28 所示。

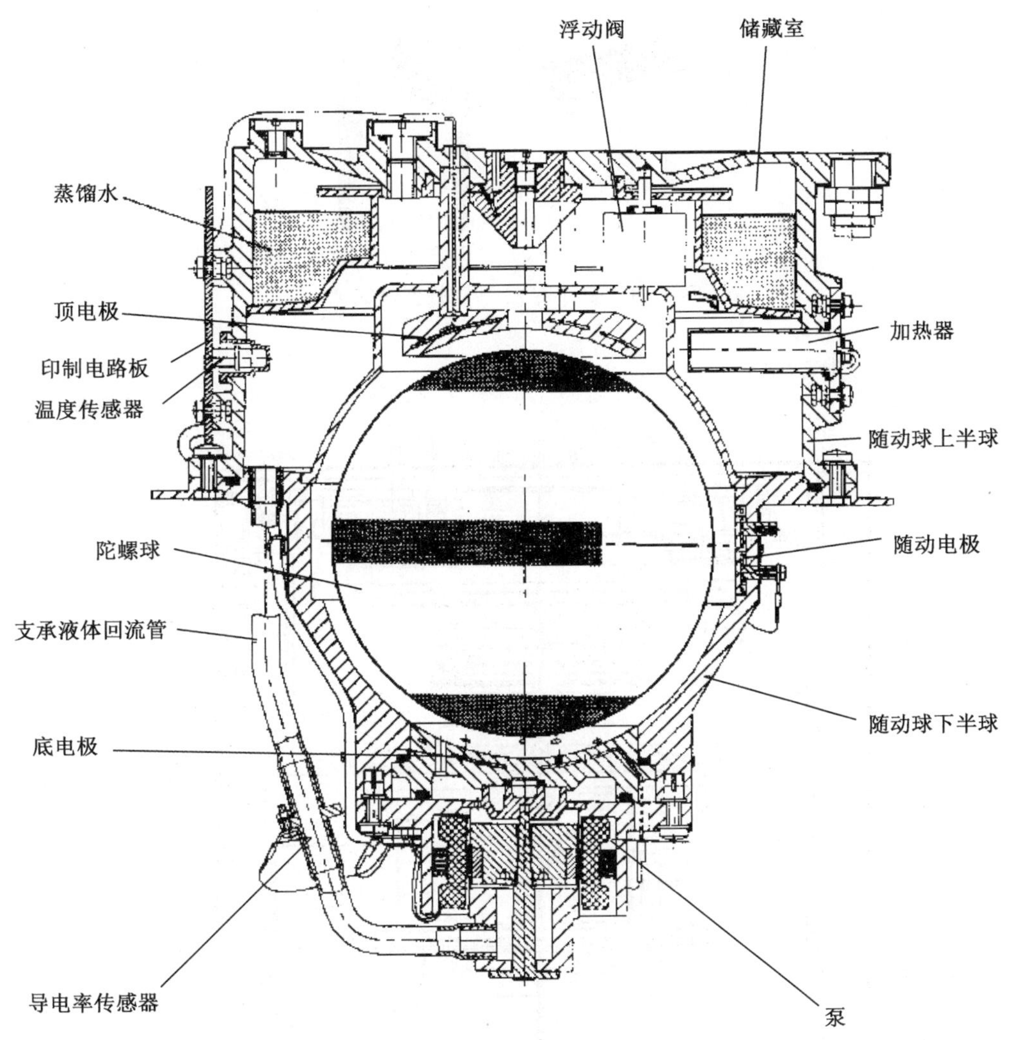

图 8-28　安许茨 22 型陀螺罗经陀螺球和随动系统

随动球内与陀螺球相对应设有顶电极、底电极、随动电极。随动球本身起到贮液缸的作用，所以其外部没有贮液缸包裹。并且上部有一个能够自动补充液体的储藏室，盛有 230 cm^3的蒸馏水，当随动球内液体由于蒸发而减少时，自动补充。

上半球外部的印刷电路板上有测温电路、过热保护装置和离心水泵三相电容。上半球外部的离心水泵使支承液体形成环路。整个随动部分在方位电机带动下可绕中心轴旋转 360°。

3.固定部分

固定部分由箱体、支承板及安装在其上的部件组成，支承板上装有数字显示器的观察窗、传感器印刷电路板（又称印制电路板）、方位随动步进电机、风扇等，如图 8-29 和图 8-30 所示。

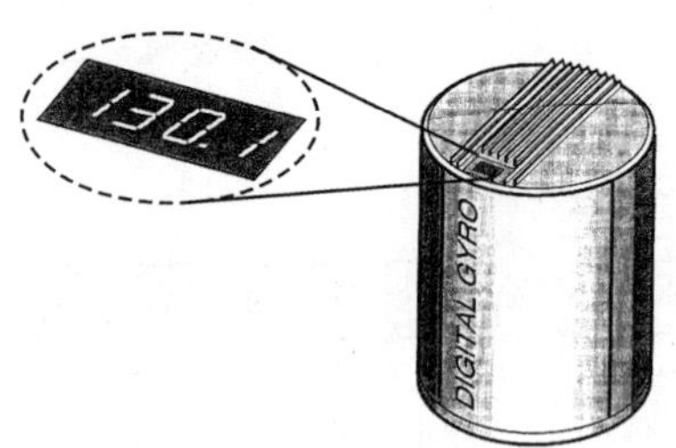

图 8-29　安许茨 22 型陀螺罗经箱体

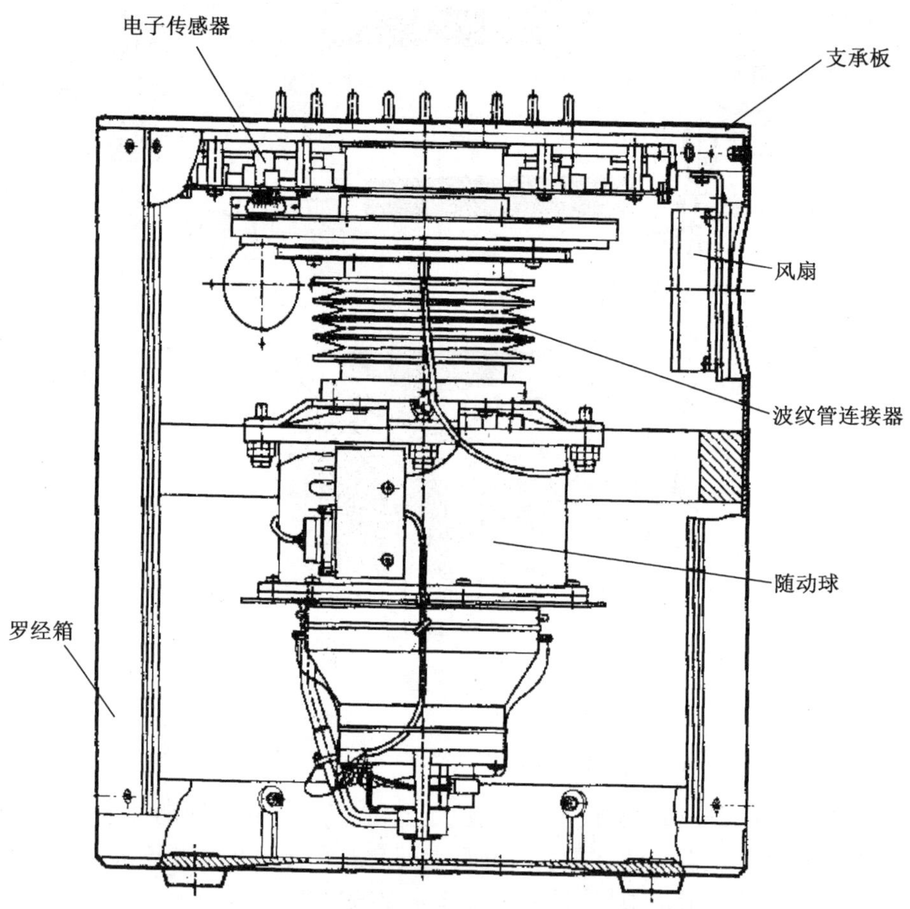

图 8-30　安许茨 22 型陀螺罗经箱体剖面图

（二）电路系统

1.电源系统

电源系统由几个稳压电路和 55 V/400 Hz 逆变器组成。

稳压电路:将直流 24 V 船电变换成电子传感器所用直流电。

55 V/400 Hz 逆变器:将直流 24 V 船电变换成陀螺球和高心泵所需单相 55 V/400 Hz 电源。

2.随动系统

随动系统由随动传感器、放大器、CPU、随动电机控制器和随动步进电机组成，如图8-31所示。

随动传感器采用信号电桥，输出航向信号，驱动步进随动电机，带动方位齿轮转动。

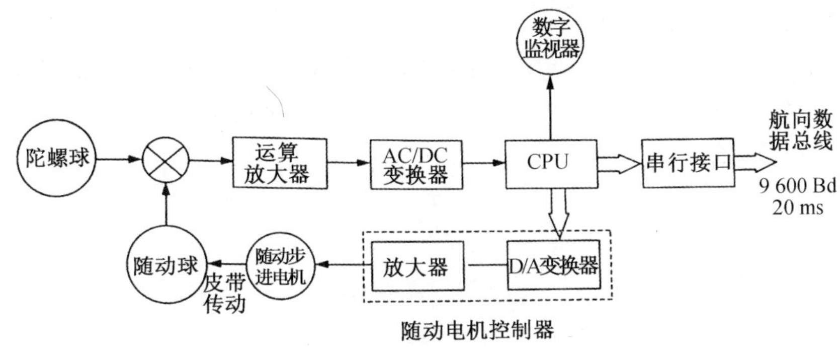

图8-31　随动系统的组成

3.传向系统

方位齿轮转动带动支承板中央的编码器转盘转动，将随动球转动的角度变换为数字编码，送至微处理器。微处理器计算出船舶航向后，输至数字显示器显示航向。同时通过串行接口送至分配箱，分配箱变换处理后，同时带动5路步进式分罗经和8路同步式分罗经。

4.温控及报警系统

温控系统由温度传感器、微处理器、温度控制器、加热器、电风扇、过温保护装置等组成，如图8-32所示。

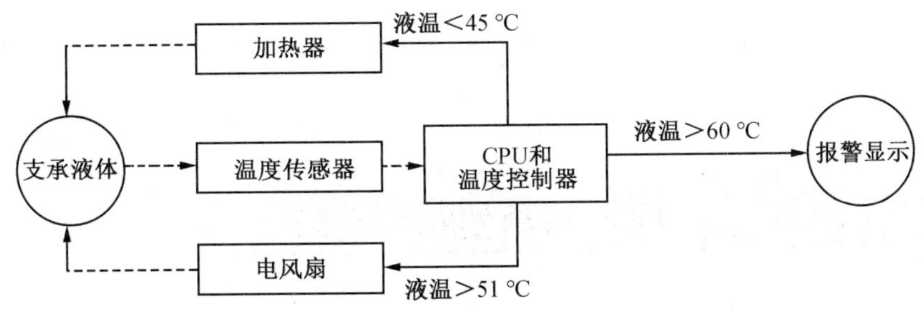

图8-32　安许茨22型陀螺罗经温控及报警系统

安许茨22型支承液体的正常工作温度为50±1 ℃，陀螺罗经接通电源后，加热器开始工作，当支承液体温度达到45 ℃时，随动系统接通，加热器供电电压逐渐下降：当温度达到50 ℃时，停止加热。当温度升至51 ℃时，接通电风扇电路，电风扇对罗经进行冷却。当液温继续上升至60 ℃时，数字显示器上显示的数字航向小数点闪烁，按下按键B38，显示警告字符C3。如果液温继续上升至70 ℃，警告字符变成E9，如果液温还继续上升，超过77 ℃时，温度保护装置自动切断加热器的电路。

安许茨22型陀螺罗经主要结构参数汇总：

转子数量	双转子(互成直角)
陀螺马达转数	12 000 r/min
动量矩 H 方向	指北
陀螺球支承方式	液浮加离心水泵
陀螺球内气体	氮气
支撑陀螺球的液体	蒸馏水 10 L,甘油 1 L,安息香酸 10 g(液体导电)
控制力矩、设备	下重式,重心下移 8 mm
阻尼力矩、设备	液体阻尼器(内装高黏性的甲基硅油)
阻尼方式	水平轴(长轴)
纬度误差及消除	不存在
速度误差及消除	存在,外补偿法
速度、纬度调节	不需要调节装置
消除摇摆误差措施	双转子陀螺球
主罗经工作电压	55 V/400 Hz
电源系统	逆变器
随动系统	信号电桥
传向系统	数字式
传向系统精度	0.1°
工作温度	50+1 ℃
报警温度	60 ℃
环境温度	-10~55 ℃
陀螺球达到额定转数时间	10 min,之后自动启动随动系统
快速启动	不支持

知识链接四 斯伯利系列陀螺罗经

斯伯利系列陀螺罗经典型产品有斯伯利公司的 MK37 和日本东京计器生产的 TG-100、TG-5000、TG-6000 等,现以 MK37 型为例。该型陀螺罗经是美国斯伯利(SPERRY)公司生产的斯伯利系列罗经之一,是斯伯利系列罗经的典型型号,是目前商船上使用较多的一种罗经。图 8-33 所示是斯伯利 MK37 型陀螺罗经的整体组成。

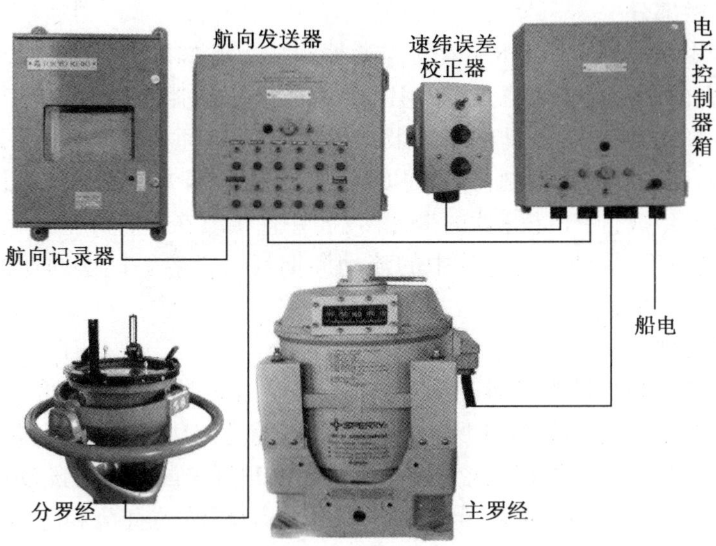

图 8-33　斯伯利 MK37 型陀螺罗经的整体组成

一、斯伯利 MK37 型陀螺罗经的主罗经结构

斯伯利 MK37 型的主罗经外部是一个罗经座，由上盖和壳体组成。盖上有一观察窗，用以读取航向。罗经座里面装有陀螺球、液体连通器、垂直环、叉形随动环、支承板和航向刻度盘等，陀螺球以垂直轴支承在垂直环上，垂直环以水平轴支承在叉形随动环上，陀螺球既可绕垂直环内的垂直轴做方位上的转动，又可连同垂直环一起绕水平轴做俯仰运动，陀螺转子绕自转轴高速旋转。

斯伯利 MK37 型陀螺球如图 4-34 所示。

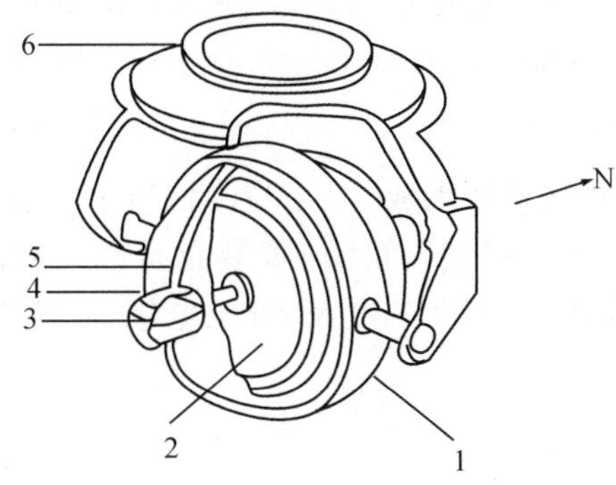

图 8-34　斯伯利 MK37 型陀螺球

1—垂直环；2—陀螺转子；3—液体连通器；4—陀螺球；5—空气管；6—叉形随动环

叉形随动环通过枢轴和轴承，安装在支承板上。在罗经处于正常工作温度时，充满罗经座内的硅油的液体密度与陀螺球及其支承组合件的密度相等。因此，上述组合件在罗经座内的硅油中呈中性悬浮状态，垂直和水平轴承不承受重量，仅起导向作用。这种液浮和轴承导向的组合支承大大减小了摩擦力，提高了罗经的指向精度。

（一）灵敏部分

灵敏部分由陀螺球、垂直环和液体连通器组成。陀螺球内装有一个陀螺马达。动量矩指南，球壳的西侧装有阻尼重物，用以产生阻尼力矩，阻尼因数约为3。陀螺球可绕垂直轴在垂直环内转动，但转动的角度限制在±6°以内。垂直环连同陀螺球可绕水平轴转动，其转动角度由制动器限制在±48°以内。液体连通器为罗经的控制设备，由两个互相连通的黄铜瓶组成，位于陀螺球的南北两端，并且接装在垂直环上。瓶内注入部分硅油，具有较大的黏度，硅油在连通管中的流动周期远大于船舶摇摆周期，从而使罗经的摇摆误差得到一定的消减。

（二）随动部分

随动部分的主要部件为叉形随动环，随动环上面的方位齿轮与方位电机齿轮相啮合，顶端为航向刻度盘，如图8-35所示。随动环跟随陀螺球转动，通过随动系统，即随动失配敏感元件（随动变压器和衔铁），将相对位置的角度失配转变成随动电信号，经随动放大器放大后，使方位电机转动，最终带动叉形随动环转动直至和陀螺球保持一致时为止。

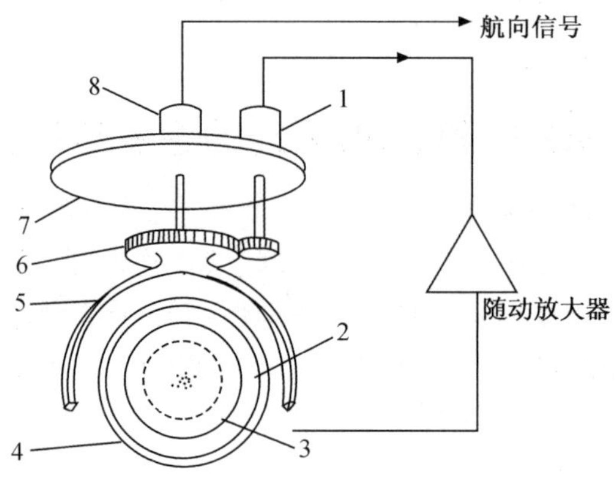

图8-35　斯伯利MK37型陀螺罗经随动部分

1—方位电机；2—随动变压器；3—陀螺球；4—垂直环；5—叉形随动环；6—方位齿轮；7—支承板；8—余弦解算器

（三）固定部分

固定部分由罗经箱体和支承板组成，罗经箱体相当于贮液缸，整个主罗经全部置于罗经箱内的硅油中；箱体完全密封，船首线位置装有有机玻璃窗口，用以读取主罗经航向，支承板上装有叉形随动环、主罗经刻度盘、方位电机、方位齿轮、光电发送器、余弦解算器等。

二、斯伯利MK37型陀螺罗经的电路系统

（一）电源系统

电源系统由静止逆变器电路组成，静止逆变器将船电转换为115 V/400 Hz单相电后，经移相电路移相后变为三相交流电，向陀螺马达供电，马达额定转速为12 000 r/min。变压整流部分将船电转换为直流70 V（或直流35 V）电源，以作为传向系统工作电源，如图8-36所示。

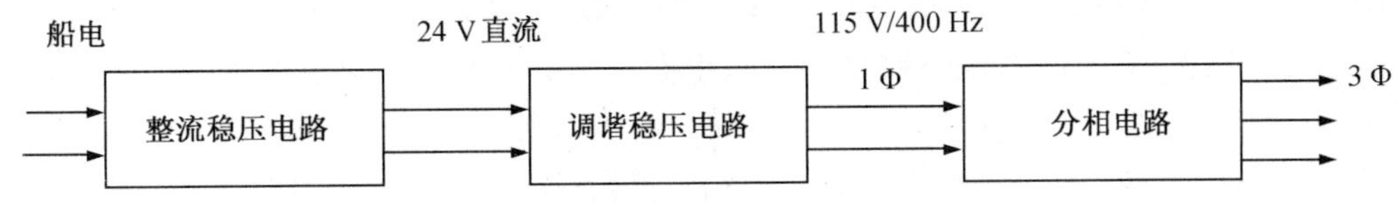

图 8-36　斯伯利 MK37 型陀螺罗经电源系统

（二）随动系统

随动敏感元件由垂直环西侧的 E 形随动变压器与陀螺球西侧的衔铁组成。启动罗经时，船舶不动即叉形随动环开始时不动，陀螺球自动找北时，陀螺球的衔铁与垂直环上的 E 形铁心上绕组的相对位置失配，绕组即可产生随动信号；或当陀螺球稳定指北时船舶转向，垂直环上的 E 形铁心上的绕组与陀螺球上衔铁的位置失配，绕组也产生随动信号。随动变压器产生的随动信号经晶体管放大后，控制方位电机工作。方位电机驱动主罗经的随动部分跟踪并始终与陀螺球相对位置保持一致，如图 8-37 所示。

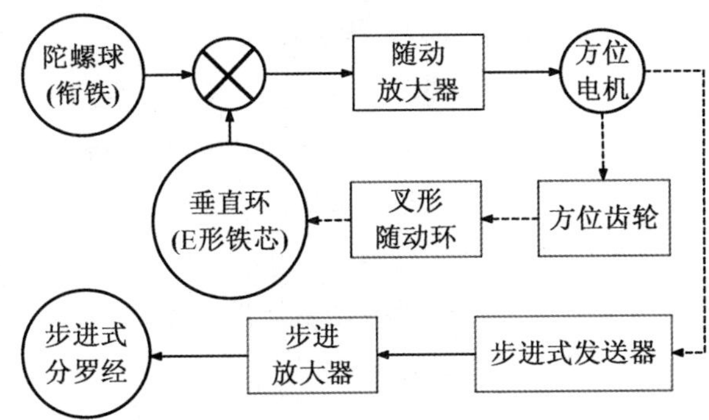

图 8-37　斯伯利 MK37 型陀螺罗经随动系统

（三）传向系统

传统的斯伯利系列陀螺罗经大部分采用直流步进式传向系统。MK37 型的传向系统由光电式步进发送器和步进式分罗经（复示器）及其控制电路组成，分罗经的步进精度为(1/6)°，如图 8-38 所示。

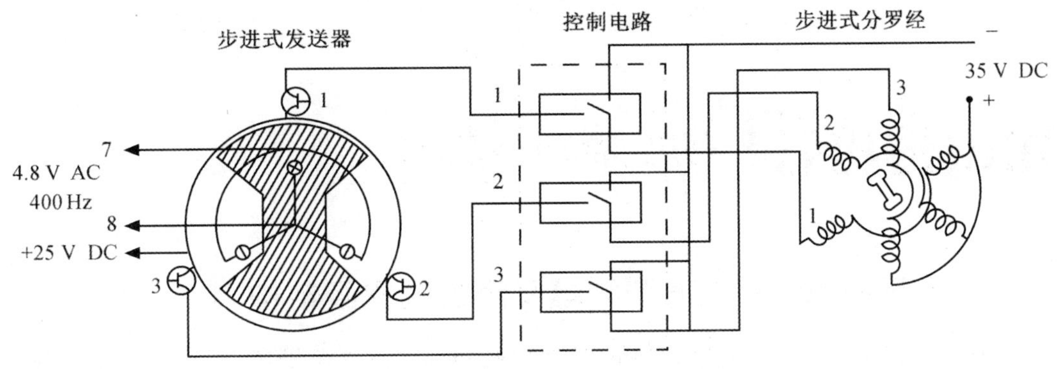

图 8-38　斯伯利 MK37 型陀螺罗经传向系统

（四）误差校正系统

设置了误差校正电路来校正纬度误差和速度误差，控制力矩器根据外界输入的纬度和速度数值产生合适的误差补偿力矩,使主轴回到子午面内。

斯伯利 MK37 型陀螺罗经主要结构参数汇总:

转子数量	单
陀螺马达转数	12 000 r/mim
动量矩 *H* 方向	指南
陀螺球支承方式	液浮加轴承
陀螺球内气体	氦气
支撑陀螺球的液体	硅油(不导电)
控制力矩、设备	上重式,液体连通器(液体为硅油)
阻尼力矩、设备	陀螺球西侧配重多 30 g
阻尼方式	垂直轴(短轴)
纬度误差及消除	存在,内补偿法
速度误差及消除	存在,内补偿法
速度、纬度调节	速度变化 5 kn,纬度变化 5°
消除摇摆误差措施	液体连通器内的高黏度硅油
主罗经工作电压	115 V/400 Hz
电源系统	逆变器
随动系统	E 形随动变压器和衔铁
传向系统	直流步进式
传向系统精度	(1/6)°
工作温度	52+1 ℃
报警温度	60 ℃
环境温度	-5~45 ℃
陀螺球达到额定转数时间	10 min,之后手动启动随动系统
快速启动	支持

知识链接五 阿玛-勃朗陀螺罗经

一、阿玛-勃朗 MK10 型陀螺罗经的主罗经结构

阿玛-勃朗 MK10 型陀螺罗经的主罗经外形是一个方箱形结构,同样由灵敏部分、随动部分和固定部分组成。

(一)灵敏部分

灵敏部分由陀螺球、浮动平衡环和水平与垂直金属扭丝等组成。陀螺球是一个形

如哑铃的密封球体，球内装有一个陀螺马达，动量矩指北。陀螺球采用液浮和金属扭丝组合支承，整个灵敏部分浸没在汽油中，调整氟油的密度，使灵敏部分的重力与氟油的浮力相等，呈中性悬浮。因此，水平和垂直扭丝不承受陀螺球和浮动平衡环的重力，起到了无摩擦支承的作用。水平扭丝是陀螺球的水平轴，垂直扭丝是陀螺球的垂直轴。若使扭丝受扭，它们便能向陀螺球传递扭力矩，起水平、垂直力矩器的作用，如图 8-39 所示。

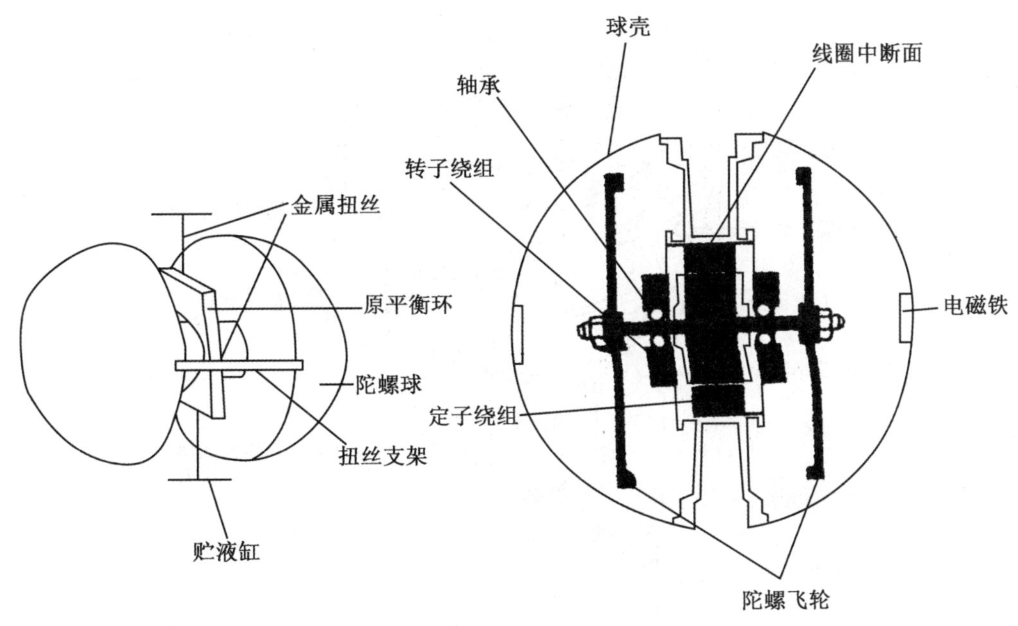

图 8-39　阿玛-勃朗 MK10 型陀螺罗经陀螺球

（二）随动部分

随动部分由贮液缸、倾斜平衡环、倾斜齿轮、倾斜随动电机、方位平衡环、方位齿轮、方位随动电机和航向刻度盘等组成，如图 8-40 所示。阿玛-勃朗 MK10 型陀螺罗经设置了两套独立的随动系统，即倾斜随动系统和方位随动系统，前者用以驱动倾斜平衡环绕东西水平轴转动，带动贮液缸在高度上跟踪陀螺球运动；后者用以驱动方位平衡环绕垂直轴转动，带动贮液缸在方位上跟随陀螺球运动。随动失配敏感元件由安装在贮液缸南北轴缸壁处的陀螺位置敏感线圈（又称“8”字形线圈）和陀螺球相应位置上的电磁铁组成，其共有两组，在水平方向和垂直方向上分别设置。水平放置的称为方位敏感线圈，属于方位随动系统垂直放置的称为倾斜敏感线圈，属于倾斜随动系统。

（三）固定部分

主罗经是箱体形状的，由底座、中部箱体和顶盖组成，顶盖右侧是控制面板，中部箱体和顶盖可以拆装这种结构为罗经的维护保养带来方便。

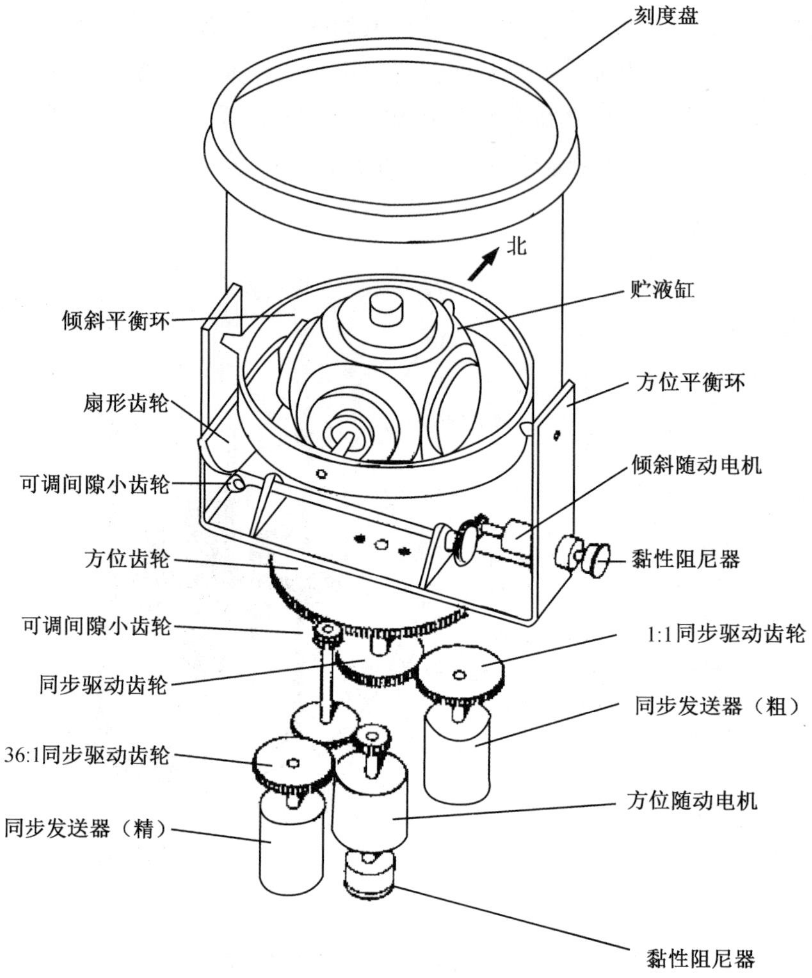

图 8-40　阿玛-勃朗 MK10 型陀螺罗经随动部分

二、阿玛-勃朗 MK10 型陀螺罗经电路系统

1.电源系统

电源系统为变流机形式,由三相异步电动机同轴带动一台三相交流发电机组成。其能提供 380 V/50 Hz 或 440 V/60 Hz 的三相船电,也能发 26 V/400 Hz 的三相交流电作为罗经工作电源。

变流机由开关接线箱上的开关和箱内的保险丝控制和保护其工作。传向系统所需的 DC 35 V 电源是由船电经变压器变压和整流电路整流后得到的。

2.随动系统

随动系统由电磁铁和陀螺球位置敏感线圈(包括倾斜敏感线圈和方位敏感线圈)、倾斜随动放大器和方位随动放大器、倾斜随动电机和方位随动电机等组成。倾斜随动系统的随动原理框图和方位随动系统的随动原理框图如图 8-41 所示。

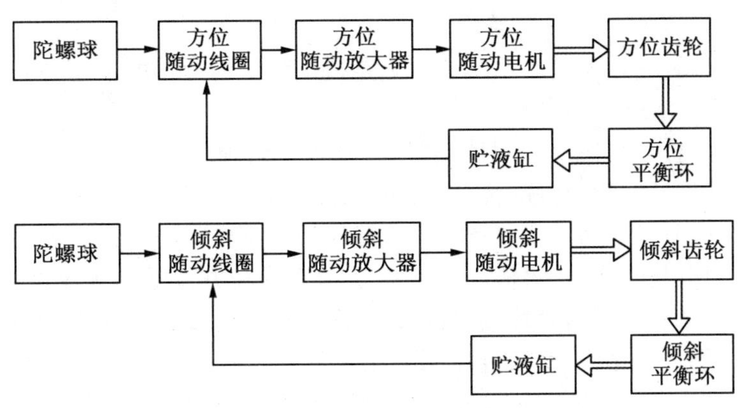

图 8-41　阿玛-勃朗 MK10 型陀螺罗经随动系统

电磁摆产生的摆信号:控制随动系统,使贮液缸在倾斜上和方位上分别产生位移,水平扭丝和垂直扭丝受扭,产生沿陀螺球水平轴向的控制力矩和沿陀螺球垂直轴向的阻尼力矩。

旋转速率旋钮、方位按钮、倾斜按钮及电路产生的旋转速率信号:启动罗经时,控制随动系统,通过贮液缸使陀螺球主轴水平和主轴近似指示真北,进行快速启动罗经。

纬度旋钮及电路产生的纬度误差校正信号:控制倾斜随动系统,使贮液缸在倾斜上产生位移,使水平扭丝受扭,产生沿陀螺球水平轴向的纬度误差校正力矩,消除纬度误差。

速度旋钮及电路产生的速度误差校正信号:控制方位随动系统,使贮液缸在方位上产生位移,使垂直扭丝受扭,产生沿陀螺球垂直轴向的速度误差校正力矩,消除速度误差。

有关电路产生的倾斜偏压信号:控制倾斜随动系统,使贮液缸在倾斜上产生位移,使水平扭丝受扭,产生沿陀螺球水平轴向的附加控制力矩,用以补偿陀螺球沿其主轴存在某一固定的不平衡所引起的作用于水平轴向的干扰力矩,以使陀螺球能恰如其分地补偿地球自转角速度的影响。

有关电路产生的温度补偿信号:控制倾斜随动系统,使贮液缸在倾斜上产生位移,使水平扭丝受扭,产生沿陀螺球水平轴向的补偿力矩,消除由于支承液体的温度变化(正常工作时约在 25~85 ℃之间变化)而使灵敏部分的重心、浮心和中心不重合引起的干扰力矩的影响。

以上各种信号均输入各随动系统的放大器,经放大后控制随动系统工作。

3.传向系统

传向系统采用直流步进传向系统,由方位齿轮、步进发送器、控制电路和步进式分罗经组成。阿玛-勃朗 MK10 型陀螺罗经传向系统的工作原理框图如图 8-42 所示。

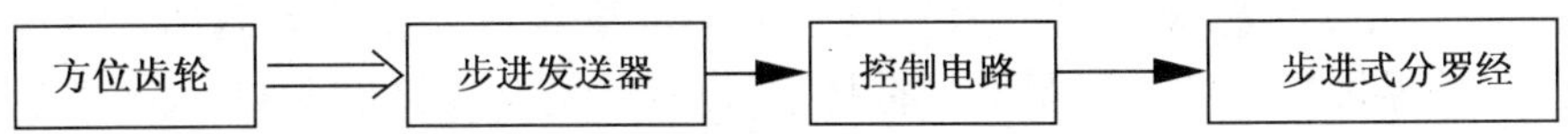

图 8-42　阿玛-勃朗 MK10 型陀螺罗经传向系统的工作原理框图

4.附属电路

稳压电路作用:一是为随动系统放大电路提供稳定的 DC 40 V 工作电压;二是为压降保护电路提供 DC 55 V 工作电压。

压降保护电路作用:在罗经刚启动时,陀螺电机转速低,压降保护电路自动控制随动系统不投入工作。大约 10 min 后,陀螺电机转速正常,压降保护电路便使随动系统自动地投入工作,使罗经自动地找北指北。压降保护电路对罗经起到保护的作用。

摆信号控制电路的作用:对输入到倾斜随动系统和方位随动系统的摆信号的大小进行控制:启动罗经时,摆信号控制电路使其处于强阻尼状态,陀螺球主轴能够很快稳定指北;当罗经稳定指北后,摆信号控制电路使其处于弱阻尼状态(正常阻尼状态),使水平扭丝和垂直扭丝对陀螺球施加较小的控制力矩和阻尼力矩,保证了罗经指向精度高。阿玛-勃朗 MK10 型陀螺罗经电磁摆如图 8-43 所示。

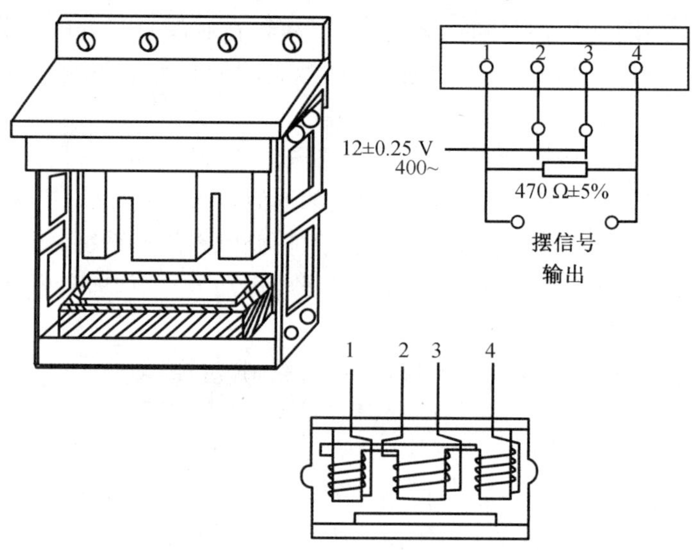

图 8-43　阿玛-勃朗 MK10 型陀螺罗经电磁摆

知识拓展

知识拓展一　光纤陀螺罗经

舰船陀螺罗经的制作技术一直在不断改进和创新,20 世纪 70 年代,伴随着光纤通信技术的发展,光纤传感技术也迅速发展起来。该技术是以光波为载体,光纤为媒质,感应和传输外界被测量信号的新型传感技术,以独特的优良性能赢得了极大的重视,并在各个领域中得到广泛应用。光纤陀螺技术是光纤传感技术的一个特例,是利用光学传输特性而非转动部件来感应角速率和角偏差的惯性传感技术。

美国利顿(Litton)航海系统集团研制成功的新颖光纤陀螺罗经——NAVIGAT 2100

型光纤陀螺罗经和姿态基准系统是专为现代化综合船桥和先进的高速船设计的世界上第一套采用光纤陀螺的固态、全电子数字陀螺罗经，该罗经采用的是一种完整的没有旋转部件和活动部件的固态设计，如图 8-44 所示。它具有很高的可靠性，在工作寿命期间不需要维修和保养，从而揭开了船用陀螺罗经百年历史上崭新的一页。

图 8-44　NAVIGAT 2100 型光纤陀螺罗经

光纤陀螺罗经是由光纤陀螺仪组成的，而光纤陀螺仪是利用光速的恒定性和所谓的萨奈克（Sagnac）效应而设计生产的。

（一）萨奈克效应

众所周知，光在介质中具有传递的等速性。利用这一原理，光可用来测距。光波具有反射与折射特性，当波导的尺寸与光波的波长符合一定关系时，光波就能在波导内产生全反射而不会泄出波导外。光导纤维就是根据这一原理拉制的，现已广泛应用于通信领域。通常，被用于通信的光导纤维是相对静止的，如果光导纤维这一媒体相对于光本身有运动，那么，光的传导就会产生类似多普勒效应的现象，似光性的短波单星定位早已被应用于卫星定位领域。这就是曾在航海上应用广泛的海军导航卫星系统（Navy Navigation Satellite System，NNSS）系统。

由于光具有顺着光导纤维定向传输的能力，如果我们将光导纤维弯曲成完整的圆弧，让光在这个旋转着的光导纤维中传输，相对于相对静止的光导纤维而言，就会产生光的提前/迟到现象。显然，提前/迟到量与光导纤维这一媒体的转速成正比。如果我们同时让两束光分别通过两个大小相同，但一个相对静止、一个旋转着的圆周，测量它们到达的时间差，就可以知道转速的大小，通过积分就可知道转动量，如果提供一个精确的始点，就可以知道其转动的绝对值了。

事实上，我们不通过测量旋转圆周的时间差，而是测量两束沿相反方向运动的光到达的时间差来得到转动量。通过分光器将来自光源的光束由合束分束器分成两束光，分别从光纤线圈两端耦合进光纤传感线圈并反向回转。从光纤线圈两端出来的光，再次经过合束分束器而复合，产生干涉。当光纤线圈处于静止状态时，从光纤线圈两端出来的两束光，相位差为零。当光纤线圈以旋转角速度 n 旋转时，这两束光产生相位差。

这就是萨奈克效应，也是光导罗经指向的基本原理。

以半径为 R 的圆周为例，如图 8-45 所示。

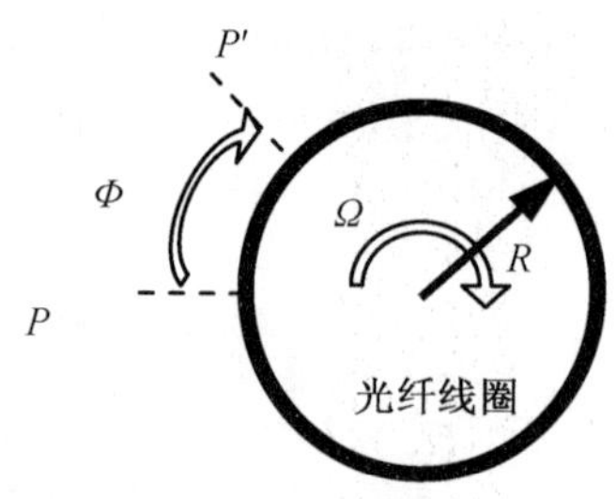

图 8-45 萨奈克效应

P 为分光器位置，光从 P 点进入。光从 P 点进入后，沿着相反的旋向沿着圆弧运动。若圆弧本身相对静止，则两束光将同时到达 P 点，时间差为 0。若圆周 φ 的角速度顺时针旋转，则逆时针方向的光经过的路径为：

$$L_S = L - I$$

式中：L——圆周长，$L = 2\pi R$；

I——光通过的时间内的转角，$I = R\varphi$。

同理，顺时针方向的光经过的路径为：

$$L_B = L + I$$

光程差为：

$$\Delta L = L_B - L_S = 2I = 2R\varphi$$

相位差为：

$$\Delta\varphi = 2\pi\Delta L/\lambda = 2\pi \cdot 2R\varphi/\lambda = 4\pi R\Omega L/\lambda c$$

式中：λ——波长；

c——光速。

由此可见，当 R、λ 和 c 确定后，$\Delta\varphi$ 将取决于 Ω，即 $\Delta\varphi$ 将与 Ω 成正比。

（二）光纤陀螺罗经的结构

按照元器件类型，光纤陀螺分为分立元件型、集成光学型和全光纤型。由于分立元件型光纤陀螺存在体积较大、可靠性较差、误差较大等缺点，现在世界各国都已停止发展。集成光学型光纤陀螺将主要光学元件如耦合器、偏振器、调制器都集成在一块芯片上，将光纤线圈、光源、检测器接在芯片适当的位置，就构成了实用的集成光学型光纤陀螺。从光纤陀螺的发展方向来看，集成光学型光纤陀螺是最有发展前途的光纤陀螺形式。全光纤陀螺将主要的光学元件都加工在一条保偏光纤上，从而可以避免因元器件连接造成的误差。

目前，全光纤陀螺技术比较成熟，其性能在三种中最好，适合在现阶段研制使用的是光纤陀螺。光纤陀螺罗经原理示意图如图 8-46 所示。

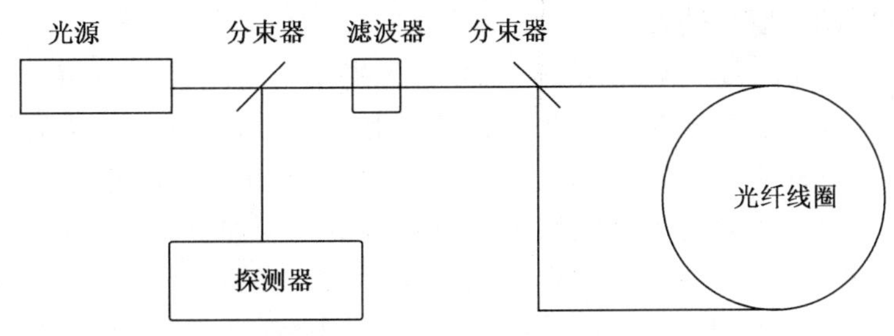

图 8-46　光纤陀螺罗经原理示意图

（三）光纤陀螺罗经的特点

光纤陀螺罗经是基于萨奈克效应研制的。由于光纤陀螺罗经基于对角速度的敏感,所以,光纤陀螺罗经不仅能起到传统罗经的指向作用,而且能直接反映旋转的角速度。所以,光纤陀螺罗经又叫光纤陀螺罗经与姿态参考系统。光导纤维绕成的线圈被用作测量地球转速的十分灵敏的速率传感器。一般光纤陀螺罗经除了在 Z 轴方向装有敏感元件外,还在 X 轴、Y 轴装有敏感元件,它可以测量三轴动态与姿态,通过平面电子感应器,可以反映船舶的横摇、纵摇和转向运动。C.PLATH 公司研制的 NAVIGAT 2100 光纤陀螺罗经由感应器、控制及显示器和相关接口电路组成。

感应器是光导罗经的主要组成部分,它主要由光感及光电电路组成,按其功能分,可分为三部分:电源及导航信号处理器、平面电子感应器及三轴光导陀螺仪。其中,三轴光导陀螺仪由 X、Y、Z 轴三个独立的陀螺仪组成。根据来自三个陀螺仪的信号和来自平面电子感应仪的信号,经过卡尔曼滤波,就能计算出地球的转动方位,从而得到地球真北方向。

由于采用链联式技术设计,光纤陀螺罗经的 $X-Y$ 主平面由电子感应仪产生,光纤陀螺罗经可直接安装在船体上,从而取消了传统陀螺罗经中最繁复的平衡环系统。同时,由于光纤陀螺罗经是基于旋转速率的,启动稳定时间很短,动态精度高且没有北向速度误差,从而大大增加了各类船只的安全性,尤其是当高速船艇在高纬度的高速进行频繁的机动时,更能保证船艇的安全。因此,它尤其适用于高速船艇。

光纤陀螺的主要特点是:

(1)无运动部件,仪器牢固稳定,耐冲击且对加速度不敏感;

(2)结构简单,零部件少,价格低廉;

(3)启动时间短(原理上可瞬间启动);

(4)检测灵敏度和分辨率极高;

(5)可直接用数字输出并与计算机接口联网;

(6)动态范围极宽;

(7)寿命长,信号稳定可靠;

(8)易于采用集成光路技术;

(9)克服了因激光陀螺闭锁现象带来的负效应;

(10)可与环形激光陀螺一起集成捷联式惯性系统传感器。

由于光纤陀螺的上述突出优点,其在许多领域中得到广泛的应用。

（四）光纤陀螺罗经的发展

1976年，美国犹他大学 Vali 和 Shorthill 首先提出光纤陀螺的设想并进行了演示试验。1978年，美国麦道公司研制出第一个实用化光纤陀螺，1983年又研制出零相位检测的光纤陀螺。1980年，Ulrich 揭示了解决光纤陀螺上互易性的重要性，Culter 揭示了相干的 Rayleigh 反向散射是光纤陀螺灵敏度提高的主要障碍之一，并提出了一些解决的方法。同年，Bergh 等研制出第一台全光纤陀螺试验样机，使光纤陀螺向实用化迈进了一大步。1981年，Ezekiel 等证明了克尔效应影响光纤陀螺的短期漂移误差。1982年，Bergh 等指出，采用超发光二极管（SLD）可以大大降低 Kerr 效应带来的误差，并研制出克服克尔效应的光纤陀螺。1984年，Arditty 等演示了一个用多功能集成光学元件的光纤陀螺，证明了集成光纤陀螺的可行性。

20世纪80年代末至90年代初，光纤陀螺技术已达到实用化产品阶段，许多公司都推出了自己的相关产品。其中美国在这方面走在世界前列，已研制出实验室精度为1°/h~4°/h的高精度光纤陀螺，霍尼韦尔（Honeywell）公司、利顿（Litton）公司、史密斯公司、道格拉斯公司及美国海军研究所等都推出了系列产品。霍尼韦尔公司在20世纪90年代生产了9 000只开环式全保偏光纤陀螺，用于民用航空，精度为1°/h。该公司已经制造出精度为0.000 038°/h 的干涉型光纤陀螺，可用于核潜艇的导航或空间飞行。

利顿公司于20世纪90年代初建起一条战术级组合惯导系统的生产线，至2001年初已交付超过5 000套惯导系统。这表明光纤陀螺已超过15 000个，这些产品供50个以上不同用户使用，其产品 LN-201 零偏误差为 1~10°/h，已用于 AMRAAM 空对空导弹。史密斯公司的光纤陀螺已成功地应用于各型军用飞机。

道格拉斯公司研制出一种用于钻井设备的光纤陀螺，能承受很宽的湿度变化和强度冲击，这也是光纤陀螺首次用于钻井设备。美国海军研究所已研制出一种漂移为0.005°/h的全光纤陀螺，其惯导装置水平角速度的短期分辨率已达到 5.3×10^{7}。日本是继美国之后光纤陀螺研究生产的大国。Mitsubishi 公司、Hitachi Cable 公司等都推出了自己的系列产品，特别是在中低精度光纤陀螺方面，这些公司走在了世界前列。JAE 公司进行了光纤陀螺在多个领域的应用研究，如陆海空及空间运动平台的导航，火箭的姿态控制，其中1991年发射的 TR-IA 型全重力实验火箭是世界上首次采用光纤陀螺的实例。

自从光纤陀螺诞生以来，在近30年的时间里，其发展日新月异。不仅科学家热衷于此，许多大公司出于对其市场前景的看好，也纷纷加入研究开发的行列中来。由于光纤陀螺在机动载体和军事领域的应用甚为理想，因此各国的军方都投入了巨大的财力和精力。目前一些发达国家在光纤陀螺的研究方面均取得了较大进步，一些中低精度的陀螺已经实现了产品化，而少数高精度产品也开始在军方进行装备调试。

相对而言，中国光纤陀螺的研究起步较晚，但是在广大科研工作者的努力下，已经逐步拉近了与发达国家间的差距。航天工业总公司、清华大学、浙江大学、北京交通大学、北京航空航天大学等单位相继开展了光纤陀螺的研究。根据目前掌握的信息看，国内的光纤陀螺研制精度已经达到了惯导系统的中低精度要求，有些技术甚至达到了国外同类产品的水平。但是国内的研究大多停留在实验室阶段，没有形成产品，距离应用还有差距。所以我们在这方面仍然有很长的路要走。

（五）光纤陀螺罗经的应用前景

经过30多年的研究和开发，中低精度的光纤陀螺仪在国外已批量生产，高精度光纤陀螺仪已达到0.000 38°/h的水平。国外已从地下探测到地面车辆定位定向，从舰载、机载到航天惯导系统都已广泛应用光纤陀螺仪。在中高精度姿态方位参考系统（AHRS）和捷联惯导系统（SINS）中，光纤陀螺仪和激光陀螺仪占有重要位置。随着光纤通信技术和光纤传感技术的发展，许多惯性技术专家预言，传统的机电式陀螺仪将在21世纪初期被激光陀螺仪所取代，光纤陀螺仪又将取代激光陀螺仪。

30多年来，世界各发达国家的科研机构和著名大学都投入了很多的经费研究这个有发展前途的新型光纤旋转速率传感器。随着光纤通信技术和光纤传感技术的发展，光纤陀螺仪已经实现了惯性器件的突破性进展。惯性技术专家现已公认，光纤陀螺仪（干涉型）是用于惯性制导和导航的关键技术。美国国防部在20世纪90年代初提出，光纤陀螺仪的精度1996年要达到0.01°/h，2001年要达到0.001°/h，2006年要达到0.000 1°/h，有取代传统的机电式陀螺仪的趋势。

目前，利顿公司的0.1°/h的光纤陀螺仪已用于战术导弹的惯导系统，并且已批量生产采用光纤陀螺仪的姿态航向参考系统（AHRS）。霍尼韦尔公司已经生产出用于波音777飞机和道尼尔飞机的光纤陀螺仪，研制的高精度陀螺仪的零偏稳定性已达到0.000 38°/h。精度为1~0.01°/h的工程样机已用于飞行器、惯性测量组合装置。新型导航系统FNA 2012采用了精度为1°/h的光纤陀螺仪和卫星导航GPS。

发展至今，光纤陀螺的实际应用研究（特别是航天航空及工业领域）主要集中于运用光电集成芯片、微光电机械、信号处理等技术来降低光纤陀螺成本，且实现小型化、高性能等，对I-FOG引入了消偏结构、三轴结构及EDF掺饵光纤和ASE自发辐射光源，以进行光纤陀螺的标准化及光纤型激光陀螺的研制。

现在，光纤陀螺的大部分关键技术问题已经得到很好的解决，灵敏度、动态范围、标度因素等技术指标也得到很大的改善。关键技术问题的解决和光纤陀螺独有的优势有力地推动了光纤陀螺的产业化。如今，全球每年生产的光纤陀螺仪已达到十万个，广泛应用于航天航空和矿物勘采，以及航海和地震探测等技术领域。

日本航空电子公司生产的光纤陀螺仪已用于遥控直升机、足球场用的剪草机和清洁林荫道地面的机器人。三菱公司生产的几种型号的光纤陀螺仪已用于发射运载器，并且已计划用于飞向月球的运载火箭。日立公司现在每月生产3 000台光纤陀螺仪，供应汽车定位定向系统：如每月生产100万台，成本将降低到每台100美元。随着光纤陀螺仪的迅速发展，选用温度特性好的光纤传感器件，进行光纤陀螺仪的温度试验和温度补偿措施，并采用三轴数字闭环技术等光纤陀螺仪工程化的关键技术，以及探索谐振腔式光纤陀螺仪的试验研究，将加快光纤陀螺仪的研究工作，从而根据各领域对精度的不同要求，研制出相应的光纤陀螺仪。

光纤陀螺仪最大的优点是不需要在石英块或其他材料中精密地加工光学回路，制造成本低，而且可根据使用要求，实现高、中、低不同精度的产品。因此，光纤陀螺具有更广阔的应用领域。例如战术导弹、制导炸弹（炮弹）等只有几分钟甚至几秒钟的飞行时间，对陀螺仪的精度要求不是很高，但对陀螺的尺寸大小及抗冲击性能有较高要求，而且是一次性使用，因而要求陀螺仪的成本应尽可能降低，且能大批量生产。因此，光纤陀螺是非常理想的选择。

国外主要光纤陀螺开发商正在开发三种不同等级的光纤陀螺。这些光纤陀螺几乎覆盖了陀螺的所有应用领域。这三种类型包括用作低性能速率传感器的低精度陀螺（零偏误差为10°/h～100°/h，标度因数误差为500×10^{-6}～$5\ 000\times10^{-6}$），用作如航海等中低精度航姿系统、战术导弹等平台的中精度陀螺（零偏误差为0.1°/h～1°/h，标度因数误差为30×10^{-6}～300×10^{-6}）以及用作高精度惯导系统的高精度陀螺（零偏误差为0.001°/h～0.01°/h，标度因数误差为1×10^{-6}～5×10^{-6}）。所有这些光纤陀螺基本上采用了相同类型的元器件，而仅仅在元器件的性能质量和装配公差上有所不同，因而很容易实现产品的系列化，满足不同领域不同系统的要求。随着光纤陀螺技术的不断成熟，其应用领域不断扩展，已经或正在不断地替换着传统机械式的陀螺，甚至有专家预言："光纤陀螺出现，机械陀螺停转。"

（六）光纤陀螺罗经在航海上的应用

在海上，船舶一直将陀螺罗经作为航向信息源。陀螺仪是惯性元件之一，能感应导航基准坐标系相对惯性坐标系的角偏差，并将这个信号提供给导航、定位等系统，可应用于卫星定位仪、ARPA、组合导航系统和AIS等。由于高速旋转的"转子"质量不平衡，各转动自由度的交叉耦合效应、转子转动惯量、转子支承的有害力矩等因素严重影响陀螺精度的提高，而且陀螺罗经启动时间较长。但光纤陀螺罗经就不受这方面的影响，除了提供高精度的航向信息外，还能提供纵、横摇和船舶回转角速度的信息，是航行中船舶的瞬时姿态信息源，几乎不需要启动时间，因此，在航海上会得到广泛的应用，具体体现在以下几个方面：

（1）进一步推动船舶驾驶自动化发展，船舶驾驶自动化的实质是信息处理及安全航行决策等的自动化。随着技术不断发展和成本的不断降低，光纤陀螺罗经必将成为高可靠性和高精度的船舶动态数据源，为船舶驾驶自动化信息处理平台提供新的底层支持。

（2）可提供船舶的姿态信息。提供船舶的纵横向倾角和船舶回转角，为船舶配载操纵提供更科学、准确的依据，提高船舶的安全性。

（3）磁罗经校差的新手段。磁罗经校验师可利用光纤陀螺罗经稳定时间短，不产生冲击误差、纬度误差、速度误差及便于携带等特点，在磁罗经自差校正中利用光纤陀螺罗经和磁罗经进行比对的方法，既方便又高效。

（4）丰富船舶操纵理论及实践。根据船舶在不同舵角下船舶回转角速度的大小，及时了解船舶在不同装载下的状态或风浪作用下的操纵性能；在狭水道等受限水域航行时，可根据航道宽度、船型等，设置船舶回转角速度的正常值范围及上限报警值，以及时可靠的数据来保证船舶操纵效果。

（5）可推动相关规则、规定等的修改和制定。在许多场合下，由于船舶缺少可靠的数据来源，在某些规则中无法做出定量的规定，往往用"海员通常做法"来描述现在则可用光纤罗经提供的船舶姿态数据来界定。同样，在海事分析中，该数据记录也可作为判断事故责任方的重要依据之一，使规则和规定更具有操作性。

知识拓展二　GPS罗经介绍

GPS 罗经是一种以 GPS 为基准的罗经，是一种既能提供 GPS 定位与导航信息，也能提供航向信息的 GPS 卫星导航仪。普通民用 GPS 罗经的单点定位误差可以小于 10 mm，航向角和俯仰角的误差均可以小于±1.0%。

一、GPS 罗经的产品特点

GPS 罗经一般采用两个或三个 GPS 天线，利用 GPS 信号产生船舶方位信息，相比较传统机械式陀螺罗经，具有很多优点，比如体积小、易安装、成本低、易于二次开发、启动速度快、高达 10 Hz 的定位定向数据更新率、稳定可靠、功耗低、故障率低、维护成本低、不受磁场影响、不受速度和纬度影响、无须校准、无累积误差、可输出偏流角，特别适用于空中和海上载体。

一台 GPS 罗经的市场价格大约 3.5 万元人民币，而一台传统陀螺罗经的价格十几万元人民币，且每 3~5 年必须更换一次陀螺球，一个陀螺球的价格为 5 万~9 万元人民币不等，不论从哪方面看，GPS 罗经都具有绝对的优势。

图 8-47 所示为加拿大 Hemisphere 公司的 VS330 厘米级定位定向接收机（GPS 罗经）。

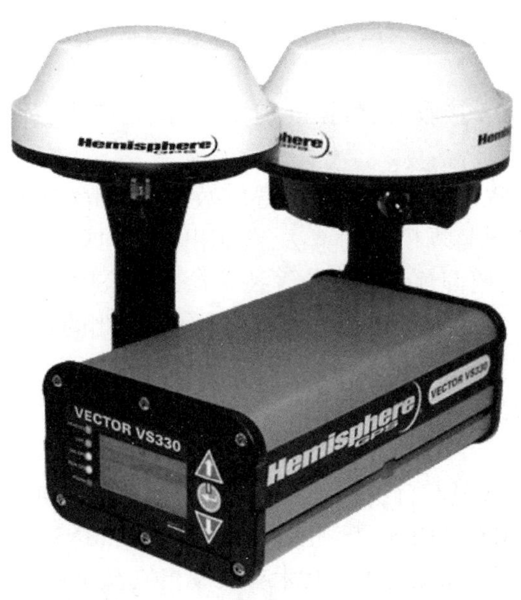

图 8-47　加拿大 Hemisphere 公司的 VS330 厘米级定位定向接收机（GPS 罗经）

它的一些基本参数特点列举如下：

GPS 灵敏度	-142 dBm
SBAS 跟踪	3 通道，并行跟踪
更新率	标准 10 Hz、20 Hz 可授权
水平精度	RMS(67%)2DRMS(95%)
定向精度	<0.17°rms@ 0.5 m 天线距
	<0.09°rms@ 1.0 m 天线距
	<0.04°rms@ 2.0 m 天线距
	<0.02°rms@ 5.0 m 天线距
	<0.01°rms@ 10.0 m 天线距
授时(1PPS)精度	20 ns
转弯率	最大至 100°/s
罗盘安全距	30 cm(带外壳)
冷启动	<40 s(无历书或时钟)
温启动	<20 s 典型(有历书或时钟)
热启动	<5 s 典型(有历书、时钟和位置)
航向修正	<10 s 典型(有效定位)
最大速度	1 850 km/h(999 n mile/h)
最高海拔	18 288 m(60 000 ft)
纵摇/横滚精度	<1°rms

二、GPS 罗经的基本原理

GPS 罗经，通常也称作卫星罗经，是一种能够满足现代导航定位需要的新型航向指示设备。

GPS 罗经一般由 GPS 接收机、数据处理器(或微处理器)和显示器三部分组成，如图 8-48 所示。

GPS 接收机用于接收来自 GPS 卫星的导航数据，数据处理器则根据 GPS 罗经导航算法模型和动态实时解算整周模糊度算法，解算出基线向量在大地坐标系中的解，继而得到运动载体的方位角、俯仰角和横滚角等技术参数。采用惯性陀螺的三维偏向参数，结合卫星定位精确指北数据进行循环修正，达到稳定指北的目的。显示器则显示处理器得出的相关技术参数。其中，数据处理器是 GPS 罗经的核心部分。惯性陀螺仪是惯性导航系统(GPS)中的主要惯性测量装置，用于测量载体的三维角运动，经过积分运算求出载体姿态与航向。

与 GPS 不同的是，INS 具有自主式、全天候、不受外界干扰和无信号丢失等优点，但其测量误差会随着时间而累积。GPS 罗经正是利用了 GPS 和 INS 各自优点和性能的互补性进行组合测姿的。GPS 罗经采用的主要技术有载波相位差分测量技术、坐标系转换技术、整周模糊度解算与固定技术、组合导航技术等，同时，也包括 GPS 接收机数据提取和转换技术、基线向量解算技术、滤波器技术、各种硬件接口技术等多种核心技术和算法。

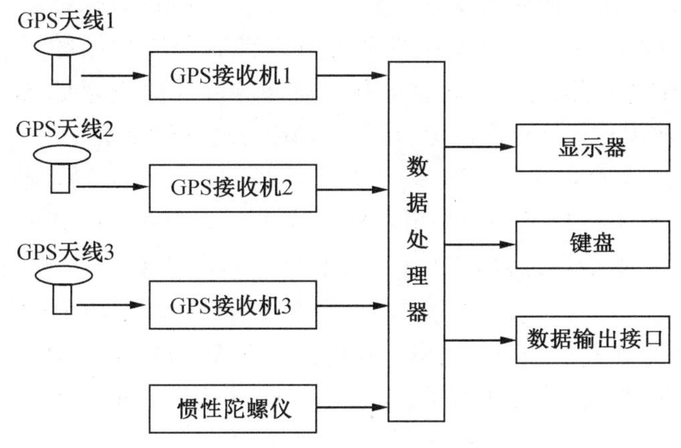

图 8-48　GPS 罗经结构示意图

GPS 罗经通过测量 GPS 载频相位获得本船的艏向信号。沿着船首尾纵向轴安装一对 GPS 天线，沿着船舶正横方向安装第三个 GPS 天线。GPS 天线与 GPS 罗经或 DGPS 罗经处理器连接。GPS 与 DGPS 卫星导航仪可以计算出沿着船首尾纵向轴安装的 GPS 天线到 GPS 卫星的距离和方位，计算出从 GPS 卫星到 GPS 天线间的相位差，求出 GPS 卫星到 GPS 天线间的距离差。由于沿着船首尾纵向轴安装的两个 GPS 天线之间的长度已精确确定，这样就计算出了两个沿着船首尾纵向轴安装的 GPS 天线的一条向量(距离和方向)，也就是本船相对于北的艏向。

实际上，所增加的第三个沿着船舶正横方向安装的 GPS 天线主要用于减少摇摆和偏荡的影响，如图 8-49 所示。

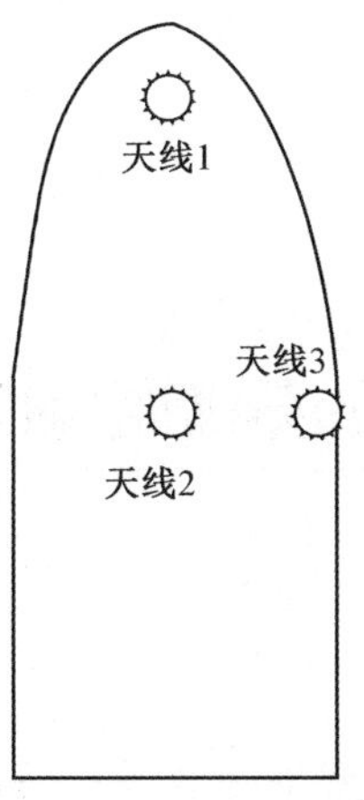

图 8-49　GPS 罗经测姿原理图

GPS 罗经也可以选用无线电信标接收机整套配件及内差分 GPS 信标接收机整套配件等任选插件，此时 GPS 罗经变为 DGPS 罗经。

典型的 GPS 罗经与 DGPS 罗经由在一个坚硬精密支座支撑体内的 3 个 GPS 天线单元、处理器单元和显示器单元组成。GPS 卫星与 3 轴三维状态角速率传感器的混合结构提供了精确和稳定的航向信息，即使在 GPS 卫星信号被阻挡或者船舶摇摆、偏荡剧烈时，也能稳定地指示航向，其准确度在0.5°以内，且每25 ms数据更新一次，满足了特殊应用的高速传输数据的要求。GPS天线系统可以抑制及减少船舶运动的影响，使GPS罗经与DGPS罗经的性能不受航速、航向和船位纬度以及地磁等变化的影响。

GPS罗经与DGPS罗经初始稳定时间为4 min，随动性能为25°/s，满足了高速运载体（船舶、飞机、飞船）的要求。GPS罗经中的单频（L1）、C/A码接收机的定位精度为10 m（95%）。DGPS罗经中的DGPS定位精度优于5 m（95%）。GPS罗经与DGPS罗经电源电压很小（12～24 V DC），功率也很小（15 W）。由于GPS罗经与DGPS罗经没有罗盘平衡环或者旋转测量仪表等机械配件，不需要日常维护。GPS罗经与DGPS罗经的显示方式有：刻度盘式罗经显示方式、操舵显示方式、导航数据显示方式、艏向显示方式，输出真艏向和对地航向、对地航速、GPS位置信息及其他导航数据，用LCD屏幕显示罗经的数字度数。

现如今，低成本导航已成为导航领域研究的热点之一，GPS罗经的发展与应用和这一热点相符，已越来越多地应用到航海、航空等领域。研制低成本、高精度、智能化、系统化的GPS罗经将是今后GPS发展与应用的一个重要方向，其关键技术是解决GPS技术和惯导技术的信息融合，研究新型高效的算法，获取高精度的姿态与导航参数。

总之，作为一种新型的电子导航设备，GPS罗经的发展将会对我国海洋经济发展、海洋资源开发与利用、海洋环境保护等海洋事业产生重要的影响并且伴随着我国于2020年实现“北斗导航卫星”全球组网，对于我国用户来说，BDS终将取代GPS，基于BDS技术的“COMPASS罗经”系统必将取而代之。其实也可以多种系统组合使用，这样当一种卫星系统出现信号接收问题而导致整个系统无法工作时，可以继续采用其他卫星系统进行工作，不仅提高了GPS罗经的稳定性和可靠性，还实现了真正意义上的“卫星罗经”。

项目实施

任务一 操作使用安许茨4型陀螺罗经

一、任务描述

舰船在海上航行，搭载安许茨4型陀螺罗经。值班驾驶员应完成下述操作：

1.检查并启动该陀螺罗经；

2.检查该陀螺罗经的陀螺球高度；

3.使用该陀螺罗经观测相位。

二、操作步骤

操作 1：开机前检查与准备

步骤一：检查配电箱上的“船电开关(POWER SUPLLY)”,应位于“关闭(OFF)”位置。

步骤二：检查变压器箱上的“罗经电源开关(MAIN SWITCH)”,应位于“关闭(OFF)”位置。

步骤三：检查主罗经箱下方左侧小门内接线板上的“随动开关(FOLLOW-UP SWTTCH)”,应位于“关闭(OFF)”位置。

步骤四：打开罗经桌上的注液孔盖,测量支承液体数量是否正常,若液面至注液孔上端的距离不大于 5 cm,则支承液体数量正常。若液面至注液孔上端的距离大于5 cm,则支承液体数量太少,应加入蒸馏水。

步骤五：检查并调整所有分罗经的航向,应与主罗经的航向一致(相等)。

步骤六：检查航向记录器的记录纸是否够用;检查并调整航向记录器的航向,应与主罗经航向一致(相等);检查并调整记录笔对应记录纸左侧的时间标志,应与船时一致(相等)。

操作 2：启动安许茨 4 型陀螺罗经

步骤一：将配电箱上的“船电开关(POWER SUPPLY)”置于“接通(ON)”位置。将船电接通至变压器箱。

步骤二：将变压器箱上的“罗经电源开关(MAIN SWITCH)”置于“接通(ON)”位置。“罗经电源开关”由“OFF”位置转换到“ON”的位置时,变流机工作,将船电转换为 110 V/333 Hz的三相交流电输送到主罗经等;变压器箱内的电源变压器工作,将船电转换为 50 V/50 Hz(或 60 V/60 Hz)的单相交流电输送到主罗经、各分罗经等。应观察主罗经箱下方左侧小门内接线板上的 3 个陀螺球三相电流指示灯的亮度均较亮(比罗经正常工作时的亮度强 1~2 倍),说明陀螺球内的陀螺电机已经开始工作;从主罗经箱的陀螺球观测窗口观测陀螺球应开始缓慢转动,说明陀螺球已开始自动找北。

步骤三：20 min 后,陀螺球内的陀螺电机转速正常,3 个陀螺球三相电流指示灯亮度变暗,将主罗经箱左侧下方小门内的“随动开关(FOLLOW-UP SWITCH)”置于“接通”位置。

当“随动开关”由“0”位置转换到“1”位置时,主罗经随动部分工作,主罗经航向始终保持与陀螺球航向一致,可以方便地在主罗经刻度盘上观测船舶航向;同时,所有分罗经工作,分罗经航向始终与主罗经航向保持一致,可以方便地在各分罗经上观测船舶航向和在方位分罗经上观测物标方位。

需要 4~6 h,罗经才能稳定指北。

步骤四：当支承液体温度达到 52 ℃、陀螺球稳定指北、保持罗经桌水平,检查陀螺球高度应正常,说明罗经已正常工作。

操作 3：检查安许茨 4 型陀螺罗经的陀螺球高度

步骤一：打开主罗经箱的陀螺球观测窗口小门,使眼睛和随动球透明玻璃块内、外表面的两条标志线位于同一平面内(使两条标志线重合)。

步骤二:以上述两条重合的标志线为基准,观察陀螺球赤道线的高度。

在观测陀螺球高度时,可以参考陀螺球赤道线上的刻度线,长刻度线的长度为9.5 mm,短刻度线的长度为5 mm,如图8-50所示。

图8-50 陀螺球赤道刻度

步骤三:陀螺球正常工作时的高度是陀螺球赤道线应比随动球上的标志线高2 mm,容许偏差为±1 mm(高1~3 mm)。

陀螺球高度不正常的原因较多,若陀螺球高度不正常是由于支承液体比例不符合要求引起的,则可以通过调整支承液体比例进行调整。

注意:检查陀螺球高度时应满足以下条件:

(1)陀螺球稳定指北。

(2)支承液体温度52±1 ℃(观测罗经桌上的温度表温度)。

(3)罗经桌保持水平状态(观测罗经桌上的水准仪气泡应位于水准仪中心位置)。

操作4:观测船舶航向与观测物标方位

1.利用安许茨4型陀螺罗经观测船舶航向

正确利用安许茨4型陀螺罗经观测船舶的陀螺球航向、主罗经航向、分罗经航向、航向记录器航向主要包括以下几步:

步骤一:从主罗经箱的陀螺球观测窗口观测罗经基线对应的陀螺球赤道线上的刻度,即为船舶的陀螺球航向(例如:*GC*355°.5)。读数应精确到一位小数。

步骤二:观测主罗经航向时应面向主罗经基线,基线对应的主罗经刻度盘刻度即为船舶的主罗经航向(例如:*GC*355°.5)。刻度盘外圈为粗读刻度盘。读取精确到十位数的航向;内圈刻度盘为精读刻度盘,读取精确到一位小数的航向。

步骤三:观测分罗经航向时应面向各罗经基线,基线对应的分罗经刻度盘刻度即为船舶分罗经航向(例如:*GC*355°.5)。刻度盘外圈为粗读刻度盘读数,读取精确到十位数的航向;内圈刻度盘为精读刻度盘,读取精确到一位小数的航向。

步骤四:航向记录器工作时,观测航向记录器面板上的数字航向显示窗口中显示的数字,即为船舶的航向(例如:*GC*355°.5)。窗口中显示的红色数字为小数位航向。

2.利用安许茨4型陀螺罗经观测物标方位

利用安许茨4型陀螺罗经正确观测物标的陀罗方位和物标的相对方位(舷角)主要分为以下几步:

步骤一:将方位仪(圈)正确地安放在方位分罗经上。

步骤二:转动方位仪(圈)并从方位仪(圈)观测望远镜中观测准线、物标,使观测望远镜中的准线与观测物标重合,观测望远镜中准线(物标方位线)对应的刻度盘刻度即为观测时的物标方位(例如:*GB*165°.5)。

步骤三:转动方位仪(圈)并从方位仪(圈)观测望远镜中观测准线、物标,使观测望远镜中的准线(物标方位线)与观测物标重合,方位仪后端准线对应的舷角刻度(也称为相对方位刻度或固定刻度),即为观测时的物标相对方位或舷角(例如:*GB*170°.0或*Q*±170°.0)。

注意:读数应精确到一位小数。

三、任务小结

____

____

____

____

任务二　操作使用安许茨22型陀螺罗经

一、任务描述

舰船海上航行,舰船搭载安许茨 22 型陀螺罗经,值班驾驶员完成下述操作:

1.启动该陀螺罗经;

2.排除日常使用故障。

二、操作步骤

操作 1: 设备启动

1.正常启动

安许茨 22 型陀螺罗经启动过程非常简单,只需接通船电或者应急电源,整套罗经便会自动完成全部启动过程,启动过程中注意观察主罗经上的数字显示窗口内的显示内容,以判断工作状态是否正常。启动过程可以分成如下三个阶段:

(1)加热阶段

电源接通后,加热器开始加热,数字监视器显示液体的温度(例如:显示 h28.8,表示支承液体温度为 28.8 ℃)。

(2)找北阶段

接通电源约 30 min 后,支承液体温度达到 45 ℃,随动系统自动接通,显示器显示航向,数字后面跟一个小亮点(例如:显示 130.5.,表示陀螺球的航向为 130.5°),亮点表示陀螺球尚且处于找北过程中,航向会有很大误差。

(3)稳定阶段

约 3 h 后,亮点消失,表示陀螺球航向指向精度不大于 2°,约 5 h 后,陀螺球完全指北,如图 8-51 所示。

图 8-51　启动过程

2.快速启动

在紧急状态下安许茨 22 型陀螺罗经可以使用快速稳定功能,启用该功能必须在启动航向与原航向没变的情况下才有效。这就要求在开机 3 min 内,必须在操作面板显示器上激活快稳启动功能。

步骤一:罗经电源(24 V DC)打开,操作面板显示器显示“QS-possible”字样。

步骤二:按左上角控制键[Select Sensor & Menu]进入 MENU 菜单,选择“Quick-setting”菜单,再按右下角[Set]键设置,激活快稳功能(QSSET)。罗经进入快速稳定启动过程中,主罗经数字监视器亮点闪烁。约启动 1 h 后,亮点消失,表示陀螺球的航向指示精确度≤3°。约 5 h 后,陀螺球已完全稳定指北,航向输出稳定。

安许茨 22 型陀螺罗经操作单元面板如图 8-52 所示。

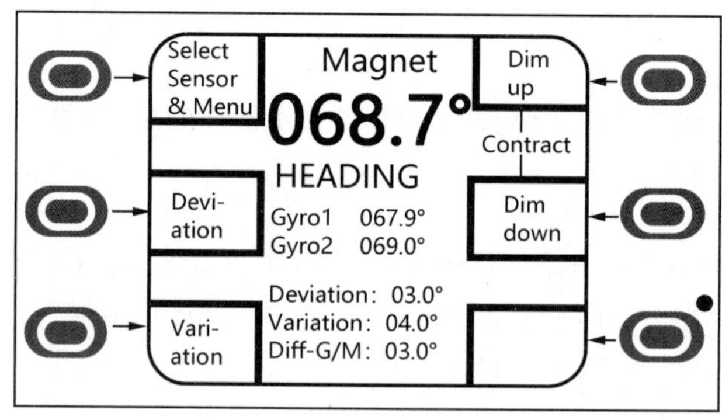

图 8-52　安许茨 22 型陀螺罗经操作单元面板

操作 2: 日常使用故障排除

1.使用注意事项

(1)经常检查主罗经指向精度,指向不准时及时调整。

(2)定期检查核对主罗经和分罗经的航向示度是否一致,不一致时及时调整分罗经。

(3)使用过程中,数字监视器显示航向的小亮点,若闪烁则表示罗经工作不正常。

(4)检查维护汇电环时,避免汇电环受压变形。

(5)若突然短时间断电,应将 DIP 开关的 B11 的 C 开关打到“OFF”位置,再按下 B14,然后将 B11 的 C 开关打回到“ON”位置,这样当恢复供电后仍能正常指北。

2.警告信号显示

安许茨 22 型陀螺罗经使用过程中,若数字监视器上显示的数字航向中的小数点闪烁,表示罗经工作不正常,提醒操作者及时查出原因,尽早消除隐患。

操作者此时应打开罗经顶部盖板,找到位于传感器 PCB 上的 DIP 开关(DIP)B37,确保 DIP 开关 B37 上 8 个子开关全部处于“ON”状态(见图 8-53);然后撤一次按键 B38,数字监视器的航向显示消失,转而可能显示警告字符 C1 或 C2 或 C3。若无显示,则撤按键一次 B39,可能会显示警告字符 C4 或 C5。

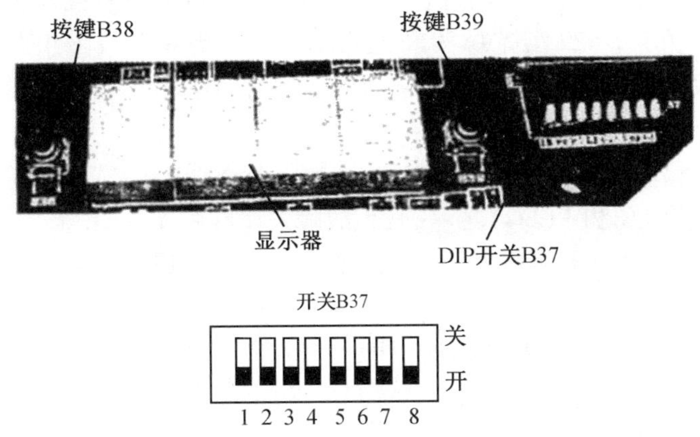

图 8-53 开关 B37、B38 和 B39

印制电路板上 DIP 开关 B37 上共有 8 个子开关,是进行罗经参数信息检测操作的主要控制开关,与按键 B38 和 B39 配合使用,可以实现不同罗经参数的检测和设置。DIP 开关 B37 不同子开关处于“ON”或“OFF”位置不同,则可以显示不同的罗经参数信息。如在正常情况下 8 个子开关均处于“ON”位置。若子开关 1 置于“OFF”位置,其他开关置于“ON”位置,则用于设置罗经参考航向;若子开关 7 置于“OFF”位置,其他开关置于“ON”位置,则用于关闭随动系统。B37 具体调整和相关值的检测可查阅说明书。警告字符所表示的含义及故障排除推荐措施如表 8-1 所示。

表 8-1 警告字符所表示的含义及故障排除推荐措施

字符	含义	故障排除推荐措施
e1	电风扇功能失效	检查电风扇过滤网是否不通风; 检查空气是否能够进入主罗经底座;打开主罗经箱体门;如需要,可使用外部电风扇

续表

字符	含义	故障排除推荐措施
e2	加热功能 (≥45 ℃)失效	关闭主罗经箱体门(如已打开); 人为使用外部加热设备
e3	支承液体温度大于 60 ℃ (正常:49.4~50.1 ℃)	打开主罗经箱体门; 如需要,可使用外部电风扇;如 e1 和 e3 同时出现,应尽快更换电风扇
e4	支承液体液面太低 (正常:2.0~1.6)	检查液面高度,若液面下降明显,则检查是否有泄漏; 若无泄漏,可以注入蒸馏水应急; 条件允许时,及时更换支承液体
e5	断电且支承液体温度≤45 ℃	检查罗经供电情况

3.故障信号显示

安许茨 22 型陀螺罗经在使用过程中若出现故障,则数字监视器上会出现一个闪烁的"Error"字符。安许茨 22 型陀螺罗经把故障信号分为 4 个故障组共 24 个故障类型;每个故障组和故障类型用不同的字符显示,其字符所表示的含义可参考相关说明书。按照以下步骤查看故障显示:

步骤一:按下数字监视器上的 B38 键,则数字监视器上会显示相应的 4 个故障组字符(PCbP、PCbS、PCbC 和 PCbG)之一,表示故障发生在哪个 PCB 上。

步骤二:接着同时按下 B38 和 B39 键,则会在数据监视器上显示出该故障组下相应的故障类型字符。

主要故障字符表示的含义如表 8-2 所示。

表 8-2　主要故障字符表示的含义

故障字符	表示的含义
e1	陀螺罗经供电故障
e2	陀螺电源故障
e3	编码器故障
e4	陀螺电流偏离正常值范围
e5	随动系统故障
e6	温度传感器故障
e7	陀螺球高度偏离正常值范围
e8	加热器故障
e9	支承液体温度大于 70 ℃

操作 3: 更换主罗经支承液体步骤

安许茨 22 型陀螺罗经支承液体一般 18 个月更换一次,具体更换步骤如下:

步骤一:关闭罗经,约等 30 min,方可进行。

步骤二:旋开随动球顶部的锁紧螺钉,取出随动球。

步骤三:旋开随动球顶部透气螺钉,排出气体,倒出内部的支承液体。

步骤四：先从红色螺钉孔注入 230 cm^3 蒸馏水，再从绿色螺钉孔注入 840 cm^3 支撑液体。

步骤五：从顶部测量锥体查看支承液体是否已注满，如已注满，就可以拧紧透气帽螺钉。

步骤六：装复随动球，接好波纹管、电缆插头。

三、任务小结

____

____

____

____

任务二　操作使用斯伯利MK37型陀螺罗经

一、任务描述

舰船海上航行，舰船搭载斯伯利 MK37 型陀螺罗经，值班驾驶员完成下述操作：

1. 正常启动该陀螺罗经；
2. 快稳启动该陀螺罗经；
3. 日常维护该陀螺罗经。

二、操作步骤

操作 1：罗经的正常启动

当陀螺电机不转动时，可采用这种方式启动罗经：主要操作控制器、航向发送器。

(1) 检查控制器与发送器上的电源开关，转换开关应位于“切断”(OFF)位置。

(2) 将控制器与发送器内的各个分罗经开关置于“切断”(OFF)位置。

(3) 将控制器与发送器上的电源开关置于“接通”(ON)位置。

(4) 将转换开关置于“旋转”(SLEW)位置，并观察高度角指示表的指示。若指示为(+)，用旋转开关使主罗经刻度盘转动至真航向减 30°处；若指示为(-)，则用旋转开关使主罗经刻度盘转至真航向加 30°处。

(5) 将转换开关置于“启动”(START)位置，等待 10 min，让陀螺电机转速上升达到额定转速。

(6) 将转换开关置于“自动水平”(AUTO LEVEL)位置，等待 60 s，直到罗经刻度盘停止转动或有微小摆动为止。

(7)将转换开关置于“运转”(RUN)位置。

(8)依次将各分罗经的航向与主罗经航向匹配一致后,再将控制器与发送器内的各分罗经开关置于“接通”(ON)位置。

(9)将 N/S 纬度开关置于相应的地球位置(北纬 N 或南纬 S),并将纬度旋钮调整到船舶所在的纬度值上。

(10)船舶航行时,将速度旋钮调整到船舶航速值上。

关闭罗经时先将转换开关置于“切断”(OFF)位置,再将各分罗经开关均置于“切断”(OFF)位置,最后将电源开关置于“切断”(OFF)位置。

操作 2: 罗经的快稳启动

斯伯利 MK37 型罗经能够在 1 h 内,稳定在 $0.5°\sec\varphi$ 以内,这种快速稳定的启动方式就是在上述步骤(6)和(7)之间插入一步:将转换开关置于“手动水平”(RUN SLEW)位置,拨动旋转开关,以调节高度角指示表指示为零。其余步骤全和正常启动一样。

操作 3: 日常检查维护注意事项

(1)检查主罗经指向精度。

(2)定期检查核对主罗经和分罗经的航向示度。

(3)将速度误差校正旋钮置于与航速相应的位置上,与实际航速相差不应超过5 kn。将纬度误差校正旋钮置于船舶所在纬度上,与实际船舶所在纬度相差不应超过 5°。

(4)检查外观线路是否正常。

(5)按罗经使用说明书的规定和要求对整机进行检查和维护保养,保证罗经正常工作。

三、任务小节

____

____

____

____

任务四 操作使用阿玛-勃朗MK10型陀螺罗经

一、任务描述

舰船海上航行,舰船搭载阿玛-勃朗 MK10 陀螺罗经,值班驾驶员完成下述操作:

1.启动该陀螺罗经;

2.日常检查维护该陀螺罗经。

二、操作步骤

操作 1：启动步骤

(1)接通开关接线箱上的电源开关,变流机开始工作。

(2)将所有分罗经航向与主罗经匹配一致后,接通开关接线箱上的分罗经开关。

(3)接通主罗经控制面板上的电源开关,开关上侧的红色电源指示灯亮,26 V/400 Hz三相交流电向主罗经供电,此时应立即观察贮液缸,若发现其顶部向西“突跳”(Kick),则表明陀螺马达转向正确。

(4)等 10 min,待陀螺马达达到额定转速,倾斜与随动系统自动投入工作后,再往下进行。

(5)调整速度误差校正旋钮(SPEED)的位置与船速一致,若在码头上或抛锚时启动罗经,速度旋钮置于零。

(6)调整纬度误差校正旋钮(LAT)的位置与船舶所在纬度一致。

(7)按下方位旋转按钮(AZ),缓缓地转动旋转速率旋钮(SLEW RATE),使主罗经航向慢慢地接近真航向顺时针转动旋转速率旋钮,主罗经航向读数增大;逆时针转动,航向减小。

注意:在放松方位旋转按钮之前,务必先将旋转速率旋钮置于零,即其指针回到垂直向上的位置,否则会发生贮液缸倾倒,甚至罗经损坏的危险。

(8)按下倾斜旋转按钮(TILT),缓缓地转动旋转速率旋钮,慢慢地将贮液缸校正至水平,使水准器的气泡居中。顺时针转动旋转速率旋钮,贮液缸北端下倾;逆时针旋转,贮液缸北端上升。

注意:在放松倾斜旋转按钮之前,务必先将旋转速率旋钮置于零,否则同样会发生贮液缸倾倒,甚至罗经损坏的危险。

(9)根据需要调节照明旋钮。

按照上述步骤启动罗经,可在 30 min 内使罗经的指向精度达到±2°以内,3 h 后可达到其技术指标规定的±0.5%。

操作 2：日常检查维护

(1)开机时,若发现贮液缸顶部有向西“突跳”的现象,表明陀螺马达转向正确。

(2)开机 10 min 后,倾斜和方位随动系统自动投入工作。

(3)快速稳定操作时,应小心谨慎,避免贮液缸倾倒。

(4)检查主罗经指向精度。

(5)定期检查核对主罗经和分罗经的航向示度。

(6)将速度误差校正旋钮置于与航速相应的位置上,与实际航速相差不应超过 5 kn。将纬度误差校正旋钮置于船舶所在纬度上,与实际船舶所在纬度相差不应超过 5°。

(7)检查外观线路是否正常。

三、任务小结

____

____

____

____

项目考核

一、知识考核

1.一个自由陀螺仪要成为实用的陀螺罗经,必须对其施加________。

A.进动力矩和稳定力矩　　B.控制力矩和稳定力矩

C.进动力矩和阻尼力矩　　D.控制力矩和阻尼力矩

2.在地球上,自由陀螺仪不能稳定指向的原因是________。

A.陀螺仪的进动性　　B.地球自转的影响

C.地球公转的影响　　D.陀螺仪的定轴性

3.自由陀螺仪施加控制力矩和阻尼力矩后,________。

A.可以立即稳定指北

B.具有自动找北功能,但不能稳定

C.经过减幅摆动后,稳定指北

D.主轴偏离稳定位置,主轴将做椭圆运动

4.罗经主轴在方位上减幅摆动过程的快慢程度叫________。

A.罗经稳定时间　　B.阻尼周期

C.阻尼因素　　D.指数衰减因子

5.陀螺罗经的基线误差是指罗经基线________。

A.偏离船首线的误差　　B.偏离真北的误差

C.偏离罗北的误差　　D.偏离水平面的误差

6.船舶恒向恒速运动时,陀螺罗经将产生________。

A.速度误差　　B.摇摆误差

C.冲击误差　　D.精度误差

7.若陀螺罗经不产生冲击误差,船舶应处在________运动状态。

A.变速变向　　B.恒速变向

C.变速恒向　　D.恒速恒向

8.陀螺罗经的速度误差随船舶航向变化,在________航向上速度误差最大。

A.045°和225°　　B.090°和270°

C.000°和180°　　D.135°和315°

9.基线误差的特点是________。

A.随着纬度的增大而减小　　B.随着纬度的增大而增大

C.随着速度的变化而变化　　D.固定误差

10.光纤陀螺的工作原理是基于________。

A.萨奈克效应　　B.光电耦合效应

C.偏振光效应　　D.拉曼散射效应

参考答案：

1.D　2.B　3.C　4.C　5.A　6.A　7.D　8.C　9.D　10.A

二、技能考核

根据下述指令完成全部操作；在操作过程中，叙述操作内容与相关现象或结果。

1.陀螺罗经的结构与保养

(1)对照安许茨 4 型陀螺罗经，指出并叙述：

①陀螺罗经整套设备的组成及作用。

②主罗经的组成及作用。

③陀螺罗经的日常检查。

(2)对照斯伯利 37 型陀螺罗经，指出并叙述：

①陀螺罗经整套设备的组成及作用。

②主罗经的组成及作用。

③陀螺罗经的日常检查。

2.陀螺罗经的操作

(1)对照安许茨 4 型陀螺罗经，操作并叙述：

①陀螺罗经启动前注意事项。

②陀螺罗经的航向读取。

③陀螺罗经的启动及关闭。

(2)对照斯伯利 37 型陀螺罗经，操作并叙述：

①陀螺罗经启动前的注意事项。

②陀螺罗经的航向读取。

③陀螺罗经的启动及关闭。

项目九

船舶导航雷达

项目导读

雷达(Radio Detection and Ranging,Radar),意为无线电探测与测距。雷达发明于第二次世界大战前夕,借助战争,雷达技术得到了迅速发展。第二次世界大战之后,雷达技术在多个领域转为民用。应用于船舶导航的雷达称为船舶导航雷达(Shipborne Navigation Radar),也称为航海雷达或船用雷达。随着航运市场和电子信息技术的发展和进步,为了规范雷达的使用性能和技术性能,国际海事组织(IMO)和国际电工委员会(IEC)颁布并多次修订了雷达的性能标准和测试标准。国际海事组织(IMO)在雷达性能标准中指出,通过提供其他水面航行器、障碍物和危险物、导航目标和海岸线等相对于本船位置的指示,雷达设备应有助于安全航行和避免碰撞。按照《国际海上避碰规则》的要求,雷达是唯一被认可的避碰助航设备。因此,雷达是驾驶员赖以瞭望、观测、定位、导航和避碰的重要航海仪器。在项目中,未有特别说明时,“雷达”一词即指船舶导航雷达,性能标准即指 MSC.192(79)船舶导航雷达性能标准建议案。雷达能够及时发现远距离弱小目标,精确测量目标相对本船的距离和方位,确定船舶位置,引导船舶航行。通过传感器的支持,雷达还具备了目标识别与跟踪、水文地理参考信息显示等功能,能够有效地避免船舶碰撞,保障航行安全。

本项目简明地介绍了船舶导航雷达的系统配置及工作原理,详细地分析了雷达的性能和功能,深入地阐述了影响雷达性能的各种因素和雷达的局限性,系统地探讨了雷达在瞭望、定位、导航和避碰等航行活动中的操作技术,全面地讨论了雷达在航海实践中的使用方法及注意事项。

学习目标

1.知识目标

(1)掌握雷达显示图像的特点;

(2)掌握雷达测距、测方位的原理;

(3)掌握各种雷达显示方式的特点;

(4)了解不同雷达应用背景下雷达显示方式的选择。

2.能力目标

(1)能够进行正确设置船舶导航雷达并维持雷达最佳显示技术;

(2)能够利用雷达进行船舶定位与导航;

(3)能够利用雷达进行物标识别、跟踪、标绘、预判和避险。

3.职业素养目标

(1)符合《SOLAS 公约》关于导航雷达的要求;

(2)养成良好的航海习惯。

(3)具备舰船驾驶员的信息素养。

知识链接

知识链接一　雷达目标探测与显示基本原理

一、雷达图像特点

雷达通过发射微波脉冲探测目标和测量目标参数,习惯上称雷达发射的电磁波为雷达波。微波具有似光性,在地球表面以近似光速直线传播遇到物体后被散射。在雷达工作环境中,能够散射雷达波的物体,如岸线、岛屿船舶、浮标海浪、雨雪和云雾等,统称为目标。这些目标的雷达反射波被雷达天线接收,称为目标回波。回波经过接收系统处理,调制屏幕亮度,最终在显示器上显示为加强亮点,对目标回波距离和方位的测量在显示器上实现。

(一)雷达图像基本元素

雷达显示系统将雷达传感器探测到的本船周围目标以平面位置图像(极坐标系)显示在屏幕上,因此早期的雷达显示器也被称为 PPI(Plan Position Indicator),如图 9-1 所示。图中海面态势为本船左舷后有一岛屿,另有一目标船位于本船右正横位置,本船航向 000°,目标船航向 180°。图中雷达屏幕扫描中心(起始点)以本船天线位置为参考,雷达量程为 12 n mile,即在雷达屏幕上显示了以本船为中心,以 12 n mile 为半径本船周围海域的雷达回波。

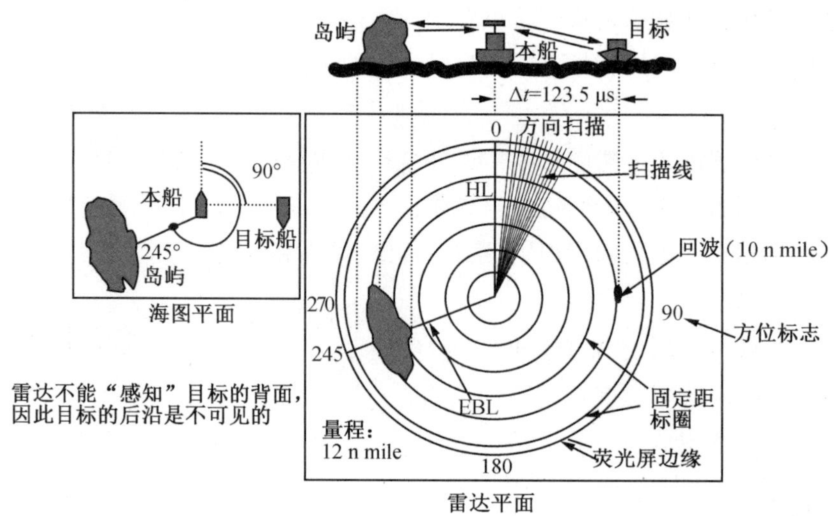

图 9-1　雷达显示原理

(1)船首线。在雷达屏幕上,HL(Heading Line)称为船首线,其方向由本船发送艏向装置(THD)或陀螺罗经驱动,指示船首方向。

(2)扫描线。源自扫描起始点的径向线为扫描线,扫描线沿屏幕顺时针匀速转动,转动周期由雷达天线的空间扫描周期决定。

(3)固定距标圈。屏幕上等间距的同心圆称为固定距标圈 RR(Range Ring),图例中每圈间隔 2 n mile(量程 12 n mile),用来估算目标的距离。

(4)活动距标圈。屏幕上与 RR 同心的虚线圆是活动距标圈 VRM(Variable Range Marker),它可由操作者随意调整半径,借助数据读出窗口的指示测量目标的距离。

(5)电子方位线。EBL(Electronic Range/Bearing Line)称为电子方位线,通过面板操作控制其指向,借助数据读出窗口的指示或屏幕边缘显示的方位刻度,测量目标的方位。很多雷达将 VRM/EBL 联动,称为电子距离方位线 ERBL,可以通过一次性操作同时测量目标的距离和方位。

现代雷达用光栅显示器取代了 PPI,如图 9-2 所示。雷达回波图像区域称为工作显示区域,图像周围的功能区域大致可划分为操作菜单、状态指示和数据显示等区域。

屏幕上除了显示出雷达探测到的岛屿岸线、导航标识和船舶等对定位、导航和避碰有用的各种回波之外,还会无法避免地显示出驾驶员不希望看到的各种回波,如海浪干扰、雨雪干扰、同频干扰、云雾回波噪声和假回波等。一个技艺精湛的雷达操作者,应能够在杂波干扰和各种复杂屏幕背景中分辨出有用回波引导船舶安全航行。

国际海事组织(IMO)最新雷达性能标准对雷达目标测量提出了新的要求,定义了统一公共基准点(Consistence Common Reference Point,CCRP)。作为综合导航系统(INS)中的重要组成部分,雷达测量和跟踪目标所得到的数据如距离和方位、相对航向和航速、本船与目标船的最近会遇距离(Distance to the Closest Point of Approach,CPA)和最近会遇时间(Time to the Closest Point of Approach,TCPA)等,都必须参考 CCRP。CCRP 的典型位置通常为驾驶台指挥位置,也可以由驾驶员根据需要设置。当以 CCRP 为测量基准点时,如果选择中心显示方式,则 CCRP 位于工作显示区域几何中心。

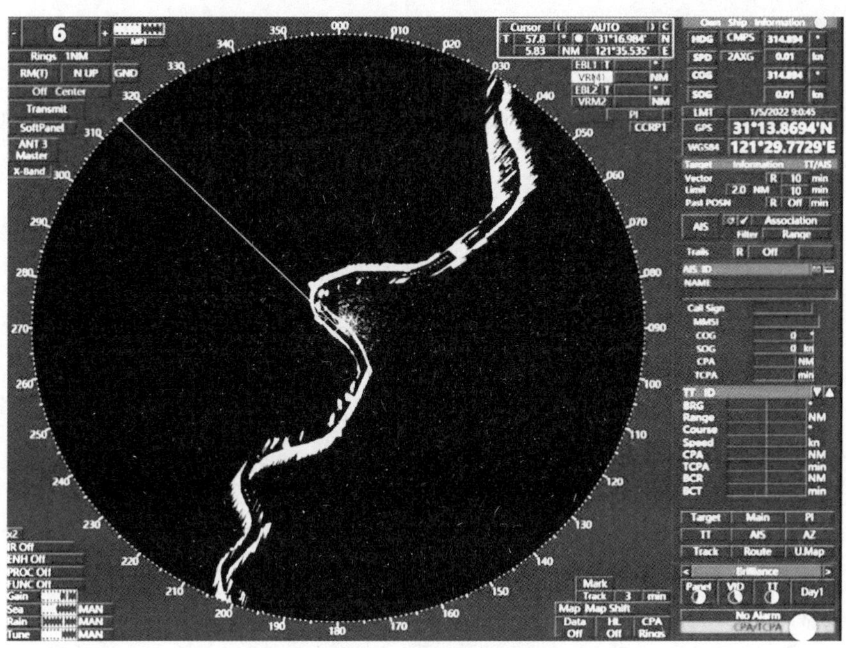

图 9-2　现代雷达显示器

（二）现代雷达图像特点

雷达图像不同于海图，也不同于日常生活中的普通视觉图像。设备自身性能、雷达波辐射特性、大气传播条件、目标反射特性以及周围环境变化都会影响雷达图像的形成与质量。如果将以本船雷达天线位置为中心，以 12 n mile 为半径的圆域所包含的所有目标按照比例缩小到雷达屏幕大小，则这个圆域内的所有海面和陆地的目标并不完全与雷达探测到的回波图像相符。也就是说，雷达探测到的回波图像与真实目标相比，可能有很大的变形，表现为以下方面：

（1）雷达回波图像类似水面目标迎向天线面的垂直投影，无法探测到水下目标；

（2）雷达只能探测目标的前沿，后沿及被遮挡的部分无法探测和显示；

（3）目标的低矮部分（如沙滩）可能被遮挡或回波微弱，也无法被探测到；

（4）雷达发射脉冲的宽度会使探测到的回波后沿发生“拖尾”现象，回波后沿位置与实际目标位置不相符；

（5）雷达的辐射波束宽度引起回波沿圆周方向扩展，造成回波向左右扩展；

（6）雷达屏幕像素尺寸使回波的位置向周围扩展；

（7）船舶运动、涌浪波动及雷达设备因素引起回波位置闪烁不定，目标边缘不清晰；

（8）地球曲率影响目标雷达探测地平，远距离的高大目标只有顶端能够被探测到，图像与目标原貌可能完全不同；

（9）目标对雷达波的反射能力不同，造成回波强度差别较大，图像明暗不均；

（10）由于气象海况以及船舶吃水的变化，即使在同一海域，船舶不同航次的雷达回波图像也会有差别；

（11）雷达图像是动态图像，对图像的解释需要深入理解和掌握雷达技术特性、探测性能、电磁波传播特点和目标反射特性等专业知识，并在此基础上熟练操作雷达设备，否则可能错误解释雷达图像；

(12)操作不当或雷达性能下降会导致雷达图像失真或目标丢失；

(13)以上所有因素综合影响，使雷达图像经常很难与海图和视觉影像对应。

二、雷达测距原理

雷达采用的是脉冲测距法。因为超高频无线电波在空间传播时具有等速、直线传播的特性，并且遇到物标有良好的反射现象，记录雷达脉冲波离开天线的时间 t_1 和无线电脉冲波遇到物标反射回到天线的时间 t_2，物标离天线的距离 S 可由下式求出：

$$S = \frac{c}{2}(t_2 - t_1) = \frac{c}{2}\Delta t \tag{9-1}$$

式中：c——电磁波在空间的传播速度，$c=3\times10^8$ m/s；

$\Delta t=t_2-t_1$——电磁波在天线与物标间往返传播的时间。

在实际雷达中，用发射机产生超高频无线电脉冲波，用天线向外发射和接收无线电脉冲波，用显示器进行计时、计算、显示物标的距离，并用触发电路产生的触发脉冲使它们同步工作。

三、雷达测方位原理

基于无线电波在空间直线传播的物理特性，为了测定目标的方位，雷达采用一种定向圆周扫描天线发射脉冲，天线水平辐射宽度只有1°左右。在某一瞬间，只向一个方向发射雷达波，同时也只能接收这个方向上的目标回波，这样雷达天线辐射和接收的方位就等于目标的方位。同时，雷达利用方位同步系统使显示器上的扫描线出现的方位与天线发射和接收的方位保持同步，所以，出现目标回波亮点的那根扫描线方位即代表目标的实际方位。当天线旋转(360°)并向四周发射雷达波时，周围目标的回波就按其方位和距离显示在荧光屏上。借助于电子方位线，就可以测量出目标的相对方位(舷角)，根据本船的航向就可以得到目标的真方位了。

四、雷达显示方式

按代表本船位置的扫描中心在荧光屏上的运动方式，船用雷达可分为相对运动显示方式和真运动显示方式。本船(扫描中心)在屏上始终保持不动的显示称为相对运动显示方式，而在屏上按照本船运动而移动的显示，称为真运动显示方式。真运动显示方式按照速度的类别又可分为对水真运动及对地真运动。

按照图像的指向模式(艏向指向)划分，船用雷达的显示方式可分为艏向上、真北向上及航向向上等三种显示方式。下面分别介绍其图像特点。

(一)相对运动(RM)显示方式

1.相对运动艏向上显示(RM H-up)

如图9-3所示，这种显示方式下，除雷达传感器外，雷达无须接入任何其他传感器的

信息便能够工作。其特点有：

(1)扫描中心代表本船位置在屏中心不动,显示周围运动物标相对于本船的运动状态,固定物标回波与本船等速反向移动。

(2)船首线固定指方位刻度盘的零度,代表本船船首方向。以它为基准,可直接测读物标的舷角。

(3)本船改向时,船首线不动,而物标回波反转,尤其本船大幅度快速转向时,回波会出现目标拖尾现象,影响观测。这在风浪中本船船首偏荡频繁时,会使图像模糊不清,影响观测精度。

(4)观测直观,适合宽阔水域且平静海况时船舶避碰。

(5)不利于定位、导航和航向频繁机动的航行环境,如船舶进港、狭水道以及大多数情况的沿岸航行。

(6)真尾迹、自动杂波抑制和目标跟踪等需要在稳定显示下才能正常工作的雷达功能受限。在雷达正常时,RM H-up 显示方式并非性能标准强制要求具备,在艏向传感器故障时,作为应急工作方式,雷达只能采用这种显示方式,且有报警提示。

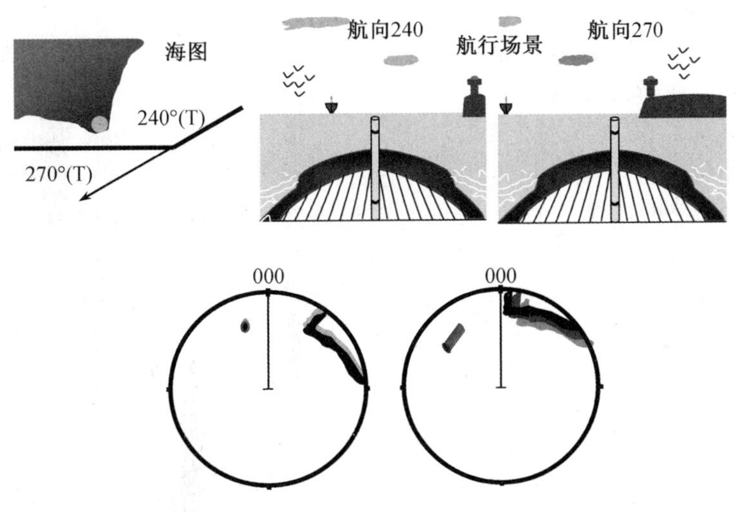

图 9-3　RM H-up 显示方式

2.相对运动北向上显示(RM N-up)

如图 9-4 所示,这种显示方式下,雷达需接入本船的艏向信息方可工作。其显示特点有：

(1)扫描中心代表本船位置在屏中心不动,显示周围运动物标相对于本船的运动状态,固定物标回波与本船等速反向移动。

(2)固定方位圈的 0°代表真北,船首线指示航向,可直接测读物标真方位。

(3)本船转向时,船首线随时指新航向值,因而图像稳定。

(4)适合于定位、导航和航向频繁机动的环境,如进出港狭水道以及大多数情况的沿岸航行。

(5)用于避碰时,尤其是艏向介于 090°～270°之间时,应特别注意雷达图像的左右与驾驶员瞭望时左右舷相反。

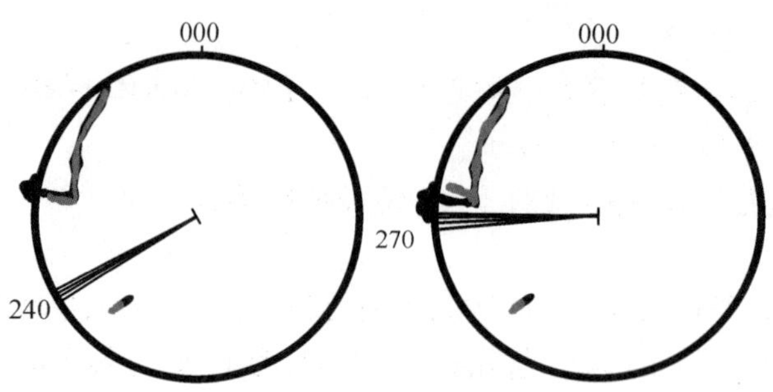

图 9-4　RM N-up 显示方式

3.相对运动航向向上显示(RM C-up)

如图 9-5 所示,这种显示方式下,雷达需接入本船的艏向信息方可工作。其综合了上述两种雷达显示方式的优点,即:

(1)船首线指向屏上方,图像直观。

(2)因一般均有由陀螺罗经稳定的可动方位圈或电子方位刻度标志,故可直接测读物标的相对方位和真方位。

(3)船首在风浪中偏荡或本船转向时,具有 N-up 的显示特点,即船首线随艏向偏荡或转动,目标回波清晰,便于观测。

(4)本船转向结束,航向把定后,只要按一下"新航向向上(New Course-up)"钮,则船首线、图像及可动方位圈一起转动,直到船首线恢复指向固定方位刻度圈 0°为止,故又可保持直观的观测,避免了 H-up 转向时引起的目标回波拖尾模糊的缺点。

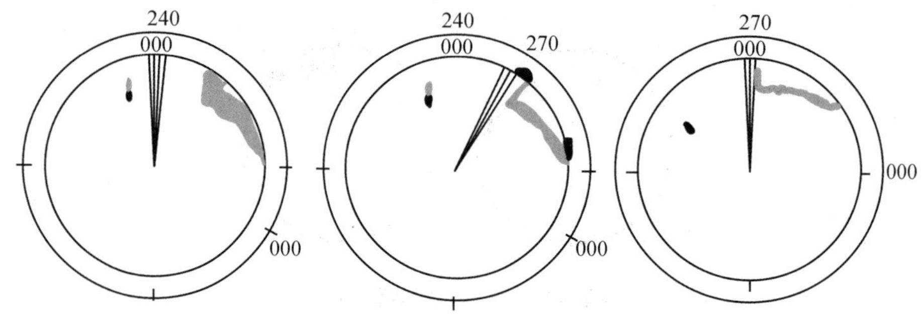

图 9-5　RM C-up 显示方式

由上述可见,航向向上显示方式既具有艏向上显示方式的直观、便于判明物标回波在本船的左舷还是右舷的优点,又具有北向上显示方式的图像稳定、可直接测读物标真方位的优点,因而在避碰和导航应用中均较方便,故这种显示方式在现代船用雷达中得到广泛的运用。

(二)真运动(TM)显示方式

1.真运动北向上显示(TM N-up)

为便于理解,假定海面无风无流,罗经输入的航向和计程仪输入的航速数据都准确,则其显示特点如下:

(1)固定方位刻度圈 0°(即上方)代表北,船首线指向实际航向值。本船转向时,船首线移动,其他物标不动。

(2)扫描中心在屏上按计程仪或人工置入的速度沿着船首方向(航向)移动。

(3)屏上其他物标按它们各自的航向、航速移动,固定物标则在屏上不动。

因此,就像在陆地上所看到的海面上的实际情况一样,这种显示方式在狭水道航行时就很直观、方便。由于海岸、浮标等固定物标在屏上不动,这对在近量程上观测高速航行的船时保持屏幕画面的清晰起了很大作用。但是,当航向处在090°~270°之间时,观测、使用起来就不大习惯,有时还容易搞错左右舷,必然对航行造成不利影响。

2.真运动航向向上显示(TM C-up)

与相对运动显示方式一样,如果采用了航向向上真运动显示方式,则可避免前述弊病。其特点和操作与相对运动的有关显示方式相同,并具有上述真运动特点,这种显示方式的操作及实现方法也与相对运动有关显示方式相同,不再重述。

3.对地真运动和对水真运动显示方式

在对上述两种真运动方式的学习时都假定了海面无风无流,航速和航向都无误差的条件,现实工作中这种情况很少见。如果海区有风流,而速度输入仍是对水速度(如用水压式或电磁式计程仪),航向输入仍是陀螺罗经航向(未校正风流压差),则此时的真运动是对水(稳定)真运动,不是对地真运动。也就是说在这种显示方式中,固定物标要按风流的影响(风流压差的方向和速度)移动,动目标尾迹表示该目标对水速度及航向,本船船首线在航行中是稳定的。

(三)雷达显示方式的选择

不同的显示方式可以满足不同的雷达应用需要。在相对运动显示模式下,连续观测回波相对本船的变化,有利于判断目标船的碰撞危险,及早做出避碰决定。在沿岸航行,配合纸质海图进行雷达定位和导航时,为了便于识别目标,最好使用 N-up 显示方式。在沿岸尤其在狭水道或进出港航行时,船首偏荡或船舶频繁转向,C-up 显示方式则更有利于避碰。如果配合电子海图,C-up 也可以方便地用于定位和导航。鉴于在 H-up 显示方式下雷达功能受限,建议驾驶员在雷达系统正常工作时,避免使用该显示方式。在真运动显示模式下,目标船在屏幕上的运动不受本船机动的干扰,对本船避让过程中和避让结束后监测目标船的动向非常有益。避碰时,对水真运动能够方便准确地判断目标船的动态,有助于驾驶员根据会遇局面和《国际海上避碰规则》做出避让决策。对地真运动显示方式能够及时监测本船相对于海岸和固定碍航物的航行动态,有利于航行监视,是船舶在狭水道导航或进港靠码头时的最佳选择。值得注意的是,一定要严格区分对水稳定和对地稳定模式。在水流影响较大的海域,避碰时误用了对地稳定,或导航时误用了对水稳定,都是相当危险的,尤其在航行环境受限及能见度不良时。

知识链接二　雷达设备工作原理

传统的船舶导航雷达由天线、收发机和显示器组成。为了帮助驾驶员更好地获得海上移动目标的运动参数,现代雷达大多配备了自动雷达标绘仪(Automatie Radar

Plotting Aids,ARPA)或具备自动目标跟踪功能,使雷达在避碰中的作用和效果得到了进一步提高。随着现代科技的发展,基于信息化平台的新型航海仪器和设备不断出现,与传统的导航雷达实现了数据融合与信息共享。电子定位系统(EPFS)通常采用全球导航卫星系统(GNSS,目前主要为 GPS)信息为船舶提供了高精度的时间和船位参考数据,ENC 或其他矢量海图系统为船舶航行水域提供了丰富的水文地理数据,AIS 为雷达提供了目标船有效的身份识别手段。这些技术的进步,促进了船舶导航雷达技术的发展。按照《SOLAS 公约》要求,2008 年 7 月 1 日之后装船的雷达设备应满足 IMO MSC.192(79)船舶导航雷达性能标准规定,其系统配置如图 9-6 所示,其中等分虚线部分不是性能标准要求的标准配置,而是雷达系统的扩展选装配置。

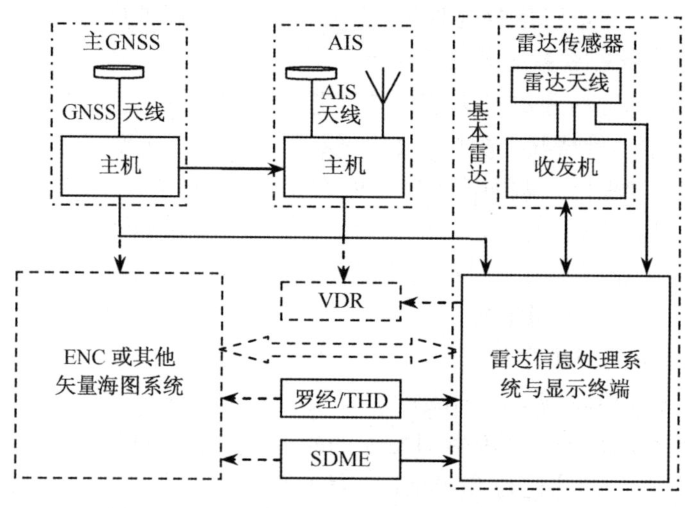

图 9-6　船舶导航雷达系统配置

船舶主 GNSS 设备为系统提供 WGS-84 船位和时间基准数据;陀螺罗经或发送艏向装置 THD 为系统提供艏向数据;SDME(船舶航速和航程测量设备)通常为计程仪,提供船舶航速数据;雷达传感器提供本船周围海域的视频图像信息,信息处理与显示系统处理雷达视频,跟踪移动目标,获取目标的运动参数;AIS 报告周围船舶识别信息和动态数据以及航标数据;扩展选装的海图系统提供必要的水文地理数据。所有数据在雷达信息处理系统中共享融合,并通过显示终端给出最佳航行信息。传感器都可以独立工作,其中某个传感器发生故障不影响其他传感器信息的显示。雷达图像和操作信息提供给 VDR 保存记录。系统自动验证传感器数据的可信性、有效性和完善性,拒绝使用无效数据,如果输入数据质量变差,系统会报警提示。驾驶员在操作雷达时,应随时留意屏幕警示信息。驾驶员通过雷达显示系统操控面板控制雷达系统,获得最佳观测、定位、导航和避碰信息。

雷达传感器采用收发一体的脉冲体制,通常由收发机和天线组成,俗称“雷达头”。信息处理系统与显示终端是基本雷达的必要组成部分,亦称“雷达终端”。根据分装形式不同,基本雷达设备可分为桅下型(俗称三单元)雷达和桅上型(俗称两单元)雷达。桅下型雷达主体被分装为天线、收发机和显示器三个箱体,天线安装在主桅或雷达桅上,显示器安装在驾驶室,收发机通常安装在海图室或驾驶室附近的设备舱室里。如果

收发机与天线底座合为一体，装在桅上，则称为桅上型雷达。桅下型雷达便于维护保养，多安装在大型船舶上，一般发射功率较大；而中小型船舶常采用发射功率较低的桅上配置，设备成本也较低，不便于维护和保养。

一、雷达设备工作原理

（一）定时器

定时器或定时电路又称为触发脉冲产生器或触发电路，是协调雷达系统的基准定时电路单元。该电路产生周期性定时(触发)脉冲，分别输出到发射机、接收机、信息处理与显示系统以及雷达系统的其他相关设备，用来同步和协调各单元和系统的工作。

（二）发射机

在触发脉冲的控制下，发射机产生具有一定宽度和幅度的大功率射频脉冲，通过微波传输线传送到天线，然后向空间辐射。

（三）双工器

双工器又称收发开关。雷达采用收发共用天线，发射的大功率脉冲如果漏进接收机，则会造成接收机前端电路器件损坏。发射机工作时，双工器使天线只与发射机连接，阻止大功率发射脉冲进入接收机，从而保护了接收电路；发射结束后，双工器自动使天线与接收机连接，避免回波信号损失，从而实现天线的收发共用。

（四）天线

雷达天线具有较强的方向性和较高的增益，能够定向发射和接收雷达波。

（五）接收机

雷达接收机具有良好的选择性、很高的放大量、较宽的通频带和动态范围，能够将天线接收到的微弱的、混杂着干扰杂波、在噪声背景下强度变化很大的有用目标回波处理放大，并将清晰的回波视频输出给信息处理与显示系统。

（六）信息处理与显示系统

接收机输出的视频回波信息在信息处理与显示系统中还需进一步处理，去除各种干扰，并合并各种刻度标识、测量工具和人工视频信息，最终显示在显示器上。驾驶员使用刻度标识能够精确测量回波距离和方位，获得需要的避碰和导航信息。传统的雷达显示器只是PPI圆域画面，显示雷达探测到的目标回波、各种杂波、雷达噪声以及各种为便于使用而设的雷达刻度标识和测量工具，如距离圈、艏线和电子方位线等。现代雷达采用工业级计算机处理雷达信息，雷达屏幕工作显示区域只是屏幕的一个平面位置图像窗口。在工作显示区域周围的4个角落，通常为雷达的工作状态指示、操作状态提示和测量数据读取区域。屏幕左右侧的矩形窗口多为传感器及雷达设备的设置及其状态显示、目标参数显示、操作菜单区域等。在雷达显示器上，通过控制面板的各种开关旋钮或操作屏幕菜单能够控制雷达的所有功能。

（七）电源

雷达设计有独立的电源系统，将船电转变为雷达需要的电源，以确保向雷达系统稳定可靠地供电。雷达电源的电压与船电基本相同，通常在100~300 V之间，但其频率一般高于船电频率，在400~2 000 Hz之间，称为中频电源。采用中频电源，能够有效隔离船电电网干扰,向雷达输出稳定可靠的电源,缩小雷达内部电源相关元件尺寸,从而减小雷达设备的体积和重量。

二、雷达发射机的组成

雷达发射机的组成原理如图 9-7 所示,主要由定时器(触发脉冲产生器)、调制器、磁控管和附属电路组成。

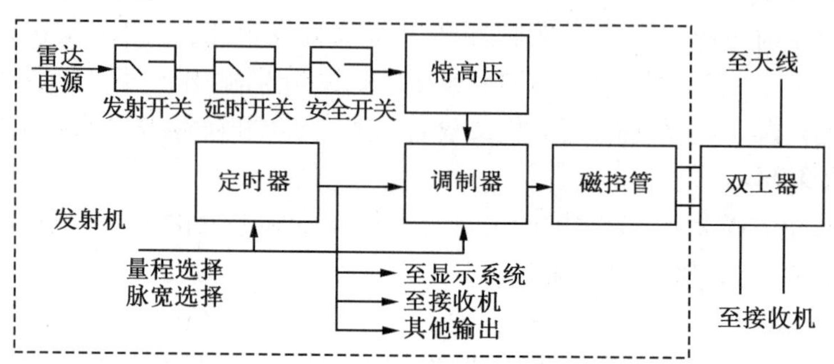

图 9-7　雷达发射机的组成原理

(一)定时器

定时器常被称为触发脉冲产生器,是雷达的基准定时电路。现代雷达采用高稳定的晶体振荡器作为振荡源,经分频后输出频率范围在 500 Hz~4 000 kHz 之间的 TTL 电平脉冲,脉冲的前沿是雷达工作的基准参考时间信号。触发脉冲的重复频率决定了雷达发射脉冲的重复频率。触发脉冲输出分多路,一路送到调制器,控制发射机正常工作;一路送到接收机,控制海浪抑制电路工作,抑制海浪杂波;一路送到信息处理与显示系统,经过适当延时后,控制显示系统开始扫描,消除由于信号在雷达设备中的传播而引起的固定距离误差。此外,其他系统(如 ECDIS、VDR 等)与雷达连接时,触发脉冲也作为定时信号输出,协调设备工作。

(二)调制器

在触发脉冲的作用下,调制器产生具有一定宽度的高幅值矩形调制脉冲,控制磁控管的发射。调制脉冲的起始时间由触发脉冲的前沿决定,脉冲的宽度受雷达面板上量程和/或脉冲宽度选择控钮控制,以满足驾驶员对目标探测距离、回波强度和距离分辨力等性能的要求,获得最佳观测效果。调制脉冲的幅值与雷达的发射功率有关,幅值越高,要求特高压越高,发射功率也越大,一般幅值在 10 kV 左右。

(三)磁控管

磁控管是一种结构特殊的大功率微波振荡真空电子器件,除了阴极和阳极以外,磁控管外部还有一个高场强的永久磁铁。磁控管正常工作时,应有灯丝电压为阴极加热,阳极接地,阴极加负极性调制高压,在其内部产生等幅微波振荡,输出功率取决于调制高压值,振荡频率取决于磁控管本身结构。

1.磁控管结构及基本工作原理

磁控管的核心实质上是一个置于恒定磁场中的二极管。管内电子在相互垂直的恒定磁场和恒定电场的控制下,与高频电磁场发生相互作用,把从恒定电场中获得的能量

转变成微波能量,从而达到产生微波能的目的。用于船舶导航雷达的磁控管为多腔脉冲波磁控管。不同型号的磁控管外观差别很大,S 波段 MG5223 磁控管外观如图 9-8(a)所示,其内部结构示意图如图 9-8(b)所示。磁控管由管芯和场强高达数千高斯的永久磁铁组成,管芯与磁铁牢固合为一体。管芯内部保持高度真空状态,结构包括阳极、阴极和能量输出器等三部分。

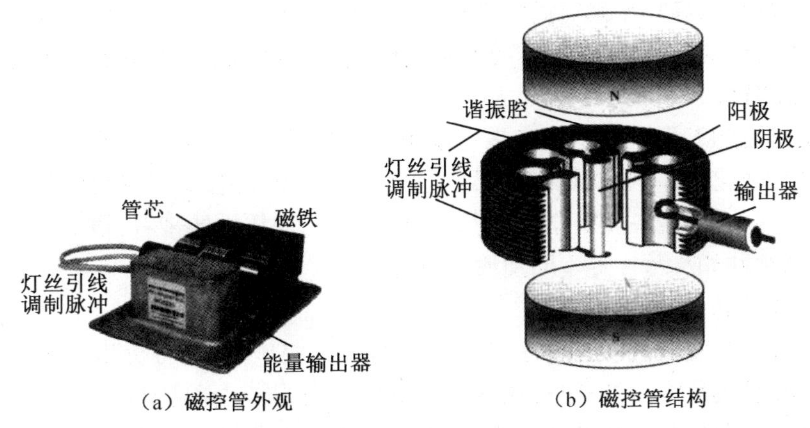

图 9-8　MG5233 磁控管外观

(1)阳极

阳极由导电良好的金属材料制成,设有偶数孔槽形、扇形或槽扇形谐振腔,每一个小谐振腔相当于一个 LC 振荡回路,众多谐振腔并联共同形成一个复杂的谐振系统。磁控管的工作频率与谐振腔的结构尺寸有关,腔数越多、腔体越小,工作频率就越高。磁控管工作时,阴极发射的电子受到阳极吸引,形成强大的工作电流,轰击阳极,使磁控管温度升高。因此,阳极需有良好的散热能力,通常采用强迫风冷。此外,为了更好地散热,阳极设计较为厚重还可带有散热片,与磁控管外壳结为一体,安装时固定在发射机输出波导上。因此从电气性能上看,磁控管的阳极是接地的。

(2)阴极

磁控管的阴极由强氧化物材料构成,具有很强的电子发射能力。正常工作之前,阴极需要大约 3 min 的预热时间,使氧化物充分加热,提高电子发射能力,达到磁控管强电流的工作状态,延长其使用寿命。磁控管的工作寿命由阴极发射电子的能力决定,通常为 4 000~20 000 h,输出功率越大,磁控管寿命越短。雷达特高压控制电路设有自动延时开关,在雷达首次接通电源 3 min 之内,该开关保持断开,3 min 之后,开关才自动闭合,雷达发射机进入预备工作状态。随着元器件技术的进步,某些小功率磁控管的预热时间已经缩短为 1 min。阴极性能对管子的工作寿命影响极大,被视为磁控管的心脏。由于阳极接地,磁控管工作时阴极需接负极性调制脉冲高压,因此引线部分应有良好的绝缘性能并满足真空密封的要求。为防止工作温度升高使阴极过热,磁控管工作稳定后可视阴极温度升高情况自动降低阴极加热电压以延长使用寿命。

(3)作用空间

阳极与阴极之间的空间构成了电子与电场和磁场相互作用的空间。在磁铁恒定磁场和调制脉冲形成的恒定电场的作用下,电子在作用空间内形成等幅微波振荡,振荡功率取决于调制脉冲幅值,振荡频率取决于磁控管谐振腔的结构。

(4)能量输出器

能量输出器通常为一个同轴耦合装置,放置在阳极谐振腔高频磁场最强的地方。当磁通量变化时,耦合装置产生高频感应电流,从而在保证管子真空密封的条件下,将作用空间中所产生的微波能量无损耗、无击穿地输送到负载。严格地说,由于磁控管本身结构、工作特性和高功率发射的特点所决定,其输出的频率、相位和幅度并不是十分稳定,也很难被精确控制,因此就需要在接收机对发射频率随时手动或自动调谐跟踪。

(四)发射机

控制发射机的工作特性是决定雷达设备探测性能的重要因素,控制发射机的工作状态及其参数变化,实际上就是控制了雷达整机的工作状态及其使用性能。从工作状态来看,雷达有关机、预备和工作(发射)三种状态;从使用性能来看,雷达应满足近量程和远量程、宽脉冲和窄脉冲等不同使用环境的需要。

1.雷达工作状态选择

早期的雷达在发射机系统舱体门上设有的一个按压开关,称为发射机安全开关或门开关。当发射机舱体门打开时,此开关则处于断开状态,雷达高压不能供电,发射机不工作。这是一个保护人身安全的开关,在打开发射机舱体时,可以避免维护人员触及高压而发生危险。该开关有一个维修位置,发射机舱体门打开时,置于此位置,安全开关也处于闭合状态,以便专业技术人员能够带电检测和维修雷达。现代雷达通常用天线安全开关和联动发射机安全开关。当切断天线安全开关时,发射机安全开关也同时被切断,阻止发射机工作,达到保护维修人员人身安全的目的。

自动延时开关的作用前面已经提到了,自动延时的时间应按照性能标准调整,即设备从冷态接通后,应能在 4 min 内正常工作。也就是说,在雷达初始接通电源到自动延时开关闭合期间,无论驾驶员如何操作,雷达发射机都不能工作。目前有的雷达设有磁控管温度监控电路,可以根据开机时磁控管的温度自动调整缩短设备预热时间。

雷达发射开关设置在显示器面板上,是驾驶员控制雷达发射机工作的功能开关。雷达开机并经过足够延时后,置此开关于“发射”(ON 或 RUN)位置,雷达正常工作;置此开关于“预备”(Standby)位置,则雷达发射机不工作,整机处于预备工作状态。性能标准规定,在 2008 年 7 月 1 日以后新安装的雷达设备,应能在 5 s 内从预备状态进入正常工作状态;而在此之前已经安装在船的雷达,应能在 15 s 内从预备状态进入正常工作状态。

2.雷达探测性能选择

探测远距离目标时,由于回波较弱,能够发现目标是雷达观测的关键,此时需要雷达发射机具有较强的发射功率,接收机有较高的灵敏度,因此雷达应发射较宽的脉冲;而探测近距离目标时,回波分辨能力和保真度是雷达观测的关键,因而雷达此时应发射较窄的脉冲,接收机采用较宽的通频带。雷达探测性能的选择,主要通过选择雷达量程自动实现。如图 9-7 所示,量程选择开关控制了发射机的触发脉冲产生器和脉冲调制器,实现脉冲重复频率和脉冲宽度转换。另外,量程选择开关还同时控制了接收机和信息处理与显示系统电路,配合发射机共同实现雷达的不同使用性能。

（五）发射机主要技术指标

1.工作波段

雷达的工作波段由磁控管产生的微波振荡的频率决定。雷达工作波段分为 S 波段（3 GHz 波段）和 X 波段（9 GHz 波段）（括号中为 ITU 建议），其基本参数如表 9-1 所示。

表 9-1　雷达的工作波段

波段名称	波长范围（cm）	频率范围（GHz）
S（或 3 GHz）	10.34~9.7	2.9~3.1
X（或 9 GHz）	3.23~3.16	9.3~9.5

国际法规对装船雷达有非常具体的规定。根据《SOLAS 公约》，所有不论尺度大小的客船和总吨位介于 300~3 000 的船舶，必须至少安装一部 3 cm 雷达；总吨位 3 000 及以上的船舶，必须安装第二部 10 cm 雷达，或在主管机关认可时，可以安装第二部 3 cm 雷达。雷达的工作波段对雷达的系统精度、目标的最大探测距离及抗杂波干扰的能力等性能指标有不同程度的影响。一般来说，S 波段雷达目标的探测距离略远于 X 波段雷达，抗杂波能力也好于 X 波段雷达，而 X 波段雷达的系统精度高于 S 波段雷达。

2.脉冲波形与宽度

雷达采用脉冲体制周期性发射矩形微波脉冲，脉冲的顶部必须平直，保证回波稳定清晰。脉冲的前沿和后沿必须陡直，以保证良好的距离精度和距离分辨能力。雷达在每个发射周期内射频脉冲振荡持续的时间称为脉冲宽度，常用 τ 表示。为满足雷达应用的需要，发射脉冲宽度随着选用量程的不同而变化，一部雷达的脉冲宽度通常有多个，范围一般在 0.04~1.2 μs 之间。雷达在相邻的量程经常共用同一个脉冲宽度，这些相邻的量程又可称为量程段。在同一个量程，有很多雷达的脉冲宽度也可以有不同选择，表 9-2 为 Furuno-FAR 系列雷达不同量程（段）所对应的脉冲宽度和脉冲重复频率，在 0.125 和 0.25 n mile 量程只发射 0.07 μs 窄脉冲，在 48 n mile 以上量程只发射 1.2 μs 宽脉冲，而在驾驶员经常使用的 0.75~24 n mile 量程则提供了最多 4 个脉冲宽度选择。

表 9-2　雷达脉冲宽度与脉冲重复频率

<table>
<tr><td>量程（n mile）</td><td>0.125</td><td>0.25</td><td>0.5</td><td>0.75</td><td>1.5</td><td>3</td><td>6</td><td>12</td><td>24</td><td>48</td><td>96</td><td>120</td></tr>
<tr><td rowspan="3">量程段/τ（μs）/PRF（Hz）</td><td colspan="5">S_1/0.07/3 000</td><td colspan="4">M_2/0.5 & 0.7/1 000</td><td colspan="3"></td></tr>
<tr><td colspan="2"></td><td colspan="4">S_2/0.15/3 000</td><td colspan="4">L_1/1.2/600</td><td colspan="2">L_2/1.2/450</td></tr>
<tr><td colspan="3"></td><td colspan="4">M_1/0.3/1 500</td><td colspan="5"></td></tr>
</table>

雷达宽脉冲发射能量大，有利于探测远距离目标；窄脉冲分辨目标能力强，有利于近距离雷达观测；在中等距离，为了兼顾目标的发现能力和分辨能力，设计了几个脉冲宽度供驾驶员选择。发射脉冲宽度还决定了信号的频谱宽度，窄脉冲具有较宽的频谱，宽脉冲的频谱则较窄，这就决定了接收机频带宽度的设计。

3.脉冲重复频率

雷达每秒发射的脉冲数称为脉冲重复频率，可用 f 或 PRF（Pulse Repetition Frequency）或 pps（Pulses Per Second）表示，其倒数为脉冲重复周期 T。为了满足雷达应用需要，脉冲重复频率也需要随量程的选择而改变，通常与脉冲宽度改变相关。雷达脉冲重复频率一般在 400~4 000 Hz 之间。表 9-2 所示的雷达一共有 5 个脉冲重复频率。在近量程，雷达发射窄脉冲，通过提高脉冲重复频率可以增加回波的脉冲积累数量，增强回波强度并提高回波精度。在远量程，通过降低脉冲重复频率来保证每一次发射脉冲探测到的足够远的回波脉冲能够在该发射周期内返回到雷达天线，结束当前周期的发射和接收，再发射下一个脉冲。否则，前一个发射脉冲探测到的目标，将显示在下一个扫描周期内，屏幕上会出现二次扫描假回波，影响雷达观测。所谓假回波，就是屏幕上回波的位置不是该目标在海上真实物理位置的回波现象。

4.发射功率

采用脉冲体制的雷达发射机，有两种度量发射功率的方法。雷达射频脉冲持续期间内的平均辐射功率称为峰值功率 P_t，雷达射频脉冲周期内的平均辐射功率称为平均功率 P_m。雷达通常以 P_t 作为性能指标定义发射功率，一般在 5~30 kW。显然，两者有以下关系

$$P_m = P_t \tau / T \tag{9-2}$$

式中：τ——脉冲宽度；

T——脉冲重复周期。

考虑一个参考值，如果 $\tau = 1\ \mu s$，$T = 1$ ms，则 P_t 是 P_m 的 1 000 倍，即雷达辐射的峰值功率虽然很大，但平均功率很小。在船上，当人离开雷达天线 20 m 之外，所受到的微波辐射非常小。如果不是长时间近距离暴露在雷达辐射范围内作业，雷达对人体的伤害可以不必考虑。

雷达发射功率越强，越有利于探测远距离弱小目标，但不希望看到的回波，如假回波、海浪、雨雪等杂波也会增强，而且发射机设备成本提高，故障率也高。因此，现代雷达通常不采用高功率发射，而是使用灵敏度更高的接收机来提高雷达对远距离弱小回波的发现能力。

三、雷达双工器

双工器又称为收发开关，一方面使雷达天线具有收发共用的功能；另一方面又能够在雷达发射机工作时，保护接收机避免受大功率发射脉冲损坏。早期的双工器为气体放电管，目前主要采用铁氧体环流器。

1.气体放电管收发开关

气体放电管收发开关安装在天线到收发机波导的接收机支路上，管内的空腔是一个固有振荡频率调谐在雷达发射频率上的谐振腔，充有惰性气体。雷达发射机工作时，发射脉冲使管内两电极间放电，触发管内惰性气体瞬时电离，形成屏蔽层，阻止发射脉冲进入接收机。当发射结束时，收发开关内的惰性气体迅速消电离，使得雷达回波能够顺利通过收发开关进入接收机。

气体放电管收发开关也有窄带和宽带两种。窄带收发开关工作时需要在管子两电极间加上约 800 V 的预游离电压，使管内气体达到预游离状态，以加速管内气体的电离过程。窄带收发开关内有两个距离可调的锥形电极，调整极间间距，使腔体的固有振荡频率与发射频率一致，达到最佳回波接收效果。还有一种适用于 3 cm 雷达的宽带收发开关，使用时不需要调谐。

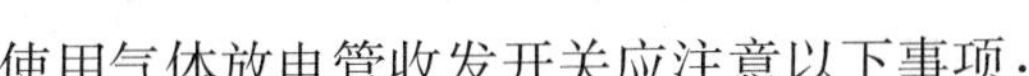

使用气体放电管收发开关应注意以下事项：

(1)恢复时间

气体放电管收发开关在发射脉冲结束后，到管内气体恢复预游离状态允许雷达回波通过为止，雷达不能探测到近距离回波，这段时间一般需要 0.1～0.3 μs，称为收发开关恢复时间。也就是说，在雷达发射脉冲宽度和收发开关的恢复时间内，雷达无法接收到回波。这段时间所代表的雷达探测距离是雷达近距离探测盲区，称为雷达理论最小探测距离。在近量程使用时，盲区一般为 30～40 m。驾驶员应该对所使用雷达的最小探测观测距离做到心中有数。

(2)窄带收发开关调谐

收发开关调谐不佳会造成回波质量降低，甚至无法探测到回波。调谐时，雷达应首先开机工作 10 min 以上，将各旋钮调整到最佳位置，在增益减弱的状态，仔细调整收发开关，使屏幕回波最强、最清晰。

(3)收发开关状态判断与更换

收发开关工作状态不良会导致接收效果变差，甚至损坏接收机前端电路。收发开关故障通常有两种情况，即恢复时间延长或预游离点火延迟。如果发现雷达盲区增大，应考虑收发开关老化，恢复时间延长，予以更新。一旦发现接收机混频晶体损坏，应首先检测收发开关预游离电压和预游离电流，并与说明书中或机器标注的额定值对比，确定收发开关状态良好，再着手更换晶体。

2.铁氧体环流器

铁氧体是由铁氧化物和金属氧化物混合烧结后制成的黑褐色陶瓷状磁介质材料(又称黑磁)。铁氧体接近绝缘体，微波在其内传输，介质损耗非常小。铁氧体具有定向传输微波的特性，利用该特性可以制成传输特性不可逆的微波器件，即铁氧体环流器(Ferrite Circulator)。

铁氧体环流器又称固态双工器，雷达常使用 T 形三端口环流器，内置有圆柱或棱柱形铁氧体，并在铁氧体柱上沿轴向施加恒定磁场。

被磁化的铁氧体对通过的雷达波产生场移效应，从而形成定向传输电磁波的特性，实现双工器功能。显然，环流器本身不存在收发开关恢复时间的问题，因此提高了雷达近距离探测性能。

在实际使用时，会有一定比例的发射能量经环流器反向传输漏进接收机，也会有强回波脉冲进入接收机。为防止烧坏接收机前端电路，通常在环流器和接收机之间安装有微波限幅器，将漏脉冲能量限制在接收机混频晶体功率允许范围之内。限幅器一般由微波二极管组成，高功率的漏脉冲触发其反向导通进入限幅状态，漏脉冲结束后到限幅二极管恢复截止，回波能够进入接收机支路为止，需要不大于 0.2 μs 的电路恢复时间。也就是说，在发射脉冲宽度和限幅器电路恢复时间之内，雷达无法探测到回波，存在着近距离探测盲区。因为限幅器电路的恢复时间短于气体放电管恢复时间，所以安装固态双工器的雷达近距离性能要好，一般盲区小于 35 m。因此，现代雷达多采用环流器作为双工器。

气体放电管收发开关的恢复时间和环流限幅器的恢复时间影响了雷达天线收发转换时间，用 τ 表示。

四、雷达微波传输及天线系统

雷达微波传输及天线系统由微波传输系统及雷达天线、方位编码器和驱动马达与动力传动装置等组成，如图 9-9 所示。图 9-9(b)中的发射功率监视器和回波箱是选配件，称为雷达性能监视器。

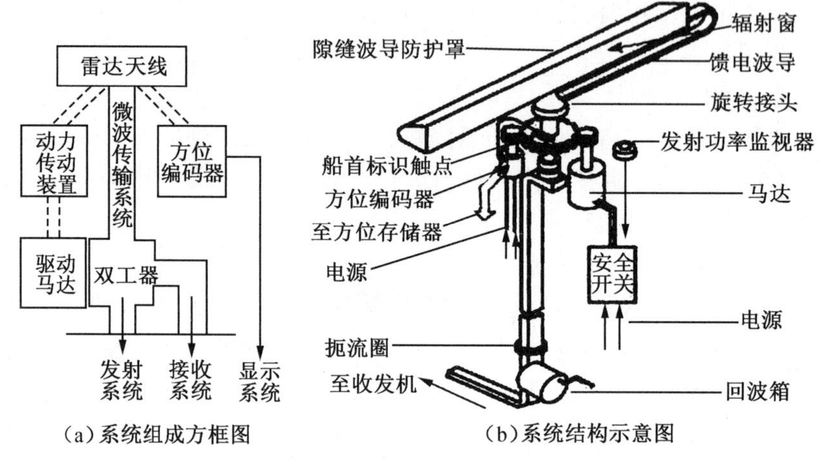

(a)系统组成方框图　　(b)系统结构示意图

图 9-9　微波传输及天线系统

(一)微波传输系统

在雷达收发机与天线之间传递微波信号的电路系统称为微波传输系统。不同波段雷达的微波传输系统也不同，3 cm 波段雷达一般采用波导(Wave Guide)及各种波导元件传输微波，而 10 cm 波段雷达多采用同轴电缆(Coaxial Cable)及相关元件作为微波传输系统。桅上型雷达安装时不需要微波传输线连接。

1.用于船舶导航雷达的波导的分类

(1)矩形波导

矩形波导是由黄铜或紫铜拉制的、内壁光洁度很高的矩形空心管，俗称波导管。微波的波长决定了波导截面的尺寸，波长越长，波导尺寸越大。3 cm 雷达矩形波导尺寸有两种，中国和欧美常见的尺寸为 23 mm×10 mm，如图 9-10(h)所示；日本则较多使用 33 mm×13 mm。10 cm 雷达波导尺寸为 72 mm×34 mm，很少使用。

①扼流接头

如图 9-10(f)所示，为了安装的需要，波导的两端都设有连接法兰，法兰盘上开设了四个固定螺栓孔。每段波导两端的法兰结构也不同，一边为平面，称为平面法兰或平面接头；另一边结构特殊，设有两个凹槽，称为扼流法兰或扼流接头。较浅的外槽用于安装水密橡胶圈，以保持波导连接后的水密性和气密性。内槽的深度和槽到波导宽边中点的距离相同，大约为 $\lambda/4$(λ 为波长)。在波导连接时，这个结构可以防止微波泄漏引起打火，称为扼流槽。安装时，应将平面接头朝向天线，扼流接头朝向收发机连接，使得连接端头虽然没有物理面接触，却能够保持微波电气的连续性。

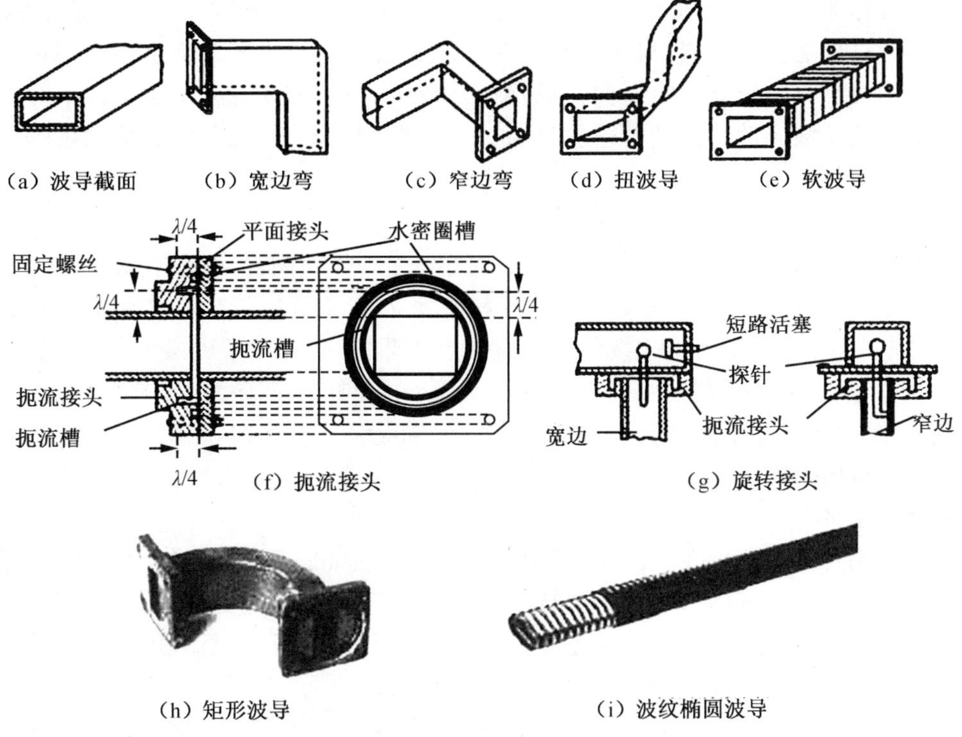

图 9-10　波导及波导元件

②其他波导元件

如图 9-10 所示,为了方便雷达安装,波导需要加工成各种长度,并配有各种弯头、旋转和扭曲等。其中宽边弯头、窄边弯头和扭波导可以改变波导走向,易于弯曲的软波导,可以调整收发机与入室波导之间的位置差,防止安装后设备连接扭力过大。为了使天线转动的部分与固定的部分保持电气连续性,还有旋转接头。旋转接头在雷达出厂前须安装调整就位,不得随意拆卸。

③波导使用安装注意事项

· 波导备件的两端都有密封盖,使用前打开,应注意检查内壁是否清洁,必要时可用纯酒精清洗。

· 波导对微波有一定衰减,安装长度不宜超过 30 m,弯波导不要超过 5 个。

· 软波导易老化,不允许用于室外安装。

· 安装时平面法兰朝向天线,扼流法兰朝向收发机,并安装水密橡皮圈。连接螺栓应固定牢靠,并在安装结束后在波导外表面涂漆防锈。

· 收发机波导出口应覆盖厂家提供的专用防水垫片(云母片),防止天线漏水流入收发机。

· 安装时要注意不应使波导受力过大,每隔 1~2 m 安装固定支架,必要时在易接触碰撞位置加装防护罩,避免因碰撞造成波导物理变形。

(2)波纹椭圆波导

波纹椭圆波导常见尺寸为 33.5 mm×22.9 mm,如图 9-10(i)所示。目前已经基本取代矩形波导作为桅下型 3 cm 雷达天线与收发机之间的微波传输线。在安装时，波纹椭圆波导不允许任意截断拼接，与天线和收发机连接处需要使用厂家提供的专用接口法兰。布线时可允许波导有一定弯曲，宽边弯转半径不小于 200 mm，窄边弯转半径不小于 480 mm，建议波导的总长度不超过 30 m。波纹椭圆波导安装方便，在使用过程中无须复杂的维护保养。

2.同轴电缆

同轴电缆由同轴的内外两层导体组成。内导体是一根细铜管，外导体是一根蛇形管，内外导体之间有低微波损耗的螺旋状绝缘材料作为支撑，最外层包有防护绝缘橡皮材料。对同轴电缆内外导体的直径和电缆的尺寸都有严格要求。同轴电缆的最大弯转半径不小于 250 mm，建议长度不超过 30 m。与波导相比，传输相同波长的微波时，同轴电缆体积较小，安装方便，但传输损耗稍大，功率容限较低。同轴电缆只用于 10 cm 雷达。

（二）雷达天线

1.天线概述

雷达采用定向扫描天线，天线转速通常为 20～25 r/min，适用于普通商业航行的船舶。转速高于 40 r/min 的天线称为高转速天线，适用于航速超过 20 kn 或上层建筑高大的快速船舶。天线转速的设计与船舶巡航航速有关，转速过低，目标在屏幕上呈跳跃显示，不利于观测；转速过高，目标回波脉冲积累数少，回波弱，不利于发现弱小目标。有的雷达天线有两个转速可以选择，现代化的快速集装箱船、油船、客滚船和大型邮轮常采用这样的配置，以提高雷达在船舶不同航速、不同环境下的适应能力。

2.天线结构

雷达普遍采用的隙缝波导天线由隙缝波导辐射器、扇形滤波喇叭、吸收负载和天线面罩等组成。

隙缝波导辐射器是将窄边按照一定尺寸和精度连续开设倾斜槽口的一段矩形波导，隙缝间隔约为 $\lambda/2$。雷达发射波从天线一端馈入隙缝波导辐射器，通过隙缝向空间辐射。辐射的波束与天线和喇叭口尺寸有关。波导越长，隙缝越多，喇叭口越宽大，天线的辐射波束就越窄，方向性就越好。在辐射器的另外一端有吸收负载，匹配吸收剩余的微波能量，避免反射造成二次辐射。喇叭口还设有垂直极化滤波器，保证辐射出去的微波是水平极化方式。整个天线的结构被密封在天线面罩内，保持水密和气密性，起到防护作用。

3.偏离角

现代雷达天线一般可设计为单端馈电型或双端馈电型，单端馈电型是从天线的一个端头将雷达波传输送入辐射器；而双端馈电型是从旋转环节耦合器将雷达波直接输入到辐射器。如果馈入的雷达波频率与波导天线额定传输频率有偏差，则沿每个缝隙槽辐射的微波相位就会有偏差，使得辐射的主瓣向天线馈电远端偏离辐射窗口中点法线 3°～5°，称为偏离角。这个偏离角会影响雷达方位精度。在雷达出厂时，偏离角经过校准并标记在天线基座上或安装说明书中，安装雷达时应特别注意。此外，还应该注意的是，主瓣的偏离角会随着发射频率的变化而改变，对于 X 波段，大约每 100 MHz 偏离 1°。

4.天线位置与雷达阴影扇形区域

(1)天线位置

雷达天线的安装位置对雷达整机性能的发挥和获得良好的使用效果十分重要。通

常雷达天线安装在龙骨正上方主桅之上的船舶最高处，以减少障碍物的阻挡，保持良好的探测视野。如果不能避免船舶结构的遮挡，则应尽量使船舶右舷不出现障碍物的遮挡。如果配备了第二部雷达，则在通常情况下，两部雷达天线最好上下安装在同一垂线上。如果安装环境很难避免障碍物的遮挡，则两部天线的安装位置最好能够使观测范围互补以消除观测遮挡区域，或另外架设雷达天线桅杆。

在狭水道航行时，驾驶员尤其应该注意核对雷达探测基准点最好选择在 CCRP，而不是天线位置。因为，如果雷达的天线不在船舶龙骨垂线之上，比如靠近了右舷侧，那么在雷达导航时，就容易错误地使船舶向左侧偏离航道。在雷达的近量程显示器上，在本船真实比例轮廓上能够显示雷达天线的实际安装位置。

(2)阴影扇形区域

①阴影扇形区域观测特性

雷达天线的辐射窗口有一定长度，辐射水平波束宽度为 1°～29°，而且雷达波具有一定的绕射能力，因此被障碍物遮挡的阴影扇形区域并非完全探测不到目标。其中在阴影扇形区域的轴线位置附近可能存在无法探测到目标的区域称为阴影扇形盲区，其他目标探测能力减弱的区域称为阴影扇形区域灵敏度降低弧。船舶建筑结构如艏楼、前桅、桅顶横杆、将军柱、主桅、烟囱和艉楼等，凡是与天线高度相当的物体，都会产生阴影扇形区域，而且对雷达观测造成永久的影响，对航行安全的影响也最大。图 9-11(a)和图 9-11(b)定性图示了由于船舶建筑结构造成雷达阴影扇形区域的成因及对雷达观测的影响，图 9-11(d)为实际船舶雷达屏幕截图，可以看到由于本船主桅和烟囱而形成的阴影扇形区域对雷达观测的影响。

阴影扇形区域的大小与障碍物的大小、障碍物到天线的距离、障碍物相对天线的高度以及天线尺寸等因素有关。障碍物越高、体积越大、离天线越近，所形成的阴影扇形区域就越大。在安装雷达时，应精心考虑雷达天线的安装位置，按照国际海事组织(IMO)雷达安装导则要求，雷达天线的位置应保证阴影扇形区域最小，而且不应出现在从正前方到左右舷正横后 22.5°的范围内。在余下的扇区内，不应出现大于 5°的独立的或整体之和大于 20°的阴影扇形区域。

实际上，一般大型船舶前桅造成的阴影扇形区域范围为 1°～3°；雷达天线附近若有大型吊杆和桅杆存在时，其产生的阴影扇形区域范围可达 5°～10°；如存在粗大的烟囱且离天线较近时，其阴影扇形区域范围可达 10°以上。在雷达阴影扇形区域范围内向本船驶近的大船，其雷达的发现距离可能从 12 n mile 降到 6 n mile 以下。在此区域内的小型船舶探测距离可从 4 n mile(阴影扇形区域外)降到 0.5 n mile(阴影扇形区域内)以下。为了更好地理解阴影扇形区域对雷达观测的影响，假设一目标船正在穿越图 9-11(a)中船尾烟囱的阴影扇形区域，则目标船的回波表现为在灵敏度降低弧的区域从正常强度逐渐减弱，直至最后消失在盲区，然后又从盲区另一侧走出隐隐出现，在灵敏度降低的弧回波逐渐增强，直至走出阴影扇形区域达到正常回波强度。容易理解，这个过程中回波强度是渐变的。从雷达观测角度看，目标反射能力不同，其阴影扇形区域的大小也不同。反射能力强的目标，雷达观测灵敏度降低弧和盲区都小。对于某些回波很强的大型目标，雷达观测甚至可能只存在增益降低区域，而没有盲区。

另外，船舶货物装载也会形成阴影扇形区域，如图 9-11(c)所示，空载船舶阴影扇形区域的延伸范围通常较远。对于图中的集装箱船,需要驾驶员留意在装卸货物前后雷达阴影扇形区域的变化。

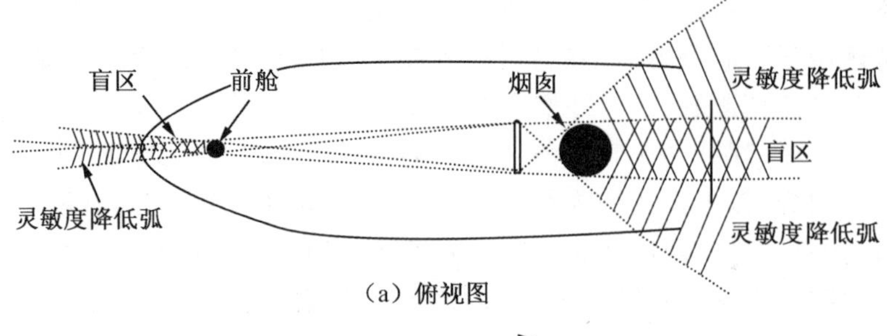

(a) 俯视图

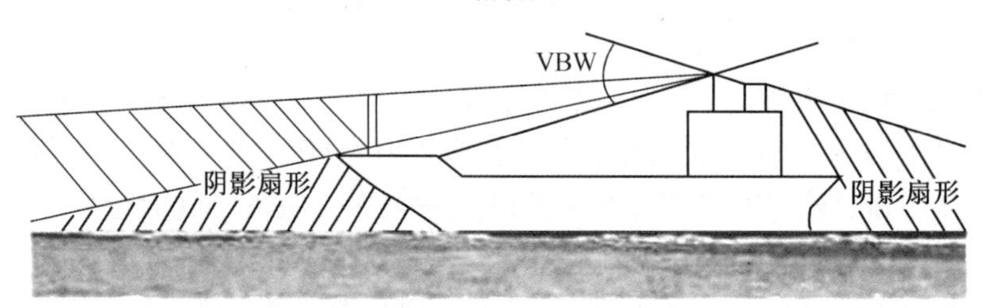

(b) 侧视图

(c) 甲板货物对雷达阴影扇形区的影响

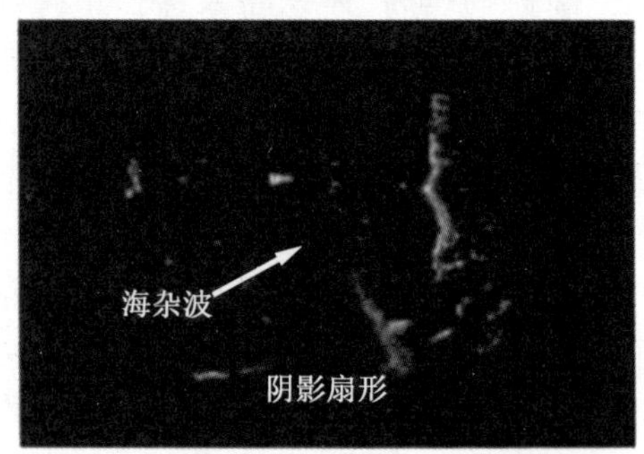

(d) 阴影扇形区的雷达图像

图 9-11　雷达阴影扇形区域

②阴影扇形区域测定

在阴影扇形区域不但容易漏失弱小目标,而且还会引起假回波,造成雷达屏幕图像复杂影响正常观测。因此,熟悉雷达的阴影扇形区域及其影响对驾驶员十分重要。在雷达安装调试结束后,应对阴影扇形区域进行测定,将实测的阴影扇形区域分布图张贴在显示器旁供日常雷达观测参考。如果船舶的任何变化影响到阴影扇形的分布,则应及时更新分布图。以上工作应记录在雷达日志中备查。

在准确测量阴影扇形区域之前,首先应在船舶布置图上分析,或在雷达天线的位置

用六分仪测定阴影扇形区域可能分布的方位，并估算其延伸的距离，以便在测量时做到心中有数。一般可采用下述两种方法来测定阴影扇形区域。

最好的方法是在平静的气象海况下，选择相对开阔水域中未加装雷达反射器的浮标，一般在其周围 1 n mile 以内，根据前面估算数据决定本船与浮标的最佳距离，缓慢做本船旋回圈，仔细观察并记录浮标回波减弱、消失和重新出现恢复到正常强度的方位。为了谨慎起见，有些船型可在不同的船舶装载吃水状态下进行两次或多次测定。

另一种方法是在开阔水域的弱海浪中观察和记录海浪干扰出现、减弱和消失的方位。

应注意不能在目标众多、环境复杂的狭窄水域测量，测量时的气象海况应平静，测量的对象不能是强回波目标，这样才能保证测量的结果有利于船舶安全航行。

（三）方位编码器与艏线方位误差

1.方位编码器功能

方位扫描系统由天线基座中的方位编码器和显示器中的方位信息存储器及其相关电路组成。雷达采用编码器将天线的方位基准信息（船首方位信息）和瞬时天线角位置信息量化为分辨率高于 0.1°的方位数据，传送到信息处理与显示系统并记录在相应的方位存储单元中。方位扫描系统按照显示的要求，从存储器中依次读出记录的方位数据，驱动扫描线按照天线探测到目标的原始方位对应显示回波位置，在雷达屏幕上再现天线周围空间目标的方位关系。通过测量目标相对于艏线的方位得到目标的相对方位数据。

2.艏线方位误差查验

艏线是雷达方位测量的基准，在雷达安装时安装技术人员应对艏线进行初始校准，以消除雷达目标的相对方位误差。国际海事组织（IMO）性能标准要求，电子方法校准艏线的精度应小于 0.1°。在雷达使用过程中驾驶员应在航行环境适宜时随时查验，或至少每个航次或每个月（取其小者）查验艏线方位误差，确认其满足标准的要求。

（1）艏线误差查验方法

①在晴好天气、平静水域中，船首对准一目视和雷达回波都孤立显著的远处小目标航行，在 H-up 显示方式下选择包含该目标的最小量程，确认目标回波位于艏线 0.1%之内，否则需要调整艏线误差。

②在气象海况平静、靠泊或锚地周围环境适宜的情况下，选择 H-up 相对运动显示方式，用雷达和方位分罗经同时观测远处孤立显著小目标的相对方位，计算相对方位误差。

（2）艏线误差查验注意事项

对艏线的校验应避免以下方法：

①船舶靠泊时，使艏线与泊位对齐。

②使用近距离目标。

③目标不能同时满足对视觉瞭望和雷达瞭望都孤立、清晰、可靠的条件。

（四）驱动马达与动力传动装置

驱动马达一般由船电供电，也有少数雷达天线采用直流电机，由雷达设备内部直流电源供电。早期的雷达有的设有单独的天线开关，现代雷达天线通常与雷达发射开关联动运转。性能标准要求马达的驱动能力应能够使雷达天线在相对风速 100 kn 时正常工作。雷达天线基座上一般设有安全开关,有人员在天线附近作业时,可以使用该开关切断电源,防止意外启动雷达。

为保证天线转动平稳,驱动马达的转速一般在 1 000~3 000 r/min,通过由皮带轮和/或齿轮机构组成的动力传动装置降速,带动天线以额定转速匀速转动。应每年定期检查皮带的附着力和更换传动装置防冻润滑油,做好维护保养,保证传动装置工作正常。

(五)雷达天线主要技术指标

1.方向特性

为了保证雷达探测目标的方位精度和在方位上分辨目标的能力,雷达采用方向性很强的天线,其理想的辐射波束为对称扇贝形。雷达辐射波瓣范围内具有一定辐射强度的区域称为波束宽度。波瓣的水平波束宽度(HBW)很窄,只有1°~2°,保证了目标的方位探测精度;而波瓣的垂直波束宽度(VBW)在 20°~30°,以避免在船舶摇摆的恶劣环境中丢失海面目标。雷达主瓣辐射波束空间形态如图 9-12(a)所示。

理论上常用方向性图来描述天线的辐射性能。雷达天线的水平方向性图如图 9-12(b)所示。以天线辐射的中心方位为对称轴线,在宽度 1°~2°的范围内,雷达的输出功率占总辐射功率的 90%以上,该范围称为辐射主波束或主瓣。雷达通过主瓣探测目标,在通常意义上,讨论天线的方向特性也指主波束而言。

主瓣周围对称分布了多个弱小的旁瓣辐射,每个旁瓣也都有其最大的辐射方向,越向两侧,辐射功率越小。如果定义主瓣轴线上最大功率输出为 1,则方向性图上任意一点到辐射源(辐射窗口中心点)的长度即为该点方位辐射的相对功率值。

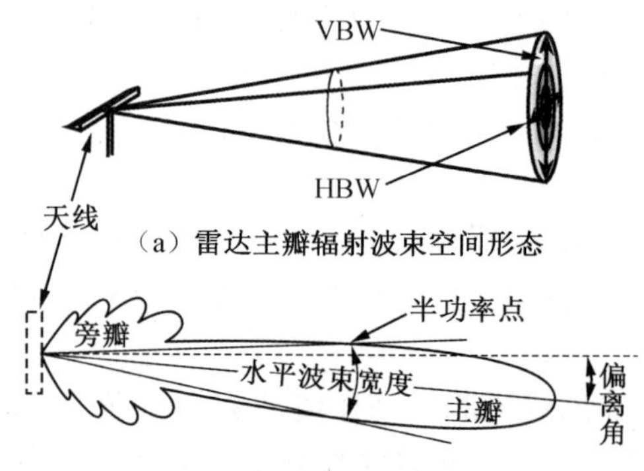

(a)雷达主瓣辐射波束空间形态

(b)雷达天线的水平方向性图

图 9-12　雷达方向特性

2.波束宽度

天线的波束宽度定义为主波瓣上两个半功率点之间的夹角。通常考虑水平波束宽度(HBW)和垂直波束宽度(VBW)两个典型数值。在波束宽度以外的区域雷达的探测性能会显著下降。

为了保证雷达目标探测的方位精度和目标的方位分辨力,天线的水平波束宽度很窄,只有 1°~2°。通常认为,在 2 n mile 以外的一般反射强度的目标都只考虑在这个波束范围内被雷达探测到,而对于距离很近或回波较强的目标,能够被雷达探测到的波束角会更大，甚至能够被旁瓣探测到，形成旁瓣回波，干扰了正常雷达观测。

3.旁瓣辐射

雷达辐射主瓣方向周围相当广阔的空间内还对称分布了许多旁瓣辐射，这些旁瓣辐射功率通常较弱且不稳定。按照技术标准要求，在主瓣轴向两侧+10°之内的旁瓣，电平小于-23 dB，在主瓣轴向两侧+10°之外的旁瓣，电平小于-30 dB。因此，对于雷达正常观测距离上的通常目标而言，旁瓣辐射对雷达观测不会构成重要影响。但对于近距离目标的强回波而言，旁瓣辐射也会探测到该目标形成旁瓣假回波，甚至扩展到天线的背面，对雷达观测构成比较严重的干扰。

4.增益

天线的方向性还可以用天线的增益表示。天线增益是指在输入功率相等的条件下，实际天线与理想的辐射单元在空间同一点处所产生信号的功率密度之比。具体地说，如果一个理想的向周围辐射均匀的全向点天线（辐射单元）各向的辐射功率均为100%，当将此天线的辐射功率聚束向某个特定的方向辐射时，在该方向上的辐射功率将被加强，其他方向的辐射将被减弱或完全消失，则在辐射方向上被加强的功率与原全向辐射功率的比值，称为天线增益，通常为 30 dB 左右。

5.极化方式

电磁波在空间传播时，若电场矢量的方向保持固定或按一定规律旋转，则称为极化波，通常可分为平面极化（包括水平极化和垂直极化）和圆极化。当电场强度方向平行于地面时，此电波就称为水平极化波；当电场强度方向垂直于地面时，此电波被称为垂直极化波；当电波的电场大小不变，方向随时间变化，电场矢量末端的轨迹在垂直于传播方向的平面上投影是一个圆时，称为圆极化。圆极化面随时间旋转并与电磁波传播方向呈右螺旋关系，称为右旋圆极化；反之，称为左旋圆极化。

对于船舶导航雷达的工作环境，通常情况下水平极化波引起的海浪干扰弱于垂直极化波，因此，目前雷达天线均采用水平极化形式，需要时还可以向厂家额外订购圆极化天线。由于圆极化天线具有下述特点，左（右）旋圆极化天线只能发射和接收左（右）旋圆极化波，而圆极化波照射到尺寸与其波长相当的对称目标时，其反射回波的极化方向为反向圆极化，因此圆极化天线对这类对称目标具有较强的抑制能力，可以很好地抑制雨雪回波。但对于具有对称性的小目标，如导航浮标和船舶上小尺寸对称结构的构件等也有同样的抑制作用，因而也在一定程度上减弱了目标（尤其是弱小目标）的探测能力。与目前雷达通用的雨雪抑制电路相比，虽然圆极化天线对雨雪有较好的抑制作用，但其性价比较低，因此圆极化天线目前只有极少数雷达作为选购件安装。使用时，要特别注意只在雨雪天气下使用，避免丢失弱小目标的回波。

五、雷达接收机

（一）雷达接收机基本组成

雷达接收机采用超外差接收技术，主要由微波集成放大与变频器（MIC）、中频放大器、检波器、视频放大器和改善接收效果的辅助控制电路，如增益控制、海浪抑制和通频带转换电路等组成，如图 9-13 所示。

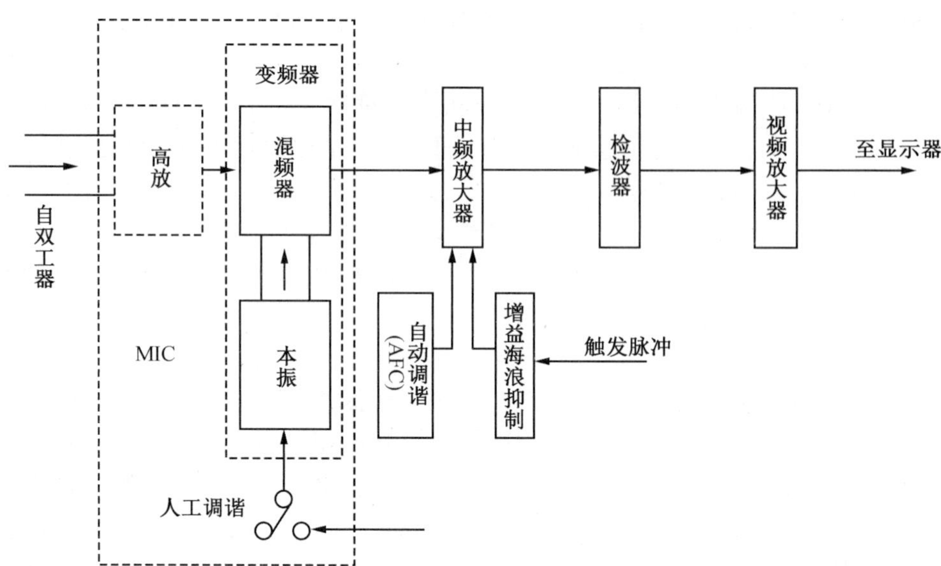

图 9-13　接收机框图

天线接收到的微弱射频回波信号,经过双工器传送到接收机。MIC 由微波高频放大器和变频器组成。高放对射频回波直接放大,能够改善射频回波信噪比,增强雷达对弱小目标的探测能力。变频器将射频回波信号转变为中频回波信号后,中频放大器对回波放大。中频放大器是接收机的核心,具有宽通带、高增益、宽动态范围和低噪声等优良特性。为了改善接收效果,中频放大器的频带宽度必须与发射信号匹配良好,能够根据需要调整放大器的增益,并具有自动或人工调整近距离增益以抑制海浪反射杂波的功能。经过海浪杂波抑制和放大后的中频回波信号,经过检波器,转变为视频回波信号,传送到信息处理与显示系统。

值得注意的是,由于微波高放器件价格昂贵,调试严格,因此有些型号的雷达,尤其是低功率发射机雷达,在 MIC 部分不采用微波有源高放,只有变频器。

1. 变频器

变频器由混频器和本机振荡器组成,其作用是将回波信号的载波由射频转换为频率较低的中频供中频放大器工作。

在雷达设备中,本振输出频率高于雷达发射频率一个额定中频值,当本振信号与回波信号差频时,输出中频信号。由于中频放大器必须工作在额定频率下才能保持较高的工作性能,而发射机磁控管的发射频率和接收机的本振频率会随着电压和温度等环境的变化而漂移,造成回波中心频率偏移本振中心频率,因此要求必须能够随时调整本振的输出频率,以满足雷达中频放大器保持额定中频的工作要求。调谐可通过显示器控制面板上的调谐控钮人工调整,也可设置为通过设备监测混频器输出的中频信号实现自动调谐。按照性能标准要求,雷达必须具备人工调谐功能。

①本机振荡器

早期的雷达本振采用真空反射式速调管。现代雷达均采用耿氏二极管振荡器,其结构和实物图分别如图 9-14 和图 9-15 所示。

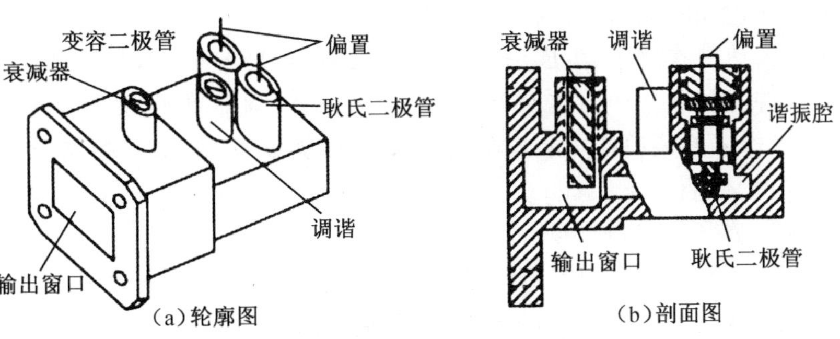

(a)轮廓图　　(b)剖面图

图 9-14　耿氏二极管振荡器结构图

图 9-15　耿氏二极管振荡器实物图

正常工作时,耿氏二极管和变容二极管均加有偏置电压,并且加在变容二极管的偏置电压可以随调谐旋钮的调整而改变。调整该电压可以在一定范围内改变振荡器的输出频率,调整范围应略大于磁控管频率的漂移范围,以满足雷达日常调谐的需要。在谐振腔上还设置了一个机械调谐螺丝,能够在更大的范围内改变谐振腔的固有振荡频率,实现在更广泛的频率范围内对本振的初始化调谐。这项工作通常在雷达安装时或更换磁控管或本振时完成。在振荡器的输出窗口设有衰减器,能够调整振荡器的输出功率,使得混频晶体二极管获得最佳偏置。本振的输出功率通常为毫伏级。

②混频器

雷达混频器由微波晶体二极管构成,常称为混频晶体。回波信号与本振信号在晶体中差频,经过滤波后得到中频回波信号,输出到中频放大器。

混频晶体工作在低功率状态,其工作偏置由本振提供。调整本振输出功率,可以使晶体获得最佳偏置。回波信号的功率通常很低,一般为微伏级。正常工作时,晶体的工作电流可以反映混频器的工作状态。如果晶体电流为额定值(毫伏级),说明变频器(本振和晶体)工作正常,但不表明回波被正常接收。

混频晶体是非常脆弱的电子元件,过高的发射脉冲会烧毁晶体。如果发现晶体经常损坏,应考虑双工器和(或)限幅器故障。

为了防止高频辐射击穿晶体,晶体备件一般保存在铅封的包装内。更换晶体时,应注意使身体与机壳处于相同电位,不要用手同时接触混频二极管的正负极,防止身体感应的电磁场能量烧毁晶体;还要注意勿使晶体掉落地面,强烈振动也会损坏晶体。

测量混频晶体时,应使用万用表 $Q\times100$ 或 $Q\times1$ k 挡,而不可使用 $Q\times1$ 和 $S_2\times10$ k 挡,否则易损坏晶体。一个好的晶体反正向电阻比值应在几百至几千之间,如果比值小于 100,将影响回波效果。

③集成一体化 MIC

新型现代雷达接收机中,集成一体化 MIC 变频器已经基本取代了此前的本振和混频器等分立元件变频器。初始化调谐只需进入初始化调谐菜单,按照雷达安装说明书要求的步骤,操作屏幕菜单便可自动完成。对于此类设备,如果变频器发生故障,通常直接更换 MIC 整体组件。

2.中频放大器

雷达中频放大器普遍采用宽带调谐高增益对数级联放大器。这种放大器对弱小输入信号保持着线性放大器高增益的特性,随着输入信号的提高,放大倍数呈对数规律降低,从而扩大了放大器的动态范围。由于在不同量程段雷达发射脉冲宽度的改变会引起发射频谱的变化,因此要求接收机对应量程段的通频带也应有相应改变。通常在近量程发射窄脉冲,接收机通频带较宽,回波距离精度和距离分辨力较高;而远量程发射宽脉冲,通频带较窄,接收机灵敏度较高,易于发现弱小目标。

为了适应不同使用者在不同环境下对雷达观测的要求,雷达均采用人工增益调整来大范围调整中频放大器的放大量,从而改变回波在屏幕上的影像质量。对于驾驶员,调整增益是非常关键的操作。

3.海浪杂波抑制电路

雷达波束照射在平静的海面时,被全反射到雷达天线以外的其他方向,几乎不会产生海浪回波。当海面有波浪时,起伏的海浪将雷达波向各方向反射,部分反射能量被雷达天线接收,形成鱼鳞状闪亮斑点,对雷达图像构成干扰,即海浪杂波。干扰分布在近距离,中等风浪时为 3~6 n mile,大风浪时可达到 8~10 n mile。干扰随距离增加呈指数规律减弱。抗海浪干扰电路又称灵敏度时间控制(STC)电路或近程增益控制电路,在触发脉冲的控制下,产生一个呈指数规律变化的增益控制波形,使中频放大器增益在近距离降低,随探测距离的增加按照指数规律增加,并可以根据海面实际情况随时调整控制 STC 的范围和深度。

4.检波及视频放大器

经过接收机前端处理的回波中频信号,再经过检波器后,转变为回波视频信号。视频放大器是连接接收机和信息处理与显示系统的一个缓冲电路,起到检波器与视频传输电缆或检波器与视频处理电路之间的隔离和阻抗匹配作用。

(二)雷达接收机主要技术指标

1.中频频率

根据设备的厂家型号不同,雷达中频普遍采用 30 MHz、45 MHz 或 60 MHz。

2.灵敏度与放大倍数

灵敏度表征了接收机接收弱信号的能力,通常由最小可辨信号功率 P_{min} 表示。影响灵敏度的主要因素有接收机的噪声系数 N 和通频带 B,噪声系数越小,通频带越窄,则 P_{min} 越小,说明雷达能够从杂波背景中检测出弱小目标的能力越强,即灵敏度越高,越有利于探测远距离小目标。

雷达接收机的 P_{min} 一般可达 10^{-12}~10^{-14} W,因此要求中频放大器的放大倍数应达到 120~160 dB。

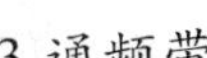

3.通频带

通频带也称频带宽度,表示中频放大器能够不失真地放大回波信号的频率响应范围。通频带与放大量以及通频带与灵敏度之间相互关联影响。通频带越宽,信号被放大时失真越小,雷达的系统精度就越高,但雷达保持较高的放大倍数和灵敏度就越受到限制;反之,则有利于雷达探测远距离弱小目标,但雷达的系统精度将下降。

为了兼顾发现能力和探测精度,雷达接收机通频带的确定主要考虑两个主要因素。第一,接收机的通频带应与回波信号的频谱宽度匹配,对比回波信号而言,过宽的通频带也无助于提高回波质量。通常雷达在近量程窄脉冲工作时采用较宽的通频带,而远量程宽脉冲工作时则采用较窄的通频带。第二,在探测远距离目标时,适当缩小的通频带能够提高信噪比,有利于发现弱小目标。

4.抗干扰能力

雷达回波包含着海浪、雨雪和同频干扰。按照性能标准规定,雷达应能够抑制各种干扰杂波,提高信杂比。

5.恢复时间

对于雷达来说,如果接收到过强的回波信号,这会使信号放大器饱和或过载,导致暂时失去放大能力。这种情况下,接收机需要一定时间来恢复正常工作状态,这个时间被称为恢复时间。恢复时间越短,则接收机能更快地恢复接收和处理弱信号。因此,短恢复时间是对这种设备性能性指标之一。

值得注意的是,在恶劣天气中,强海浪回波、强雨雪回波以及离本船较近的大型船舶的回波等都是引起接收机饱和或过载的因素,在雷达观测时应特别警惕其后面的目标,注意瞭望。

6.动态范围

雷达工作环境复杂,回波强度变化很大。使接收机恰好达到饱和的强回波信号 P_{max} 和 P_{min} 之比,称为动态范围。显然,动态范围越大,则雷达性能越优越。

六、雷达信息处理与显示系统

雷达信息处理与显示系统也称为雷达终端,是雷达目标回波及各传感器信息的最终处理和显示单元,通过显示器操作控制界面能够控制雷达整机的工作。在显示器上,驾驶员能够观测到目标回波,并借助各种刻度和图标标识标注,测量目标的位置参数(距离和方位)和标注目标信息。通过连续观测周围目标的运动,建立目标的运动轨迹,获得目标的运动参数,实现船舶碰撞的早期预警,引导船舶安全航行。

雷达图像显示采用极坐标平面位置显示原理,扫描中心(起始点)代表本船天线位置,目标回波在屏幕上以加强亮点显示。径向扫描线上点的位置到扫描中心(起始点)的距离代表该点目标到本船天线的距离,该点目标相对艏线的夹角代表目标相对本船的方位。

实现雷达信息处理与显示的技术手段有两种,早期采用模拟信号处理方法,对应的显示设备为 PPI,目前已经基本被淘汰。现代雷达应用数字信息处理方法和光栅显示技术,采用高品质平面监视器(如 TFT 和 OLED 等)作为雷达信息显示终端。雷达信息处理采用通用或专用操作系统上的应用程序,借助专业的硬件和软件环境,将原始雷达视频首先按照距离和方位单元实时量化为数字信号,同步快速写入计算机存储器中。然后利用雷达扫描周期之间相对较长的休止期,从存储器中按照设定的速率读出数据,运用现代数字信息处理技术的最新成果,对回波数字视频进行多层面专业化处理,去除各种干扰杂波,增强有用回波显示的清晰度,最后将处理后的清晰视频转换为模拟信号,非实时地显示在显示器上。

图 9-16 所示为现代雷达信息处理与显示系统的基本组成框图,包括主控制器、输入/输出接口及视频处理器、信息处理器和综合信息显示与操作控制终端,基本雷达、THD、SDME、EPFS、AIS 和 ECDIS 等各种传感器是该系统的信息源。

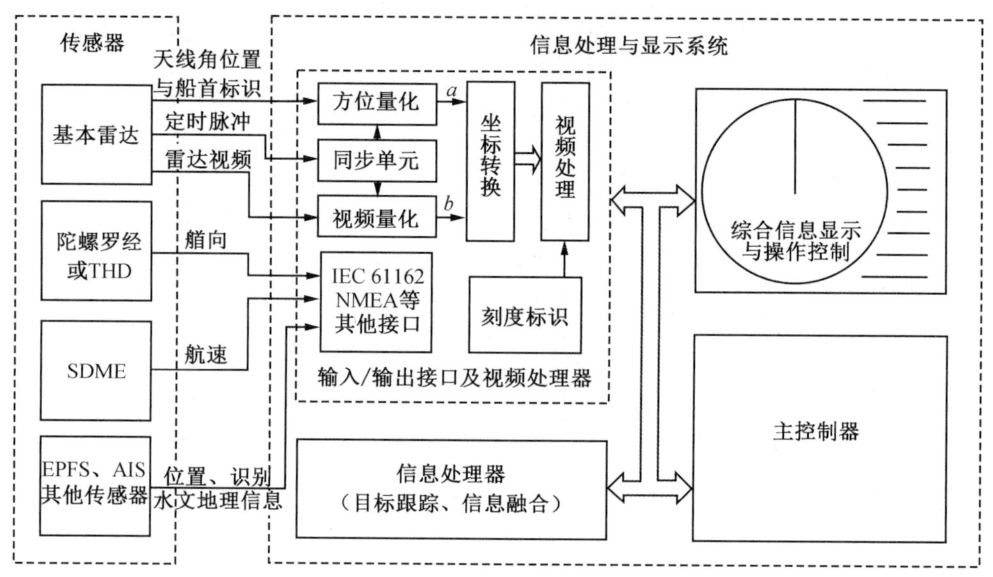

图 9-16　雷达信息处理与显示系统

(一)主控制器

主控制器是信息处理与显示系统的控制中心,其实质上是针对雷达信息的微处理器,主要为雷达目标跟踪器与各传感器信息融合提供运算和控制功能。主控制器通常采用高性能工业 CPU 芯片,在总线和存储器等相关部件的配合下,协调各部分功能模块工作。工作内容主要包括:

(1)根据程序指令检测输入输出接口数据流,监测相关数据的完善性;

(2)接收操作面板指令,处理视频信息,控制设备功能;

(3)协助信息处理器实现雷达目标跟踪和信息融合,判断碰撞危险;

(4)按照程序或驾驶员指令,组织和更新显示内容,为驾驶员提供需要的显示画面;

(5)按照程序设定或驾驶员指令启动自检程序,监视设备工作状态。

(二)输入/输出接口及视频处理器

该系统由同步单元、输入/输出接口、坐标转换器、视频处理器和刻度标识产生单元等组成。

1.同步单元与系统测距误差

同步单元在早期雷达设备中俗称延时线,用于调整触发脉冲信号的延时,产生同步

脉冲,协调:显示与发射的起始时刻,消除系统测距误差。如果以雷达天线位置为测量基准点,雷达测得的目标到本船的距离应该为目标前沿到雷达天线之间的距离。如果雷达发射机与显示器在触发脉冲的作用下同时开始工作,则雷达所测的目标距离势必包含了雷达发射机到天线和天线到达显示器之间的信号传输路径,因而产生了距离测量误差。雷达设备安装后,应调整雷达同步单元,使同步脉冲控制雷达信息处理与显示系统记录回波信息的起始时刻略晚于发射脉冲离开天线辐射窗口的时刻,以消除系统测距误差。按照严格的逻辑意义可以这样描述显示器的扫描起始时间:在理论上,当"零海里"(天线辐射窗口位置)的回波到达显示器时,雷达信息处理与显示系统开始记录目标信息。当然,这样的描述仅是出于理论上的方便,因为"零海里"处于雷达的盲区,所以实际上雷达探测不到该位置的目标。

雷达距离误差对航行安全的影响非常大。按照新的性能标准规定,雷达系统距离误差不应超过所用量程的 1%或 30 m 中的较大值(此前的标准为不超过所用量程的 1.5%或 70 m 中的较大值)。如果雷达系统的距离误差大于性能标准的规定,应按照雷达技术说明书中要求的步骤调整。

在船舶上,通常可以通过以下三种方法来确定雷达系统距离误差:

(1)如果安装了 DGNSS 接收机,则可以在 DGNSS 有效精度区域,使用 DGNSS 确定。

准确船位。在海图上选择适合雷达观测的某个近距离目标,测量其距离并比较该目标的雷达距离,获得雷达系统距离误差。

(2)船舶靠泊时,使用雷达测量港区某明显固定目标的距离,与通过海图作图获得的距离比较,获得雷达系统距离误差。

(3)如图 9-17 所示,观测近距离(0.25 n mile 之内)一平直岸线或防波堤。如果图像如 A,说明有误差;如果图像如 B,说明雷达测量的距离大于实际距离;如果图像如 C,说明测量距离小于实际距离。雷达系统距离误差应当在条件适宜时随时查验,或至少每个航次或每个月(取较小者)查验一次。

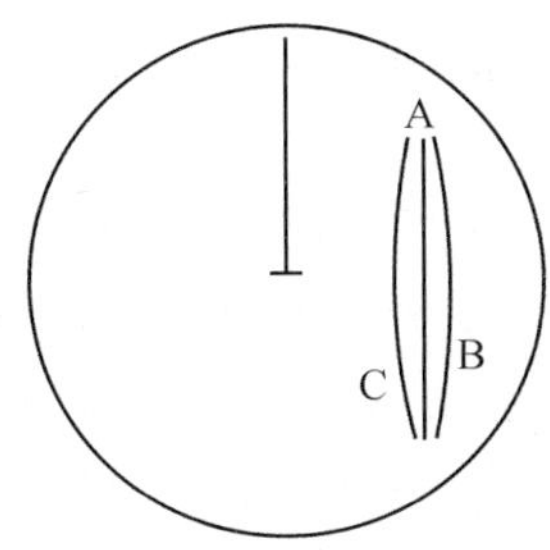

图 9-17　雷达测距误差测定

2.输入/输出接口

输入/输出接口将来自所有传感器的模拟信号数字化(称为量化或模数转换),或将本身已经为数字信号的传感器信息编码转换分配,存入相应的存储单元。此外,输入/输出接口也可以将雷达屏幕视频信息输出到 ECDIS 或 VDR。

雷达传感器信号数字化是输入/输出接口的主要任务。在主控制器的控制下,由触发脉冲同步,在总线和存储器等相关部件的配合下,将原始雷达天线方位模拟信号和视频模拟信号按照方位单元和距离单元实时量化为数字方位信号 a 和数字距离信号 b，并同步快速写入存储器相应的方位单元和距离单元。在实际雷达设备中，虽然雷达的数字信息处理的主要过程都在信息处理与显示系统中实现，但原始雷达模拟信息的数字化过程，不同型号的雷达有不同的设计。目前的趋势是在雷达传感器中实现雷达信息的数字化，将数字化的触发脉冲信号、雷达视频信息、天线角位置信息和船首信息传送到信息处理与显示系统，再做进一步处理，避免了长电缆传输模拟信号容易引起干扰和衰减的问题。

除了雷达原始视频之外，现代航海仪器基本上已经实现了数字化，传感器信号可以通过 IEC 61162 或 NMEA 标准数字接口将各传感器信息输入到信息处理与显示系统。建造较早的船舶，如果还在继续使用模拟陀螺罗经设备，则需要通过专用的接口装置，将陀螺罗经的模拟航向信号转变为数字航向信号。

3.坐标转换器

雷达传感器的发射和接收所获得的原始视频以目标的距离和方位记录为极坐标，而光栅显示方式则采用了直角坐标显示，并且屏幕只划分了一部分区域作为雷达工作显示区域。这就要求必须通过坐标转换，将极坐标下的视频回波转换为直角坐标下的视频，再送入视频处理器与信息处理器做进一步处理，最终实现光栅化显示雷达图像信息。

4.视频处理器

原始模拟视频信号经过数字化后仍可能含有雨雪和其他雷达干扰等杂波信号，存在信杂比低和回波幅值起伏较大等问题，需要进一步处理，以获得更为稳定、清晰的高质量雷达视频，并在此基础上进行视频加工，突出观测者需要的信息。处理后的视频，根据驾驶员的操作要求，按照主控制器指令，或者直接送到综合信息显示器显示雷达视频图像，或者经过目标跟踪器处理后，在信息处理器运算结果的配合下送到综合信息显示器显示目标跟踪信息及多传感器信息融合图像。

雷达视频处理通常包括雨雪干扰抑制、同频干扰抑制与扫描相关技术、恒虚警率技术、回波平均处理、回波扩展处理和尾迹显示等。

(1)雨雪干扰抑制

抗雨雪干扰原理实际上是一个信号微分处理模块，等效为模拟电子设备中电阻和电容组成的微分电路，也称快时间常数(FTC)电路，能够自动检测并仅保留目标回波的前沿。与正常的有用雷达回波如船舶、岛屿、导航标识和岸线等相比较，雨雪回波覆盖范围广、回波弱，经过 FTC 电路后，去除雨雪回波弱反射的边缘和干扰能量集中的雨区及其后沿，将滤除绝大部分杂波，仅保留了雨雪集中区域的前沿部分，而且显示强度大大减弱；而其他有用的雷达回波一般为窄而强的回波，比较而言，去除后沿损失的能量较少，而且其前沿回波也比雨雪回波前沿清晰明亮。因此，经过微分处理后，有用视频信号与雨雪杂波的信杂比会得到显著改善。值得注意的是，使用 FTC 后，所有的回波都会受到不同程度的抑制，某些弱小回波可能丢失。

(2)同频干扰抑制与扫描相关技术

相邻船舶同频段工作频率相近雷达的发射脉冲直接被本船雷达天线接收，及其被目标散射的脉冲被本船雷达接收机检测出来，称为同频干扰。由于不同雷达发射与接

收分别由各自触发脉冲控制，并为了能够在接收端更好地抑制干扰，每部雷达在触发脉冲产生时都人为地加入了随机抖动因素，形成不同雷达触发脉冲事实上的不同步，因而这种干扰也称为非同步辐射（非相关）干扰。

同频干扰回波呈现为有特点且散乱地遍布在雷达工作显示区域的杂波，多表现为螺旋线状。不仅辐射主瓣会产生干扰，旁瓣辐射和接收也会产生干扰。同频干扰回波如图 9-18 所示。在量程比较小的时候，干扰在屏幕上较为分散，螺旋线效果不明显，如图 9-18（a）所示；随着量程增大，干扰变得密集，如图 9-18（b）所示。如果使用远量程，干扰回波相关性降低，干扰杂波则表现为密集混乱的图像，如图 9-18（c）所示。同频干扰一般发生在狭水道船舶航行密集的海域，而且可能发生多部雷达之间的互相干扰，因此实际干扰图像混乱得多，弱小目标受干扰尤其严重。

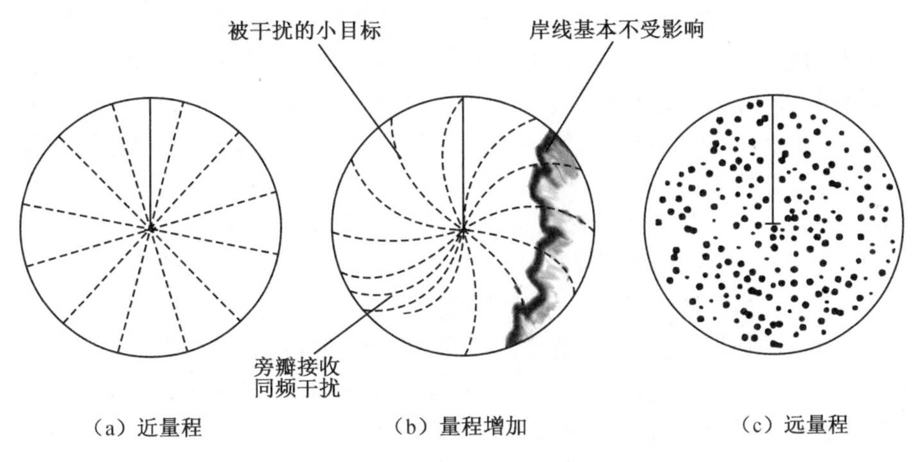

图 9-18　同频干扰回波

雷达设计有同频干扰抑制（Radar Interference Canceler，RIC 或 Interference Rejection，IR）模块，采用回波相关技术，对相邻的两条或多条扫描线进行相关（逻辑与）检测。对于目标而言，在相邻扫描线的相同距离单元上，都具有该目标的回波，而同频干扰杂波则不具有这种相关性。如图 9-19 所示，T 表示目标回波，I 表示同频干扰杂波。在相邻的两条扫描线上，相同的距离处都存在回波，输出时认为是目标予以保留；否则，认为是干扰予以去除。可以看到，经同频干扰抑制电路输出的信息中，目标予以保留；否则，认为是干扰予以去除。可以看到，经同频干扰抑制电路输出的信息中，目标被保留下来，大部分同频干扰被去除，也有部分干扰恰好落在了相邻扫描线的相同的距离单元而残留下来。这种消除干扰的技术也称为扫描线相关或脉冲相关技术。这个示例采用的是两条扫描线（两个脉冲探测周期）相关抑制同频干扰，在实际设备中通常还有三条或四条扫描线相关抑制同频干扰，对应操作面板上同频干扰的三个抑制等级。显然，参与相关运算的扫描线越多，对同频干扰的抑制效果就越好。如果将连续多幅完整扫描画面相关（扫掠相关），则雷达能够更有效地去除干扰和噪声。但是同频干扰抑制即扫描相关（尤其是扫掠相关）技术对回波不稳定的弱小目标、快速运动目标以及目标边缘的损失尤其突出，应酌情慎重使用，使用时也应特别注意细心观测。

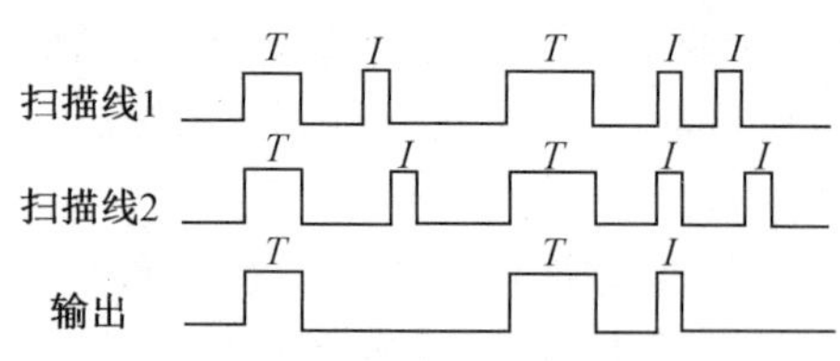

图 9-19 同频干扰原理

(3)恒虚警率技术

雷达工作于杂波起伏较大的环境中。设备自动检测目标时,通常是设置一个与信杂(噪)比、检测概率、虚警概率或目标和背景统计特性等有关的一个门限。当信号强度超过这个门限时,就判定目标存在。当有目标时,将判断为有目标的概率称为检测概率;而当无目标时判断为有目标的概率就称为虚警概率。虚警概率太低,不利于小目标的检测;虚警概率过高,则增加设备和驾驶员的负担。在雷达回波环境中,很难设置一个恒定的检测门限分辨目标与杂波,这就要求检测器的门限设置必须与杂波功率的变化相适应,使杂波环境中的目标检测虚警概率保持在一个较为理想的数值上,这种信息检测方法称为恒虚警率(Constant False Alarm Rate,CFAR)检测。恒虚警率处理是现代雷达普遍采用的一种抑制杂波及提高目标检测和分辨能力的技术。

为了便于理解,图 9-20 采用模拟信号波形示意了一种 CFAR 处理技术的基本原理。该技术能够自动检测回波信号的起伏变化,如图 9-20(a)所示。由于噪声和杂波都属于宽回波信号,而有用回波主要是窄信号。恒虚警率处理利用积分电路,能够有效跟踪宽回波电平的变化,滤除有用的窄回波,取得回波变化的均值,如图 9-20(b)所示。再从原始回波视频中减去这个均值,便能够在输出信号中滤除各种宽回波干扰,如图 9-20(c)所示,保留有用的窄回波信号,提高目标的检测能力。

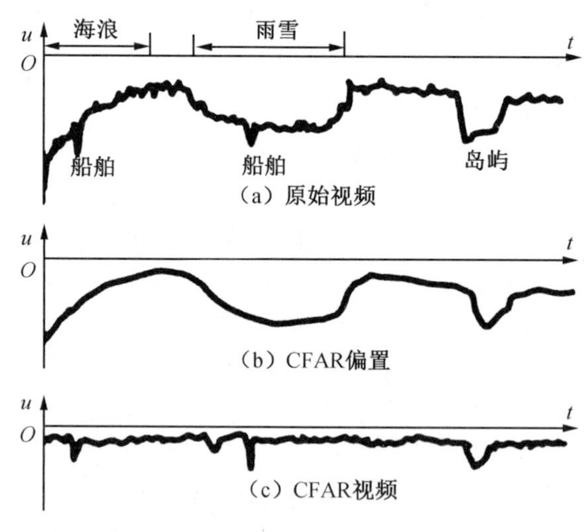

图 9-20 CFAR 原理示意图

通过设置不同的 CFAR 技术参数,也可以实现对海浪杂波或雨雪杂波的单独抑制,达到自动抑制海浪或自动抑制雨雪的效果。

尽管 CFAR 技术目前已经广泛应用于雷达设备,但仍然存在以下问题:

①恒虚警率损失,尤其对复杂回波环境中强杂波周围的小信号会产生较多的漏警。

②在方位不稳定的显示方式下,弱小目标可能被当作杂波抑制。

③近距离方位快速变化的目标可能被抑制。

④本船大幅度快速转向时,目标可能普遍受到抑制。

因此,各种自动抗杂波功能应注意采用方位稳定的显示方式,在大洋且周围目标较单一的航行环境下使用,在狭窄水域、渔区和进港等航行环境中(本船及目标机动频繁),要避免使用。雷达性能标准规定,自动抗杂波处理如果在缺少适当稳定的情况下会妨碍目标检测时,则应在方位稳定失效后 1 min 内自动关闭处理,这种处理还应该适用于扫掠相关和回波平均处理。

(4)回波平均处理

回波平均处理基于扫描相关技术,对连续两幅或多幅画面的回波强度进行平均化处理,稳定可靠的回波强度基本保持不变,而杂波干扰经平均后,屏幕显示亮度大幅度降低,从而提高了屏幕回波信号的信杂比。

(5)回波扩展处理

回波扩展处理通过数字视频处理方法,对储存器中雷达传感器输入的数字回波图像信息扩展放大。回波扩展可分为方位扩展、距离扩展和方位距离同时扩展等三个等级。方位扩展是保持回波前后沿位置不变,对回波横向扩展;距离扩展保持回波前沿和左右方位位置不变,对回波后沿扩展;方位距离同时扩展则是前两者效果之和。回波扩展可以提高屏幕对小目标的检测能力,但会引起回波变形及目标的屏幕分辨力下降。

(6)尾迹显示

雷达以屏幕余辉的方式记录目标回波在一段时间内的屏幕运动轨迹,称为目标尾迹,是雷达必须具备的功能。在方位稳定的显示方式下,目标的尾迹可以相对于本船,称为相对尾迹,也可以相对于海面或陆地,称为真尾迹;而在方位稳定失效时,只能显示相对尾迹。尾迹的时间长短和层次深浅通常可以设置。通过观测真尾迹,能够比较方便地判断海域船舶的会遇局面和估算目标船移动的航速;通过相对尾迹,则能够快速判断目标船是否与本船存在碰撞危险。

值得注意的是,恒虚警率技术、扫描相关技术、回波平均处理和回波扩展处理等对回波处理的效果,在很大程度上取决于雷达的硬件及软件环境。因此对于不同时期和不同型号的雷达,同样的功能可能存在较大的图像显示效果差异,不能将以往的操作经验简单地应用于其他型号的雷达。

5.刻度标识产生单元

刻度标识是驾驶员借以完成雷达定位、导航和避碰功能的重要工具。刻度标识产生单元产生距离刻度和方位刻度标识。距离刻度标识有固定距离标识圈(RR)和可变距离标识(VRM),分别用于度量目标的距离范围和精确测量目标的距离。方位刻度标识包括艏线和电子方位线。当天线主波瓣指向船首方向且与船舶龙骨平行时,在屏幕上会产生一条亮度增强的扫描线作为雷达的方位基准,称为船首标识线,简称为艏线(HL)。使用 EBL 测量目标与艏线之间的夹角,能够获得目标的相对方位。如果将船舶艏向计算在内,即可得到目标的真方位。当驾驶员选择雷达天线位置为参考点测量目标数据(距离和方位)时,RR、VRM、HL 和 EBL 的基准参考位置(圆心或起点)都以扫描起始点为参考;当选择 CCRP 为参考点测量目标数据时,RR、VRM、HL 和 EBL 的基准参考位置则按照预设的 CCRP 偏置参数偏离扫描起始点。在驾驶员需要时,VRM 和 EBL

还可以按照驾驶员的操作,偏离扫描起始点,测量目标与目标之间的距离和方位。

(三)信息处理器

信息处理器综合处理各传感器信息,实现目标跟踪和信息融合,为驾驶员提供避碰功能。

(四)综合信息显示与操作控制终端

早期的 ARPA 综合信息显示器分为图像显示器和数据显示器,现代雷达采用计算机监视器作为综合信息显示器,各显示功能块以窗口区域的形式分布在显示器上。工作显示区域只是屏幕的一个平面位置图像窗口。该区域周围的角落通常为雷达工作状态指示、操作状态提示和测量数据读取区域。屏幕的左侧和右侧的多页面和矩形窗口区域为传感器及雷达设备设置及其状态显示、报警信息显示、目标参数显示和操作菜单区域等。在雷达显示器上,通过控制面板各种开关旋钮或操作屏幕菜单,能够控制雷达的所有功能。此外,雷达还应设有硬面板控钮,控制雷达的主要功能,如增益、调谐、常用的杂波抑制及目标距离和方位的测量等,方便驾驶员操作。

知识链接三 雷达目标跟踪与AIS目标报告

雷达在船舶上的应用是航海仪器发展史上的里程碑。与视觉瞭望相比,驾驶员通过雷达观测能够远距离及早发现弱小目标,精确测量目标相对本船的距离和方位,确定船位,引导船舶航行。随着航运的发展,海上船舶密度和单船吨位不断增加,航行避碰成为驾驶员值班非常重要的职责之一。通过雷达观测,驾驶员能够得到目标的实时位置。在一段时间内,如果通过对雷达目标的连续观测,并记录下目标的运动过程,即雷达目标跟踪或目标标绘,则可以得到目标船的航向、航速、CPA、TCPA 等数据。这些数据有助于驾驶员判断会遇局面和碰撞危险,做出正确避碰决策,采取恰当的避碰行动。

在早期的雷达设备上,目标的跟踪过程由驾驶员亲自操作完成,称为人工标绘。雷达目标人工标绘需要驾驶员在雷达屏幕上密切观测目标的动态,定时连续记录目标的位置,通过作图获得目标运动和避碰参数,才能准确判断出目标船与本船的会遇局面和碰撞危险。对于技艺精湛的雷达操作者,标绘一个目标通常需要 4~7 min,在这个过程中要求驾驶员精力高度集中,而且本船和目标船都必须保速、保向航行。如果任何一方有机动行动,就需要等待航向/航速稳定后才能够再重新开始标绘。在多船会遇的复杂情况下,优秀的驾驶员最多也只能够同时标绘 2~3 个目标。随着航运的发展,在很多航行环境下,人工标绘已经不再能满足船舶避碰的需要。

随着现代信息处理技术在雷达视频处理中的广泛应用,20 世纪 60 年代末出现了自动标绘/跟踪目标的雷达辅助设备即自动雷达标绘仪(ARPA)。ARPA 能够通过驾驶员人工或在驾驶员设定的条件下自动捕获目标,并开始自动跟踪目标,获得目标与本船之间的航行避碰数据。到 20 世纪 90 年代,随着大规模集成电路和计算机信息处理技术的进一步发展,ARPA 已经从独立的辅助设备发展为雷达视频信息处理的一个不可或缺的重要功能模块。进入 21 世纪,以卫星导航为基础的信息技术已经广泛应用于航海技

术领域,实现了雷达技术与航海信息综合处理技术的快速融合与发展。2004 年 12 月,IMO MSC.192(79)船舶导航雷达性能标准建议案将该组织以往分别颁布的关于雷达和 ARPA 的两个性能标准合二为一,ARPA 已经不再作为一个单独的设备出现,这个名词也未在标准中提及,取而代之使用了“目标跟踪”(Target Tracking,TT),雷达目标跟踪装置及其功能已经成为船舶导航雷达的标准配置和功能。同时该标准规定,雷达设备必须连接电子定位系统(EPFS)以及 AIS 传感器,为驾驶员提供地理位置信息以及目标识别和避碰参考信息、辅助雷达实现导航以及避碰功能。此外,雷达还可以从电子航海图(ENC)和其他矢量海图信息中选取水文地理信息,协助航行和船位监视。

一、雷达目标跟踪基本原理

经过了半个多世纪的发展,以雷达目标跟踪功能为代表的现代雷达信息处理技术已经成为雷达信息处理与显示系统的核心技术和功能。以雷达目标跟踪功能为代表的现代雷达信息处理技术已经成为雷达信息处理与显示系统的核心技术和功能。因此雷达目标跟踪装置的基本原理和信息处理与显示系统的基本工作原理是不可分割的。讨论雷达目标跟踪装置的基本原理,实际上就是从目标跟踪的角度讨论雷达信息处理与显示系统的基本工作原理。

(一)雷达目标跟踪装置构成

目标跟踪功能最初是 ARPA 设备具有的功能,目前独立的 ARPA 设备已经淘汰。进入 21 世纪以来,雷达的目标跟踪功能是在信息处理与显示系统中实现的。为了理解目标跟踪装置的基本原理,将信息处理与显示系统以图 9-21 所示的结构表示。从目标跟踪的角度看,信息处理与显示系统包括主控制器、输入/输出接口及视频处理器、跟踪器、信息处理器和综合信息显示与操作控制终端。雷达传感器、陀螺罗经或 THD、SDME、EPFS、AIS、ECDIS 等各种航海仪器是该系统的传感器。

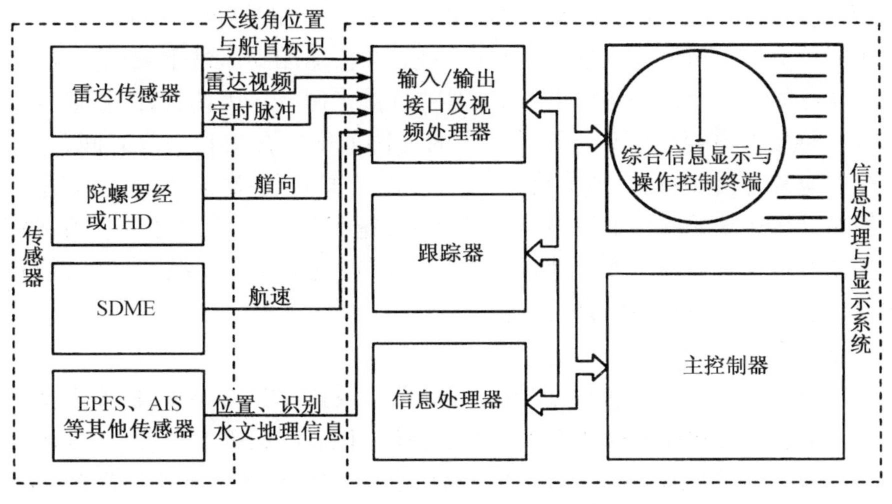

图 9-21　目标跟踪装置原理框图

1.传感器

保证跟踪器与信息处理器正常工作的基本传感器包括雷达、陀螺罗经或艏向发送装置(THD)、船舶航速和航程测量设备(SDME)(如计程仪)、电子定位系统(EPFS)和自动识别系统(AIS)。此外,在ENC或其他矢量海图系统的支持下,雷达还可以更方便地实现目标辨识和复杂水域导航功能。在以上所有传感器信息中,雷达信息(包括定时信号、回波视频信息、天线角位置和船首标识信息)艏向信息和航速信息是保证雷达跟踪器正常工作的基本信息。信息处理器对EPFS提供的船位信息、AIS提供的目标识别信息、ENC或其他矢量海图系统提供的水文地理信息,以及艏向信息、航速信息和目标跟踪信息综合处理。

2.信息处理器

信息处理器是雷达信息综合处理的核心装置,其功能包括:

(1)按照综合导航系统(Integrated Navigation System,INS)综合信息处理原则,验证各传感器信息的完善性,对未通过完善性验证的传感器信息发出警报。

(2)按照驾驶员及程序指令综合处理、分配和综合(融合)船位、艏向、航速、AIS目标报告、雷达目标跟踪、海图的水文地理信息等信息,完成目标跟踪信息与其他传感器信息的融合。

3.跟踪器

跟踪器通过硬件和软件配合,在主处理器的协调下,完成对目标的检测、捕获和跟踪,建立目标的运动轨迹,警示危险目标,辅助提供避碰措施等功能。目标跟踪功能的性能主要取决于跟踪器的设计与实现。跟踪器的设计需要考虑和平衡很多因素,这些因素或互相依存、彼此影响,或互相对立、彼此矛盾。在各种影响目标运动参数的因素中,去除干扰和扰动(噪声),获得目标最佳信息的过程,称为滤波。实现目标跟踪功能的滤波方案有很多种,每一种方案都有其优势和局限性。比如为了使跟踪器能够敏感地检测到被跟踪目标的机动航行,就应该使跟踪器具有较高的灵敏度。在气象海况平静的航行环境中,这样的设计能够尽早地报告目标航行和避碰参数的变化,为驾驶员提供目标碰撞危险早期预警。但是在航行环境恶劣时,船舶随风浪不规则运动,灵敏度高的跟踪器就可能错误地报告目标机动,给驾驶员带来困扰。因此,跟踪器最佳参数的设计是在众多相互影响又互为对立的因素中的妥协方案。在很长一段时间,大多数主流型号跟踪器通常采用α-β(二维参数)或α-β-γ(三维参数)滤波算法,即假定目标在匀速或等加速直线运动的条件下滤波。近些年来,越来越多的厂家已经开始将较为复杂的卡尔曼滤波及其改良算法或其他现代综合滤波理论应用于跟踪器设计,使跟踪器处理雷达目标信息的能力和精度有所改善。

4.综合信息显示与操作控制

在雷达显示器上,通过控制面板各种开关控钮或操作屏幕菜单,操作者能够控制雷达的所有功能。按照程序或操作面板的指令,在主控制器的控制下,视频处理器输出的雷达视频、跟踪器获得的目标跟踪信息以及信息处理器对多传感器信息的运算结果融合为雷达综合视频,送显示器显示。

此外,还可根据需要标注图示参考信息、航线设计信息、AIS报告目标、ENC信息等。

（二）雷达目标跟踪基本原理

雷达跟踪目标观测位置的变化，建立目标运动轨迹，获取目标运动参数的跟踪器运算过程，称为目标跟踪。为了实现目标跟踪功能，雷达首先需要检测到目标的存在，启动对目标的初始跟踪，称为目标捕获（亦称录取）。当初始跟踪达到一定精度时，获得目标的运动趋势，这个过程通常在 1 min 之内完成。在随后大约 2 min 时间内，雷达对被捕获目标进一步跟踪，达到较高的跟踪精度，获得目标的预测运动，为驾驶员避碰决策提供参考，进入稳定跟踪状态。

1. 目标检测

在噪声和杂波背景中发现目标的过程，称为目标检测。当天线每一次扫掠过海面时，噪声和杂波随机地出现在屏幕上，而目标回波即便微弱，其在屏幕上显示的位置通常也会相对稳定。驾驶员操作雷达时，通过对屏幕图像的观察分析，可以判断目标的存在。跟踪器采用自动检测方法发现目标，最简单的方法是设定一个阈值电压，如果回波信号幅值大于该电压，就认为是目标予以保留，相反则认为是杂波或噪声不予记录。但是，杂波的起伏变化范围很大，如在目标检测时，近距离海浪和较强的雨雪引起的杂波强度可能比正常目标回波信号强度高出很多，设备无法分辨目标与杂波，而将杂波判别为目标，称为虚警。为了提高目标自动检测的可靠性，驾驶员应细心调整雷达，将回波保持在最佳状态。特别是在气象海况恶劣的环境中，应按照雷达观测的操作方法，审慎地调整海浪和雨雪抑制，在必要的时候使用恒虚警率处理，降低自动检测的虚警概率，提高目标检测的成功率。

按照性能标准要求，雷达自动检测目标的能力应不低于驾驶员观察屏幕人工检测目标的能力。

2. 目标捕获

目标捕获（Acquisition）是跟踪器记录目标的初始位置，启动对目标位置在屏幕上相继变化的检测和跟踪，从而建立目标初始运动轨迹（获得目标运动趋势）之前的雷达工作过程。目标捕获分为人工捕获和自动捕获，总吨位小于 10 000 的船舶配备的雷达可不具有自动捕获目标的功能。人工捕获时，驾驶员使用光标操纵设备（如轨迹球）移动屏幕光标将其覆盖在需要关注的目标上，并按下捕获按键发出捕获指令。在目标检测时，近距离海浪和较强的雨雪杂波的强度可能会比正常目标回波高出很多，设备无法分辨目标与杂波，而将杂波判别为目标，称为虚警。为了提高目标自动检测的可靠性，驾驶员应细心调整雷达，将回波保持在最佳状态。特别是在气象海况恶劣的环境中，应按照雷达观测的操作方法，审慎地调整海浪和雨雪抑制，在必要的时候使用恒虚警率处理，降低自动检测的虚警概率，提高目标检测的成功率。按照性能标准要求，雷达自动检测目标的能力应不低于驾驶员观察屏幕人工检测目标的能力。

驾驶员在雷达屏幕上设定一个或多个闭合的捕获范围，并设定捕获条件，当处于或进入该范围的目标触发了所设定的条件时，目标即可由设备自动捕获。驾驶员也可以根据当时的航行需要，将这个捕获范围和捕获条件设置为警戒范围和警戒条件。此时满足该条件的目标将触发设备报警，是否需要捕获则可由驾驶员视需要，按照上述方法人工操作。无论是哪种捕获方式，跟踪器都会记录下被捕获目标的屏幕坐标位置，并以其前沿位置为中心，标记捕获标识符，开始对目标跟踪。

3.目标跟踪

雷达记录目标观测位置随扫描更新相继变化,建立目标的运动轨迹的运算过程,称为目标跟踪。显然,目标跟踪过程由跟踪器自动完成。在屏幕上,被跟踪的目标标识出跟踪标识符,跟踪器采用跟踪窗口(跟踪窗)按照设定的滤波算法,随着每次天线扫描,在该窗口区域内检测目标的存在,记录目标位置,并驱动跟踪窗预测目标的运动。由于干扰和扰动(噪声)因素的存在,雷达每次探测到目标的位置都包含着误差,在一定范围内具有随机性。在跟踪的最初阶段,滤波算法仅能够显示目标的运动趋势,随着跟踪的稳定,滤波算法最终给出目标运动的平滑轨迹,即显示目标的最佳预测运动。在这个过程中,跟踪窗的尺寸逐渐缩小并最终保持为恒定较小的尺寸,也即目标跟踪精度逐渐提高直至保持稳定跟踪。

目标跟踪是跟踪器的核心工作。驾驶员了解目标跟踪的过程,理解其原理对审慎使用雷达协助避碰行动,了解目标跟踪的局限性非常关键。下面以人工捕获为例说明 $\alpha-\beta$ 滤波算法在雷达中的典型应用,实现目标跟踪的基本原理。

(1)跟踪标识符与跟踪窗

①跟踪标识符与跟踪窗的关系

根据新颁布的航行信息显示标准,雷达初始跟踪和稳定跟踪时应采用相应的标识符。在此标准颁布之前,雷达的图标标识没有统一规定。早期 ARPA 屏幕上跟踪标识符的大小和形状与设备跟踪窗的大小和形状一致,通常采用正方形。现代雷达目标跟踪标识符的大小和形状与跟踪窗的大小和形状可以没有必然的联系,跟踪标识符有的沿用传统的正方形,但按照标准应该采用圆形标识。在捕获状态下,人工捕获标识符为直径 5 mm 的细划线圆;自动捕获标识符为直径 5 mm 闪烁的红色粗划线圆,直到驾驶员确认后停止闪烁。在跟踪状态下,跟踪标识符为直径 3 mm 的粗实线圆(或也可以为直径不大于 2 mm 的实心圆);危险目标为直径 5 mm 闪烁的红色圆,直到驾驶员确认后停止闪烁。

②跟踪窗尺寸

早期典型的跟踪窗如前所述为搜索范围可变的区域。目前很多雷达目标跟踪窗的尺寸固定,因此跟踪窗所对应的海上实际搜索范围就与量程的变化成正比。以圆域跟踪窗为例,典型的跟踪窗在 3 n mile 量程上窗口直径为 0.125 n mile,当量程改变为 6、12 及 24 n mile 时,窗口直径分别为 0.25、0.5 及 1 n mile。也有的雷达目标跟踪窗可以由驾驶员设置为大、中、小三个级别,对 3 n mile 量程而言,中窗口的直径约为 0.125 n mile,小窗口直径约为 0.07 n mile,大窗口直径约为 0.18 n mile。

(2)建立目标相对运动趋势

当驾驶员发现需要关注的目标时,操作光标覆盖目标并按下捕获键,则跟踪器以光标位置为中心生成捕获窗,记录下目标的捕获位置,在窗口范围内搜索目标回波,同时在屏幕显示捕获标识。由于人为操作可能存在误差,对目标的运动参数也一无所知,因此捕获窗应在合理范围内足够大。

雷达捕获目标后的第一次扫描,在跟踪窗内发现的回波则认为是所要跟踪的目标,将回波的前沿位置记录为目标坐标点。跟踪窗移动到以该点为中心的位置,显示捕获标识。此时仍然不知道目标的运动参数,远未达到稳定跟踪的条件,因此跟踪窗仍保持

足够大。

第二次扫描后，获取到目标的第二个位置数据。由于雷达天线的扫描周期通常为3 s左右，考虑到船舶的实际运动特性，可以将这个采样时间内船舶的运动近似看作匀速直线运动。因此，根据目标相对本船的两个相继位置数据就可以计算出目标相对本船的航向和航速，并预测出在第三次天线扫描时目标可能到达的位置点。雷达将跟踪窗移动到以该点为中心的位置，等待目标进入跟踪窗，并显示捕获标识。

第三次天线扫描，所获得的目标探测位置，并不一定与预测位置重合。这是由于雷达探测目标存在误差，在此基础上对目标的预测也必然存在误差，同时目标的运动也受其自身控制特性和环境因素的影响存在着不确定性。为了做到最佳预测目标的位置，给出进一步的预测运动，用二维参数(位置、速度)便可以描述船舶的匀速直线运动。位置误差也即位置噪声影响了船舶的位置和航速精度，因而使用二维参数滤波，即所谓α-β滤波就能够在预测位置和探测位置之间实现滤波，降低噪声影响，得到目标的滤波位置作为第三次扫描周期的目标最佳位置。于是，从第二次探测位置出发到第三次滤波位置，跟踪器可以计算出目标的运动速度，并可以预测出第四个扫描周期中目标的位置点。雷达将跟踪窗移动到以该点为中心的位置，显示跟踪标识。在随后的大约20圈内的天线扫描(目标捕获后1 min之内)跟踪过程中，跟踪器重复这个过程，以矢量和字母数字数据指示目标的相对运动趋势，目标的跟踪精度逐步提高，跟踪窗也随之逐步缩小。按照性能标准的要求，对于真航速最快到达30 kn的船舶，在捕获目标1 min内，根据本船与目标船的会遇局面不同，目标跟踪给出目标的相对航向误差应小于119，相对航速误差应小于1.5 kn或航速的10%的较大者，CPA误差应小于1 n mile；而在此前的ARPA性能标准给出的目标相对航向误差可达10°~15°，相对航速误差可达1~3 kn，CPA误差可达1.6~2 n mile。

(3)建立目标预测运动

随着跟踪过程的继续，数据精度进一步提高并趋于稳定。按照性能标准规定，在3 min内对被捕获目标建立起稳定的跟踪，给出目标的预测运动，输出符合精度要求的目标预测运动数据，相对航向误差在3°之内，相对航速误差为0.8 kn或航速的1%的较大者，CPA误差在0.3 n mile左右，TCPA误差不超过0.5 min，真航向误差在5°之内，真航速误差为0.5 kn或航速的1%的较大者；而此前的ARPA性能标准要求，根据目标与本船会遇局面不同，目标的相对航向误差在3°左右，相对航速误差在1 kn之内，CPA误差在0.5 n mile左右，TCPA误差不超过1 min，真航向误差在5°左右，真航速误差在1 kn左右。这个过程表现为跟踪窗逐渐缩小直至保持稳定。

需要注意的是，滤波算法不同以及滤波参数选取不同，都会影响跟踪器的性能。例如，海况平静时，如果目标的探测位置误差较小，滤波的结果应尽量以目标探测位置为准；反之，海况恶劣时，目标探测位置误差较大，滤波算法就应当更多地考虑到预测位置精度较高。再比如，在跟踪初始建立期间，对目标运动特征所知较少。预测的精度较低，应考虑探测位置在滤波算法中占有较大的权重；当稳定跟踪建立起来后，预测精度提高，预测位置在滤波算法中理应占有较大的权重。设备的厂家和型号不同，雷达滤波算法和滤波参数会有不同，其性能也就有差别。有的雷达目标跟踪功能在晴好天气使用时性能较好，有的在恶劣海况下还能保持较好的性能，有的在大洋使用性能稳定，有的在沿岸及狭窄水域使用也可以有较好的表现,这些现象在很大程度上取决于滤波算法的设计与实现。换句话说,尽管跟踪器的设计越来越多地采用了改良的具有自适应能力的,或采用了近现代更为先进的滤波算法,但是到目前为止,很难看到某个型号的雷达能够在所有航行环境下都会表现出最优的目标跟踪性能。在实际使用中,达到稳定跟踪所需要的时间还与气象海况以及船舶机动情况有关。在气象海况恶劣或水域狭窄船舶频繁改向时,花费的时间要长些,数据误差偏大,比较接近标准的要求。在平静的大洋定向航行时,所需要的时间就比较短,数据精度较高。实测表明,在较好海况下航行的船舶,大多数主流型号雷达可以在 10 圈左右的天线扫描周期内获得目标的运动趋势,在 30~40 圈的天线扫描周期内给出目标的预测运动。

(4)目标丢失

由于本船或目标船大幅度机动,或其他干扰因素,跟踪器可能不能在跟踪检测区域内获得目标的探测位置,滤波无法按照上述原则继续,于是跟踪窗按照上次滤波结果直线外推,并扩大搜索范围。这种情况可以继续下去,跟踪窗也不断在合理的范围内扩大搜索范围。直到在某次天线扫描中,跟踪窗搜索到了目标,上述滤波过程可以重新恢复。按照性能标准规定,在连续 10 次天线扫描中,只要有 5 次能够在显示器上清楚识别出目标,目标跟踪就应能够继续。如果违反了这个原则,雷达就判定目标丢失,给出目标丢失警报。

(5)目标交换

在目标跟踪过程中,如果存在两个非常接近的目标,在某次天线扫描时,它们的回波落在了同一个跟踪窗内,雷达就很容易产生错误判断,将已跟踪的目标放弃,错误地跟踪上另一个目标,这种错误跟踪的现象称为目标交换。容易理解,在目标交换发生的时候,跟踪器不能识别这个过程,显然给航行安全带来了潜在的危险。驾驶员应该深刻理解目标交换的危害,不能因为雷达能够对目标自动跟踪,就忽视雷达观测,忽视对目标跟踪过程的监视。当被跟踪目标接近障碍物或其他目标,以及被跟踪的目标互相接近时,驾驶员有责任注意到发生目标交换现象的可能性,审慎地保持雷达瞭望。

从以上讨论可以看出,雷达对目标的跟踪过程是一个滤除位置噪声、计算最佳位置和速度的动态滤波过程。在这个过程中,首先要检测每次天线扫描探测到的回波位置,利用同一个目标运动位置点迹相关的特性,将属于某个目标的回波位置点迹连接为航迹,此谓航迹相关。进而根据目标位置的相继变化,计算目标与本船的相对航速和相对航向,并以此预测目标在下一次天线扫描时应在的位置,此谓航迹外推。跟踪窗的大小应与位置误差相匹配,跟踪窗越小,跟踪精度就越高,目标交换的可能性就越小,但丢失目标的可能性会增大;反之,跟踪窗越大,目标丢失的可能性越小,但跟踪精度低,发生目标交换的可能性增加。

4.危险判断

在目标跟踪过程中,跟踪器不断将跟踪目标的 CPA/TCPA 值与驾驶员设定的安全界限 CPA LIM/TCPA LIM 比较,对小于安全界限的目标给出危险警报。

5.试操船

试操船是雷达的一个图形模拟功能,当本船在避碰行动或导航中需要机动(改向或改速或艏向航速同时改变)航行时,对于雷达所有已跟踪目标和至少激活 AIS 目标,试

操船可以在图形显示区域模拟本船机动操作的预测未来局面，辅助驾驶员做出保障船舶航行安全的有效避碰决策。

6. 目标跟踪流程

图 9-22 所示为雷达目标跟踪流程。未跟踪目标经人工或自动捕获之后开始建立跟踪，被跟踪目标可能因目标丢失而发出丢失报警，或被驾驶员判断为不再需要跟踪的目标而删除；丢失的目标需经驾驶员确认才能消除报警，被删除的目标通常也需要驾驶员确认操作；当雷达判断被跟踪目标为危险目标时，发出报警并需驾驶员确认；被确认的危险目标可能发生目标丢失并报警，或由于采取避碰措施而解除危险。跟踪窗越大，目标丢失的可能性越小，但跟踪精度低，发生目标交换的可能性增加。

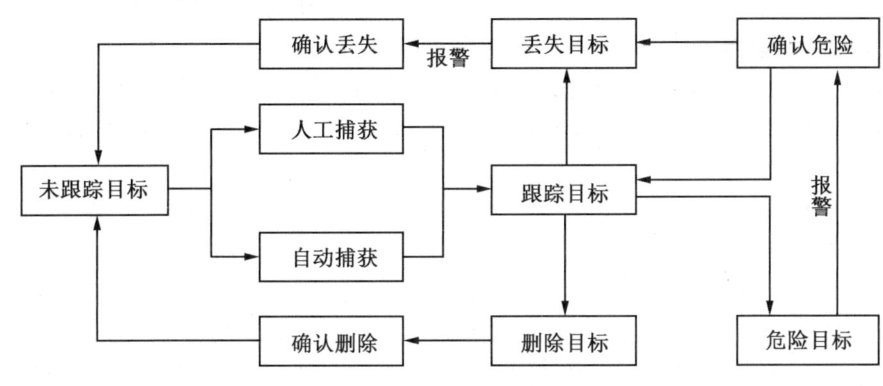

图 9-22　雷达目标跟踪流程

二、雷达目标跟踪基本功能

（一）目标跟踪初始设置

雷达目标跟踪的过程是跟踪器对相关传感器信息综合处理、连续计算、预测和更新目标航迹和最佳运动数据的过程。为了得到满足安全避碰的目标航行数据，需要首先进行目标跟踪初始设置，包括传感器设置和安全界限设置。

1. 传感器设置

保证雷达跟踪器正常工作的基本传感器包括雷达、陀螺罗经或艏向发送装置（THD）和船舶航速和航程测量设备（SDME，如计程仪）。

（1）雷达传感器是跟踪器的关键信息源，它给跟踪器提供了定时信号、回波视频信息、天线角位置和船首标识信息。雷达传感器故障将直接造成跟踪器不工作，并有相应报警指示；雷达传感器信息误差将导致跟踪器输出目标信息误差，带来直接或潜在的航行危险；雷达传感器设置和操作不当，将可能导致跟踪器无法正常实现跟踪功能，以及可能出现目标检测困难、捕获杂波、目标丢失、目标数据误差等问题，严重影响跟踪器正常工作。雷达传感器设置包括以下内容：

①图像调整

使用目标跟踪功能之前，应综合运用增益、人工自动调谐、脉冲宽度选择、人工杂波（海浪、雨雪）抑制等控钮，将雷达图像调整到最佳状态，保持回波图像稳定清晰。一般情况下应谨慎设置和使用扫描相关、回波平均、回波扩展、自动海浪抑制、自动雨雪抑制等对雷达图像无法自如调控的控制，降低对目标检测和跟踪引起不利影响的可能性。

②量程选择

按照国际海事组织(IMO)雷达性能标准，具有目标跟踪功能的量程至少包括3、6和12 n mile，目前多数雷达从近至0.75 n mile量程到远至24 n mile量程都具有目标跟踪功能。通常情况下，驾驶员可以在6~12 n mile量程捕获目标和判断目标碰撞危险，在6 n mile量程确定对危险目标的避碰方案，在3 n mile量程实施避碰行动和评估避碰效果。

③显示方式选择

使用雷达目标跟踪功能应选择方位稳定的显示方式，如N-up或C-up，避免使用H-up显示方式。现代雷达在H-up显示方式下通常会禁止目标跟踪功能。

(2)本船艏向设置

确认雷达艏向复示器的读数应与本船艏向发送装置的示数保持一致且随动正常。按照性能标准要求，在艏向信息失效后1 min内，雷达应自动切换至艏向上不稳定模式，目标跟踪功能停止工作。

(3)本船航速设置

在避碰时，雷达应采用对水航速(STW)，以获得对水稳定方式；在导航时，雷达应采用SOG，以获得对地稳定方式。本船航速通常通过传感器取得，需要时人工输入。按照性能标准要求，为雷达系统提供航速的传感器应能够提供本船STW和SOG。

为雷达提供STW的传感器通常为工作在"水层跟踪"模式的计程仪。在计程仪故障且船舶定速航行时可以人工输入船舶航速。

为雷达提供SOG的传感器可有多种选择，包括在适宜的水深条件下能够有效地工作在"海底跟踪"模式的计程仪(如多普勒计程仪或声相关计程仪等)；还可以使用EPFS设备提供SOG，目前较为常用的是GPS导航仪；以及可以设置合适的静止目标(如岛礁)作为雷达跟踪的航速参考目标。在以上传感器都无法提供SOG的情况下，还可以在计程仪STW的基础上人工输入风流压差获得SOG，或人工直接输入本船SOG(大小和方向)。

2.安全界限设置

驾驶员在雷达上设置避碰安全界限CPA LIM/TCPA LIM，目标跟踪功能能够自动将被跟踪目标的CPA/TCPA值与安全界限比较，对小于安全界限的目标发出危险报警。

安全界限设置过大，虚警增加，给驾驶员带来不必要的负担；设置过小，安全系数降低甚至不能达到对碰撞危险预警的目的。安全界限的设置值与很多因素有关，包括本船吨位和操纵特性、驾驶团队船艺水平、航行水域开阔程度和船舶密度、气象海况等，甚至还要考虑航行水域中可能出现的最大吨位的目标船，因此安全界限的设置值不能一概而论。根据海上航行避碰经验，结合海上避碰规则，大洋航行时CPA LIM通常为2 n mile左右，TCPA LIM通常不低于18 min；近岸航行时，结合上述因素考虑安全界限，CPA LIM可为1~2 n mile，TCPA LIM通常为12 min以上；狭窄水域航行时，雷达避碰的局限性比较大，特别当CPALIM设置小于0.8 n mile仍然无法满足航行要求时，雷达目标跟踪信息只能作为参考，驾驶员应考虑其他避碰手段。

(二)目标捕获

上文已经介绍了目标捕获的基本概念和原理。捕获分为人工捕获和自动捕获，

《SOLAS 公约》和最新雷达性能标准对不同吨位/船级船舶配置的雷达捕获目标最少数量做出了明确的规定，如表 9-3 所示，而此前的性能标准要求 ARPA 捕获目标的数量不少于 20 个。

表 9-3　雷达最少捕获跟踪目标数量

船舶大小	总吨位 500 以下	总吨位 500 至 10 000 以下 和总吨位 10 000 以下高速船	所有总吨位 10 000 及以上船舶
最少捕获 雷达目标数目	20	30	40

被捕获的目标由跟踪器记录其前沿屏幕坐标位置，并以该位置为中心，标记一个捕获标识，开始对目标实施跟踪，这时的捕获标识也就成为跟踪标识，伴随目标的运动，直到目标消失或取消对目标的跟踪为止。

1.人工捕获

人工捕获功能是雷达必须具备的功能。驾驶员使用光标操纵设备（如轨迹球）移动屏幕光标（或捕获标识）覆盖在需要关注的目标上，并按下捕获按键发出捕获指令，此时光标在屏幕上的坐标数据就作为被捕获目标初始的位置数据记录在跟踪器中，并以该位置为中心显示捕获标识。如果在随后的捕获窗中检测到目标，捕获标识则以该目标前沿为中心移动，雷达开始目标跟踪（Target Tracking）。根据性能标准要求，雷达将在 1 min之内给出目标的运动趋势。

人工捕获目标时，应遵循驾驶员最关注目标优先捕获，即在船舶互见时船首、右舷、近距离，以及在能见度不良时船首、右舷的原则。结合海上避碰规则、航海实践和雷达观测特点，“船首”基本上可理解为相对方位 330°～30°附近这一范围；“右舷”基本上可理解为相对方位 30°～150°附近这一范围，而在能见度不良时，左右舷（210°～330°附近和 30°～150 附近）的目标都应被同等关注；“近距离”基本上可理解为 8 n mile 以内的范围。船首、右舷、近距离三者无先后顺序，应当结合当时海面状况综合判断。在船舶密度较大的水域航行时，真尾迹功能可以辅助区分运动目标和静止目标，判别运动目标中的同向船、对遇船和交叉会遇船，利于判断目标捕获的优先度。

人工捕获具备如下特点：

（1）可按会遇局面和航行需要逐个捕获目标，目的明确，针对性强。

（2）可根据雷达观测经验，在复杂的回波环境中辨识和捕获目标，避免捕获杂波、假回波和不需要捕获的目标。

（3）如驾驶员疏忽视觉及雷达瞭望，可能遗漏相关目标，造成漏警。

（4）操作过程费时，随着会遇局面不断变化，对新出现的相关目标或丢失后需再次捕获的目标需要额外操作，增加驾驶员工作负担。

2.自动捕获

自动捕获是由驾驶员在雷达屏幕上设定某个闭合的捕获区域，闯入或处于该区域内的目标显示闪烁的红色捕获标识“◌”发出警报，并被跟踪器自动捕获。驾驶员确认后或经过程序设定的一段时间后，捕获标识停止闪烁。自动捕获区域也可以根据驾驶员的设置作为警戒区域，闯入或处于该区域内的目标只发出警报，驾驶员可根据情况人工捕获需要的目标，对不需要捕获的目标可以通过确认取消报警。

根据国际海事组织(IMO)雷达性能标准要求,所有总吨位 10 000 及以上的船舶所配备的雷达必须具备自动捕获功能。自动捕获目标时,可使用警戒/捕获区域和排除区域协助完成。

(1)警戒/捕获区域

警戒/捕获区域设置如图 9-23 所示,当目标由区域外部闯入内部或处于区域内部时,目标便触发了报警/捕获条件。为了避免回波闪烁引起处于区域边缘目标的虚警,通常目标闯入区域边界一定深度(如 0.1 n mile)时才视为触发报警/捕获条件。警戒/捕获区域可设置为多种图形区域,图 9-23(a)所示的警戒/捕获区域为环形区域,通常可以设置最多两个警戒/捕获区域。如果根据需要限定警戒/捕获区域的范围,则可以将警戒/捕获区域设置为图 9-23(b)所示的环形、扇形配合区域。图 9-23(c)所示为多边形及排除区域,每个顶点的位置都可以根据需要方便地自由调整。

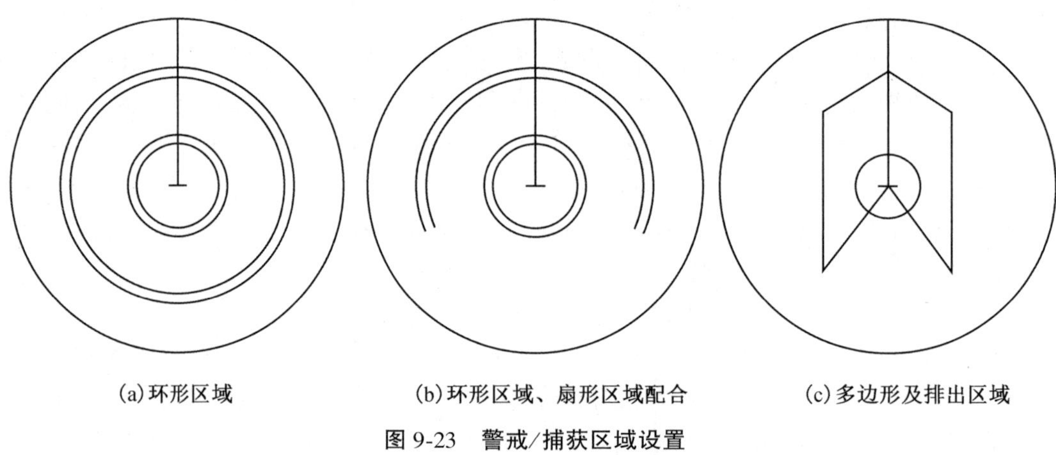

(a)环形区域　(b)环形区域、扇形区域配合　(c)多边形及排出区域

图 9-23　警戒/捕获区域设置

(2)排除区域

排除区域也称限制区域,是驾驶员在雷达屏幕上设置的拒绝自动捕获目标的区域。设置排除区域的目的是防止雷达捕获陆地、岛屿、杂波区域等不需要捕获跟踪的目标,以及限制雷达捕获近距离没有实际跟踪意义的目标,提高雷达自动捕获的目的性,合理利用雷达目标。容量资源,增强重点目标屏幕显示信息的可读性。如果驾驶员认为在排除区域内有需要跟踪的目标,则可以人工捕获。

(3)自动捕获设置

一般来说,距本船 8~12 n mile 范围可设置为雷达警戒区域,在 6 n mile 左右设置目标捕获区域,近于 1.5 n mile 的范围最好设置为排除区域。此外还可以根据航行水域的情况,酌情复合利用环形、扇形或多边形合理设置警戒区域和/或捕获区域及排除区域。

(4)使用自动捕获功能注意事项

自动捕获功能具有以下特点:

①捕获速度快,可满足多目标快速逼近复杂会遇局面中及时捕获目标的需要。

②能根据驾驶员自动捕获区域和排除区域的设置,按照优先方案捕获目标。

③如果捕获区域设置不合理,容易过多地捕获没有跟踪意义的目标,浪费系统资源,分散驾驶员注意力。

④会误将干扰杂波、陆地或岛屿等当作有用目标捕获,造成虚警。

⑤不适合环境复杂的沿岸海域。

⑥可能因捕获区域设置不合理而无法捕获相关目标。

⑦可能因杂波干扰或阴影扇形区域影响而漏失弱小目标，造成漏警。

⑧不可免除驾驶员雷达观测职责，必须与人工捕获配合使用，确保不漏失对相关目标的捕获和跟踪。

3.捕获方案选择

人工捕获和自动捕获各有优缺点，驾驶员应根据航行需要综合考虑目标捕获方案。人工捕获适合各种海域和会遇局面，是辅助驾驶员判断会遇局面必须使用的功能。自动捕获是捕获目标的辅助手段，更适合在气象海况条件良好的大洋中使用。在回波复杂的环境，对目标的选择性要求较高，不适合自动捕获。但在任何会遇局面中，适当设置自动捕获区域，并配合排除区域是值得推荐的方案。捕获或跟踪目标数量即将达到系统容量限制时会发出报警，驾驶员应消除不重要的目标，以使系统有余量捕获和跟踪更重要的目标。

（三）目标跟踪功能

1.目标跟踪

目标被捕获后，雷达的自动跟踪装置开始对目标跟踪，显示并更新目标跟踪数据。按照国际海事组织（IMO）雷达性能标准，捕获是对目标初始位置的记录和启动目标初始跟踪的过程，从目标初始位置记录在跟踪器的时刻开始，性能标准要求雷达应在1 min之内指示目标的运动趋势，即建立目标的初始跟踪，通常是在工作显示区域显示目标的矢量（标准只要求显示相对矢量）和CPA。目标运动趋势数据精度较低，驾驶员可参考此数据初步判断碰撞危险，但不可仅凭此数据采取避碰行动。在3 min之内，雷达指示目标的预测运动，显示目标稳定跟踪信息，即可以根据驾驶员的需求，在工作显示区域显示目标跟踪的图示数据和标识如目标相对矢量、真矢量、过去位置、预测危险区（PAD）、危险标识等，并在雷达数据显示区域显示目标跟踪数据，包括目标相对本船的距离/方位（或真方位）、目标CPA/TCPA和目标真航向/真航速，以及目标过船首的距离/时间（Bow Crossing Range，BCR/Bow Crossing Time，BCT）和目标的地理经纬度等，用于协助驾驶员判断目标碰撞危险和采取避碰行动。表9-4列出了当雷达及相关传感器（如陀螺罗经、计程仪）的误差满足相应性能标准规定时，雷达跟踪真航速在30 kn以内的目标，性能标准对跟踪精度的要求，这是对雷达目标跟踪性能的最低要求。不同厂家不同型号的雷达，在不同的气象海况条件下，能够达到跟踪精度要求所经历的时间会有不同。通常在平静的气象海况条件下，这个时间相对会少一些。驾驶员应该注意的是标准对精度的要求建立在95%概率之上，也就是说，在满足性能标准的雷达设备上，被跟踪目标数据的精度仍然可能存在5%的概率低于表9-4的要求。

换个角度看，当目标跟踪精度分别达到表9-4中1 min或3 min稳定要求时，也意味着此时雷达通过对目标的跟踪获得了目标的运动趋势（初始跟踪）或预测运动（稳定跟踪）。也就是说，对于给定的雷达在特定的气象海况条件下，目标的初始跟踪和稳定跟踪所花费的实际时间随当时雷达目标跟踪数据的精度与表9-4中的标准数据符合的程度而不同。驾驶员通过关注被跟踪目标数据的变化范围来判断对目标的跟踪状态，对那些数值变化范围大于表中要求的目标保持警觉是十分必要的。

表 9-4　目标跟踪精度(95%概率)

稳定状态时间(min)	相对航向(°)	相对航速(kn)	CPA(n mile)	TCPA(min)	真航向(°)	真航速(kn)
1 min 运动趋势	11	1.5 或 10%(取大者)	1.0	—	—	—
3 min 预测运动	3	0.8 或 1% 取大者	0.3	0.5	5	0.5 或 1%(取大者)

目标被捕获后达到稳定跟踪时所经历的时间也称为目标跟踪处理延时，对于任何雷达，这是一个不可或缺的信息处理过程。在这个过程中，雷达通过时间积累目标的过去记录，过滤各传感器误差，平滑船舶运动和气象海况的影响，按照既定的程序处理目标信息，预测目标未来航速和航向，计算输出目标的最佳运动数据，这个过程也称为滤波。滤波不仅存在于目标稳定跟踪的建立过程，而且贯穿于对目标自始至终的跟踪过程。当被跟踪目标发生机动航行时，雷达目标跟踪的滤波表现为不能够及时指示出目标船的机动变化，对目标机动的预报存在处理延时。当然，本船机动也会造成对所有目标跟踪数据产生处理延时，只是本船机动数据已经通过传感器输入给了雷达，对比目标机动而言，对数据的精度影响相对较小。因此可以认为，雷达目标跟踪功能通常适合于本船和目标船保向保速稳定航行的环境，而在高机动性的航行环境中，雷达目标跟踪数据的精度将受到较大的影响。如果再附加强杂波干扰或处于目标密集区域，还容易导致目标丢失或目标交换。这就要求驾驶员在使用雷达做避碰决策时，首先应保持本船定速定向航行，并应使用视觉瞭望、尾迹显示或 AIS 报告信息等其他观测手段验证雷达目标跟踪数据的可靠性。

“机动”航行是指船舶艏向或/和航速具有一定数量或幅度的改变过程，船舶存在加速度或转向速率的情形。这里可以借鉴以往的性能标准中给出的本船机动的参考数据：“在 1 min 之内航向有+45°的改变。”这里有两个数据值得注意，即船舶转向动作持续的时间和船舶旋回速率。由于雷达信息滤波处理会对短时间内船舶艏向和/或航速的变化，尤其是无规律的变化，以及对船舶艏向和/或航速的连续微小变化当作扰动因素滤除，因此在弯度不十分曲折的水道内船舶沿航道做一定程度的顺势转向航行，并不能看作“机动”航行；或者说在机动不显著的情况下，跟踪器会“忽略”船舶的“机动”。但同时也应注意到，船舶频繁小角度地变向航行，也必然会影响雷达目标的跟踪精度，影响目标跟踪数据的可靠性。

需要注意的是，任何传感器误差和对船舶定向定速航行稳定性的扰动因素，如雷达误差、陀螺罗经误差、计程仪误差、本船或目标船机动、恶劣气象海况等，都会影响目标捕获和达到稳定跟踪所需要的时间，影响目标跟踪精度。性能标准指出，目标捕获、本船机动、目标机动、跟踪干扰期间或之后的短暂时间内，跟踪精度可能显著降低，并且跟踪精度也取决于传感器精度和本船的运动。

雷达对目标的跟踪范围与跟踪器特性有关，也与船舶在会遇局面中按照海上避碰规则实施有效机动措施的距离范围相关。处理延时限制了雷达对近距离快速逼近目标的跟踪精度，因此对于近在本船 1.5 n mile 之内的目标，才开始使用雷达捕获，以获得的跟踪数据实施避碰是不可靠的。从避碰的角度看，对远于 12 n mile 的目标船过早捕获或继续跟踪的意义并不大，因此性能标准要求，自动跟踪装置至少应在 3、6 和 12 n mile

量程上有效,跟踪距离应至少延伸至 12 n mile。目前多数雷达从近至 0.75 n mile 量程到远至 24 n mile 量程都具有目标跟踪功能,有些雷达可以跟踪目标远至 30 n mile 左右。当雷达量程切换至不具备目标跟踪功能的量程时,工作显示区域不再显示雷达目标跟踪图标标识,但是对目标的跟踪仍在后台程序中继续。当雷达量程再次切换回具备目标跟踪功能的量程时,雷达目标跟踪过程不会因为量程的切换而发生任何中断。当目标航行远至超过雷达设计的最大跟踪距离时(如 12 n mile 或某雷达 30 n mile),雷达将自动放弃对目标的跟踪,对于此种情况性能标准并不要求雷达发出报警。

2.矢量

矢量(Vector)是源自目标位置(雷达目标跟踪位置或 AIS 报告位置)和本船 CCRP 位置,预测目标和本船未来一段时间(时间长度可由驾驶员选定)运动的线段,线段的方向指示目标未来的运动方向,线段的长度指示在选定的时间内目标未来的运动航程,如果选定单位时间作为矢量的长度,则矢量的长度就代表了目标未来的航速。矢量显示是雷达目标跟踪的重要功能,对目标的预测运动提供了直观的图示。借助矢量指示,驾驶员可以快速地从雷达工作显示区域获得目标的预测运动,判断目标碰撞危险,了解会遇局面,求取避碰措施,实施避碰行动。换句话说,不了解矢量在会遇局面评估、危险判断、试操船和避碰行动实施中的作用和意义,就无法使用雷达实施避碰行动。

雷达目标跟踪矢量显示方式可分为相对矢量(Relative Vector,RV)和真矢量(True Vector,TV)两种。相对矢量适合目标危险判断,真矢量适合在采取避碰行动时掌握目标船动态,做出避碰决策。

三、AIS 报告目标

在船舶会遇局面中,虽然通过对雷达目标的人工或自动标绘/跟踪可以获得目标的避碰信息,但由于缺少目标船名称、种类等有助于识别目标的关键信息,为协调避碰行动带来了很大障碍。AIS 的出现及 AIS 报告目标与雷达跟踪目标的关联,巧妙地解决了困扰雷达避碰多年的“瓶颈”问题,进一步增强了雷达在避碰行动中的作用。

(一)AIS 报告信息内容

AIS 报告目标提供了目标的四类信息:静态信息、动态信息、航次相关信息和安全相关短消息。其中,前三类为基本信息。静态信息是指 AIS 设备正常使用时,通常不需要变更的信息,主要包括 MMSI.呼号和船名、国际海事组织(IMO)编号、船长和船宽、船舶类型、定位天线的位置等,在 AIS 设备安装的时候设定,在船舶买卖移交时需要重新设定。动态信息是指能够通过传感器自动更新的船舶运动参数,主要包括船位信息、UTC 时间、SOG、COG、艏向、人工输入航行状态[如失控(NUC)、在航、锚泊等]、船舶旋回速率(ROT,如果有)、艏倾角(如果有)、纵倾与横摇(如果有)等,通过这些信息,能够掌握船舶的实时航行状态。航次相关信息亦称航行相关信息,是指驾驶员输入的、随航次而更新的船舶货运信息,包括船舶吃水、危险品货物、目的港/ETA、航线计划、开航前最大吃水等项目。安全相关短消息亦称安全短消息,可以是固定格式的,如岸台发布的重要的航行警告、气象报告等,也可以是驾驶员以自由格式输入的与航行安全相关的文本信息。安全相关短消息可以寻址方式单独发送或群发给以 MMSI 为地址的特定船舶或船队,也可以用广播的方式发送给所有船舶。与雷达目标跟踪能够提供的信息相比,如目标距离/方位、CPA/TCPA、目标真航向/真航速、BCR/BCT,AIS 报告目标提供了更为丰富的目标参考信息,尤其是目标识别信息,非常有利于在复杂的会遇局面中建立有效的通信联系,为航行安全开通有效的沟通渠道。

（二）AIS 报告信息在雷达显示器上显示特点

雷达信息处理器依据一定准则将 AIS 报告目标与雷达跟踪目标关联,关联后的雷达显示器能够根据驾驶员的设置,提供最佳航行信息。比起 AIS 设备自身配置的 MKD,雷达显示器能够在丰富的航行背景下,以图标标识和字母数字方式直观显示 AIS 目标报告丰富的信息内容,有助于驾驶员掌握会遇局面,做出正确避碰决策,是 AIS 信息理想的显示器。根据《SOLAS 公约》和国际海事组织(IMO)船舶导航雷达设备性能标准 MSC.192(79)决议案要求,不同吨位/类别船舶配置的雷达应显示休眠 AIS 目标和激活 AIS 目标的数量如表 9-5 所示。

表 9-5　雷达显示休眠 AIS 目标和激活 AIS 目标的数量

船舶大小	总吨位 500 以下	总吨位 500 至 10 000 以下和 总吨位 10 000 以下高速船	所有总吨位 10 000 及以上船舶
最少激活 AIS 目标数	20	30	40
最少休眠 AIS 目标数	100	150	200

当 AIS 目标处理/显示容量即将溢出时,会有相关提示信息。显示的休眠目标和激活目标之间可以通过激活或休眠操作相互转化。当屏幕上显示的 AIS 目标过多影响到雷达观测时,可以通过设置相关参数(如目标距离、区域、CPATCPA 或 A/B 类 AIS 目标)过滤全部或部分休眠 AIS 目标。AIS 目标能够以图标标识和字母数字数据两种方式显示。在雷达工作显示区域,AIS 报告目标与雷达跟踪目标图标标识对比如表 9-6 所示。图标标识显示可以清楚地指示出 AIS 目标的类型(休眠、激活、被选、危险、丢失或真实比例轮廓目标等),与本船的相对位置关系,用预测矢量指示 AIS 目标的航向和航速。在这种显示方式下,AIS 目标默认显示为休眠目标。在休眠 AIS 目标被激活后,雷达显示器上将会出现 AIS 目标的预测矢量线段。图标标识显示方式可以直观地显示本船周围的交通动态和目标船的主要动态信息。有的雷达还设计当使用光标询问 AIS 目标时,在屏幕上可以出现浮动窗口,显示简化的 AIS 报告数据,主要包括船名、MMSI 等主要静态信息,便于目标识别,以及读取目标航向/航速、CPATCPA 等主要动态信息和避碰关键信息,便于判断会遇局面。当驾驶员选择 AIS 目标时,其详细的报告数据以字母数字形式显示在数据显示区域。当选择显示多个 AIS 目标时,有相关字母数字标识对应 AIS 数据。根据国际海事组织(IMO)和国际电工委员会(IEC)雷达性能标准,对于选定的 AIS 目标,在数据显示方式下要求至少能够显示目标的数据来源、MMSI、航行状态、位置及其精度、距离、方位、COG、SOG、CPA 和 TCPA、目标艏向、报告的旋回速率以及其他请求提供的目标信息。如果选择了对水稳定模式,则应以 CTW 和 STW 代替 COG 和 SOG。当收到的 AIS 目标信息不完整时,缺失信息对应的目标数据区域内应标记“missing”。这些信息在显示的过程中,会按照相应的 AIS 数据更新时间间隔持续更新数据。

表 9-6 AIS 报告目标与雷达跟踪目标图标标识对比

AIS 船载设备报告目标			雷达跟踪目标	
目标类型	图标标识	说明	目标类型	图标标识
休眠目标		底边长 3 mm、高 4.5 mm 的锐角等腰三角形，指向为艏向或COG（艏向信息缺失时），中心为目标报告位置	雷达目标	雷达回波点
激活目标		底边 4 mm、高 6 mm 的锐角等腰三角形，指向为艏向或COG（艏向信息缺失时），中心为目标报告位置。 间隔为线宽 2 倍的短划线表示目标 COG/SOG 矢量。 沿矢量可标注时间增量。起点在顶点比速度矢量细的实线表示目标艏线，其长度为三角形长度的 2 倍。在首线末端固定长度的折线指示船舶转向，可用曲线矢量指示路径预测。 如果无法计算避碰数据，则用虚线	被跟踪目标	
被选目标		以图标标识和字母数字方式显示目标详细数据，在激活目标图标标识周围用正方形顶角方框指示	被选目标	
危险目标		底边长 5 mm、高 7.5 mm 的闪粗体三角形，红色粗线条显示速度矢量，确认后停止闪烁	危险目标	
丢失目标		不能继续收到信号的目标，在最后已知位置显示带十字交叉线（或被一直线交叉）的三角形，指向最后已知方位，不显示矢量、方向和旋回速率。图标标识闪烁，直到确认后停止	丢失目标	
真实比例轮廓目标		在小量程上，根据目标船长、船宽和天线位置，可显示船舶真实比例轮廓	本船轮廓	

四、雷达跟踪目标与 AIS 报告目标关联

（一）雷达跟踪目标与 AIS 报告目标关联概念

雷达将分别来自雷达传感器和 AIS 传感器关于目标的位置、航向、航速等精度离散的信息，按照时间和位置以及按照航向和航速，依据一定的准则优化处理、充分利用和合理支配，根据驾驶员的要求输出关于目标一致性的最佳动态信息，称为雷达跟踪目标与 AIS 报告目标关联。由于 B 类 AIS 目标报告更新间隔较低和其所配备船舶的属性，雷达性能标准和设备生产时主要考虑雷达跟踪目标与 A 类 AIS 目标关联。

（二）雷达跟踪目标与 AIS 报告目标独立性与相关性

船舶配备 AIS 设备前，获取目标船航行动态信息的设备主要依赖于雷达对目标的探测、跟踪和解算，这些航行动态信息包括目标的距离、方位、CPA/TCPA、真航向、真航速、BCR、BCT 等。雷达目标跟踪信息的精度取决于本船配备的雷达、艏向传感器和航

速传感器的精度，还取决于本船与目标船的动态和海域气象海况。AIS 配备后，船载 AIS 设备能够通过广播方式周期性自动播发本船的静态信息、动态信息、航次相关信息和安全相关短消息，以及接收来自周围他船的同类信息。AIS 报告目标动态信息的精度取决于目标船所配备的 GNSS 接收机、艏向传感器、航速传感器及其他传感器，也在一定程度上受到气象海况和具体设备因素的影响，对目标避碰参数的解算还受到本船 GNSS、COG 和 SOG 精度的影响。雷达目标跟踪信息和 AIS 目标报告信息分别通过相互独立的两个传感器系统获得，有各自独立的信息传播和获取途径，无法保持完全同步，两者关于同一个目标的信息必定存在误差，这就会给驾驶员判断会遇局面、决策避碰措施带来不确定性，直接影响到航行安全。但是对于同一个目标而言，目标跟踪信息与 AIS 报告信息又必然具有较好的相关性。为减轻信息过载给驾驶员带来的负担，需要按照一定的准则将雷达跟踪目标与 AIS 报告目标关联，输出该目标最佳动态信息。

（三）性能标准规定

国际海事组织（IMO）雷达设备性能标准对雷达跟踪目标与 AIS 报告目标的关联做出了明确规定，要求船舶导航雷达必须具备基于统一条件的自动目标关联功能，避免将同一物理目标显示为两个目标图标标识。雷达跟踪目标与 AIS 报告目标两者的关联必须满足一定的关联准则（预置值，如位置、运动），当满足该准则且雷达跟踪目标和 AIS 报告目标信息都可用时，两者将被认为是同一个物理目标显示在雷达显示器上，在默认状态下，将显示激活 AIS 目标图标标识及其字母数字数据，也可将雷达跟踪目标设置为显示状态，并自由选择显示雷达跟踪目标的或 AIS 报告目标的字母数字信息；不满足该准则时，雷达跟踪目标和 AIS 报告目标将被视为两个不同的目标，并显示为一个雷达跟踪目标和一个激活 AIS 目标，且不发生报警，这大大降低了屏幕数据的冗余，提高了雷达输出数据的可利用性。根据 IEC 62388 雷达性能及测试标准，在系统设计时，对于已经关联的目标，当雷达跟踪目标与 AIS 报告目标背离关联准则（预置值）300%时，应考虑将其视为两个独立的物理目标。雷达跟踪目标与 AIS 报告目标的关联是对设备的全局设置，不能完成对某个目标或某些目标的局部关联。

值得注意的是，在工作显示区域跟踪目标与报告目标的关联表现为位置和航迹的关联。对于同一个物理目标而言，当本船雷达及其传感器和目标船 AIS 的传感器都满足精度要求时，一般均可满足两者的关联准则，实现两者的位置和航迹关联。如发现雷达跟踪目标和 AIS 报告目标未能很好地关联（局部或全局），则需要驾驶员仔细分析判断其中原因，确定哪一个传感器的信息为可用目标信息，本节稍后将举例讨论这种情况。

（四）雷达跟踪目标与 AIS 报告目标关联设置原则

AIS 报告目标的精度基于 GNSS，不低于雷达跟踪目标的精度；尤其在雷达目标跟踪使用的常规量程（3、6 和 12 n mile 量程），AIS 在精度上更具有优势。因此，在通常航行状态下，系统满足精度要求时，目标关联设置的基本原则是以 AIS 信息为参考。正如雷达性能标准规定：如果来自 AIS 和雷达跟踪目标的数据都可用，且满足关联准则（如位置、运动），则认为 AIS 和雷达信息为同一个物理目标，在默认状态下，应自动选择和显示激活 AIS 目标图标标识及其字母数字数据。

在低于 1.5 n mile 量程，在系统满足精度要求的航行状态下，雷达跟踪精度与 AIS

目标精度相当,驾驶员可以根据航行需要选择关联设置原则。

在任何量程中,当驾驶员对 AIS 精度有任何怀疑或本船 GNSS 误差较大时,如发现 AIS 报告目标位置与雷达跟踪目标位置均有较大偏离时,应考虑以雷达跟踪目标为准设置目标关联。

在大多数雷达设备上,完成关联需要设置的参数包括目标的距离差值、方位差值和航速差值,即满足了性能标准要求的位置、运动关联准则。有的设备还需要设置目标的航向差值和地理位置差值。驾驶员在设置这些参数时,应考虑海域船舶密度、设备的精度以及气象海况对航海仪器精度的影响等因素,比如:

(1)在开阔海域船舶的间距通常不小于 1.5 n mile,在近岸航行船舶密度较大情况下也一般不小于 0.8 n mile。

(2)根据国际海事组织(IMO)雷达性能标准和 IEC 62388 雷达性能和测试标准,雷达跟踪距离精度应在 50 m 或目标距离的+1%,取其大者,方位精度应在 2°之内。

(3)不同厂家的设备性能差异以及海上无线电信号传播环境的影响,造成 AIS 报告目标动态数据更新间隔的实际情况与性能标准的要求可能存在较大的背离。

(4)在稳定跟踪情况下雷达系统提供的目标真航向误差不超过 5°,真航速误差不超过 0.5 kn(大型商船),但考虑到实际海况影响,尤其在恶劣气象海况环境中,实际的跟踪精度可能低于标准要求。

如果在设置目标关联参数时未考虑以上因素的影响,容易引起目标关联困难或发生目标关联错误。前者产生冗余安全信息,不利于驾驶员迅速决策;后者产生错误信息,对航行安全造成危害。

由于 AIS 精度通常不低于雷达精度,因此在实际设置关联准则时主要考虑雷达跟踪目标精度。比如在 6 n mile 的量程时,典型的关联参数可以是:目标距离差小于 0.15 n mile,目标方位差小于 3°,目标速度差小于 0.8 kn,目标航向差小于 5°,目标地理位置差小于 0.2 n mile。当然这里只是一个通常情况下的典型参数举例。海上航行环境千变万化,具体海域航行时,还需要驾驶员根据以上基本原则酌情设置。

(五)雷达与 AIS 目标关联异常

雷达跟踪目标与 AIS 报告目标的关联是非常复杂的航海信息处理过程,涉及设备的硬件和软件系统,不同厂家、型号的雷达和 AIS 设备处理方法各有不同,也经常会出现目标关联异常的问题。

1.个别或部分目标无法关联

出现这种情况通常有以下原因:

(1)雷达跟踪目标信息与 AIS 报告目标信息分别来自彼此独立的传感器,船长超过 250 m 的超大型目标船舶雷达回波前沿位置可能与其 AIS 目标报告位置(主 GNSS 天线位置)相距超过 200 m,再受到气象海况和雷达系统误差等因素的影响,超大型船舶的雷达跟踪目标位置与 AIS 报告目标位置之差超过 300 m 是经常出现的情况。

(2)实测数据表明,受到海上通信条件的和具体设备性能的影响,经常会出现目标船舶 AIS 信息的实际更新间隔远低于理论值,造成 AIS 报告目标位置更新不及时。

(3)个别目标船的 GNSS 接收机或 AIS 设备出现了较大误差,位置报告误差超常。

(4)个别型号陈旧的 GNSS 接收机输出设置不当(如设置了非 WGS-84 坐标)。人为因素造成 AIS 报告位置异常。以上因素及其共同影响,会出现个别目标或部分目标无法正常关联的现象。驾驶员需要加强对该目标的瞭望,主动与之沟通。

2.所有目标均无法关联

如果所有 AIS 图标标识均偏离相应的雷达回波一个稳定位置,这种情况通常是由本船雷达或 GNSS 误差造成的,雷达探测到的所有目标的位置(方位或距离)或其 WGS-84 地理位置有误差,而 AIS 报告目标位置(目标船 GNSS 位置)准确,从而无法实现目标关联。驾驶员需要及时调整雷达或 GNSS 误差或向公司申请维修。

3.关联效果失常

这种情况表现为所有或多数目标关联不稳定,目标的 AIS 图标标识与雷达回波无规律偏离。如果确认本船 GNSS 接收机定位正常,则通常是目标跟踪环节出现问题。驾驶员应尽快设法判断故障情况,向公司申请维修。

五、会遇局面与碰撞危险判断及试操船

雷达作为被《国际海上避碰规则》认可的唯一能用于避碰的助航设备,在船舶会遇局面判断和避碰行动中发挥着不可替代的作用。近年来随着卫星定位、数字通信、信息处理等新技术在航海仪器中的应用,AIS 已成为雷达的必备传感器。雷达跟踪目标与 AIS 报告目标关联,使雷达在避碰中的应用愈加完善。

(一)会遇局面与碰撞危险判断

1.会遇局面判断

前文已经详细讨论了真矢量的功能、特点及其应用。真矢量能够指示本船及目标船(雷达跟踪目标或激活 AIS 目标)的真航向和真航速,结合《国际海上避碰规则》,驾驶员可以准确地判定本船和目标船的会遇局面,确定避让责任,进而采取相应的避碰行动保证船舶的航行安全。

2.碰撞危险判断

通过目标跟踪,图示会遇局面,进而判断碰撞危险是跟踪器的核心功能,也是现代雷达系统无可替代的重要功能。目前,雷达提供了数据比较、矢量指示和 PAD 图示三种方法帮助驾驶员判断被跟踪目标碰撞危险。

(1)数据比较

这种方法要求驾驶员通过核实被跟踪目标数据,将目标 CPA/TCPA 与设置的 CPA LIM/TCPA LIM 比较,及早评估会遇局面,判断碰撞危险。判断方法如下:

①CPA≥CPA LIM 时,来船为非危险目标;

②CPA<CPA LIM,但 TCPA≥CPA LIM 时,来船为非紧迫碰撞危险目标,驾驶员需要视 TCPA 酌情关注;

③CPA<CPA LIM,且 TCPA<TCPA LIM 时,来船为紧迫碰撞危险目标,雷达会发出声光报警,需要立即考虑避碰措施。

(2)矢量指示

矢量指示可以用于直观快速地评估目标碰撞危险,是驾驶员必须掌握的雷达避碰方法。使用这种方法的关键是适时合理切换相对矢量和真矢量,辅助以 CPA LIM 圆,使

用相对矢量判断碰撞危险,使用真矢量辅助避碰决策,交替切换相对矢量和真矢量采取避碰措施。具体方法在前面已经详细探讨过,这里不再赘述。

(3)PAD 图示

使用 PAD 图示判断碰撞危险是最直观的一种方式。根据 PAD 的原理可知,在目标保速保向及本船保速的前提下,当本船的艏线与目标的 PAD 区域相交时,说明本船与目标存在碰撞危险,可能在 PAD 区域内发生碰撞。当本船的艏线与目标的 PAD 区域不相交时,说明本船与目标无碰撞危险。但 PAD 不是雷达性能标准要求的标准配置功能,目前多数雷达不具有该功能,而且该功能不适合多目标会遇的雷达环境,使用不是很普遍。

(二)试操船

1.试操船概念及特点

(1)试操船概念

当本船与目标船存在碰撞危险时,首先需要根据《国际海上避碰规则》判断本船的责任与义务。当确定本船为让路船时,雷达的试操船功能能够通过图形模拟方式帮助驾驶员验证拟采取避碰方案的可行性。试操船的理想结果是对已构成碰撞危险目标的报警解除,并不对其他目标产生新的危险报警。

在避碰决策过程中,试操船是十分重要的功能,特别是在复杂会遇环境下对于大型及超大型船舶。《SOLAS 公约》要求所有总吨位大于 10 000 的船舶所配备的雷达必须具备试操船功能,并且性能标准要求该功能应包括对本船动态特性的模拟,并以倒计时提供至船舶机动时刻的模拟时间。在试操船过程中,雷达还应对实际目标继续跟踪并显示其字母数字数据。

(2)试操船特点

试操船具有以下特点,驾驶员在使用中需要做到心中有数:

①性能标准要求试操船应对被跟踪目标和至少对激活 AIS 目标有效,也可以对休眠 AIS 目标有效。

②多数雷达试操船的过程是在雷达工作显示区域,以试操船启动时刻被跟踪目标和 AIS 报告目标的数据为基准模拟本船机动的过程。在试操船过程中,这种雷达的工作显示区域显示的不再是雷达探测到的实时海面图像,而是试操船模拟场景,也有的雷达在试操船时也能够显示船舶实时会遇场景。

③试操船功能启动时刻的初始试操船艏向/航速通常为该时刻本船的实际艏向/航速,驾驶员可在此基础上修改,作为试操船艏向/航速。

④新的雷达性能标准要求试操船应能够模拟本船舶动态操纵特性,包括旋回特性(设置船舶旋回速率或旋回半径)和速度变化特性(设置速度变化率),这一点先前的标准并未要求。

⑤按照性能标准,试操船功能应以倒计时提供从试操船启动时刻到本船机动开始时刻的模拟时间。这个时间需要驾驶员在启动试操船前,根据航行需要,船舶操纵特性和避碰策略等多方面因素预先设置。

⑥试操船的过程实际上可以视为三个模拟阶段:第一阶段,模拟本船机动之前以当前艏向/航速保速保向航行;第二阶段,模拟本船按照输入的旋回特性和速度变化特性

机动航行;最后,模拟本船以试操船艏向/航速保速保向航行。

⑦试操船的过程可以是试操船艏向/航速计算结果的最终呈现,也可以是操船过程的时间比例演示,即以一定比例的时间进度快速模拟避碰过程。

⑧最新性能标准要求,试操船场景用闪烁的大写英文字母"T"标注,此前雷达用字母"T"标注,提醒驾驶员注意。

⑨在使用试操船的过程中,海域的实际航行情况不断变化,若雷达图像不能够显示实时会遇场景,则不可长时间停留在试操船模式下。有的雷达试操船模式显示持续不超过 1 min,超时则自动返回实时探测场景。

⑩在试操船过程中,雷达继续跟踪目标,很多型号的雷达只在字母数字显示区域显示雷达对目标跟踪的真实跟踪数据,因此,为了有效监视目标船的动态,在启动试操船功能之前,应选择在试操船过程需要监视其动态的目标船,显示其字母数字数据,也有雷达能够在工作显示区域显示雷达探测的实时场景,方便对目标实时监测。

2.试操船操作方法

试操船按机动措施可分为艏向试操船、航速试操船以及混合试操船。以试操船艏向代替本船当前艏向的试操船称为艏向试操船。以试操船航速代替 SDME 航速的试操船称为航速试操船。以试操船艏向代替本船当前艏向,同时以试操船航速代替 SDME 航速的试操船称为混合试操船。在海上避碰实践中,通常采用转向措施,较少使用其他机动方式。如果发生通过转向无法达到避让效果的情况,可适当配合减速措施。对于试操船功能是否带机动之前的模拟时间和动态特性,其操作方法有较大差异,下面分别探讨。

(1)不带机动之前的模拟时间和动态特性的试操船的操作方法

对于早期不带机动之前的模拟时间和动态特性的试操船功能,操作相对简单,不同的设备在操作方法上差别不大,但试操船模拟情况和实际情况有较大出入。下面以航行中普遍使用的艏向试操船为例,介绍不带机动之前的模拟时间和动态特性的试操船操作方法。与判断碰撞危险的方式相同,试操船也可采用数据比较、矢量模式、PAD 模式三种方法。

①数据比较试操船使用目标 CPA/TCPA 与 CPA LIM/TCPA LIM 比较实施试操船,是精度最高的操作方法。使用时逐渐改变试操船艏向,直到恰好目标危险报警解除,此时的试操船艏向即为临界安全艏向。由于数据比较试操船直观性差,通常会与矢量试操船配合使用。

②矢量模式试操船

矢量具有快速判断碰撞危险和直观掌握会遇局面的特点,矢量模式试操船适用于所有航行环境。具体操作步骤如下:

· 首先应在相对矢量模式下判断碰撞危险,如图 9-24(a)所示,目标 T_2 的相对矢量线与本船的 CPA LIM 圆相交,有碰撞危险。

· 切换至真矢量,如图 9-24(b)所示,根据《国际海上避碰规则》判断会遇局面,确定本船为让路船,需要采取避碰措施。

· 启动试操船,显示器的下方出现试操船标识"T",结合《国际海上避碰规则》,在相对矢量模式下求取临界安全艏向为 050,如图 9-24(c)所示。

· 切换至真矢量，如图 9-24(d)所示，核实采取避碰措施后的效果。同时作为辅助参考，恰当调整矢量时间进一步验证所有目标的真矢量线的终端与本船真矢量的终端不重叠、不靠近，危险解除。

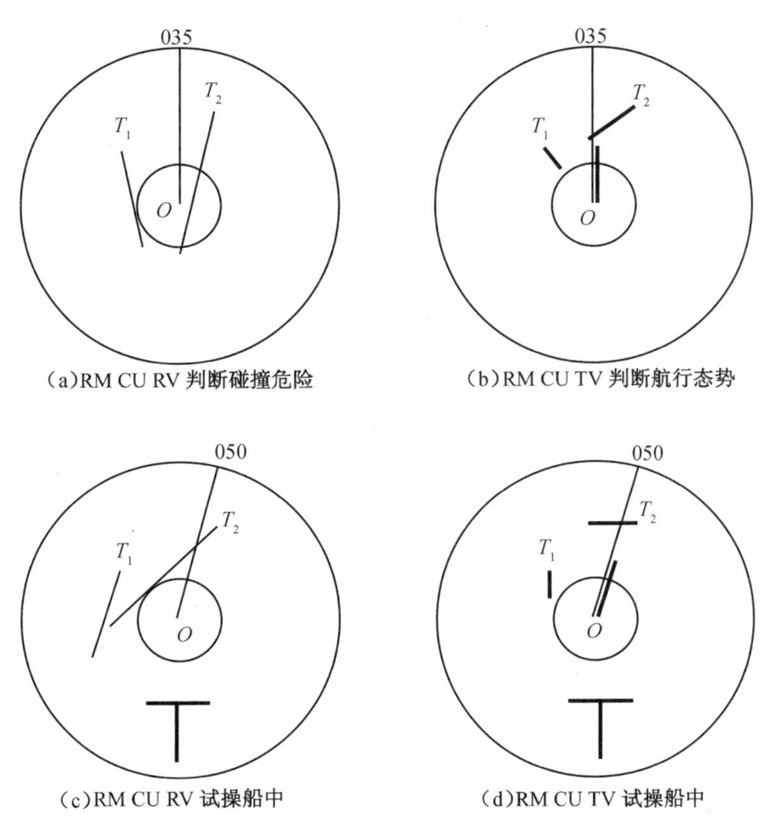

图 9-24　RM CU 模式下艏向试操船

③PAD 模式试操船

在 PAD 显示模式下可通过电子方位线(EBL)直接量取安全艏向，因此不需要艏向试操船。如果需要改变航速避让，可以实施航速试操船，只需输入试操船航速，观察本船的艏线不与任何目标的 PAD 相交便可。

(2)带机动之前的模拟时间和动态特性的试操船的操作方法

对于带机动之前的模拟时间和动态特性的试操船功能，新的雷达性能标准并未做出明确的规定，这使得目前各大设备厂商在设计试操船功能时有很大的发挥空间，出现了试操船操作方法因设备而异的情况，现就两种典型雷达设备的试操船功能予以介绍。

①FURUNO FAR 28X7 系列

FURUNO FAR 28X7 系列雷达的试操船功能可以实现本船和目标船的动态预演。在使用试操船功能前，需要预先输入船舶的转首速率和航速变化率，设定新的艏向和/或新的航速，设定机动之前的模拟时间，而后启动试操船功能，本船、所有被跟踪目标均激活 AIS 目标会以 1 s 的间隔动态模拟本船及目标未来以 1 min 为间隔的预测船位变化。模拟过程中，在机动之前的模拟时间内，本船仍保持当前的艏向和航速，机动之前的模拟时间结束后开始模拟本船的动态特性，最终模拟本船的新艏向和/或新航速。试操船模拟在无人工终止的情况下将持续 3 min,无论是否操作雷达控钮或菜单,3 min 后自动返回雷达实时探测场景。当在模拟的情况下预计出现碰撞危险时(即小于 CPA LIM 和 TCPA LIM),代表目标的图标标识就会变成三角形并闪烁,说明该避碰方案不安全,需要驾驶员重新调整试操船艏向或航速或机动之前的模拟时间,而后重新试操船,直到不出现上述情况为止。

②KONSBERG Data Bridge 10™雷达

KONSBERG Data Bridge 10™雷达设备使用了 Curved EBL 协助完成试操船。在使用试操船功能前,需要预先输入船舶的转向半径和航速变化率,设定新的艏向和/或新的航速,设定机动之前的模拟时间,而后启动试操船功能。图 9-25 为该试操船功能的示意图,曲线 *OT* 即为 Curved EBL。其中 *O* 点代表本船当前真实的位置,*A* 点和 *B′* 点代表目标的真实位置,*A′* 点和 *B* 点代表目标船的预计到达位置,线段 *OC* 为本船当前的真矢量,*D* 点代表本船的模拟机动时刻,*E* 点代表本船的模拟机动结束时刻,*T* 点代表本船的预计到达位置,*T* 点为圆心的圆即为 CPA LIM 圆。从图中可以看出线段 *OD* 所代表的时间即为机动之前的模拟时间,曲线 *DE* 模拟了本船的动态特性。在试操船的过程中,驾驶员通过不断调整 *T* 点在 Curved EBL 上的位置,所有被跟踪目标和激活 AIS 目标的预测位置 *A′* 和 *B′* 点将随之改变。驾驶员只需要观测在调整过程中目标的预测位置 *A′* 点和 *B′* 点与 CPA LIM 圆之间的关系,若侵入 CPA LIM 圆即说明该避碰方案不合适,需要驾驶员重新调整艏向或航速或机动之前的模拟时间,而后重新启动试操船,直到不出现上述情况为止。

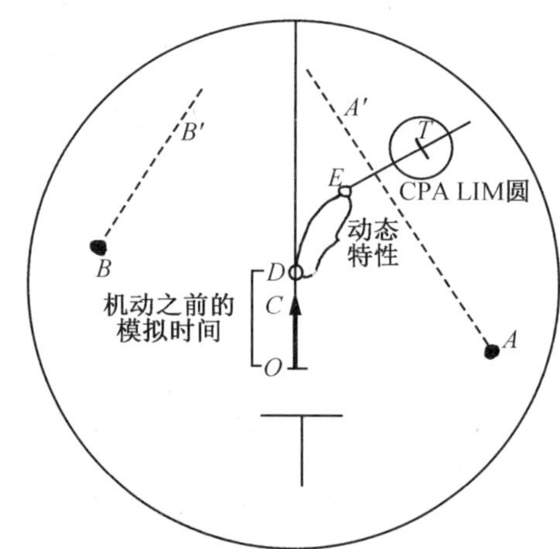

图 9-25　带机动之前的模拟时间和动态特性的试操船

3.试操船使用注意事项

(1)试操船功能不能判断驾驶员输入的试操船机动方案是否符合海上避碰规则,因此在使用中驾驶员应选择符合《国际海上避碰规则》的试操船模拟艏向和航速。在海上船舶避碰实践中,一般采用转向避让。但如果航行水域狭窄或船舶密集限制:本船转向机动,或仅靠采用转向机动无法完成避让时,应果断采取航速试操船。

(2)试操船后,原来未被跟踪的目标可能对本船构成新的碰撞危险。因此,在实施试操船之前应及时(提前 3 min)捕获这些目标,使目标处于稳定跟踪状态,做好试操船的准备工作。

(3)理想的试操船结果应不与任何目标构成碰撞危险,但在复杂的会遇环境中无法通过一次方案实现这一理想结果时,可以采取阶段避让方案,首先避开紧迫危险目标,随后再考虑其他会遇目标。

(4)使用试操船功能时,应注意不能忽视海面真实航行局面变化,尤其对于工作显示区域只能显示试操船模拟场景的雷达,应注意在数据显示器上或通过视觉瞭望的方法监视所关注船舶的动态,避免受试操船模拟场景误导。

(5)不可在试操船场景下长时间停留,以免影响正常的雷达观测。在无任何操作动作时,有的雷达试操船场景持续时间一般不超过 1 min,便自动返回雷达实时探测场景。

(6)试操船功能对船舶操纵特性的模拟和实际情况有一定出入,风流等外界因素的影响并未考虑,因此驾驶员需要综合考虑本人船艺水平、航海经验,舵工水平,CPA LIM/CPA LIM 设置值,船舶尺寸,船舶操纵性能,船舶会遇局面和操纵策略等因素,合理设置机动之前的模拟时间。

(7)无论是雷达跟踪目标还是 AIS 报告目标的数据都存在误差,在使用试操船功能做决策时需要注意这些误差带来的影响,为安全避让留出适当的余量。

(8)对于多数雷达,尤其是工作显示区域只能显示试操船模拟场景的雷达,试操船的结果仅在本船和目标船不发生机动的前提下才有效,在试操船期间,一旦本船或目标船出现了机动,应立即终止试操船,等待两船航向和航速稳定后再做新的决定。

(9)试操船功能不仅仅用于避碰决策,还可以用于复杂会遇局面下为机动航行提供决策参考,例如在接近转向点航行时,可以预先使用试操船功能评估转向机动对航行的影响。

六、雷达避碰功能优势与局限性

从人工标绘目标到 ARPA,从目标跟踪到雷达跟踪目标与 AIS 报告目标关联,雷达在船舶避碰航行中一直占据着无可取代的地位。尤其在能见度不良的航行环境中,雷达避碰是驾驶员唯一的选择。

现代雷达设备目标跟踪、AIS 报告目标、AIS 报告目标与雷达跟踪目标关联以及尾迹显示等是驾驶员在避碰行动中常用的功能。在通常航行环境中,设备正常工作,各传感器精度满足性能标准要求,雷达性能发挥稳定,提供的信息对航行安全具有重要参考价值。但是,越是现代化、自动化和信息化的助航设备,驾驶员对信息处理和优化的过程就知晓和参与得越少,就要求驾驶员必须具有完备的理论和应用知识、良好的安全与忧患意识、专业的分析和判断能力,在任何时间、任何海况、任何局面和任何设备状况下,对设备提供信息的完善性做出准确判断,做到理智、谨慎、大胆、恰到好处地运用雷达设备,切实保障航行安全。

(一)雷达目标跟踪优势与局限性

从原理上说,影响雷达目标跟踪可靠性的因素包括目标跟踪装置、传感器、使用者对雷达跟踪信息的解读及人机对话等几方面。

1.雷达目标跟踪优势

雷达是自主式探测设备,可以直观观测到本船周围包括岸线在内的水面目标,获得较为全面的交通形势图像。从本质上说,雷达通过探测目标相对本船的运动,解算目标对水或对地真运动数据,因而获得目标相对运动数据精度高于真运动数据精度,更有利于在船舶会遇环境中碰撞危险判断。雷达也是目前《国际海上避碰规则》推荐的唯一可以作为瞭望设备的航海仪器,其在避碰行动中的观测和操作信息可以作为海事证据予以采纳。自雷达应用于航海实践以来,在避碰航行中起到的作用是毋庸置疑的。

2.雷达目标跟踪局限性

(1)目标跟踪装置局限性

①跟踪可靠性

跟踪可靠性限制主要表现为捕获错误、捕获遗漏、目标交换和目标丢失等。自动捕获目标时,雷达存在捕获杂波和假回波等捕获错误现象,对弱小目标和在盲区中的目标可能捕获遗漏。由于杂波尤其是海浪杂波干扰及两目标航行接近造成的目标交换现象,都会发生错误跟踪,此时显示的数据并非初始被跟踪目标的数据。由于海浪杂波、回波弱或近距离目标大幅度快速机动等原因,都可能造成已跟踪目标丢失,跟踪中断。雷达性能标准规定,雷达应能跟踪在连续 10 次天线扫描中有 5 次能够清楚分辨的目标。

②设备硬件

显然,显示器的尺寸越大,屏幕分辨率越高,越有利于设备应用。但显示器的尺寸总是受到物理条件的限制,屏幕信息的容量、信息的可用性受到限制。在雷达显示器已经成为多传感器综合显示终端的今天,如何能够在不增加操作复杂性的前提下提高屏幕信息的可用性,是驾驶员非常关注的问题。

设备硬件条件也限制了跟踪和显示目标的最大容量,雷达性能标准对不同吨位/类别船舶雷达跟踪目标的数目和显示 AIS 报告目标的数目做出了明确规定,详见表 9-3 和表 9-5。当然,与提高屏幕信息的可用性相比,跟踪容量的限制并不十分突出。

③跟踪距离及航速

雷达性能标准要求目标跟踪装置至少应在 3.6 和 12 n mile 量程上有效,跟踪距离应至少延伸至 12 n mile。目前多数雷达从近至 0.75 n mile 量程到远至 24 n mile 量程都具有雷达目标跟踪功能,有些雷达可以跟踪目标远至 30 n mile 左右。当雷达量程切换至不具备目标跟踪功能的量程时,雷达工作显示区域不再显示目标跟踪图标标识;当目标航行远至超过雷达设计的最大跟踪距离时(如 12 n mile),雷达将自动放弃对目标的跟踪。雷达跟踪的目标在航速上也受到了限制,正常跟踪目标的最大相对航速要求在 100 kn 内。

此外,有的雷达为了区别船舶和陆地,规定凡回波尺寸大于跟踪窗尺寸或目标占据 2°以上的方位宽度(在较远距离上)时,认为目标不是船舶,自动放弃捕获和跟踪。

④处理延时

雷达从捕获目标、采集测量数据、处理数据、自动计算,到显示各种数据和信息,需要一定的时间,称为雷达的“处理延时”。按照性能标准要求,从目标捕获到显示其运动趋势,输出初始跟踪数据和显示矢量,应不超过 1 min。从捕获到显示其预测运动,输出稳定跟踪数据和矢量信息,应不超过 3 min。目标的位置(距离和方位)数据在捕获后即可显示,目标的 CPA 在 30 s 左右(性能标准规定在 1 min 之内)才能显示,而目标的

TCPA、真航向、真航速的显示则需要更多的处理延时,性能标准规定应不超过 3 min。因此,一般来说,在捕获目标 3 min 之内,目标的数据和矢量信息只供驾驶员参考,不可盲目信赖。事实上,处理延时对目标跟踪的影响表现在目标跟踪过程的自始至终。第一,雷达每次天线扫描周期只能获得一次观测数据,对目标数据的采集不是连续的;第二,建立对目标的稳定跟踪需要足够的观测次数,跟踪数据才能达到需要的精度和可靠性。由于跟踪器通常都以匀速直线航行作为目标模型,机动性越强的目标,与目标动态模型偏离就越大,跟踪质量就越差,即使结束机动后仍需过渡时间建立稳定跟踪。换句话说,屏幕目标跟踪图像信息和字母数字数据都是经处理延时后的数据。如果目标保速保向航行,这种延时影响不大,但如果目标正处于机动航行之中时,目标的机动性越大,雷达输出的数据就与目标的实际航行状态相差越远,目标数据的误差就越大。

(2)传感器误差及其局限性

①雷达误差

雷达误差包括距离和方位误差。影响误差的因素有很多,在第五章已经详细讨论了雷达的精度,其中系统误差和随机误差对目标的跟踪精度影响较大。雷达系统微小的距离误差和艏线误差都可能错误指示潜在碰撞危险,尤其在能见度不良的环境下目标船在船首方向接近本船时,驾驶员应保持高度警惕。本船和目标船在航行中受风浪影响,位置随机变化,本船摇摆造成雷达天线摆动位移而产生的误差与船舶摇摆方式(纵摇或横摇)和舷角有关,对于海面以上 15 m 高的天线,船舶横摇+10°时,距离误差 1~6 m,方位误差 1°~2°。再如,雷达每次脉冲辐射探测的回波来自目标船不同部位反射回波的矢量合成,会导致回波中心位置在船长范围内移动,引起目标前沿位移,这将产生距离误差。当船长为 200 m 时,纵向标准误差为 1/6 船长(约 30 m);横向标准误差为 1 m。此外量程变化对雷达探测精度的影响也不容忽视。

雷达误差导致目标回波位置误差,是限制目标跟踪精度的基本因素,尤其应注意不恰当图像调整引起的雷达误差对雷达目标跟踪精度的显著影响。跟踪器输出的目标数据,包括所有的相对数据和真数据的精度都受到雷达误差的影响,甚至使雷达跟踪目标与 AIS 报告目标无法正确关联,严重时会造成驾驶员错误判断会遇局面和避碰决策失误。精湛的雷达图像调整技术有利于回波信杂比和提高目标分辨力,进而降低雷达传感器的误差,增强信号检测能力,提高目标跟踪质量。

②艏向传感器误差及其影响

· 艏向传感器误差。对于雷达设备而言,一般采用陀螺罗经作为其艏向传感器。陀螺罗经存在纬度误差、速度误差、冲击误差、摇摆误差等,误差值受航行纬度影响较大。在通常航行纬度,陀螺罗经在经过正确校正后,静态误差为 0.5°左右,动态误差为 1°左右,随动误差随船舶旋回速率提高而增大。

· 艏向传感器误差影响。目标的真航向和真航速的解算依赖于本船航向信息,因此艏向传感器存在误差将直接导致目标的"真"数据误差,即真航向、真航速、真矢量和 PAD 等字母数字数据和图形数据的误差。如图 9-26 所示,当陀螺罗经的误差为 0 时,目标准确的真矢量 TA 错误指示为 TA'。在会遇局面中,本船应为让路船,目标船为直航船。但在存在罗经误差的雷达图像上,本船和目标船却都只需要保向保速航行,给驾驶员避碰决策带来完全错误的信息。

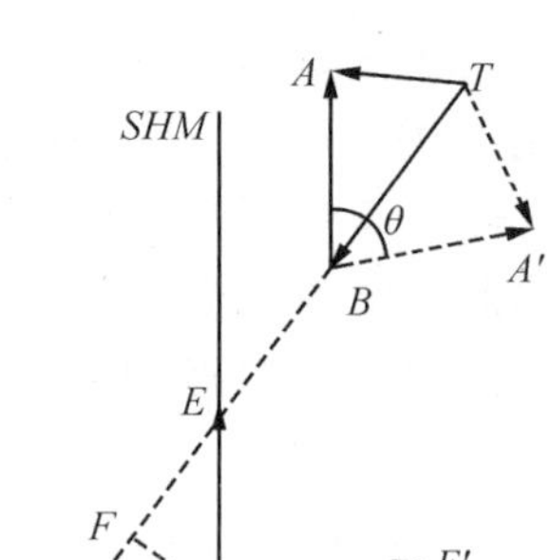

图 9-26　艏向传感器误差的影响

③航速传感器误差及其影响

·航速传感器误差。对于雷达设备而言，一般采用计程仪作为其航速传感器。按照国际标准，计程仪与其输出设备连接时，输出航速误差应为船舶航速的 2% 或 0.2 kn 中的较大者。

·航速传感器误差影响。目标的真航向和真航速的解算同样也依赖于本船航速信息，因此航速传感器存在误差也将直接导致目标的"真"数据，即真航向、真航速、真矢量和 PAD 等字母数字数据和图形数据的误差。如图 9-27 所示，当航速传感器存在误差 $-\Delta v$ 时，目标准确的真矢量 *TA* 错误指示为 *TA′*，所带来的误差与罗经误差具有同样的错误导向。

目标的真航向和真航速的解算同样也依赖于本船航速信息，因此航速传感器存在误差也将直接导致目标的"真"数据，即真航向、真航速、真矢量和 PAD 等字母数字数据和图形数据的误差。当航速传感器存在误差 Δv 时，所带来的误差与罗经误差具有同样的错误导向。

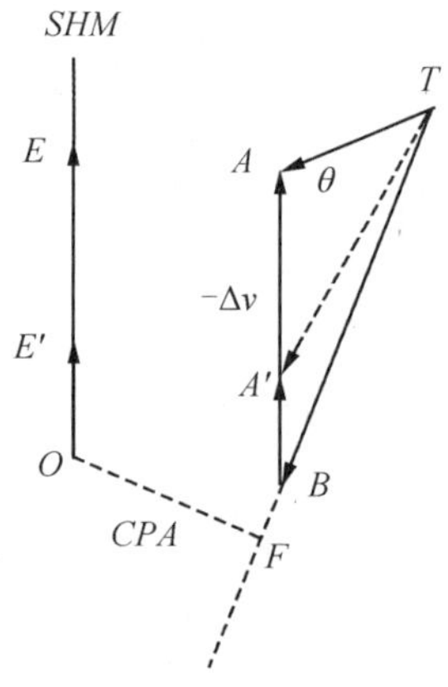

图 9-27　航速传感器误差的影响

(3) 正确解读雷达信息

作为保证船舶航行安全的重要助航设备，雷达提供了大量航行安全相关的信息，能否正确理解和准确使用雷达信息，将直接影响到航行安全。

①正确理解显示方式及矢量模式

雷达可以提供不同的图像运动方式（真运动、相对运动）、不同的图像指向方式（艏向上、北向上、航向向上）和不同的矢量模式（相对矢量、真矢量），其中运动方式、指向方

式、矢量模式可自由组合,供驾驶员根据实际情况选用。如果不能深刻理解这些显示方式/模式的特点,将很容易产生混淆、误解和误用。例如,如果混淆了相对矢量和真矢量,就会错误判断会遇局面,采取错误的措施,造成紧迫局面直至海难事故。再如,如果不能深刻理解雷达处理延时,就可能对本船或目标船机动以及机动结束时的雷达图像产生错误判断,使用了不稳定的目标跟踪数据,造成紧迫局面。

②正确理解本船航速

根据航行环境不同,雷达使用不同的功能,需要变换不同的航速模式。如果本船航速输入不当,在避碰或导航时都会产生误差,影响航行安全。

在大多数航行情况下,雷达主要用于避碰,认为水流对所航行海域船舶的影响一致,应输入 STW(计程仪输入或人工输入)。但是在水流复杂的狭水道,如果水流对本船和目标船的影响显著不同,就会对避碰判断造成很大误差,雷达信息不可信。

在沿岸或狭窄水域导航时,尤其在水流影响较大的海域航行时,应输入 SOG,以实现对地稳定显示。对地航速取得方式可以有多种,计程仪、EPFS、跟踪对地稳定目标或人工输入,但无论哪种方式都存在误差。在不同环境下采用哪种输入方式才能取得最佳效果,取决于驾驶员的经验积累和专业判断。

③正确理解雷达目标与 AIS 目标关联

一般来说,雷达是自主的探测设备,跟踪目标的可信度高于 AIS 报告目标,雷达图像能够较为全面地反映航行水域的通航环境及船舶会遇局面,因此雷达必然是判断会遇局面和决策避碰行动中不可或缺的助航设备。GNSS 的定位精度不低于雷达的定位精度,GNSS 距离的分辨精度高于雷达距离分辨力,因此从理论上看,基于 GNSS 的 AIS 报告目标的精度不低于雷达目标跟踪的精度,尤其对于较远距离的目标,AIS 报告目标数据精度通常高于雷达目标跟踪数据的精度,因此通常使用 AIS 目标报告数据修正雷达目标跟踪数据。但目标关联涉及了雷达系统的所有传感器信息,AIS 信息来自不同的目标船,影响关联的因素众多,关联算法复杂多样,到目前为止仍然是一个没有得到完善开发的领域。因此,驾驶员应注意细心观察屏幕信息,随时掌握雷达系统传感器的工作状态,审慎处置雷达跟踪目标与 AIS 报告目标的关系,那种盲目认为 AIS 报告目标精度高、信息全面,只要有 AIS 信息就应该放心使用,或因为经常出现 AIS 报告目标与雷达跟踪目标关联困难,就不敢使用目标关联功能的做法都不正确。驾驶员应全面了解航海仪器的工作原理,从信息分析的角度考虑航行信息在信息航海时代的应用特点。

④正确理解试操船

试操船是对本船机动的计算机模拟,尽管可以通过输入船舶旋回速率、航速变化率和机动之前的模拟时间来模拟本船机动策略和机动特性,但这只是一种简单的数学模拟,模拟结果与真实的船舶机动过程误差很大。因此在试操船参数的设置上要留有充分的余地。对于多数雷达,试操船只适用于目标船保速保向的环境,在决定将试操船的结果应用于操船时,驾驶员要审慎瞭望,确认目标船未有机动。此外,试操船程序本身并未考虑海上避碰规则的要求,更无法取代驾驶员宝贵的航行经验。

随着技术进步,雷达以众多航海仪器作为传感器,通过对航海仪器信息的综合解算,为驾驶员提供最佳航行信息。雷达的发展过程也是仪器航海向信息航海过渡的进程,但无论技术如何进步,雷达仅仅是助航设备。熟练操作雷达设备,正确解读雷达信息,深刻领悟信息在航海中的作用,安全航行的关键因素仍然是驾驶员本身。因此在任何时候驾驶员都应做到谨慎瞭望,依靠现代航海仪器信息又不盲目信赖雷达及其他助航设备。

(二)AIS 报告目标优势与局限性

从原理上说,AIS 报告目标可靠性依赖于 GNSS 系统环境、目标船 AIS 设备及其传感器精度和本船 GNSS 设备精度。

1.AIS 报告目标优势

如果设计和制造工艺良好,安装电磁环境适宜,配置及设置合理,则 AIS 船载设备应能够达到最佳工作状态。AIS 报告目标具有以下优势:

(1)系统基于 GNSS,位置精度稳定在 5(DGNSS)~30 m(GNSS),报告数据精度在近量程(3 n mile 之内)不低于雷达跟踪数据精度,在远量程高于跟踪数据精度。

(2)目标的分辨能力也取决于 GNSS 的精度,高于雷达,且不随目标距离和方位的变化而变化。

(3)报告信息时间间隔随目标船动态适时延时,对于快速机动高动态目标信息的更新间隔为 2 s,更新率不低于雷达。

(4)通信链路可靠,通信距离远,受气象海况影响小,信息传输具有一定的绕越障碍能力,覆盖范围包括河道弯曲处和障碍物之后等雷达探测不到的区域,不存在近距离盲区,扩展雷达远距离观测范围,跟踪稳定性与可靠性高于雷达。

(5)不会因杂波干扰丢失弱小目标,不会发生目标交换现象,抗干扰能力高于雷达。

(6)能够提供比雷达跟踪目标更为丰富的船舶相关信息:静态信息如船名、MMSI、船长和船宽、船舶类型等;动态信息如船位、船舶旋回速率(ROT)、航行状态等;航次相关信息如船舶吃水、目的港、航线计划等,为驾驶员掌握目标船的属性和动态,评估会遇局面和机动状态提供参考。

(7)从本质上说,AIS 设备接收目标船播发的对地真运动数据,借助本船 GNSS 数据解算相对运动数据进而判断碰撞危险,因此获得对地真运动数据精度优于相对运动数据,在可以忽略风流影响的航行环境中,更有利于船舶会遇局面判断。

2.AIS 报告目标局限性

AIS 的应用极大地促进了航行安全信息的交互,催化了现代信息航海的进程。但 AIS 报告信息只应作为雷达目标跟踪信息的有益的补充,协助雷达设备判断会遇局面,其主要原因如下:

(1)AIS 脆弱性

AIS 的核心是卫星导航系统,因此它具有 GNSS 固有的脆弱性,运行能力、功能和精度都受隶属国家或组织机构利益的控制,也受卫星工作环境的影响。当卫星定位精度由于系统、环境或其他原因影响下降或受限时,AIS 精度也受到限制,但驾驶员却可能对此一无所知。并且,作为广播系统,AIS 对射频干扰敏感,由于 AIS 的 VHF 数据链路(VDL)受到各种因素干扰和 AIS 设备差异,现实中经常会出现信息更新间隔超时现象,不能稳定维持信息的标称报告间隔。

(2)AIS 不能提供完整航行环境

AIS 不是自主探测设备,不能显示岛屿、岸线和未装备 AIS 设备的导航标识。并非所有在航的船舶(如非公约要求的船舶、游艇、渔船、军用舰船等)都配备了 AIS 设备,配

有 AIS 设备的船舶也可能随时将设备关闭。一些小型船舶安装的 B 类 AIS 设备，发射功率低，信息更新间隔延长至 30 s，特别是在 VHF 数据链路繁忙时，CS-AIS 设备会暂时自动终止船位报告发送，系统无法及时更新其信息。目前的雷达设备并没有很好地解决雷达跟踪目标与 B 类 AIS 目标关联问题。

(3) AIS 设备安装与设置规范问题

如果不规范安装 AIS 设备，通信天线就会受到干扰，从而引起信息传输困难，定位天线安装位置不恰当会造成数据不稳定或误差偏大，静态信息设置不准确，或在使用过程中管理不善被随意篡改，个别船舶上型号陈旧的 GNSS 设备的不恰当设置会导致 WGS-84 船位偏差等现象经常发生。尤其 MMSI 被错误输入恰好与他船重名时，会引起 AIS“目标交换”现象，数据显示混乱。

(4) AIS 报告目标精度难以掌握

总的来说，AIS 报告目标精度通常不低于雷达跟踪目标，但与雷达相比，AIS 报告精度更难以掌握，主要原因如下：

①无论是岸基设施、本船还是目标船都无法准确掌握 GNSS 系统环境，因而无法确定 AIS 的系统精度。

②AIS 对目标的监测依赖他船 AIS 设备的配置、传感器的正常工作和数据精度，静态信息可能被篡改、不准确或错误，航次相关信息依赖对方驾驶员的及时更新，本船驾驶员在接收端无法获得目标船设备的完好性、传感器数据的精度和完善性信息。

③本船 GNSS 位置的精度与 AIS 设备计算目标 CPA、TCPA 的精度有直接关系。驾驶员应该清醒地认识到，AIS 错误、不准确信息的传递，以及本船 GNSS 位置误差对判断目标船的会遇危险可能导致错误结果。因此，驾驶员应随时将 AIS 报告信息与雷达跟踪信息对比，在有任何疑问时，应及时通过 VHF 无线电话与目标船沟通，证实目标报告信息的准确性。

(5) AIS 数据用于避碰行动可靠性

驾驶员对碰撞危险判断应关注目标相对本船的运动，避碰操船则应以海面为参考，而 AIS 信息以 WGS-84 地理坐标为参考，指示目标对地真运动，因此，从本质上说 AIS 的原始数据并不适合直接用于避碰，必须通过解算，获得目标 CPA、TCPA 和 STW 才能用于判断碰撞危险和避碰操船。换句话说，AIS 设备提供目标船的对地运动数据精度高于对水运动数据。

(6)《国际海上避碰规则》要求及限制

《国际海上避碰规则》第五条指出：每一船舶在任何时候应用视觉、听觉以及适合当时环境和情况的一切可用的手段保持正规的瞭望，以便对局面和碰撞危险做出充分的估计。这里“一切可用的手段”包括 AIS。

《国际海上避碰规则》第七条第三款指出：不应当根据不充分的资料，特别是不充分的雷达观测资料做出推断。这里“不充分的资料”以及“不充分的雷达观测资料”包括仅仅使用 AIS 信息和在雷达设备上仅仅使用 AIS 报告目标。

（三）AIS 协助雷达避碰优势与局限性

1.AIS 协助雷达避碰优势

AIS 协助目标跟踪，可扩展雷达远、近距离的探测范围，增强雷达信息的参考价值，辅助提高雷达的观测效率和性能,加强雷达预报碰撞危险的功能,改善避碰效果,避免或减少紧迫局面和碰撞事故的发生,改善航行安全环境。在雷达显示器上,雷达跟踪目标与 AIS 报告目标关联后,可以降低屏幕信息量,减少屏幕信息干扰,改善目标信息精度,AIS 信息辅助雷达目标跟踪的优势十分明显。

2.AIS 协助雷达避碰局限性

按照《SOLAS 公约》,2008 年 7 月 1 日之后装船的雷达设备必须满足 MSC.192(79)性能标准要求,在雷达设备上集成处理和显示 AIS 信息,有效地促进了雷达在避碰中的应用,极大地增进了海上船舶避碰信息的交互和优化。但驾驶员也应注意到,信息源和信息量的增加并不意味着困扰船舶避碰的问题会迎刃而解,也可能存在负面影响,主要表现为以下方面:

(1)屏幕干扰

在船舶密集区域,AIS 图标标识信息可能使屏幕显示繁杂,甚至掩盖弱小雷达目标,影响正常雷达观测。在必要时,驾驶员只有暂时将 AIS 目标置于休眠状态或屏蔽 AIS 目标的显示,才能获得最佳雷达观测效果。

(2)操作复杂

AIS 信息集成造成雷达人机交互界面更为复杂,信息量增加,驾驶员需要更多专业培训和长时间的练习才能够掌握现代雷达设备的避碰功能。驾驶员对设备局部操作生疏会进而造成对设备的功能缺乏信心。历史上,由于雷达操作生疏和失误而引发的紧迫局面和海难事故频有案例。

(3)数据冗余

在雷达跟踪目标与 AIS 报告目标未进行关联的屏幕上,由于雷达回波与 AIS 数据来源、处理方式和精度不同,同一个物理目标的雷达跟踪数据和 AIS 报告数据也就会有差别,造成屏幕数据(包括图示和字母数字数据)冗余,给驾驶员判断会遇局面带来负担。

(4)关联误差与关联困难

性能标准要求,设置目标关联时不能对单一目标做个别设定,在默认状态下系统选择和显示激活 AIS 目标图标标识及其字母数字数据;用户可以将雷达跟踪目标改设为默认状态,并可以选择雷达跟踪或 AIS 报告字母数字数据。事实上,无论是雷达跟踪数据还是 AIS 报告数据都存在误差,不同航行状态的 AIS 目标动态信息报告间隔不一致,而雷达图像的更新则始终保持恒定的速率,其位置和航迹参数必然会有差别。总体上说误差符合一定的统计规律,但就特定时刻的具体目标而言,误差是随机的。因此,无论是将跟踪数据还是报告数据设为默认状态,关联后的目标都仍然残留误差,个别目标数据精度反而降低(取用了两者的低精度数据),还可能由于误差较大而出现全部或部分目标关联困难的现象。

(5)关联设置

从系统分析角度,设备工作环境相对于性能标准要求的理想环境较为满意时,AIS 报告数据精度不低于雷达跟踪数据精度,因此性能标准倾向于使用 AIS 数据作为关联后目标数据输出,而在以雷达跟踪目标为准进行目标关联时,驾驶员可以根据情况选择雷达跟踪数据或 AIS 报告数据作为关联后目标字母数据输出。

关联的设置参数包括目标的位置和运动参数，具体地说可有目标的距离和方位、WGS-84 地理坐标、目标的航向和航速等。如何设置这些参数，也需要驾驶员根据实际情况做出专业的判断。

问题的关键就在于，理论上探讨目标关联的设置原则并不困难，但海上实际情况千变万化，在特定的海域和气象海况中，在特定的船舶和会遇局面里，在特定雷达及操作设置下，如何在诸多综合复杂的因素中恰到好处地完成关联设置，需要考验驾驶员系统工作原理的掌握、设备操作水平的发挥、实际航行经验的运用、临场应变决策能力等多方面综合素质。

(6)漏失目标

无论是雷达还是 AIS，都存在无法发现的目标和丢失目标的情况。更值得注意的是，处于雷达杂波之中的小型船舶，可能并未安装 AIS 设备，因此无论是雷达传感器还是 AIS 传感器都可能无法发现这样的目标。

(四)尾迹显示功能在避碰中优势与局限性

尾迹显示是数字信息处理雷达标准配备的功能，其主要作用是辅助驾驶员标绘雷达目标，为会遇局面和避碰提供参考。

1.尾迹功能在避碰中优势

(1)尾迹功能操作简单，显示具有实时，连续、明显、直观反映目标动态的特点，尤其真尾迹能够方便分辨运动目标与静止目标。

(2)尾迹配合 VRM EBL 或 ERBL 能够定性标绘目标运动，方便会遇局面判断。

(3)对于快速机动目标，转向幅度越大，目标的尾迹变化越明显，有利于及早发现目标的机动。

(4)在避碰行动中尾迹与雷达跟踪目标或 AIS 报告目标配合，有益于做出正确的避碰决策。

(5)尾迹功能与雷达目标跟踪功能不同，不需要对目标捕获，无须复杂的目标滤波过程，而是通过数字显示设备记录屏幕回波的运动轨迹，因此目标尾迹不存在目标跟踪功能固有的局限性，如量程限制、容量限制、处理延时、目标交换和目标丢失等跟踪可靠性问题。

(6)尾迹与目标跟踪功能配合使用，能够定性验证雷达对目标跟踪的可靠性，及时发现目标交换现象。

(7)与 AIS 报告目标相比，尾迹是自主探测设备独立具备的功能，不依赖其他船舶传感器数据。

(8)综合运用尾迹、过去位置、矢量和 AIS 报告数据等功能，相互验证，有利于适用避碰规则利用“一切可用的手段”对碰撞危险做出充分的估计。

2.尾迹功能在避碰中局限性

(1)由于尾迹只是定性记录目标在屏幕上的运动，因此不能像跟踪目标或报告目标一样提供目标的精确运动参数，无法像过去位置一样提供定量的速度机动参考数据，不具备碰撞危险报警功能。

(2)尾迹显示对应包括杂波在内的所有屏幕回波，在不稳定图像显示模式下(H-up)，尤其在近岸航行，回波中包含陆地、导航标识，以及海浪、雨雪杂波等复杂显示环境,尾迹使屏幕图像繁杂模糊,会严重影响雷达观测。即使在 N-up 和 C-up 稳定显示模式下,回波闪烁和某些引起图像不稳定的因素也会由于尾迹的作用,而造成回波模糊,屏幕分辨力下降。

(3)在恶劣天气复杂环境中使用相对尾迹显示时,杂波的尾迹容易产生屏幕干扰,影响雷达观测和对危险目标的判断。

(4)尾迹仅提供了不充分的雷达观测资料,驾驶员不能仅凭尾迹判断会遇局面。

知识拓展

知识拓展一 激光雷达

用激光器作为发射光源,采用光电探测技术手段的主动遥感设备。激光雷达是激光技术与现代光电探测技术结合的先进探测方式。由发射系统、接收系统、信息处理等部分组成。发射系统由各种形式的激光器,如二氧化碳激光器、掺钕钇铝石榴石激光器、半导体激光器及波长可调谐的固体激光器以及光学扩束单元等组成;接收系统采用望远镜和各种形式的光电探测器,如光电倍增管、半导体光电二极管、雪崩光电二极管、红外和可见光多元探测器件等组合。激光雷达采用脉冲或连续波两种工作方式,探测方法按照探测的原理不同可以分为米散射、瑞利散射、拉曼散射、布里渊散射、荧光、多普勒等激光雷达。

一、激光雷达的优点

与普通微波雷达相比,激光雷达由于使用的是激光束,工作频率较微波高了许多,因此带来了很多优点,主要有:

1.分辨率高

激光雷达可以获得极高的角度、距离和速度分辨率。通常角分辨率不低于 0.1 mard,也就是说可以分辨 3 km 距离上相距 0.3 m 的两个目标(这是微波雷达无论如何也办不到的),并可同时跟踪多个目标;距离分辨率可达 0.1 m;速度分辨率能达到 10 m/s 以内。距离和速度分辨率高,意味着可以利用距离-多普勒成像技术来获得目标的清晰图像。分辨率高是激光雷达的最显著的优点,其多数应用都是基于此。

2.隐蔽性好、抗有源干扰能力强

激光直线传播、方向性好、光束非常窄,只有在其传播路径上才能接收到,因此敌方截获非常困难,且激光雷达的发射系统(发射望远镜)口径很小,可接收区域窄,有意发射的激光干扰信号进入接收机的概率极低;另外,与微波雷达易受自然界广泛存在的电磁波影响的情况不同,自然界中能对激光雷达起干扰作用的信号源不多,因此激光雷达抗有源干扰的能力很强,适于工作在日益复杂和激烈的信息战环境中。

3.低空探测性能好

微波雷达由于存在各种地物回波的影响,低空存在有一定区域的盲区(无法探测的区域)。而对于激光雷达来说,只有被照射的目标才会产生反射,完全不存在地物回波的影响,因此可以“零高度”工作,低空探测性能较微波雷达强了许多。

4.体积小、质量轻

通常普通微波雷达的体积庞大,整套系统质量数以吨计,光天线口径就达几米甚至几十米。而激光雷达就要轻便、灵巧得多,发射望远镜的口径一般只有厘米级,整套系统的质量最小的只有几十千克,架设、拆收都很简便。而且激光雷达的结构相对简单,维修方便,操纵容易,价格也较低。

二、激光雷达的缺点

首先,工作时受天气和大气影响大。激光一般在晴朗的天气里衰减较小,传播距离较远。而在大雨、浓烟、浓雾等坏天气里,衰减急剧加大,传播距离大受影响。如工作波长为 10.6 μm 的 CO_2激光,是所有激光中大气传输性能较好的,在坏天气的衰减是晴天的 6 倍。地面或低空使用的 CO_2激光雷达的作用距离,晴天为 10~20 km,而坏天气则降至 1 km 以内。而且,大气环流还会使激光光束发生畸变、抖动,直接影响激光雷达的测量精度。

其次,由于激光雷达的波束极窄,在空间搜索目标非常困难,直接影响对非合作目标的截获概率和探测效率,只能在较小的范围内搜索、捕获目标,因而激光雷达较少单独直接应用于战场进行目标探测和搜索。

三、激光雷达的用途

激光扫描方法不仅是军内获取三维地理信息的主要途径,而且通过该途径获取的数据成果也被广泛应用于资源勘探、城市规划、农业开发、水利工程、土地利用、环境监测、交通通信、防震减灾及国家重点建设项目等方面,为国民经济、社会发展和科学研究提供了极为重要的原始资料,并取得了显著的经济效益,展示出了良好的应用前景。机载 LIDAR 地面三维数据获取方法与传统的测量方法相比,具有生产数据外业成本低及后处理成本的优点,是一种相对先进且高效的测量技术。广大用户急需低成本、高密集、快速度、高精度的数字高程数据或数字表面数据,机载 LIDAR 技术正好满足这个需求,因而它成为各种测量应用中深受欢迎的一个高新技术。

快速获取高精度的数字高程数据或数字表面数据是机载 LIDAR 技术在许多领域的广泛应用的前提,因此,开展机载 LIDAR 数据精度的研究具有非常重要的理论价值和现实意义。在这一背景下,国内外学者对提高机载 LIDAR 数据精度做了大量研究。

激光雷达是一种工作在从红外到紫外光谱段的雷达系统,其原理和构造与激光测距仪极为相似。科学家把利用激光脉冲进行探测的称为脉冲激光雷达,把利用连续波激光束进行探测的称为连续波激光雷达。激光雷达的作用是能精确测量目标位置(距离和角度)、运动状态(速度、振动和姿态)和形状,探测、识别、分辨和跟踪目标。经过多年努力,科学家们已研制出火控激光雷达、侦测激光雷达、导弹制导激光雷达、靶场测量激光雷达、导航激光雷达等。

由于飞行作业是激光雷达航测成图的第一道工序,它为后续内业数据处理提供直接起算数据。按照测量误差原理和制定“规范”的基本原则,都要求前一工序的成果所包含的误差,对后一工序的影响应为最小。因此,通过研究机载激光雷达作业流程,优化设计作业方案来提高数据质量,是非常有意义的。

知识拓展二 量子雷达

量子雷达是基于量子力学基本原理,主要依靠收发量子信号实现目标探测的一种新型雷达。量子雷达具有探测距离远、可识别和分辨隐身平台及武器系统等突出特点,未来可进一步应用于导弹防御和空间探测,具有极其广阔的应用前景。作为洞察未来战场的“千里眼”,量子雷达技术势必掀起各军事强国变革雷达技术的时代潮流。

研究人员计划将该技术用于识别隐身作战飞机,当截获敌方防空雷达信号时,信号的量子特征被修改,自动形成一只鸟的信号送往敌方雷达。这样似乎可以达到传统的隐身目的,但新型量子雷达却很容易揭穿这一诡计。麻省理工学院的研究人员认为这是第一次使用量子力学研制的成像系统,成果是令人印象深刻的,可以不受到任何雷达干扰措施的影响。然而,量子侦测技术所需的设备可以由全球范围的实验室研制出来,但还没有装备到军队。

首部基于单光子检测的量子雷达系统在中国电科 14 所研制成功。在中国科学技术大学、中国电科 27 所以及南京大学等协作单位的共同努力下,完成了量子探测机理、目标散射特性研究以及量子探测原理的实验验证,并且在外场完成真实大气环境下目标探测试验,获得了百千米级探测威力,探测灵敏度得到了极大提高,指标均达到了预期效果。

经典雷达存在一些缺点,一是发射功率大(几十千瓦),电磁泄漏大;二是反隐身能力相对较差;三是成像能力相对较弱;四是信号处理复杂,实时性弱。针对经典雷达存在的技术难点,量子信息技术均存在一定的技术优势,可以通过与经典雷达相结合,提升雷达的探测性能。

首先,量子信息技术中的信息载体为单个量子,信号的产生、调制和接收、检测的对象均为单个量子,因此整个接收系统具有极高的灵敏度,即量子接收系统的噪声基底极低,相比经典雷达的接收机,噪声基底能够降低若干个数量级。再忽略工作频段、杂波和动态范围等实现因素,则雷达作用距离可以大幅提升数倍甚至数十倍。从而大大提升雷达对于微弱目标,甚至隐身目标的探测能力。

其次,量子信息技术中的调制对象为量子态,相比较经典雷达的信息调制对象,量子态可以表征量子“涨落变化”等微观信息,具有比经典时、频、极化等更加高阶的信息,即调制信息维度更高。从信息论角度出发,通过对高维信息的操作,可以获取更多的性能。对于目标探测而言,通过高阶信息调制,可以在不影响积累得益的前提下,进一步压低噪声基底,从而提升噪声中微弱目标检测的能力;从信号分析角度出发,通过对信号进行量子高阶微观调制,使得传统信号分析方法难以准确提取征收信号中调制的信息,从而提升在电子对抗环境下的抗侦听能力。综合而言,通过量子信息技术的引入,通过量子化接收,原理上可以有效降低接收信号中的噪声基底功率;通过量子态调制,原理上可以增加信息处理的维度,一方面可以提升信噪比得益,另一方面可以降低发射信号被准确分析和复制的可能性,从而在目标探测和电子对抗领域具有广阔的应用潜力。

全世界可控的量子只有光子,也只能利用光子做量子雷达,但面临的技术难题有三个:一是寻找到量子纠缠源,全世界最高超技术是中国科学技术大学研究出来的 10 光子纠缠。二是非经典信号的调制,就是操作量子进行编码、扩频等。这个问题超越了当前人类物理学发展的极限。三是非经典信号的监测,该技术已有突破,可用单光子探测器和超导探测器,但还未完全成熟。

人类最先进的量子技术是在 2015 年 7 月由加拿大、美国、德国和意大利科学家取得的。他们使用了激光量子雷达发射了数个没有经过调制的光子,作用距离仅为 15~20 km,根本无法用来真正探测目标,而且是在−150 ℃的环境下才能有效运转。

项目实施

驾驶员在长时间的航行实践中,在各种航行环境里,在深刻理解雷达基本原理的基础上,经过潜心钻研和艰苦练习,才能不断积累操作经验,准确掌握雷达在观测、定位、导航和避碰中的使用技术。

本项目以 JMR-9230-S 雷达为例,介绍雷达主要控制的基本操作要领和开关机的一般步骤、雷达定位、雷达导航、雷达人工标绘、雷达试操船及 AIS 目标。JRC-9230-S 雷达控制面板如图 9-28 及图 9-29 所示。

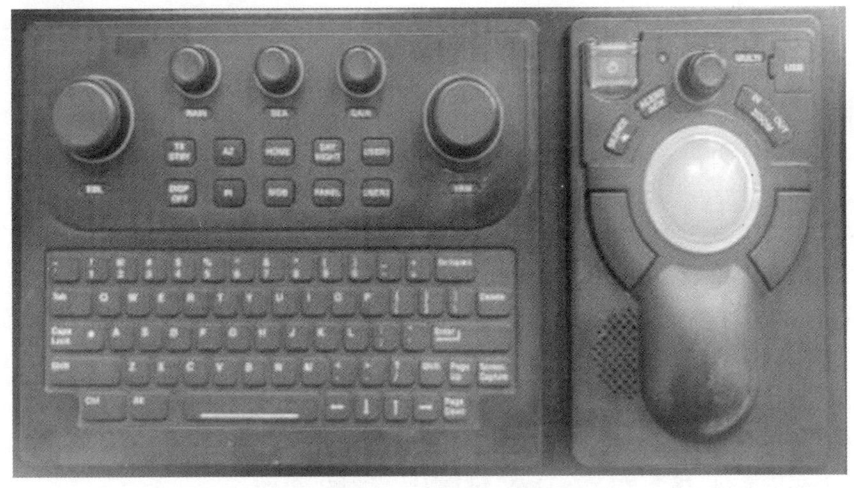

图 9-28　JRC-9230-S 雷达控制面板(一)

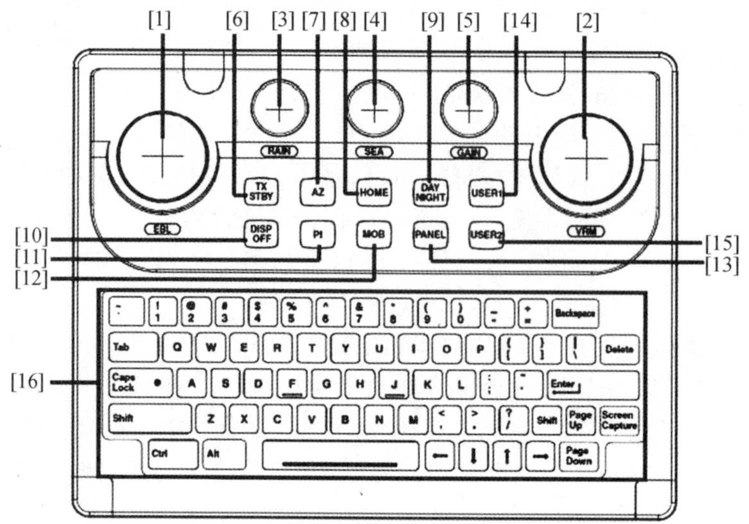

图 9-29　JRC-9230-S 雷达控制面板(二)

任务一　雷达基本操作

一、任务描述

某舰船航行于我国某海域,执行巡航任务。请根据指令,完成雷达基本操作;在操作过程中,叙述操作内容与相关现象或结果。

二、操作步骤

步骤一: 雷达控制面板认识

(1)EBL:电子方位线移动,通过旋转旋钮移动电子方位线。

(2)VRM:活动距标圈放大缩小,通过旋转旋钮来放大或缩小活动距标圈。

(3)RAIN:雨雪干扰抑制。人工调节雨雪干扰抑制。

(4)SEA:海浪干扰抑制。人工调节海浪干扰抑制。

(5)GAIN:增益控钮。用来调整接收机中频放大器的增益。

(6)TX/STBY:准备/发射开关。当雷达开关置"ON",在正常使用前,它完成"冷启动"。此时系统自检,如果一切正常,20 s 后,系统进入"STANDBY"状态,"STANDBY"旁指示灯亮,顺时针旋转"辉亮"钮稍许,可看见屏幕上有"STANDBY"标题、船首线和方位。经过 3 min 预热,按下"TX/STBY"键,雷达发射机工作。

(7)AZ:警戒区,此键将 AZ 切换至开/关。按下此键时,会出现"[AZ]键分配"对话框。

(8)HOME:将自己的船舶返回至显示屏内的初始位置。

(9)TM:将自己的船舶移至 TM 重置位置。

(10)RM:将自己的船舶移动到中心位置(仅在偏离中心时)。

(11)DAY NIGHT:背景显示选择(蓝/黑)。为了视觉效果白天可选择蓝色背景,夜间可选择黑色背景。

(12)DISP OFF:按键时执行分配的功能。可分配的功能是 Data Off(数据关闭)或 HL Off(雷达关闭)和 Data Off(数据关闭)ECDIS。

(13)PI:平行避险线,将 PI 操作/显示切换为开/关。

(14)SILENCE:静音控制,按下按钮就可以让雷达静音。

(15)MOB:人员落水标记。在本船位置显示“MOB”符号和设置对话框纬度/经度。按下此键时,MOB 符号和设置对话框变明朗。

(16)PANEL:面板/发光二极管亮度控钮,控钮控制面板亮度。

(17)USER1:执行分配给键的功能。按下此键时,指定功能的设置对话框出现[用户 1]键。

(18)USER2:执行分配给键的功能。按下此键时,指定功能的设置对话框出现[用户 2]键。

(19)KEYBOARD:键盘用于在此操作时输入数值和字符设备。

(20)ZOOM IN/OUT:量程调整按钮,放大或缩小量程。

(21)MULTI:多功能按钮,通过按下多功能按钮。并顺时针旋转,可以实现多个功能的调整和切换。

(22)USB:本雷达为可以叠加海图的雷达,USB 插口能够插入移动存储介质,实现海图等的更新。

(23)ALERT ACK:报警认可开关。当发生报警,按下此键,则音响报警停止,视觉报警停止闪烁。

(24)ON/OFF:雷达电源开关,接通或切断船电。

(25):屏幕亮度调节。

步骤二:雷达显示界面认识

(1)雷达屏幕显示界面(图 9-30)

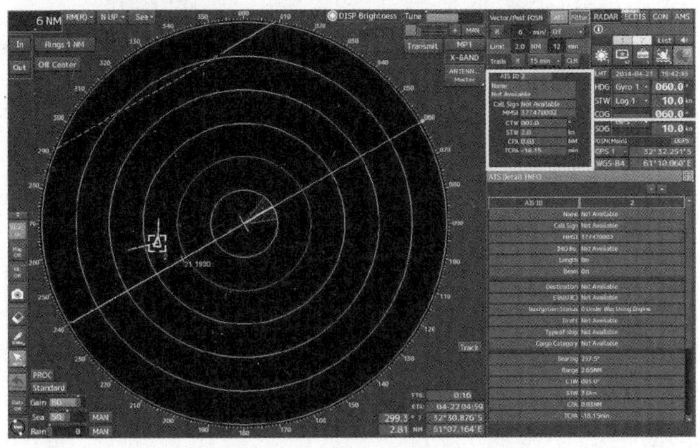

图 9-30　雷达屏幕显示界面

(2)雷达任务窗口功能区

雷达任务窗口公共部分的主要功能和名称如图 9-31 所示。

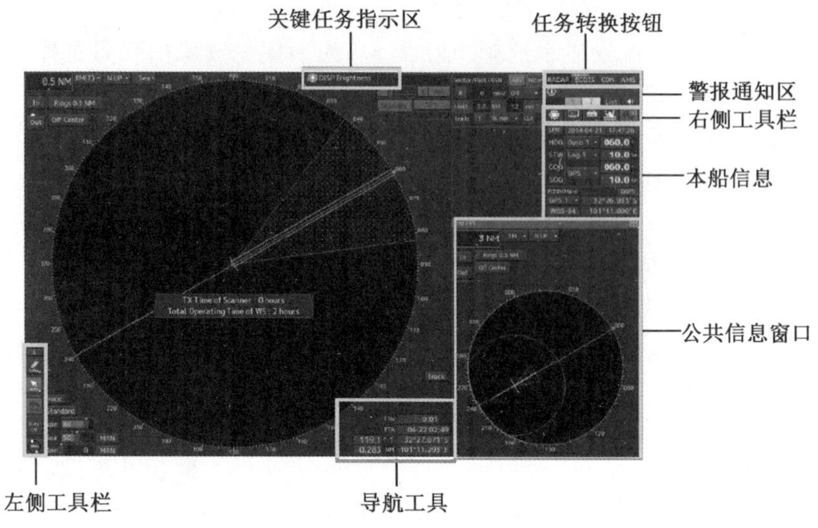

图 9-31 雷达任务窗口功能区

(3)任务转换按钮(图 9-32)

切换到所需的任务,请单击任务切换按钮。单击要从[雷达]/[电子海图]/[CON](连接显示器)/[AMS]执行的任务。

图 9-32 任务转换按钮

(4)雷达右侧工具栏(图 9-33)

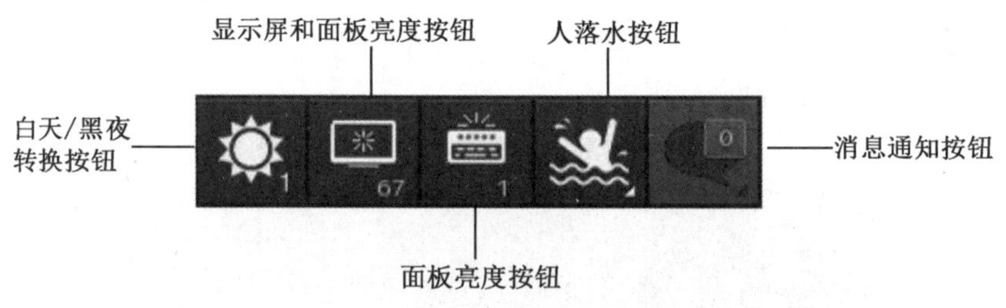

图 9-33 雷达右侧工具栏

白天/黑夜转换按钮:根据驾驶台上的亮度,屏幕上的显示颜色可以分别切换 5 级亮度。

显示屏和面板亮度按钮:屏幕和操作单元的亮度可以在 0 到 100 的范围内切换。

面板亮度按钮:将操作单元的亮度切换到 5 个级别(0 到 4)中的任意一个。

人员落水按钮:当有人落水时,点击该按钮时,使用该按钮标记本船的位置,以免看不见该位置。

消息通知按钮:单击此按钮时,将显示与 AIS 消息托盘和 NAVTEX 中接收到的信息中的最新消息相关的对话框。

(5)雷达左侧工具栏(图 9-34)

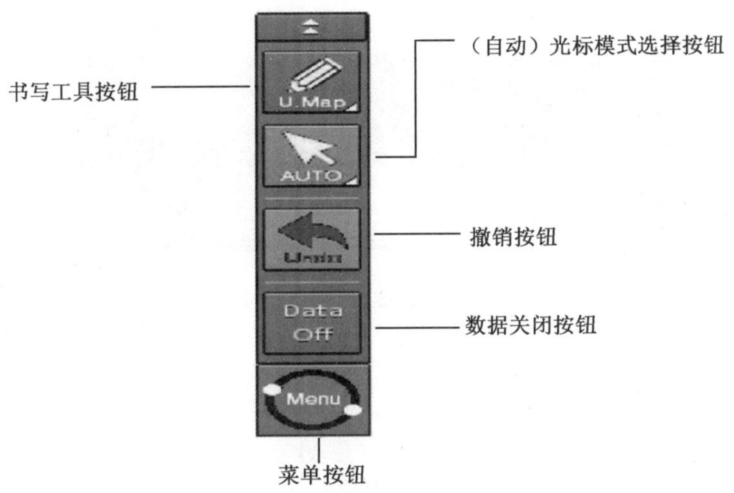

图 9-34　雷达左侧工具栏

书写工具按钮:在创建用户地图、手动更新海图或航线时单击此按钮规划会带来相应的运营模式。模式名称将显示在按钮上。

光标模式选择按钮:单击此按钮时,光标模式切换到自动模式。

撤销按钮:单击此按钮可取消先前执行的操作。

· 在用户地图创建模式下。

· 在手动更新创建模式下。

数据关闭按钮:单击此按钮时,屏幕仅显示主要信息,其他信息隐藏。

菜单按钮:单击此按钮时,将显示雷达和 ECDIS 屏幕的顶部菜单。

(6)雷达通常隐藏的按钮图(图 9-35)

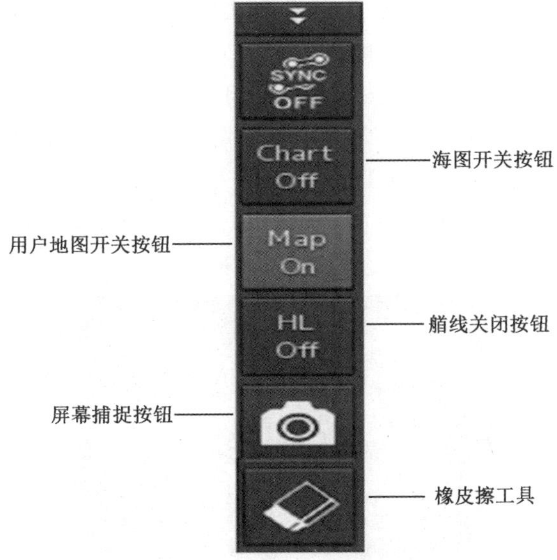

图 9-35　雷达通常隐藏的按钮

(7)雷达警报通知区域(图 9-36)

发生警报时,警报状态、警报内容和发生次数将显示在警报通知区域中。

图 9-36 雷达报警通知区域

(8)雷达导航工具栏(图 9-37)

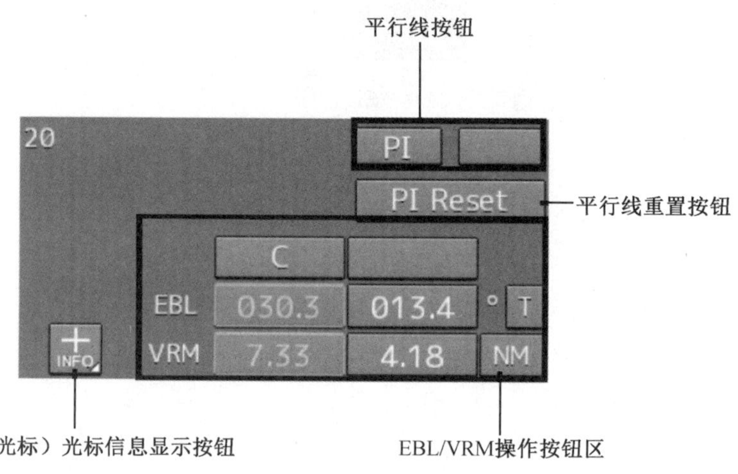

图 9-37 雷达导航工具栏

平行线按钮:使用此按钮可操作平行索引线光标。

平行线重置按钮:仅在同时设置所有平行索引行的 All 模式下有效。单击此按钮时,所有平行索引线均设置为与本船航向平行。

EBL/VRM 操作按钮区:使用此按钮操作 EBL/VRM。

[光标](光标信息显示)按钮:单击此按钮时,[光标读数]对话框出现。

(9)雷达传感器信息显示(图 9-38)

传感器信息:在[源]组合框中选择传感器源。可以选择以下传感器源。

选择[菜单]时,将显示[传感器选择/状态]对话框。

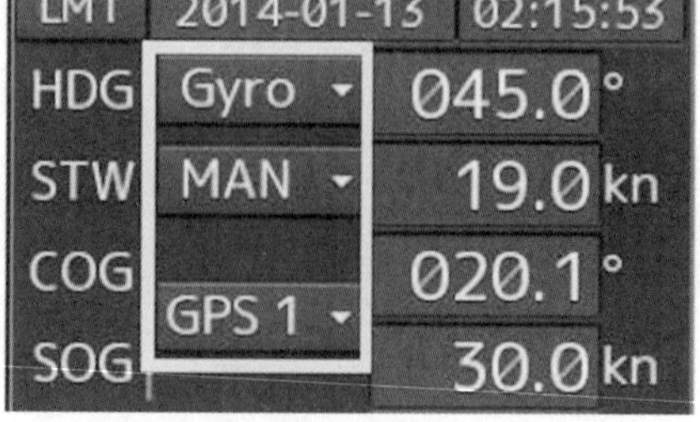

图 9-38 雷达传感器信息显示

(10)雷达传感信号标注(图 9-39)

Sensor name	Sensor source
HDG	MAN (Manual), Gyro, Gyro 1[*1*4], Gyro 2[*1*4], MAG (MAG Compass)[*4], G/C (GPS Compass)
STW	MAN (Manual), Log,[*5] Log 1[*2*5], Log 2[*2*5]
COG	Log[*5], Log 1[*2*5], Log 2[*2*5], GPSx[*3]
SOG	

*1: Only when there are two Gyros.

*2: Only when there are two Logs.

*3: When two or more GPS units are present, "x" indicates the unit number.

*4: When the Gyro Compass system that is used has the automatic switching function, the display of the sensor source changes automatically according to the switching condition.

*5: When 1AX is installed in Log, Log cannot be selected from the sensor source.

图 9-39 雷达传感信号标注

(11)雷达位置信息显示位置信息(图 9-40)

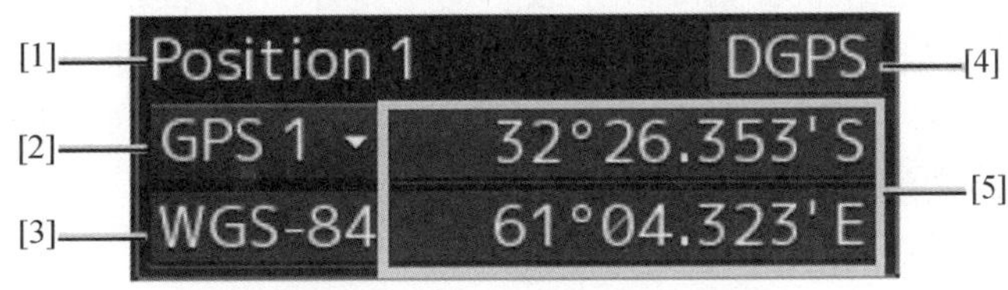

图 9-40 雷达位置信息显示

[1]显示位置的数据名称。

[2]显示位置的传感器源。在[源]组合框中选择传感器源。可以选择以下任何传感器源。选择[菜单]后,将显示[传感器选择/状态]对话框。

[3]将显示大地坐标系。它固定为"WGS-84"。

[4]定位精度显示。当定位精度为差分定位时,显示"DGPS"。在 GPS 单点定位的情况下,不显示任何信息。

[5]位置(CCRP)。显示主定位传感器指示的 CCRP 位置。

步骤三:操作雷达开关机

(1)开机前准备工作

雷达开机前应充分考虑到设备和人身的安全,认真做好以下三点:

①检查天线上是否有人或妨碍天线旋转的障碍物(如旗绳、天线等)。

②检查各主要开关控钮是否处于正常位置:高压发射开关和天线开关应在"关"的位置;亮度和增益,雨雪、海浪干扰抑制旋钮逆时针方向调至最小。

③在气温太低、空气太潮湿时,应先用加热电阻对各分机加热干燥后使用。

(2)罗经航向校正

从陀螺罗经上读出本船航向,按下航向校正按键(ALIGN),雷达处于预备状态,按住电子方位线按钮,船首标志线就指示在新的方位上,完成航向的校正。

(3)雷达发射

在"雷达开关"接通 3 min 后,发射机内高压自动延时触点闭合,"预备好"指示灯发亮后,将"雷达开关"置于"发射"(ON)的位置,屏幕上将出现回波。

(4)亮度的调节

调节扫描线使其在屏幕上似见非见。

(5)增益的调节

顺时针旋动旋钮,使显示器荧光屏上的噪声斑点调到刚好看不见(即在看见噪声斑点时再稍微逆时针旋转一点),调得太小了,会使探测距离减少,同时造成弱目标回波的丢失,但是如果增益调得过高,会造成回波和背景之间的对比度减少,给观察带来较大的困难。

(6)干扰抑制的使用

干扰抑制包括海浪干扰抑制、雨雪干扰抑制、自动干扰抑制、同频干扰抑制四种:

①海浪干扰抑制按键的主要作用是减少海浪杂波的影响,即由本船附近的海浪引起的大块随机干扰信号,将其旋钮顺时针方向调整,使干扰杂波强度减少到显示器荧光屏上只出现小点为止,这样就提高了在杂波中的小目标的可见度。

②雨雪干扰抑制按键的主要作用是减少雨雪杂波的影响,即由本船附近雨、雪、冰雹等引起的随机干扰信号,顺时针调大该旋钮,可分解由雨、雪和冰雹引起的一大片杂波,这样就能看清被杂波所淹没的目标回波。

③自动干扰抑制,可称作自适应视频处理,按下该按键,指示灯亮,雷达自动进行干扰抑制。

④同频干扰抑制,相同频率,不同重复周期的雷达相互之间产生的影响。按下该按键,指示灯亮,雷达自动进行同频干扰抑制。

注意在使用海浪、雨雪抑制功能键时,不能将其调整过大,否则杂波被抑制了,同时很大一部分弱小目标也被抑制掉了。

(7)调节“调谐”旋钮,使远处回波图像清晰。

(8)必要时采用“回波增强”控钮。

这样可以增大微弱目标或小目标回波的显示强度。

(9)关机步骤

将雷达调到预备(STANDBY)状态,检查增益和亮度,雨雪、海浪干扰抑制旋钮逆时针方向调至最小,按下雷达关机键,雷达关机。

步骤四:雷达传感器设置

一个基本的ARPA系统由传感器和ARPA本身两大部分组成。ARPA正常工作,必须与船用雷达、陀螺罗经及计程仪三种传感器配接,由它们提供必要的传感信息供标绘用,外存储器为任选,不一定要配置。各传感器任务如下:

(1)X或S波段的高质量船用雷达——除为ARPA提供目标回波原始视频外,还向ARPA提供触发脉冲、天线旋转方位信号与船首信号,以使ARPA的计算机、显示器的工作与雷达保持在时间上严格同步。

(2)陀螺罗经——为ARPA提供本船航向信号。

(3)计程仪——为ARPA提供本船航速信号,可有对水航速和对地航速。

(4)外存储器——可储存港口的视频地图或电子海图,在进出港时,可供船舶导航使用。

三、任务小结

任务二　雷达定位

一、任务描述

雷达定位是指船舶驾驶员根据雷达测得的目标距离和方位数据，通过海图作业，求取本船船位的过程。要使雷达定位准确，必须做到用作定位的目标选得合适，其回波辨认无误；测量距离或方位使用的方法正确，测量距离或方位数据准确，速度快捷和海图作业正确。

二、操作步骤

步骤一：假回波识别

1.间接反射假回波的特性及识别

(1)假回波的方位、距离与真回波均不同。其方位为间接反射体所在方位，距离略偏大，等于反射体至目标的距离与反射体离天线的距离之和。

(2)它们常常出现在扇形阴影区。

(3)与真回波在屏上的移动比较，假回波的移动是不正常的。当目标方位移动时，假回波的方位往往仍出现在扇形阴影区不变，仅距离做相应的改变；当改变到某一角度时，假回波会在荧光屏上消失。

(4)假回波在屏上的显示形状有明显畸变，且比真回波暗些(弱些)。

2.多次反射回波特性及识别

(1)通常识别间接反射假回波的方法是临时改变本船的航向，当本船改向时，真回波的方位将发生改变，但间接反射假回波仍将出现在扇形阴影区里或消失。

(2)在目标真回波外侧，连续出现几个等间距、强度逐个变弱的假回波，其方位与真回波一致，多次反射回波一般是在本船与强反射体相距约 1 n mile 以内，且在正横对正横或接近正横时发生，在反水道航行或锚泊时可常见到。可根据多次反射回波的显像特征予以识别或适当降低增益，也可用“海浪抑制”(STC)旋钮加以抑制。

3.旁瓣回波特性及识别

旁瓣回波对称分布在真回波两侧的圆弧上,距离与真回波相同,但方位不对;而且其强度比真回波弱得多,可适当减小增益或用“海浪抑制”旋钮加以减弱。

4.二次扫描回波特性及识别

假回波图形与实际目标形状不符,发生了变形。改交量程(从而改变脉冲重复周期)时假回波图像距离会改变、变形或消失,据此可用于二次扫描回波的识别。

步骤二: 干扰回波识别

在雷达荧光屏上,除可能存在上述各种假回波外,还可能生一些干扰杂波妨碍雷达的正常观测。

1.海浪干扰

海浪对雷达波的反射而产生的海浪干扰回波,在荧光屏扫描中心附近形成不稳定的鱼鳞状闪亮斑点,用SEA键可以进行有效的抑制,还可选用S波段(10 cm)雷达,如果有双速天线,可选用高速天线(80 r/min),尽量选用窄脉冲宽度发射,则效果更好。

2.雨雪干扰

由雨雪反射雷达波产生的干扰脉冲,在屏上形成无明显边缘的疏松的棉絮状连续亮斑区(雨、雪区),用RAIN键可以进行有效的抑制,还可选用S波段(10 cm)雷达、选用窄脉冲宽度及圆极化天线,效果更好。

3.同频雷达干扰

两台雷达脉冲重复频率相差很大时,显像为不规则的散乱光点,两台雷达的脉冲重复频率稍有不同时的显像,当用远量程时,显示点状螺旋线,当用近量程时,显示径向点射线。由于同频雷达干扰的显像较特殊,比较容易识别,一般也不影响观测。干扰过于严重时,可换用近量程观测,以减小其影响;或选用另一波段雷达工作。如装有同频雷达干扰抑制器(Radar Interference Canceler,RIC),可打开面板上的控制开关,即可消除。目前新型雷达大都装有同频雷达干扰抑制器。

使用中应注意:

(1)只有在干扰严重时才使用它,因为可能会丢失小目标。

(2)使用它之前,要将调谐、增益及海浪干扰抑制钮调至最佳状态,使屏上噪声斑点刚刚可见而回波饱满时抑制效果最佳。

(3)为避免丢失更多目标,使用该电路时不要使用FTC电路(雨雪抑制干扰电路)。

4.电火花干扰

雷达屏上常见的电火花干扰有两类:一类是在固定位置出现不规则的亮线,一般是偏转线圈电刷和滑环接触不良引起的;另一类是位置不定的径向亮线,可能是机内电源、发射机、接收机等有关器件跳火形成的。这是故障,应立即检查、排除后使用。此外,天电干扰也会在屏上产生不稳定的径向亮线,它随天空闪电而随机地瞬时出现,随即消失,无法加以消除,但影响也不大。对于在固定方位上出现的电火花干扰,如一时尚无法排除故障而加以去除,则使用中可采用暂时小改向方法,使预测的目标回波避开上述干扰亮线。

步骤三：常见目标回波的识别

1.浮标

航海用浮标因高度低、体积小、形状多为球形、圆柱形、圆锥形等，所以均为不良的雷达目标，作用距离为 0.5~6 n mile。

2.船舶

船舶的回波强度取决于其本身的视角、形状、大小及暴露于雷达波束照射范围内的结构及材料。一般正横方向强于首尾向，大船强于小船，空载船大于满载船，钢铁结构大于木质结构或玻璃纤维。当本船天线高度为 15 m 时，一些船舶的最大探测距离为：

(1)小木船 1/2~4 n mile；

(2)救生艇≤2 n mile；

(3)流网船 3~5 n mile；

(4)拖船、驳船≤7 n mile；

(5)1 000 t 船 6~10 n mile；

(6)10 000 t 船 10~16 n mile；

(7)50 000 t 船 16~20 n mile。

3.冰山

冰山是一种较差的雷达目标，其回波强度和探测距离与冰山大小、形状及视角有关，其探测距离为：

(1)一般冰山 8~10 n mile；

(2)斜坡面较大冰山 3 n mile；

(3)四周垂直的刚离体冰山 15~30 n mile；

(4)葫芦形冰山因水下大、水面小，最危险，应特别注意。

4.建筑物

大群体建筑物的回波常因回波强且密集而难以辨认，所以不宜用于定位。

5.岸线

岸线只有当其海岸较陡或较近时才能显示与海图基本一致的回波形状，否则两者间的形状和位置均会有不同。尤其是低而平坦的海岸，坡度斜缓的沙滩，往往先发现内陆山岭而后才发现岸线，这种岸线不能用于定位或导航。

6.悬崖与陡岸

悬崖与陡岸在视角合适时，回波边缘亮而清晰，形状和海图基本一致。沿岸的防波堤、码头、人造陆地等均为很好的定位目标。

7.海中小岛

海中小岛的图像因其地势及距离而异，若其地势较陡且距离合适时，图像较为理想，并可用作定位目标。

8.陆上山丘和大山

陆上山丘和大山的回波一般成片状，回波强度与其高度、坡度及表面形态有关，即目标越高、越陡者回波越强。一座缓坡、反射性能差的高山的回波不一定比一座高度低、反射性能好的小山强。对此，在远距离定位辨认目标时尤其应注意。

9.过江架空电缆

过江架空电缆一般由几根表面光滑的粗电缆组成,它们是良好的导体。只当雷达波束与电缆表面成90°角时,反射才最好,否则雷达将收不到反射波。为此,在江河中航行时应特别谨慎,不可忽视瞭望。

10.快速目标

水上飞机、气垫船等快速目标在雷达近量程挡时将显示断续景象,所以难以判断其动向,船舶航行时应予注意。

步骤四:雷达物标选取

1.适合雷达定位的目标

(1)应尽量选用孤立小岛、岩石、岬角、突堤、孤立灯标等目标,其回波特性应是:图像稳定,亮而清晰,回波位置应能与海图精确对应。应避免使用那些回波可能产生严重变形或位置难以在海图上确定的目标,如平坦的岸线、斜缓的山坡、附近有高大建筑物的灯塔等。

(2)应尽量选用近而便于确认的可靠目标,而不选用远、容易搞错的目标。

(3)多目标定位时应选用符合位置线交角要求的目标,位置线的交角应尽可能接近于90°。仅在只有一个可靠目标时,方可采用单目标的方位与距离定位。

2.雷达定位方法

根据目标位置及回波特点,可有多种雷达定位方法,大致可分为以下几种。

(1)单目标方位、距离定位

利用雷达同时测定孤立、显著的单目标的方位和距离来确定船位的方法称为单目标方位、距离定位,这种定位方法简单、快速。正横距离方位即为此法之常用的特例。若用陀螺罗经目测方位代替雷达方位,则可得较高的定位精度。应用这种定位方法,首先应注意图像"角向肥大"失真的影响(对有一定横向长度的小岛);其次要注意正确辨认,一旦认错目标,将会产生严重后果。

(2)两个或两个以上目标距离定位

当目标位置分散且回波特性又符合要求时,则可选择两个或两个以上目标距离定位。由于雷达造成的目标回波失真在目标前缘的距离上最小,故应尽可能选择较陡的岸线和视角成90°的突出目标。通常选用两个或三个目标进行距离定位,不要超过三个目标,否则会由于测量时间间隔大而增加定位误差。如果位置线合适,这种多目标距离定位的方法在所有雷达定位方法中精度最高。

(3)两个或两个以上目标方位定位

利用两条或两条以上方位线定位具有作图方便、迅速的特点,并可便于辨认目标,即可用此法辨清目标后,再用距离定位法,以求得准确船位。

采用这种定位方法时,在测目标回波边缘方位的过程中,应注意改正因"角向肥大"引起的方位误差;除应遵循前述正确选择目标原则及正确测量方法外,还应尽量采用三目标方位定位,避免使用两目标方位定位。

一般来说,用雷达方位线定位的船位精度较差,但若用孤立小目标定位,仍可获得较高的定位精度。

(4)多目标距离、方位混合定位

用多目标方位和距离的组合方法很多,如两目标方位加一目标距离,两目标距离加一目标方位等。混合定位具有船位精度高和便于用来辨认和校核目标正确性等优点。

步骤五:准确测量目标距离和方位

通过识别和选取目标后,首先利用 EBL 旋钮,通过旋转移动电子方位线,让电子方位线切所选目标的边沿,然后读取 EBL 处的读数,该读数即为在我船上观测物标的方位;利用 VRM 功能,旋转 VRM 旋钮,使得活动距标圈切所选目标的边沿,然后读取 VRM 处的读数,该读数即为所选物标距本船的距离。

准确测距的要领:

(1)选择能显示被测量目标的合适量程,使目标回波显示于 1/3~2/3 扫描线长度的附近。

(2)正确调节显示器各控钮,使回波饱满清晰。

(3)应使活动距标圈内缘与回波前沿(内缘)相切。

(4)测量的先后次序为先正横,后首尾(因首尾向目标距离变化快)。

(5)应经常检查活动距标圈的准确度。

准确测方位的要领:

(1)按操作面板上的“ZOOM IN/OUT”选择合适量程。

(2)通过手头录取,选择近而可靠的目标,左右侧陡峭的目标或孤立目标。

(3)各控钮应调节适当,否则将使图像变形而导致测量出现误差。

(4)调准中心,减少中心偏差正确读数,减少视差。

(5)检查船首线是否在正确的位置上,应校核罗经复示器、主罗经及艏线所指航向值三者是否一致。

(6)测点目标时,应使方位标尺线穿过回波中心测横向岬角、突堤等目标,将方位标尺线切于回波边缘进行测读,再扣去或加上“角向肥大”部分。

(7)测方位的先后次序为先首尾,后正横(因正横方向目标的方位变化快)。

(8)船摇摆时应视机测定,即把住舵,待船身回正时尽快测量。当实在不可避免在船摇摆时测方向,则横摇时应测正横方向目标,纵摇时测首尾方向目标。不要测左右舷角为 45°和 135°或附近的目标方位。

步骤六:作图

根据所选用的定位方法,在海图上画出所选目标的方位线或距离位置线,方位线绘画时,在观测方位±180°绘画所选目标,或者以所选目标为圆心,以测得距离为半径画距离位置线,所选目标的方位线、距离位置线两两间或三三间的交点为最概率船位。雷达陆标定位作图方法如图 9-41 所示。

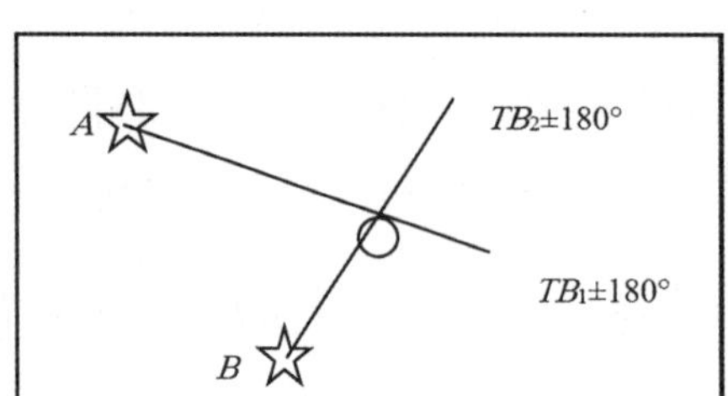

(a)两方位定位作图示意图

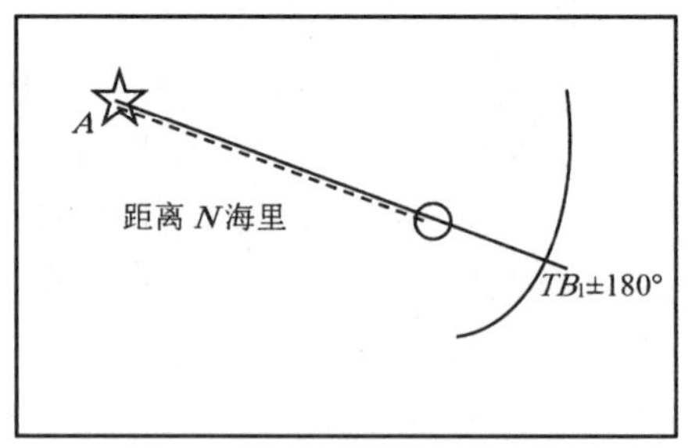

(b)单方位距离定位作图示意图

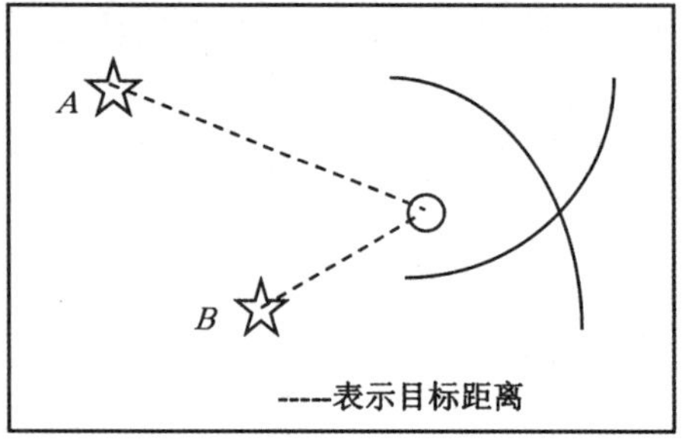

(c)两距离定位作图示意图

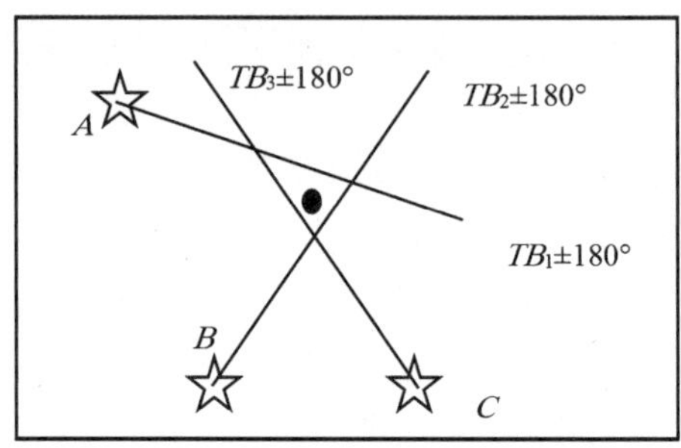

(d)三方位定位作图示意图

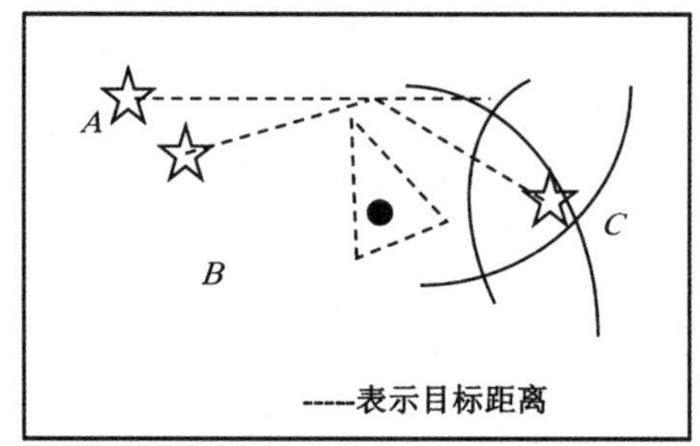

(e)三距离定位作图示意图

图 9-41 雷达陆标定位作图方法

步骤七：判断雷达定位精度

由于雷达图像存在“角向肥大”、罗经引入的误差及受外界影响等原因，一般来说用测距离定位比测方位定位更好。

就位置线数目来说，三条位置线定位精度高于两条位置线定位精度；就目标远近来说，近距离高于远距离定位精度；就位置线交角来说，用两条位置线定位时，交角越接近90°越好，用三条位置线定位时，越接近120°越好；就目标回波特性来说，用孤立、点状及位置可靠的目标或迎面陡峭、回波边缘清晰、明显的目标定位为好。此外，定位精度还和测量方法、速度及作图技巧等有关。

若各种条件相同时，上述几种定位方法的精度高低的排序大致如下：三目标距离定位、两目标距离加一目标方位定位、两目标距离定位、两目标方位加一目标距离定位、单目标距离方位定位、三目标方位定位、两目标方位定位。

三、任务小结

任务三 雷达导航

一、任务描述

船舶在进出港口、狭水道及沿岸航行中，尤其在能见度不良等恶劣天气条件下，为了避开航路附近的浅滩、险礁以及其他危险区域以确保航行的安全，常常利用以下几种方法进行导航。

二、操作步骤

导航方法一：平行线导航

使用情景：当航线前后无合适的物标可供导航时，可借助雷达，利用航线两侧附近的物标进行平行线导航。

具体做法：先结合海图，选取离航线较近、显著、海图位置准确的物标，并量取该物标至计划航线的最近距离。调整雷达到北向上相对运动显示方式，活动距标圈至相应的最近距离值，电子方位线与计划航线平行，再调整电子方位线扫描中心，使其刚好在物标同侧与活动距标圈相切，如图 9-42 所示。

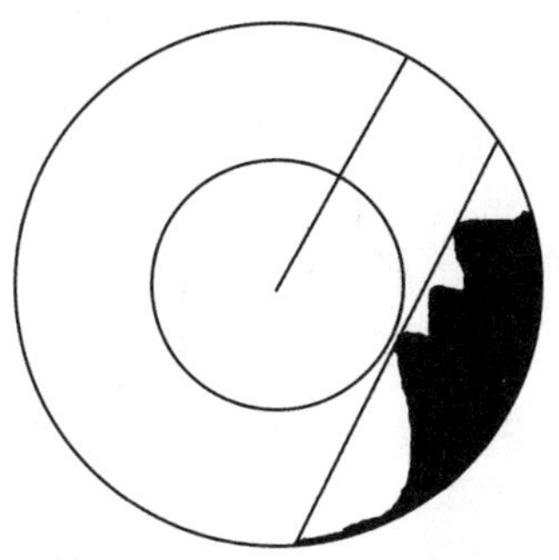

图 9-42 平行线导航

航行中，根据物标回波和电子方位线的相对位置关系，即可确保船舶顺利走在计划航线上。普通雷达，利用平行方位标尺，也可达到类似的导航目的。但由于视差影响，其导航精度要低一些。为了提高平行方位线导航精度,应尽可能选择船舶正横附近较近的导航物标,长航线应及时更新导航物标。平行线导航有 NAVMARK 功能的自动雷达标绘仪,能捕获与跟踪一个或多个静止的孤立小物标,从而给驾引人员提供船舶的实际航向和航速。操纵船舶使所显示的航向和计划航向一致,并保持物标最小接近距离等于海图上该物标至计划航线的最小距离,同样可方便地用来导航。

导航方法二：距离避险线

使用情景:当所选择的避险参考物标与危险物的连线与计划航线垂直或接近垂直时,采用距离避险线导航较好。

具体做法:先根据物标的回波特性及雷达测距时对物标的要求选定参考物标,然后在海图上测定出参考物标至危险物的距离,并根据当时当地的情况(如能见度、流向流速)、船舶密度及种类、本船的操纵性能、当值驾驶员的良好船艺等决定避险安全距离(离参考物标的距离),再把活动距标调到安全距离,把方位平行标尺(或电子方位线)指向船首线(有风流时采用真北向上显示方式,平行标尺应放在计划航向上),并从中找出与活动距标圈相切或最接近切点的标尺线,此即距离避险线。

航行时,随时调整船位使避险参考物标始终处于选定标尺线(距离避险线)的外侧,即可保证本船避开危险物按计划航线航行,如图 9-43 所示。

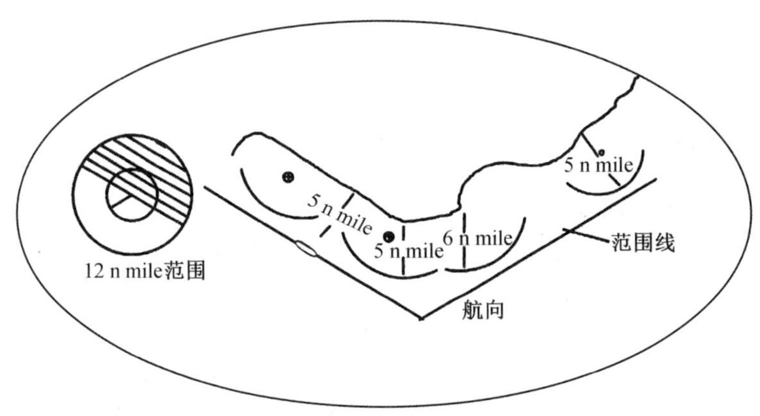

图 9-43　距离避险线

导航方法三：方位避险线

使用情景:当所选避险参考物标与危险物的连线与计划航线平行或接近平行时,采用方位避险线导航较好。

具体做法:先根据物标的回波特征及雷达测方位时对物标的要求选定参考物标,然后在海图上测出参考物标至危险物的真方位,并根据当时当地的情况、本船的操纵性能、雷达的可能误差、当值驾驶员的技术状态等决定避险真方位,再把方位标尺(或电子方位线)指向该避险真方位加 180°的位置作为方位避险线(此时,雷达应选用真北向上显示方式)。航行中,随时调整船位使避险参考物标始终处于方位标尺(避险方位线)的安全一侧,即可保证本船避开危险物,如图 9-44 所示。

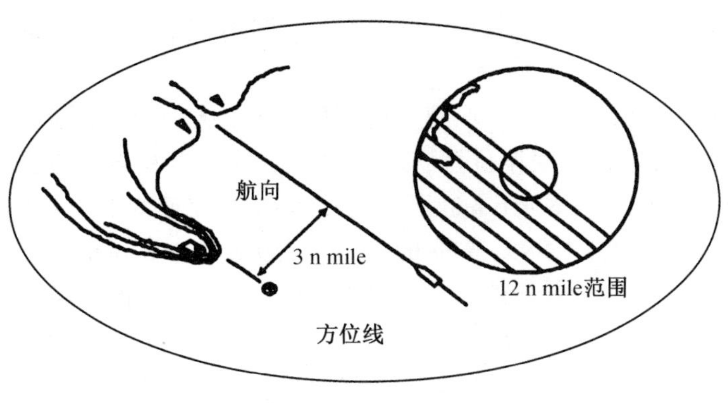

图 9-44　方位避险线

三、任务小结

任务四　雷达人工标绘

一、任务描述

雷达人工标绘是指驾驶员采用铅笔在雷达作图纸或专用标绘笔在雷达显示屏幕上的雷达反射标绘器上，以一定的时间间隔观察来船的方位和距离，画出矢量三角形，以求得来船的 DCPA 与 TCPA，从而判断是否存在碰撞危险的一种方法。人工标绘还可以查核避让行动的有效性，直到碰撞危险过去为止。由于现代船舶的不断发展，雷达设备也不断更新，驾驶员已经逐渐不再使用这种较为烦琐的人工标绘，改为使用自动雷达标绘。但是雷达人工标绘能够加深对雷达相对运动的显示状态的理解。

二、操作步骤

步骤一：画矢量三角形，求取来船运动要素

(1) 调整雷达到合适的状态，显示为相对运动模式。

(2) 观测来船与本船的相对运动状态，与本船距离较近(4～6 n mile)，位于本船右侧及正前方的船舶较为危险，将选定作为标绘对象。

(3) 画矢量三角形：

①用铅笔在舰操绘算图上作图,或在实操中调出标绘工具,在雷达模拟器屏幕上作图。

②画 6 min 的矢量三角形。观测目标回波位置,从一个时间点开始计时,如 0100 时,此时用标绘笔标下目标回波位置,记为 A 点,从 A 点开始画本船的反航向线,口诀:自始反航向终连。长度为本船 6 min 所行航程,如本船航速为 18.8 kn,6 min 为 0.1 h,航程则为 1.88 n mile,量出 1.88 n mile 的距离,标为 B 点。3 min 时,观测回波位置,即 0103 时,标出目标回波位置,定为 C'点。连接 AC'点,并延长至过本船 2 n mile 圈。第三个观测点可在 AC 线上对称找到目标 6 min 时的回波点,即 0106 时的回波点,让 AC 长度等于 $C'C$,记为 C 点。再连接 BC 线。一个完整的矢量三角形就形成了,如图 9-45 所示。图中速度矢量三角形关系为:

$$\overrightarrow{v_T} = \overrightarrow{v_O} + \overrightarrow{v_R}, \overrightarrow{BC} = \overrightarrow{BA} + \overrightarrow{AC}$$

式中:$\overrightarrow{v_T}$($\overrightarrow{BC}$)——来船速度矢量;

$\overrightarrow{v_O}$($\overrightarrow{BA}$)——本船速度矢量;

$\overrightarrow{v_R}$($\overrightarrow{AC}$)——相对速度矢量。

在图中矢量三角形中可以量出来船的 DCPA、TCPA、COURSE、SPEED 各运动要素。

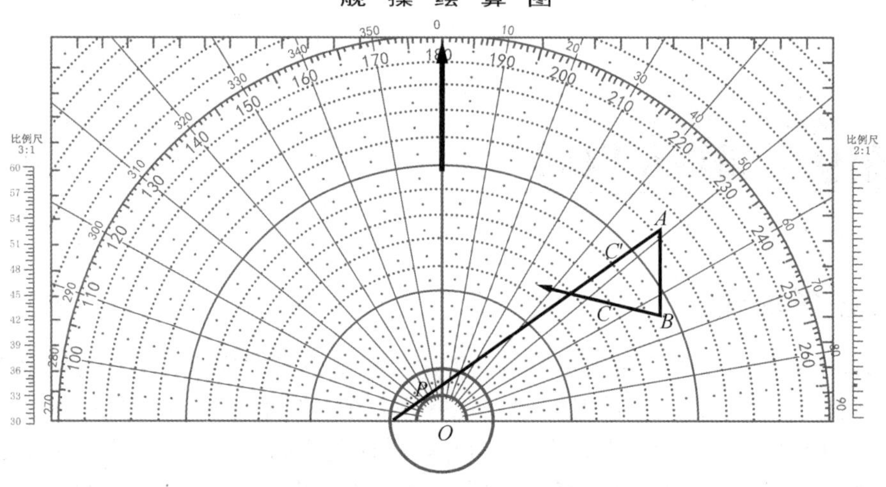

图 9-45 人工标绘图(画矢量三角形)

应注意的问题:

(1)用来进行标绘的回波资料应为 3 次及以上观测所获得的资料,而本节上述作图法,只用了两次观测资料,主要是为了提高实操训练中的操作效率,且模拟器中的来船保向保速,故第三个点由推算获得。

(2)若标绘所得三船位点不在一条直线上,如果时间允许,可再观测一次,以便核查误差所在或判断来船是否采取了某种行动,若排除后者的可能性,可进行误差处理。

(3)回波运动的方向总是以 A 点向 C 点推进,判断时应注意矢量 AC 的方向。

(4)若 AC 线通过本船中心(O 点)时,则说明 DCPA = 0;若两船均保速保向,必存在着碰撞的危险。若 AC 线不通过 O 点,则说明两船有一定的会遇距离,能否安全通过,取

决于两船的 DCPA。若 AC 线通过 O 点上方，则说明来船将从本船前方驶过。若 AC 线通过 O 点下方，则说明来船将从本船尾部驶过。

步骤二：求取避让措施的作图方法

避让措施的作图方法通常包括"改向避让""变速避让"(其中包括停车避让)以及"变向结合变速"三类，应指出的是，在图解法中，可能同时存在有多种的避让措施均能保证在安全的距离驶过。因而，如何取舍，应根据《国际海上避碰规则》的有关规定以及海员的通常做法与良好船艺而定。在决定采取避让行动时，还应考虑作图，以及采取行动时所需的时间，通常采用预先确定"预定避让点"进行作图求取避让措施的做法，求得避让措施，待回波一旦接近该定点时，立即采取行动。只有这样，才能获得预定的避让效果。

情景一　改向避让作图法

在图 9-45 矢量三角形基础上，设定 C 点为预转向点。并根据避碰规则，本船将向右转向。过 C 点作本船左舷 2 n mile 圈的切线，与 2 n mile 圈有一切点，并从该点反向延长，穿过三角形。以 B 点为圆心，BA 长为半径，画一圆弧，与反向延长线有一交点 A' 点，连接 BA'，则为求取的新航向，如图 9-46 所示。若本船改驶 BA'，即本船右转，回波将自 C 点开始沿切线运动，达到预定避让效果。

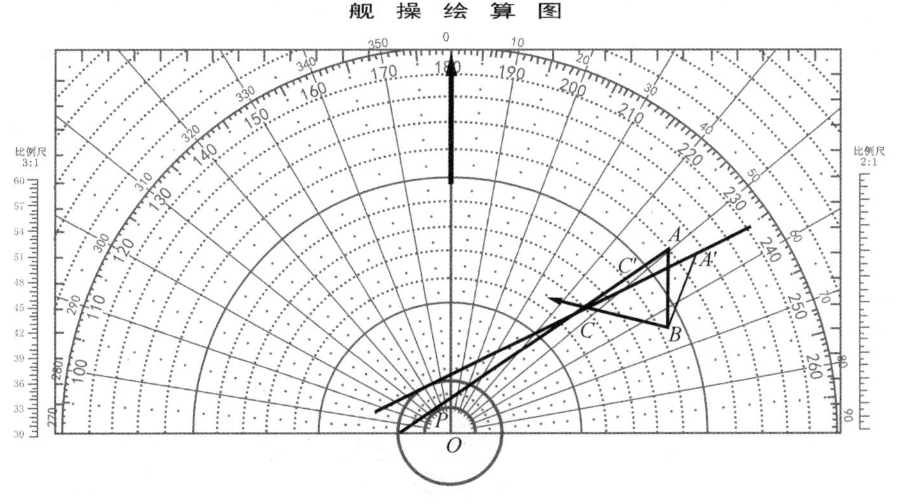

图 9-46　人工标绘图(改向避让)

情景二　变速避让作图法

在图 9-45 矢量三角形基础上，设定 C 点为预变速点。过 C 点作本船左舷 2 n mile 圈的切线，与 2 n mile 圈有一切点，并从该点反向延长，穿过三角形，与 AB 有一交点，记为 A' 点，即为本船改驶的新航速在 6 min 内的航程，再转换速度即可。若本船在 6 min 内的航程由 AB 下降到 $A'B$，则回波即可自 C 点沿切线方向移动，如图 9-47 所示。

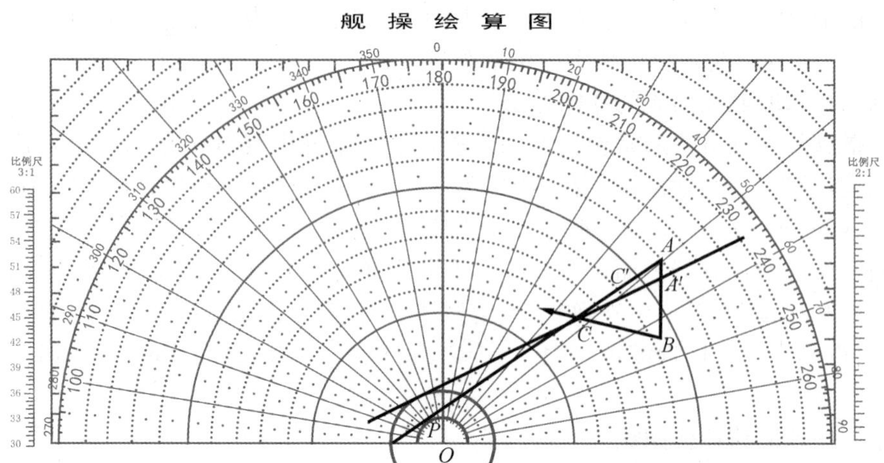

图 9-47　人工标绘图(变速避让)

情景三　变向结合变速

将图 9-46 中 A'仍记为 A',图 9-47 中 A'点记为 A'',然后将两图合并,如图 9-48 所示。

在 $A'A''$线段中任取一点,记为 A''',连接 BA''',即为本船的避让新方案,即本船在右转的同时还应减速。若本船采取这一行动,即可使回波自 C 点开始沿切线方向运动,如图 9-48 所示。

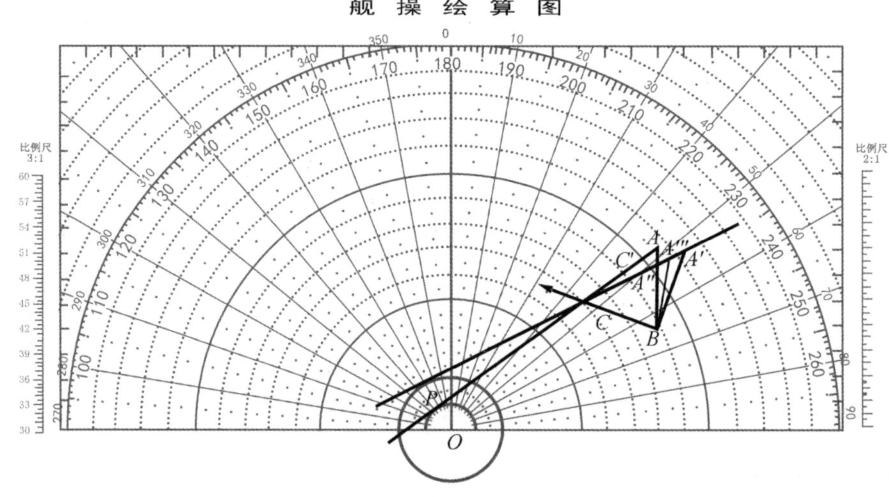

图 9-48　人工标绘图(变向结合变速)

情景四　停车避让作图法

变速避让也包括停车避让法,下面介绍停车避让作图法。

【例题 1】已知停车时间,求停住后两船的 DCPA。

设:本船的 $TC=000°$,$v=12$ kn,雷达测回波数据如下:

时间	TB	D
0800	050°	11.0′

0806　　050°　　9.5′

0812　　050°　　8.0′

0818 时本船停车避让,本船的停车冲程为 1.5′,历时 12 min,问本船停住后的 DCPA 为多少。如图 9-49 所示,作图方法如下:

· 根据已知条件画出矢量三角形 *ABC*;

· 在 *AC* 线的延长线上求取 0818 回波点 *C*′;

· 过 *C*′作 *AB* 线的平行线,以 *C* 为起点量取 *C*′*D*=1.5′;

· 过 *D* 点作 *BC* 线的平行线 *DE*;

· 量取 *DE*=*BC*,则 *E* 即为本船停住时的回波点;

· 过 *O* 点作该平行线的垂线,量取 DCPA=3.5′;

· *DE* 线的延长线与本船航向线 000°的交点 *M* 即为本船停住后他船过本船船首的点,其时间为 0818+26=0844 时。

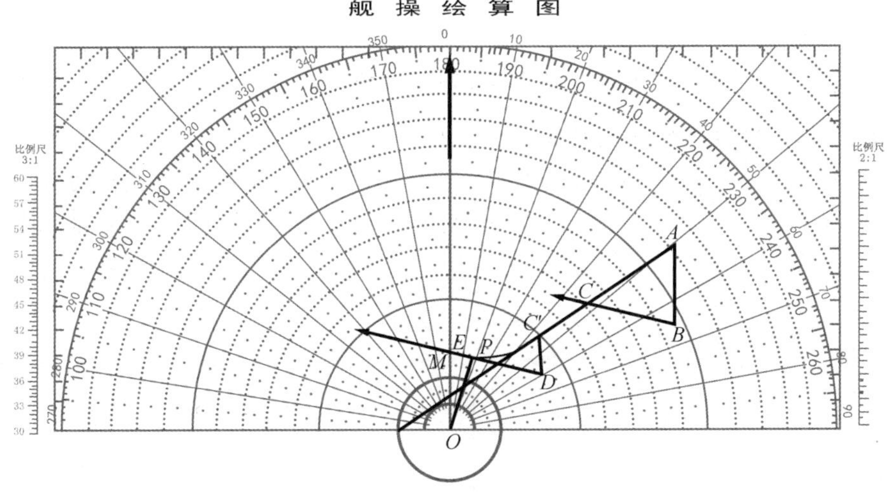

图 9-49　人工标绘图[停车避让(1)]

【例题 2】为使他船在本船前方安全距离通过,本船应何时停车。设:已知本船 *TC*=000°,*v*=12 kn,测得他船的回波如下:

时间	TB	D
0800	040°	9.0′
0806	040°	7.5′
0812	040°	6.0′

为使他船从本船前方 2 n mile 通过,本船应于何时停车?(本船的停车冲程为 1.5′,历时 12 min)。如图 9-50 所示,作图方法如下:

· 根据已知条件作矢量三角形 *ABC*;

· 将 *BC* 线平行下移作 2 n mile 圈的切线;

· 延长 *AB* 线交于切线 *M* 点;

· 以 *M* 点为起点向上量取 *MN*=1.5′;

· 过 *N* 点作 *BC* 线上的平行线与 *AC* 线的延长线交于 *C*′点,则该点就是本船的停车

点。经计算,在 C' 点的相应时间为 0818 时;

· 即 0818 时本船及时停车,他船恰好保持在本船 2 n mile 圈上通过。

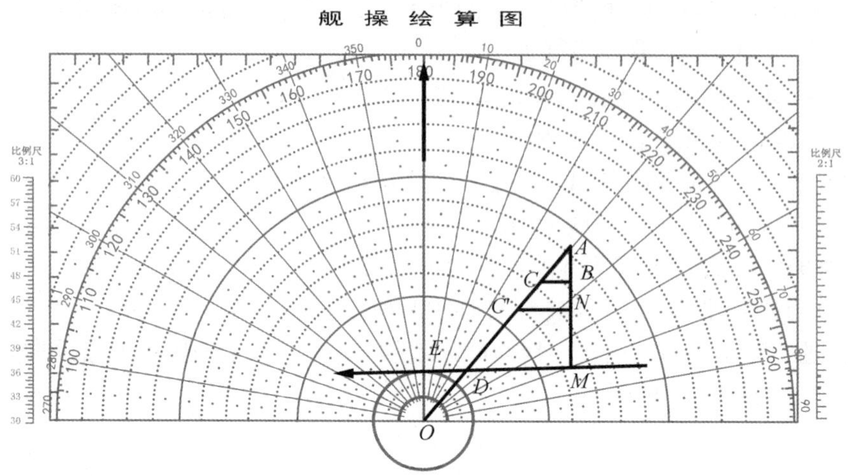

图 9-50　人工标绘图[停车避让(2)]

步骤三:求取恢复原航向的时间

在图 9-45 基础上,平移改向前的相对运动线 AC,与 2 n mile 圈左舷相切,切线交新相对运动线 $A'C$ 于一点,记为 P 点,则 P 点为本船恢复原航向的回波点,如图 9-51 所示。

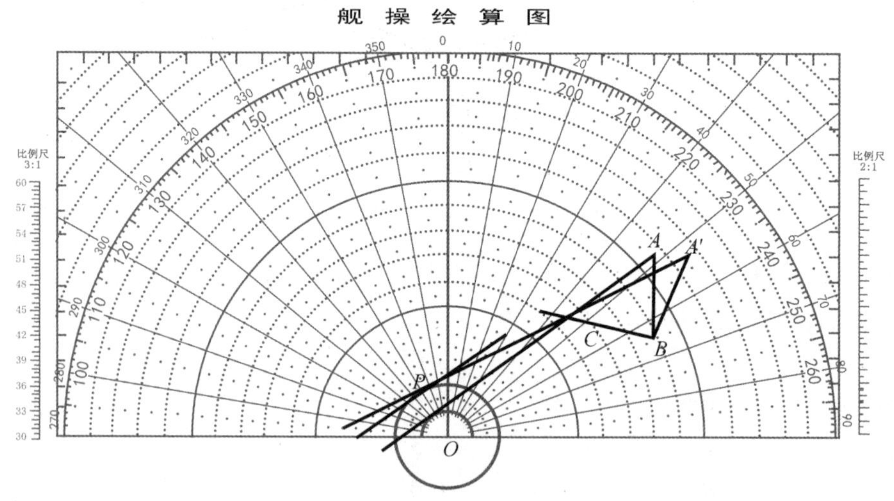

图 9-51　人工标绘图(恢复原航向的时间)

三、任务小结

任务五 雷达自动标绘

一、任务描述

某舰船航行于我国某海域,执行巡航任务。请根据指令,完成全部操作;在操作过程中,叙述操作内容与相关现象或结果。

二、操作步骤

步骤一:开机步骤及初始设置

(1)开启雷达并调整到雷达回波清晰饱满。

(2)选择合适的 ARPA 量程和显示组合方式。应注意 ARPA 量程范围比雷达量程小,可查说明书,了解哪几挡量程有 ARPA 功能。显示方式选择内容包括:本船运动模式(RM/TM)、矢量显示模式(RV/TV)以及图像指向模式(HU/NU/CU),应根据实际情况,选用合适的显示组合。

步骤二:目标捕获

1.目标捕获方式一:人工捕获

摇动鼠标滚轮移动捕获符到需要捕获的目标回波上,按下鼠标左键即可对目标进行捕获、跟踪。1 min 会出现矢量,3 min 后跟踪稳定,这时 ARPA 显示出的矢量与数据就可用于观测、监视和避碰。选择目标捕获的原则是,应优先捕获近距离、艏向特别是右舷的目标。通常采用操纵杆或跟踪球将捕获符号套在所需要捕获的目标上,再按一下“捕获”键,即可完成捕获。

2.目标捕获方式二:自动捕获

当采用自动捕获方法时,若捕获距离范围内有岸线、陆地、岛屿等不应捕获的目标存在,则必须设置限制区,以提高自动捕获的目的性。在设置警戒圈时,应根据当时的实际情况来确定警戒圈的大小和范围,并应注意对设置时已处在警戒圈内的目标,如有需要可用人工补充捕获。

步骤三:目标船数据读取

目标捕获后,雷达系统会自动计算所需要的各项数据,在数据读出窗内可读出该目标的航向、航速、CPA、TCPA、方位和距离 6 个参数。

步骤四:矢量模式选用

(1)若想用矢量来判断本船与目标船有无碰撞危险,可选用相对矢量模式,并适当增长矢量时间。

(2)若想用矢量来做本船与危险目标船的避让决策时,可选用真矢量模式。

(3)若想了解目标是否机动,可选用历史航迹(尾迹)显示功能。航迹点至少有 4

个,其间隔时间一般固定为 2 min 或 3 min,有些 ARPA 可调长短。

步骤五:航行危险判断

(1)可直接读出目标的 CPA 和 TCPA 进行判断。

(2)当目标的 CPA 和 DCPA 数据小于安全判据时,ARPA 会自动报警。

(3)真矢量判断:选择真矢量显示方式,然后延长矢量,调节矢量时间钮使矢量延长,若目标船与本船的真矢量的末端重叠或靠近时,则存在碰撞危险。

(4)相对矢量判断:选择相对矢量显示方式,调节矢量线长度,若目标相对矢量线穿过安全距标圈则是危险目标,穿过扫描中心意味着将发生碰撞。

步骤六:警戒区设置

按下警戒区开关,即出现一个警戒圈,范围 360°,距离 4 n mile。要设置新警戒区,则可将鼠标移动捕获符设定在任何方位的特定距离,点击鼠标左键即可。

步骤七:自动报警符号解读

本雷达 ARPA 对下列各种情况在报警窗内将自动发出字符闪烁和声响报警。

(1)BAD REF:所选参考目标的回波不良;

(2)MANUOEUVER:试操船延迟时间已减少到 0.5 min;

(3)BAD ECHO:因各种原因导致目标为“坏目标”或跟踪丢失,在其位置上出现识别符“□”;

(4)CPA TCPA:有危险报警,即被跟踪目标 CPA、TCPA 已小于安全判据数值,在其位置旁出现识别符“△”;

(5)GUARD ZONE:有目标闯入警戒区报警,出现“▽”;

(6)TEST FAULT:计算机自检不通过而出现故障;

(7)SYSTEM FAULT:系统自检查出故障。

三、任务小结

____

____

____

____

任务六 雷达试操船

一、任务描述

所有 ARPA 都具有试操船功能。试操船又称模拟操船,它是 ARPA 检测到碰撞危险目标并发出警报时,在本船采取实际避让行动前,人工输入模拟航向和(或)航速数

据,让 ARPA 计算和预测此避让机动的效果。如果试操船结果使目标碰撞危险警报解除,即所有已跟踪目标的 CPA、TCPA 模拟计算值均满足安全判据,则本船可实际采用这种避让机动措施。这种功能即为“试操船”。

二、操作步骤

步骤一：试操船启动前的准备和试操船启动时机

(1)试操船启动前的准备:开启雷达,并调整好,进行连续观测,对危险目标进行人工捕获。

(2)试操船启动时机:捕获目标稳定跟踪后,在充分了解本船的操纵特性和时间延时的前提下,启动试操船。

步骤二：试操船操作步骤

(1)先设定和显示出拟使目标船能安全通过的活动距标圈(一般为 2 n mile),再将矢量线置于相对运动方式并作适当延长过中心或附近,以便进行试操船。

(2)开启试操船按钮,雷达屏幕上显示“T”字符,表示进入试操船状态。

(3)点击 TIME DELAY 键,进行时间延时设置,可使用该控钮在延迟时间显示窗口设定一个特定时间,如 6 min。如果准备马上就采取避让措施,则应将延时尽量调小,如 1~2 min。当时间倒计时还剩 0.5 min 时,ARPA 将会自动报警,提醒进行。

(4)按 COURSE 键,用改向的方式进行避让,通过改向控钮改变航向显示窗的航向,观测相对运动线的变化直到该相对运动线与设定的距标圈相切,此时试操船航向显示窗内所显示的数值即为安全的新航向。

(5)按 SPEED 键,用变速的方式进行避让的操作方式和(4)相同。如果要通过既改向又变速的方式进行避让,仍是分别使用两个按键,适当调节,最终使相对运动线与设定的距标圈相切即可。

(6)恢复原航向的时机:也可以用试操船模拟出恢复原航向或航速的时机。打开试操船开关,点击 COURSE 键,或 SPEED 键,到原来的航向或航速。再调节 TIMEDELAY 键,使目标相对运动线与设定的距标圈相切,此时试操船数据显示窗内的时间延时即为恢复原航向(航速)的时间。

(7)试操船结束后,立即关闭试操船开关。恢复正常航行图像。

步骤三：试操船结果判断

在考虑避碰规则和航行环境的前提下,试操船航向航速数据模拟计算得到的已跟踪目标 CPA 和 TCPA 均不违反安全判据,ARPA 碰撞危险警报解除,则模拟结果可用。

步骤四：试操船过程注意事项

(1)应根据海上避碰规则的允许和可能来选择试操船模拟航向和航速。一般用改向(较简单,又符合操作习惯),但当航道或两侧有其他相遇船时,也可用变速。但应注意:从现航速改至安全航速需要一定的时间,这就要求试操船应抓紧时机,迅速完成。

(2)应及时补充捕获原先未被捕获而又可能构成新的危险的目标。

(3)试操船仅对已跟踪的目标有效,应及时核实、判断本船机动后是否出现新的潜在碰撞危险。

(4)进行试操船时,应根据避碰规则,并考虑本船的操纵性能、本人操船经验及当时当地的海上实际情况。

(5)保持正规瞭望,不可过分依赖 ARPA。

(6)采取实际避让措施后,应继续加强瞭望,观察避让效果,以防止对方因采取机动行为而引起新的碰撞危险。

三、任务小结

____

____

____

____

项目考核

一、知识考核

1.在雷达相对运动显示方式中,小岛在显示器上的移动规律是________。

A.以与本船反向等速移动　　B.随本船前移

C.固定不动　　D.以与本船反向加速移动

2.船载航海雷达通过发射________探测目标和测量目标参数。

A.触发脉冲　　B.高压脉冲

C.微波脉冲　　D.调制脉冲

3.航海雷达探测目标的距离是测量________。

A.微波脉冲的多普勒频移　　B.微波脉冲的频率

C.微波脉冲来回传播的时间　　D.微波脉冲发射的时间

4.航海雷达探测目标的方位是测量________。

A.微波脉冲发射时的船首线方位

B.微波脉冲发射时的天线方位

C.微波脉冲来回传播的时间

D.微波脉冲发射的时间

5.雷达探测到的回波图像与真实目标相比可能会有很大的变形,表现为________。

A.雷达不能探测到非金属物体

B.雷达只能探测目标的前沿,后沿被遮挡的部分无法探测和显示

C.雷达能探测到浅水中的礁石

D.雷达探测不到远距离高大目标的顶部

6.影响目标雷达最大探测距离的因素不包括________。

A.目标的材质　　B.雷达天线垂直波束宽度

C.雷达天线长度　　D.雷达设备收发转换时间

7.雷达目标的最小探测距离最好________。
A.通过理论计算确定
B.在雷达出厂时由精密仪器测定
C.在雷达天线处通过目测情况确定
D.通过理论计算和雷达实测结合确定
8.雷达发射脉冲宽度宽一些,________。
A.可获得较小的最小作用距离　　B.可提高距离分辨力
C.可提高探测远距目标能力　　D.可提高测方位精度
9.雷达区分等距离上相邻两目标的能力称为________。
A.距离分辨力　　B.方位分辨力
C.测距精度　　D.抗干扰能力
10.与X波段雷达相比,S波段雷达的作用距离________,方位分辨力________。
A.较远;较高　　B.较远;较差
C.较近;较差　　D.较近;较高

参考答案:

1.A　2.C　3.C　4.B　5.B　6.D　7.D　8.C　9.B　10.B

二、技能考核

(一)雷达基本操作和设置

1.保持清晰观测目标的雷达操作
(1)雷达开机前的准备工作。
(2)雷达开机、核实传感器数据,并调整在最佳观测状态的操作。
(3)根据气象海况和航行环境保持清晰观测目标的操作。
(4)雷达关机操作。
2.准确测量目标位置的操作
(1)准确测量目标距离的操作。
(2)准确测量目标方位的操作。

(二)雷达人工标绘

转向避让措施:
1.观测并标绘目标船的相对运动线,求取目标船的航向、航速、CPA及TCPA。
2.判断本船所处的局面,根据规则的规定拟定转向避让措施。
3.通过标绘求出具体转向角,并核查是否会导致另一紧迫局面。
4.操纵船舶进行转向避让,核查转向避让效果并判断他船行动。
5.求取恢复原航向的时机并采取措施。

(三)雷达定位

1.雷达目标识别与定位目标的选择。
2.雷达定位方法的选择。
3.雷达定位目标测量方法与保证雷达定位精度的操作。

（四）雷达导航

雷达平行线导航操作。

（五）雷达自动标绘

1.目标捕获

(1)传感器及系统设置:雷达、罗经、速度航程测量设备(SDME)、GPS 和 AIS 等传感器设置与数据核实;CPA LIM/TCPA LIM 设置及设置准则。

(2)人工捕获目标原则及操作。

(3)目标自动捕获,警戒区/捕获区/抑制区设置,自动捕获使用注意事项。

2.目标跟踪

(1)雷达目标稳定跟踪数据获取,正确解释目标跟踪数据。

(2)取消目标跟踪操作,目标丢失原因与确认操作。

(3)矢量运用:根据相对矢量判断安全、非紧迫危险和紧迫危险目标;根据真矢量判断会遇态势。

(4)字母数字数据运用:根据 CPA/TCPA 判断安全、非紧迫危险和紧迫危险目标;根据本船/目标的航向/航速判断会遇态势。

(5)PAD 运用:判断安全、非紧迫危险和紧迫危险目标。

（六）AIS 报告目标

1.AIS 目标信息

(1)识别 AIS 休眠目标、激活目标、被选目标、危险目标、丢失目标和轮廓目标。

(2)获取 AIS 目标信息:船名、呼号、距离、方位、艏向、COG、SOG、CPA、TCPA、LOA。

2.雷达跟踪目标与 AIS 报告目标关联

(1)AIS 辅助雷达避碰的操作。

(2)雷达跟踪目标与 AIS 报告目标关联设置、选择关联优先权。

（七）试操船

1.启动试操船的准备:提前 3 min 捕获近距离相关目标;选择试操船期间关注目标。

2.试操船操作:输入试操船航向、航速、操船前延时、船舶操纵性能参数;监视目标航向、航速变化;终止试操船时机得当。

3.获得有效的避碰方案,利用试操船确定恢复原航向和/或航速的时机。

参考文献

[1] 刘彤. 航海仪器:下册. 大连：大连海事大学出版社，2023.

[2] 刘军坡，沙小进，臧继明. 航海学：天文、地文、仪器. 大连：大连海事大学出版社，2021.

[3] 李海凤. 船舶通信与导航. 哈尔滨：哈尔滨工程大学出版社，2012.

[4] 刘彤，陈铎. 船舶综合驾驶台通信与导航系统. 大连：大连海事大学出版社，2012.

[5] 李妍. 船舶无线电通信系统安装与操作. 北京：北京理工大学出版社，2014.

[6] 王勇，马海洋. 航海仪器. 大连：大连海事大学出版社，2019.

[7] 陈宏. 航海学.2 版. 大连：大连海事大学出版社，2021.

[8] 任松涛. 航海仪器操作与维护. 大连：大连海事大学出版社，2012.

[9] 王世远. 船用导航雷达. 大连：大连海事大学出版社，2014.

[10] 吴金龙，张世良，张弘，等. 航海仪器. 大连：大连海事大学出版社，2018.